上海普通高校优秀教材 / 上海高校市级精品课程配套教材

高等学校酒店管理专业本科系列教材

现代酒店管理概论

XIANDAI JIUDIAN GUANLI GAILUN（第3版）

主　编：唐秀丽

副主编：童　俊　苑炳慧　王立龙　辜应康

重庆大学出版社

内容提要

本书是读者了解酒店行业的一本入门教材，系统介绍了酒店的含义与特点、酒店管理的理论基础、酒店组织管理、酒店市场营销管理、酒店人力资源管理、酒店前厅部与客房管理、酒店餐饮管理、酒店服务质量管理、酒店企业文化管理、酒店创新管理、酒店安全与危机管理、酒店伦理与职业道德管理等内容。

本书内容丰富，融会贯通了现代酒店管理相关理论，理论与实践紧密结合，前瞻性与现实性相统一，深入浅出。本书既可作为高等院校酒店管理专业或相关方向及旅游类专业的教学用书，也可作为与酒店相关的企业职工培训的参考教材。

图书在版编目（CIP）数据

现代酒店管理概论 / 唐秀丽主编 . ‒‒3 版 .‒‒ 重庆：
重庆大学出版社，2023.1（2025.7 重印）
高等学校酒店管理专业本科系列教材
ISBN 978-7-5689-3486-2

Ⅰ . ①现… Ⅱ . ①唐… Ⅲ . ①饭店—商业企业管理—
高等学校—教材 Ⅳ . ① F719.2
中国版本图书馆 CIP 数据核字（2022）第 132242 号

现代酒店管理概论
（第3版）

主　编　唐秀丽

副主编　童　俊　苑炳慧

王立龙　辜应康

策划编辑：尚东亮

责任编辑：陈亚莉　　版式设计：尚东亮
责任校对：夏　宇　　责任印制：张　策

*

重庆大学出版社出版发行

社址：重庆市沙坪坝区大学城西路21号

邮编：401331

电话：（023）88617190　88617185（中小学）

传真：（023）88617186　88617166

网址：http://www.cqup.com.cn

邮箱：fxk@cqup.com.cn（营销中心）

全国新华书店经销

重庆天旭印务有限责任公司印刷

*

开本：787mm×1092mm　1/16　印张：20.25　字数：456千
2013年11月第1版　2023年1月第3版　2025年7月第3次印刷（总第10次印刷）
ISBN 978-7-5689-3486-2　定价：49.00元

第3版前言

本书自 2013 年出版第 1 版、2018 年出版第 2 版以来，被国内众多高校选作酒店管理专业的教材，得到了广大师生的一致认可。2015 年本书被评为"上海市普通高校优秀教材"，同时本书还是上海高校市级精品课程"现代酒店管理概论"的配套教材。2018 年至今，酒店业发展的环境从经济、社会、生态及科技等方面均发生了翻天覆地的变化。在共同富裕、"双碳"战略目标、新冠肺炎疫情等多重压力下，拥有更多资源、更大腾挪空间和更强抗压能力的大中型酒店集团反倒取得了更大的成长，*Hotels* 杂志 2021 年公布的 2020 全球酒店排行榜前 20 强中，我国有 7 家酒店集团上榜，中国市场头部酒店品牌超 7 成为中国品牌，因此本次修订我们重点关注了本土酒店与酒店集团的发展与变化。一家好的酒店本身就是一个文化载体，在国家推进文旅融合背景下，我们应当看到本土酒店与酒店集团的发展同样可以传播我们的主流文化，凸显我国传统文化、先进文化与红色文化，坚定文化自信。

依据酒店业发展面临的各种变局，结合兄弟院校在教材使用过程中反馈的宝贵意见，在查阅已出版的相关教材的基础上，这一版对本书作了如下修订：保留了原有的章节结构，对每个章节中的老旧数据、过时内容进行了更新或重新编写，除保留少量经典案例之外，通过广泛搜集、整理与筛选，对教材中出现的开篇案例、阅读资料与案例讨论全部进行了更新，突出新理念、新技术、新挑战、新机遇在酒店业发展中的体现与应对。

酒店管理专业是具有应用特色的专业，对教材的实用性和趣味性都均有较高的要求，这也是目前酒店管理专业教材需要进一步完善和提高的地方。本教材立足现实，力图有所创新，其特点主要体现在以下几个方面：

1. 教学的实用性。本教材内容涵盖了酒店管理过程中的基本内容和热点问题，不仅有酒店管理基础理论、酒店业务部门管理等基本内容，还增加了探讨酒店创新管理、酒店安全与危机管理、酒店伦理与职业道德管理等热点问题的章节，既符合了酒店管理专业学生培养目标和课程教学的基本要求，也突出了教材内容应随酒店行业发展而变化的特征。

2. 案例的针对性。本教材在阐述基本理论的基础上，广泛选取国内外酒店管理过程中最新的相关案例，对有些章节中的案例还进行了点评，这不仅有助于学生对理论的理解与掌握，同时还能够激发学生的学习兴趣，增加对酒店行业的了解。

3.编写体例的新颖性。每一章以开篇案例开始，以案例讨论结束，章中增设有针对性的阅读资料，章节最后还设计了思考练习题，使学生对本教材的学习能够有效对接酒店行业发展的最新动态、前沿问题与热点问题。

本书是在上海市重点课程"现代酒店管理概论"项目的支持下，由上海对外经贸大学、上海第二工业大学、上海杉达学院从事酒店管理专业一线教学工作的教师共同完成。其中，第1章编写人为辜应康，第2章、第9章编写人为苑炳慧，第3章编写人为龚子兰，唐秀丽，第4章、第10章编写人为童俊，第5章编写人为殷晶，第6章编写人为唐秀丽、龚子兰，第7章、第12章编写人为唐秀丽，第8章、第11章编写人为唐秀丽、王立龙（注：唐秀丽为上海对外经贸大学教师，辜应康为上海第二工业大学教师，其他编写人均为上海杉达学院教师）。第3版修订内容主要由唐秀丽编写，感谢我的研究生刘国泰、李森宇在搜集资料、统稿与校对等工作中的付出与努力。

本书在编写过程中参考了大量的国内外文献资料，在此一并致谢。

由于编者水平有限，本书难免有不当或错误之处，敬请专家学者和广大读者批评指正。

编　者

2022年8月于上海对外经贸大学博闻楼

目　录

第1章　酒店概述

【本章概要】

　　本章主要介绍了酒店的含义与特点，回顾了国内外酒店的发展历程，同时对酒店的类型与等级划分作了详细的说明，最后介绍了酒店产品的组成及其相应的特点。

【学习目标】

　　①掌握酒店的含义与特点；②掌握酒店的产业地位；③了解世界与中国的酒店业发展历程；④掌握酒店类型及其划分；⑤了解酒店产品的组成；⑥掌握酒店产品的特点。

【开篇案例】

17 米之差，世界最高酒店头衔易主

　　继世界海拔最低的酒店——上海佘山世茂洲际酒店之后，2020 年 12 月 28 日，中国自主高端民族品牌酒店——上海中心 J 酒店启动内部试营业，J 酒店凭借着最高层 556 米，拿下了世界最高酒店的头衔。世界最高和世界最低酒店，都在上海，有住客笑称，只要到上海，酒店界最高天际线与地平线以下的风景，都尽收眼中。

　　在此之前，世界最高酒店的头衔就一直未曾空缺。2012 年，共有 77 层，高达 355.35 米的迪拜万豪伯爵酒店获得吉尼斯世界纪录"最高的酒店"的称号。7 年之后，坐落于 539 米周大福金融中心顶部 16 层的广州瑰丽酒店刷新了全球位置最高（酒店高度指酒店所在楼层的位置高度，某些建筑整栋楼并非全部为酒店）的酒店。而 1 年之后，因 17 米的高度差，世界最高酒店头衔再度易主，刷新酒店界最高天际线。

　　在这样的视觉高度，1 分钟内便可直达世界最高大堂——101 层酒店大堂的高速电梯，目之所及皆是国内外艺术家为上海中心 J 酒店量身定制的各种风格的艺术作品，让人仿佛置身于精心筹备的云端艺术展。

　　锦江国际集团海外事业首席执行官陈礼明揭晓了 J 品牌图案的含义。J 品牌图案主要有三个含义：第一，它是上海市花白玉兰花瓣绽放的造型；第二，它是"锦江"二字汉语拼音首

字母的 J；第三，它寓意"杰出"的"杰"。J 酒店通过品牌图案不仅想要展示中国的传统文化，也包含了世界流行的元素，能为世界各国的顾客接受，所以 J 的品牌图案识别度非常高。

资料来源：雷布同 . 空间探秘，2020-12-31.（有删减与改编）

1.1 酒店的含义与特点

1.1.1 酒店的含义

酒店业的发展源远流长，对酒店的解释也可追溯到千年之前，尽管由于地域、语言、风俗的差异，对酒店的称呼不尽相同，但本质却是相同的。酒店（Hotel）一词最早起源于法语，指的是法国贵族设在乡下招待贵宾的别墅，后来英、美等国沿用了这一说法。在英文中表示酒店含义的词有很多，可谓五花八门（表 1.1），其中以 Hotel、Inn 最为常用。英文中 Hotel 最初所表达的仅仅是那些特别大而不同寻常的客店，目的就是要与家庭式的客店区别开来。一直到 18 世纪末 19 世纪初，Hotel 才真正具有现代酒店的含义。同样，中文里也有很多表示住宿的词语，如宾馆、旅店、酒店、饭店、旅馆、招待所、客栈、旅社等，并未进行刻意的区分。这些外来词原本的含义就比较模糊，像 Hotel 一词既可翻译成酒店，也可翻译为饭店。1998 年《旅游涉外饭店星级的划分及评定》（GB/T 14308—1997）开始执行，由于官方称为"饭店"，导致了"饭店"这一称谓比较普遍，后来由于受到中国港澳台地区及东南亚一些国家与地区的"酒店"这一称谓的影响，目前，我国北方称"宾馆""饭店"的较多，南方称"酒店"的较多。

表 1.1 "饭店"一词英汉对照举例

英文名称	中文名称	英文名称	中文名称
Hotel	饭店、旅馆	Hotel	饭店、旅馆
Inn	饭店、旅馆、客栈	Motor court	汽车旅馆、汽车饭店
Tavern	客栈、小旅馆、小饭店	Motor home	汽车旅馆、汽车饭店
Ordinary	小旅馆（美）、小饭店	Guesthouse	小旅馆、招待所、小饭店
Lodge	小旅馆、小饭店	Hostel	招待所
Apartment hotel	公寓旅馆、公寓饭店	Youth hostel	青年旅舍
Condominium hotel	共管旅馆、共管饭店	Theme hotel	主题饭店
Tourist hotel	旅游旅馆、旅游饭店	Vacation hotel	度假饭店
Resort（Hotel）	休养地旅馆、休养地饭店	Boutique hotel	精品饭店
Airport hotel	机场旅馆、机场饭店	Lifestyle hotel	生活方式饭店
Motel	汽车旅馆、汽车饭店	B&B hotel	民宿饭店

资料来源：根据相关资料整理 .

1）国外权威辞典对酒店的定义

国内外对酒店的定义不胜枚举，其中国外一些权威性词典对酒店的定义有：

《大不列颠百科全书》对酒店的定义为：酒店是在商业性的基础上向公众提供住宿，往往也提供膳食的建筑物。

《牛津插图词典》对酒店的定义为：酒店是提供住宿、膳食等而收取费用的住所。

《韦伯斯特新世界词典》对酒店的定义为：酒店是提供住宿，也经常提供膳食与某些其他服务的设施，以接待外出旅游者和半永久性居住的人。

《美国百科全书》对酒店的定义为：酒店是配备好的公共住宿设施。它一般提供膳食、酒类、饮料及人们所需要的其他服务。

2）国内学者对酒店的定义

国内对酒店的定义到目前为止依然是百家争鸣，不同的学者从不同角度对酒店作出了不同的解释。如：

酒店是指达到相应的设定标准、能够为旅居宾客及社会大众提供住宿、饮食、购物、娱乐等项目与服务的综合性服务类的企业组织。

酒店是提供包含餐饮、客房、各类设施有形的产品与无形的服务，供离家食宿者消费而获得利润的经济单位。

酒店是通过向公众，特别是外出旅游的人提供以住宿服务为主的多种相关服务来实现自己利益的资金密集型服务企业。

3）酒店应具备的条件及其定义

综合国内外有关酒店的诸多定义可以看出，作为酒店，应具备以下5个条件：

①拥有一个或多个建筑物组成的接待设施。

②基本功能是主要提供住宿和餐饮服务，同时可提供其他服务。

③服务对象为公众，主要是外出旅游的人，同时也包括本地居民和半永久性居住的人。

④性质上属于商业性的服务企业，以营利为主要目的，使用者需支付一定费用。

⑤拥有独立的经营自主权，是经由法定程序批准的法人单位。

综上所述，酒店可定义为：以建筑物及其设施、设备为凭借，为宾客提供食宿、娱乐、购物、通信、商务、旅行服务而获得经济效益和社会效益的综合性经济实体。

1.1.2　酒店的特点

酒店是服务性企业，与其他独立的营利性组织一样具备经营上的自主性、组织上的完整性、经济上的独立性及对外关系的法人地位等基本特性，除此之外，又有其自身的特点。

1）服务性

酒店是服务性企业，酒店产品就是有形的设施设备与无形的服务的有机结合，其中生产和销售的主要产品就是服务，设施设备所起的作用就是促进服务的销售。酒店的服务具有无形性、生产与消费的同时性、价值的不可储存性、质量的不稳定性等特点，这些因素都决定了酒店与其他类型的企业不同，同时也决定了酒店经营管理的独特性。酒店的经营活动是以租让酒店设施的使用权的形式进行，也就是说宾客只是在一定时间和空间内购得有形设施的临时使用权，却无法像购买其他产品那样拥有对有形设施的所有权，酒店员工提供的服务贯穿宾客的整个消费过程。

2）综合性

酒店的综合性主要是指酒店所提供服务的多样性。现代酒店除了要满足宾客最基本的住宿和餐饮的需求，还要满足宾客的多种其他需求，诸如购物、娱乐、会议等。服务质量的好坏已经成为衡量酒店优劣的重要标准。随着消费者的要求越来越高，综合服务已经成为酒店参与市场竞争非常重要的手段，也就是说一家酒店的功能设施越完备，就越能满足宾客多种多样的消费需求，也就越具有市场竞争力。

3）手工操作比重大

酒店业的手工操作比重大是指在酒店产品生产过程中酒店员工的手工操作占了较大比重。随着经济的发展和科学技术的进步，酒店的智能化管理不断升级，所拥有的设施设备和前后台正逐步实现自动化控制。但酒店业的主要产品是服务，而服务的完成以及决定服务质量高低的关键因素就是员工，尤其是酒店客房部和餐饮部两大部门，更是集中体现了酒店业手工操作的典型特点。

4）享受性

酒店产品的享受性是指宾客的要求要高于日常生活，而不仅仅是简单的物质需要。这是现代消费的必然需求，也是酒店产品与其他一般商品和服务的主要区别。一般情况下，酒店用品的等级要高于日常生活用品的等级，如客房的装修、物品的配备等。宾客支付一定的金钱就是要换取相对应价值的服务与享受。在酒店的消费环境下，尽管宾客在日常生活较为放松，却对酒店的硬件设施与服务质量都要提出一定的要求，而表现出不同程度的挑剔，这些都是酒店享受性的体现。

1.1.3　酒店的产业地位与作用

1）酒店是旅游者的活动基地

酒店是宾客"家外之家"，使宾客能够感受到如家一般的亲切、舒适与方便，对出门在外的旅游者来说这一点尤为重要，也是酒店经营管理的宗旨。旅游者因各种各样的原因来到异地，首先要解决的就是住宿和餐饮的问题，在此基础上才能进行其他活动。从这个意义上来说，酒店是旅游者的活动基地。

2）酒店是旅游业收入的重要来源

酒店是旅游业收入的主要来源之一（其余为旅行社、旅游景点和旅游交通），是发展旅游业的重要物质基础。同时，酒店也是旅游外汇收入的重要来源，因为酒店的经营方式是一种就地出口的商品贸易经营方式，有利于国家外汇收支的平衡和旅游业的发展。

3）酒店是创造就业机会的重要部门并促进相关行业的发展

酒店是劳动密集型行业。经验数据表明，酒店每增加一间客房，就能够直接或间接增加5~7个就业机会。以拥有300间客房的中型酒店为例，按照每间客房配备1.5~2名员工的比例计算，就能够提供450~600个就业机会。酒店行业也是综合性的服务行业，它的发展会带动诸如建材、酒店用品、室内装饰等相关行业的发展，即产生所谓的"连锁反应"。

4）酒店是各地经济发展的重要标志

现代酒店尤其是高星级酒店已经成为一个城市、地区乃至一个国家经济发展的重要标志，一定程度上代表了一个国家或地区的形象，是一个国家或地区经济发展水平的综合体现。如上海华亭宾馆，于1987年1月正式营业，是当时上海规模最大的酒店，也是上海第一家五星级国际性酒店。因其规模巨大与豪华程度成为了中国旅游业标志性的酒店之一。

1.2 酒店业的发展历史

美国学者詹姆斯·R.凯萨在其著作《旅游饭店管理概论》中指出，自从有文字出现，就有了关于旅游的记载。但是在古代，旅游者的安全仰仗的是上帝的保佑，而食物、饮料和住宿都得就地解决，也正是因为旅游者需要有住宿的地方，所以酒店业被称为世界第二古老的行业。从中可以看出，酒店的产生和发展已有几千年的历史。现代的饭店，就是从中国的驿馆、中东的商队客店、古罗马的棚舍、欧洲的路边旅馆及美国的马车客栈演变而来的。对酒店业发展历史进行划分有几种不同的标准，这里采用的是按照时间顺序进行划分。

1.2.1 西方酒店业发展简史

西方的酒店业开始于欧洲古罗马，是在传统的饮食和住宿产业基础上发展起来的，整个发展进程大体上可以分为古代客栈、豪华酒店、商业酒店、现代新型酒店4个时期。

商业性住宿设施的出现是在人类发明货币这种交换媒介之后，在此之前的很长一段时间内免费接待过路的陌生人被当作一种理所当然的习惯。后来随着生产力的提高，商贸活动的范围开始由本地、本国向邻地、邻国甚至更远的地方扩展，出现了以通商为目的的商队，沿着商队经过的路途上出现了专门为商队提供过夜或中途休息的住所。古罗马时期，几乎所有商路沿线的城镇和村落都有这种官办的住所，但随着罗马帝国的衰落，商贸活动及住所都大大减少了。在 10—11 世纪，主要是由宗教机构来提供这类住所，还有一些慈善机构、寺院、庙宇也为过路人提供免费的住宿饮食，一直到 12 世纪才开始出现商业性的住宿。

1）古代客栈时期

古代客栈时期一般是指 12—18 世纪这段漫长的时间，真正盛行是在 15—18 世纪，其中以英国的客栈最为著名。最早期的客栈可以追溯到人类原始社会末期和奴隶社会初期。它们随着商贸活动的繁荣而逐步发展，主要是为国家之间的外交、商贸、旅行等活动提供服务。15 世纪，英国的客栈有了很大的改善，规模也进一步扩大了。尤其是英国公共马车的出现，为客栈的发展提供了宝贵的契机。有些客栈已拥有 20~30 间客房，一些比较好的客栈有酒窖、食品室、厨房以及供店主及管马人用的房间，还有许多客栈拥有花园、草坪、带有壁炉的宴会厅和舞厅。这个时期的客栈已成为人们开展社交活动的地方。可以说古代客栈是现代意义上的酒店的雏形，它具有规模小、设备简陋、价格低廉、仅提供简单食宿、无专门管理人员等特点，在经营形式上以官办为主、民间经营为辅。

由于受到英国客栈发展的影响，欧洲各国及美国的客栈也有了不同程度的发展。13世纪，意大利的佛罗伦萨开始将客栈作为专业生意进行运作。1794 年，拥有 73 间客房的城市旅馆开业，这是美国第一座也是当时最大的一座旅馆。古代客栈发展到 18 世纪，已经不仅仅是为过路人提供食宿的地方，还是当地的社会、政治与商业活动的中心。

2）豪华酒店时期

豪华酒店时期一般是指 18 世纪末至 19 世纪末这段时间，主要是产业革命为现代旅游与酒店的发展注入了强大的生机与活力。科技发展引发了交通工具的革命，轮船和火车的普及方便了人们的出行。随着资本主义经济和旅游业的产生与发展，旅游开始成为一种经济活动，专为上层统治阶级服务的豪华酒店应运而生。

一般认为在德国的巴登巴登建起的巴典国别墅（Der Badische Hof）是欧洲第一个真正意义上的酒店。这时的酒店与其说是为了向顾客提供食宿，不如说是为了向他们提供奢侈的享受，豪华的建筑外形、富丽堂皇的内部装修、奢华的设备、精美的餐具、讲究的服务和用餐的礼仪等，都是王公贵族及社会名流们生活方式商业化的结果。巴典国别墅的出现引得欧洲许多国家纷纷大兴土木，争相修造豪华饭店。1880 年及 1885 年在巴黎建成的巴黎大饭店（Grant Hotel de Paris）和卢浮宫大饭店（Le Louvre Museum Hotel）、1874 年在柏林开业的恺撒大饭店（Caesar Hotel）、1876 年在法兰克福开业的法兰克福大饭店（Frankfurt Hotel）、1889 年在伦敦开业的萨伏依饭店（Savoy Hotel）等都是欧洲当时具有代表性的豪华大酒店。

19 世纪末 20 世纪初，美国也出现了一些豪华饭店。1829 年，波士顿的特里蒙特酒店开业，开创了酒店发展中的无数个"第一"：如第一座拥有前厅的酒店；第一次设立门厅服务员；第一次使用菜单；第一次将客房分为单人间和双人间，每间客房加锁，客房内日常用品配备较为齐全；第一次设立扒房；第一次进行员工培训。因此特里蒙特酒店被称为世界上第一座真正意义上的现代化酒店，在世界酒店业发展史中具有里程碑的意义。这一时期最具有代表性的是瑞士籍酒店业主凯萨·丽兹开办的酒店，他建造与经营的酒店以及他本人的名字都变成了最豪华、最高级、最时髦的代名词，他在酒店服务方面所做出的创新和努力、经营法则和管理经验被世界各国的高级酒店继承、沿用。

从上文可以看出豪华酒店具有以下特点：规模宏大、设施豪华、装饰考究、食物精美、家具摆设高档优雅、内部分工明确，出现了专门的管理机构，注重服务质量，对服务工作和服务人员要求严格。豪华酒店的出现与发展大大促进了酒店管理及其理论的发展。

3）商业酒店时期

商业酒店时期一般是指20世纪初至20世纪50年代这一段时间，是酒店业发展过程中最重要的阶段，也是世界各国酒店最为活跃的时期，从各个方面奠定了现代酒店业的基础。正是这一时期的发展，才使酒店业最终成为以平民大众为服务对象的产业。

美国是这一时期的发展中心地，其最具有代表性的人物是被称为"酒店标准化之父"的埃尔斯沃思·米尔顿·斯塔特勒。他的经营方法与丽兹先生迥然不同，即在一般人能够负担得起的价格内，提供的舒适服务的新型商业酒店，这也是他的成功经验之一。1908年，斯塔特勒在美国巴法罗建造了第一个由他亲自设计并用他的名字命名的斯塔特勒饭店。他将300间客房都配备了浴室，通向每一间客房都铺设了供排水、暖气和输电线的管道，这些被后人称为"斯塔特勒管道"。他还给每间客房内安装了电话和标准壁橱，给浴室安置了穿衣镜和毛巾钩，在客房里安置了床头灯并提供客用文具纸张。时至今日，这些开创性措施仍是商业酒店的基本模式。这种统一的标准化的管理方式是斯塔特勒酒店经营中重要的革新与成功经验。斯塔特勒非常重视酒店的位置，他认为对任何酒店来说，取得成功的三个最重要的因素是"地点、地点、地点"。他说的地点选择，不仅要看当时的情况，而且要看到未来的发展，要把酒店设计在未来繁华的街道上。这一思想至今仍对酒店业大有启迪，对现代酒店的经营具有重要的影响。

从上述可以看出，商业酒店具有4个特点：第一，以平民大众为服务对象，酒店设施设备完善，服务项目齐全，在经营中讲求舒适、清洁、安全和实用，不追求豪华与奢侈。第二，实行低价格政策，收费合理，使顾客感到物有所值。第三，酒店经营者与拥有者逐渐分离，以营利为目的，讲究经济效益，酒店经营活动完全商品化。第四，讲究经营艺术和服务水平，不断改进酒店管理方法，同时注重员工培训和提高工作效率。商业酒店的发展还推动各国相继成立了饭店协会与世界性的国际饭店协会，为培养管理人才成立了一些专门的酒店管理院校，如斯塔特勒资助的美国康奈尔酒店学院、柏林的酒店管理学院及伯尔尼大学的酒店经济专业等。到这时，酒店业不仅成为了一个重要的产业门类，酒店管理也正式成为了管理学的一个重要分支学科。

4）现代新型酒店时期

现代新型酒店时期是从 20 世纪 50 年代开始发展至今。随着交通条件的改善及人们可支配收入的增加，外出旅游和享受酒店服务的需求迅速扩大，加快了旅游活动的普及化和世界各国政治、经济、文化等方面交流的频繁化，这种社会需求的变化，促使酒店业进入了现代新型酒店时期。

在现代新型酒店时期，酒店业发达的地区并不仅仅局限于欧美，而是遍布全世界。20 世纪 60 年代中期，由于交通工具和高速公路的发展，欧洲和美国连锁经营与特许经营的汽车酒店、机场酒店得到迅速发展。一家酒店生意的好坏，在很大程度上依赖于联营网络中酒店之间互荐客源的多少。酒店之间的市场竞争也随之愈发激烈，从而推动了酒店集团的产生与发展。在这个过程中，一些实力强大的酒店公司通过签订管理合同、转让特许经营权、租赁等方式进行国内及国际经营。其中以喜来登（Sheraton）和希尔顿（Hilton）的控制能力最强，影响力最大，它们基本控制了美国酒店业。除了传统的酒店发展模式，新兴的力量也在迅速增长，一些大的航空公司也开始以连锁的形式参与酒店经营。航空公司充分利用便利的航班优势向自己经营的酒店输送客源，对传统的酒店经营造成了巨大的威胁。1946 年泛美航空公司（Pan American World Airways）创立洲际酒店集团（Inter Continental Hotels Corporation），发展迅猛，是目前全球最大及网络分布最广的专业酒店管理集团，拥有洲际、皇冠假日、假日酒店等多个国际知名酒店品牌和超过 60 年的国际酒店管理经验。同时，洲际酒店集团也是世界上客房拥有量最大（高达 650 000 间）、跨国经营范围最广的酒店集团，其旗下酒店分布于将近 100 个国家。

这一时期亚洲地区的酒店业在规模、等级、服务水准、管理水平等方面毫不逊色于欧美的酒店业。在美国《机构投资者》每年组织的颇具权威性的世界十大最佳酒店评选中，亚洲地区的酒店往往占半数以上。其中香港文华东方酒店集团管理的泰国曼谷东方大饭店连续十多年在世界十大最佳酒店排行榜上名列榜首，并且产生了规模较大的一些酒店集团，如日本的大仓饭店集团、日本的新大谷饭店集团、中国的香港文华东方饭店集团、中国的香港丽晶饭店集团、新加坡香格里拉饭店集团、新加坡文华饭店集团等。

从上述可以看出，现代新型酒店具有以下特点：面向大众旅行市场，服务对象更为广泛；规模不断扩大，连锁经营和集团化成为主要发展趋势；酒店类型多样化，服务综合化，能够满足顾客多种需求；随着现代科学技术革命和科学管理理论的发展，酒店管理日益科学化和现代化。世界酒店业的发展离不开科学技术的创新与支持。世界酒店业设施与技术发展见表 1.2。

表 1.2　世界酒店业设施与技术发展

时间	酒店设施与技术发展
1846 年	中央供热系统（Central Heating）
1859 年	蒸汽客梯（Steam Elevator）

续表

时间	酒店设施与技术发展
1881 年	电灯系统（Electric Lights）
1907 年	客房电话系统（In-room Telephone）
1927 年	客房收音机系统（In-room Radio）
1940 年	酒店空调机系统（Air-conditioning）
1950 年	电梯（Electric Elevator）
1958 年	客房电视机（Free Television）
1970 年代	电动收款机（POS System）、电动钥匙系统（Keyless Locks）、彩色电视（Color Television）、电话信息灯（Message lights on telephone）、计算机房态显示系统（Front Office System followed by room Status）、免费电话预订系统（Toll-free Reservation）
1980 年代	客房内电影系统（Free in-room Movies）、酒店管理系统（Property Management Systems）、客房内办理离店系统（In-room Guest Check-out）
1990 年代	房间内个人计算机系统（In-room Personal Computers）、电话计费系统（Call Accounting Systems）、酒店业全球预订系统（Global Reservation System）
2000 年	酒店计算机预订系统（Computer Reservations）
2010 年代	数字化管理系统，包括收益管理系统 RMS（Revenue Management System）、中央预订系统 CRS（Central Reservation System）、物业管理系统 PMS（Property Management System）、发票管理系统、会员系统 CRM（Customer Relationship Management）和加盟商管理系统
2020 年代	SaaS 等云计算平台普及，酒店数字化步入云端时代，机器人引入酒店服务流程

资料来源：根据相关资料整理.

【阅读材料】

酒店降本增效的新推进器：数字化及数字化转型

酒店行业的数字化是将酒店经营中涉及的不同流程逐渐标签化和线上化的过程，其目的在于使酒店经营和管理更加顺畅，进而提升工作效率。酒店的数字化转型则是指利用现代数字技术和智能设施，将酒店经营管理过程中的各环节在线化，并为数字化的服务对象(包括酒店自身和顾客)输出可视化的结果。酒店行业的数字化转型建设以中央管理系统 CMS（Central Manage System）为主干，向酒店管理集团管理层提供经营决策的数据，CMS 下主要分为收益管理系统 RMS、中央预订系统 CRS、各分店管理系统 PMS、发票管理系统、会员系统 CRM 和加盟商管理系统六大平台，有针对性地解决顾客和业主在各环节所需的服务。

按照数字化转型为企业带来的价值，可以将数字化转型主要分为朦胧期、反应期、进展期、沉浸期、成熟期 5 个阶段。

（1）朦胧期（2000—2005 年）。这一阶段企业内部没有使用任何数字化管理软件，外部也没有数字化渠道对客营销，但是管理层已经意识到数字化对企业未来经营具有重大意义。1983 年杭州饭店引入第一套酒店信息管理软件，1995—1997 年北京泰能软件有限公司和杭州西软科技有限公司开发了基于 Windows 的国产酒店信息系统，但由于成本高昂、功能有限导致行业接受度比较低，该时期绝大多数单体酒店和规模较小的连锁酒店仍采用手工记录完成各项流程。

（2）反应期（2005—2015 年）。①酒店管理系统线上化阶段（2005—2010 年）：我国酒店行业的数据在线化起步，主要是学习国际酒店集团的经营方式，采用酒店管理软件实现无纸化记账和工作流程记录，但功能比较单一。从 2010 年起带有会员制功能、连锁品牌互联的酒店管理系统开始普及，该系统帮助酒店通过会员预售、充值等措施加快回笼资金，连锁品牌下的各个酒店也通过使用统一的 PMS 软件得以实现标准化管理，提高经营效率，经营数据的积累开始加快。②运营流程和销售方式数字化阶段（2010—2015 年）：酒店内部开始引入数字化管理工具，主要表现为运营流程的数字化和销售方式的数字化。运营流程数字化主要包括 CRS 接收和传输订单、使用智能入住设备、酒店员工通过客房管理系统记录工作日志、酒店向顾客提供 Wi-Fi 服务，通过云计算完成酒店集团内部数字化管理。销售方式数字化主要指酒店通过微信公众号、小程序、自主开发的 App 或者与 OTA 平台合作，利用多种渠道向客户进行营销，并依靠自身的会员体系和客户关系维护，以提高直营渠道销售率和复购率。此时酒店数字化进程处于起步阶段，难以满足酒店运营中的全部需求。我国大多数酒店目前正处于反应期，在酒店日常运营中已经引进了 CRS、PMS 等系统，酒店实现了在线预订和门店运营，也可以通过微信公众号和小程序发放优惠券刺激客户消费，这些数字化服务有些是自建，也有些是从第三方购买，不同流程和环节的数据是割裂的，形成一定程度的数据孤岛。

（3）进展期（2015—2020 年）。随着 SaaS 等云计算平台不断普及，酒店数字化开始步入云端时代。受益于酒店数据在线化的前期积累和这一时期移动互联网的普及，酒店运营流程和客户相关的数据经历前两个阶段的积累沉淀，酒店能够更加充分利用数据，对市场和客户进行深入研究。该时期酒店集团开始配备专业的数字化人才来推进数字化转型进程，在专业团队推动下，酒店经营的部分环节已实现数字化并取得阶段性成果。

（4）沉浸期（2018—2023 年）。这一阶段酒店集团开始意识到数字化最重要的服务对象并非是公司的管理层而是酒店的客户，酒店的数字化转型是提高客户的居住体验、为客户创造价值，而不是过去的经营观念中仅仅为了酒店一方的降本增效。因此这一时期更多的智能家居开始装配到客房中，酒店机器人开始参与酒店的服务流程，酒店的 App 中除了预订功能之外也加入了会员商城、餐饮零售、周边好玩等新功能。2020 年开始的新冠肺炎疫情促使酒店的无接触化服务快速普及，相应的软件和硬件设备供应商也纷纷崛起，大大缩短了这一阶段的积累时间。

（5）成熟期（2023—2025 年）。酒店行业未来的经营理念不能局限于"客户需要什么酒店提供什么"，应逐渐过渡到"我们提供什么，客户喜欢什么"的新阶段，即酒店通过创新管理和流程体系，形成新的运营环境，再开发和引入更全面的智能化设备，为客户营造更优的沉浸式体验，形成"运营、智能终端、人"构成的三位一体空间，为客户提供更人性化的服务，此时酒店行业数字化转型基本完成。

资料来源：安信证券，2021-08-06.（有删减与改编）

1.2.2　中国酒店业发展简史

中国酒店业在 3 000 多年前就已经开始发展，是世界上最早出现酒店的国家之一，殷商时出现的官办"驿站"是中国历史上最古老的官办住宿设施。中国酒店业的发展过程大体上可以分为中国古代住宿设施、中国近代酒店业和中国现代酒店业 3 个主要阶段。

1）中国古代住宿设施

中国古代的住宿设施有官办和民办两种类型，最早可追溯到春秋战国或更早的时期，唐、宋、明、清被认为是中国古代酒店业的大发展时期。

中国古代官方开办的住宿设施主要有驿站和迎宾馆两种，驿站在商代就已经出现，名称也经历"传舍""驿舍""驿馆""邮亭"等演变。到了周朝，为了便于各个诸侯国向王室纳贡和朝见，还特地在交通要道处修筑了供客人投宿的"客舍"。这些驿站或客舍就是中国历史上最古老的官办住宿设施，其主要目的就是为办理各种公务、商务、外交、军事的人员提供最基本的食宿。秦汉以后，驿站主要接待过往的官吏，设施设备更为高档，数量也不断增加。唐代时期全国驿站数量达到 1 639 所。到了元朝，驿站的接待对象不断大众化，过往的商旅及文人雅士都成了驿站的客人。直到清朝光绪年间"大清邮政"的兴办，沿袭了三千多年的驿站才被废止。迎宾馆的名字最早见于清末，在此之前有"四夷馆""四方馆""会同馆""诸侯馆"等不同的叫法，它们主要是古代官方用来款待外国使者、外民族代表及客商的地方。迎宾馆作为一种官办接待设施，顺应了古代民族之间与国家之间相互交往的需要，对中国古代的政治、经济与文化交流起到了不可忽视的作用。

中国古代民间住宿设施的发展最早可追溯到商、周朝时期，当时称为"逆旅"。逆，就是迎接的意思。民间住宿设施的发展与商贸活动及交通运输的发展密不可分，有"客馆""宾馆""客栈""旅店"等诸多不同的叫法。春秋战国时期，由于农业和手工业的进步、商业的发展，民间的客店业初步形成并不断发展。秦汉时期是中国古代商业较为发达的时期，但这时的民间旅店主要分布在城外郊区和大道两旁。直到两汉以后，随着对外贸易的发展，城市的管理与布局也在发生变化，很多城市发展为商业城市，商业活动开始进入城市集中交易，民间旅店才得以进入城市。唐朝长安城内建造起 180 多所"群邸"，供外国使者和商人食宿。南北朝时期出现了"邸店"，供客商食宿、存货和交易。宋朝两个重要的古代城市制度"坊市分区制"和"商贸交易限时制"被一度取消，这一时期出现了众多的"同文馆""大同馆""来宾馆"等旅馆。明清时期，在科举制度与商贸发展推动下产生的"会馆"成为当时客店业的重要组成部分。这些住宿设施不但提供客房，还提供酒菜饭食，晚上还有热水洗澡，无疑是现代意义上的酒店的雏形。

2）中国近代酒店业

中国近代酒店业除了传统的旅馆之外，还出现了西式酒店和中西式酒店这两种形式。

西式酒店于1840年第一次鸦片战争后在中国出现，是19世纪初由外国资本建造和经营的酒店的统称。到1939年，在北京、上海、广州、天津、沈阳、汉口、长沙等23个城市中，这种西式酒店的数量达到了80多家，其代表有北京的六国饭店、北京饭店，上海的理查德饭店，广州的维多利亚饭店，天津的利顺德饭店等。西式酒店与中国传统旅馆存在显著差异。西式饭店一般规模宏大，装饰华丽，设备先进，以来华外国人为主要接待对象，也接待当时中国上层社会人物及达官贵人，除了提供最基本的食宿服务外，还有酒吧、舞厅、理发室、游艺室等，经理人员皆来自英、法、德等国。西式酒店是帝国主义列强入侵中国的产物，为帝国主义的政治、经济、文化服务，但同时也把西式酒店的建筑设计、服务理念、经营管理的理论和方法带到了中国，一定程度上促进了中国近代酒店业的发展。

中西式酒店的发展始于民国，推动力来自西式酒店，由中国的民族资本家投资兴建，是中西风格结合的新式饭店。中西式酒店发展迅速，到20世纪30年代，各大城市均有这类酒店，其代表有北京的东方饭店、西山饭店、中国饭店，上海的中央饭店、大上海饭店、扬子饭店、百乐门饭店，天津的国民饭店、惠中饭店、利顺德饭店等。这类饭店无论是建筑式样、店内设备、服务项目、经营方式，还是经营体制都带有明显的西式饭店的烙印。中西式酒店是中国近代酒店业中引人注目的部分，它将欧美国家酒店业的经营观念和方法与中国酒店实际经营环境相融合，为中国酒店业进入现代酒店时期奠定了良好的基础。

3）中国现代酒店业

虽然我国现代酒店业的发展历史不长，但速度惊人。尤其是1978年开始实行的对外开放政策为我国现代酒店业的兴起和发展创造了前所未有的宝贵机遇。从1978年至今，我国现代酒店业大体经历了以下4个发展阶段：

（1）1978—1983年，由事业单位招待型管理走向企业单位经营型管理

改革开放前，我国的酒店、宾馆、招待所的主要功能是供干部休养、接待公事访问，财政上实行统收统支，无营利目的，既没有压力，也缺乏活力。1978年后，我国酒店开始引进外资和国际酒店行业的先进管理经验。1979年4月，中国第一家中外合作项目——白天鹅宾馆的协议正式签署（1983年2月白天鹅宾馆正式开业），这也是我国第一家自行设计、自行建设、自行管理的现代大型合作酒店，标志着我国第一批中外合资合作酒店建设成功。至此，在酒店行业规模扩大、设施质量提升的同时，酒店经营观念也发生了质的变化，经营管理水平迅速提高。

（2）1984—1987年，由经验型管理走向科学管理

1982年4月，我国第一家合资酒店——北京建国饭店开业，聘请了香港半岛酒店管理公司进行管理，第一次将现代化的酒店经营管理理念和高标准的酒店服务程序引入中国内地酒店的经营与管理中。1984年，我国酒店业在全行业推广北京建国饭店的科学管理

方法，出现了一批引进外资建造或聘请国外酒店管理集团进行管理的新型酒店，如北京的长城饭店、南京的金陵饭店等。这一时期，我国现代酒店业在管理上走上了与国际接轨的科学管理的轨道。

（3）1988—1993年，推行星级评定制度，进入国际现代化管理新阶段

1988年8月，经国务院批准，国家旅游局颁发了《中华人民共和国评定旅游（涉外）饭店星级的规定》，并于1988年9月1日开始执行。该规定主要包括旅游涉外饭店星级评定的规定和旅游涉外饭店星级评定的标准两大部分。中国酒店业由此开始规范化、国际化的发展里程。

（4）1994年至今，经营管理走向专业化、集团化、集约化

1994年，经国家旅游局批准，我国成立了第一批酒店管理公司，这为迅速崛起的中国饭店业注入了新的活力，开始引导我国酒店业向专业化、集团化管理的方向发展。20世纪90年代中后期，我国酒店数量迅速增加，市场竞争愈发激烈，加上国内外经济环境的变化，酒店业的经济效益出现了滑坡，走集约型发展的道路越来越成为酒店业的共识，强调酒店业应从单纯追求总量扩张、注重外延型发展转向追求质量效益、强化内涵型发展。

1.3 酒店的类型与等级

1.3.1 酒店的类型

根据不同的分类方法可以将酒店分成不同的类型，其中常见的有以下几种分类方法：

1）根据酒店的功能分类

（1）商务型酒店

商务型酒店也称暂住型酒店，以商务顾客为主要接待对象，同时还接待一般旅游者。商务型酒店除了具有一般酒店所具有的设备条件和服务项目外，还有满足商务活动的各种商务设施如国际直拨电话、客房计算机和互联网、传真机与复印机、不同规模的会议场所等，有些商务酒店也提供翻译、复印、打字、机场接送等服务。商务型酒店一般位于城市商业区，交通便利，周边配套设施齐全。

（2）度假型酒店

度假型酒店的主要目标顾客是度假、休闲和会议顾客，最大的特点是拥有良好的环境和完备的康体、娱乐设施。因此，度假型酒店一般都位于交通方便、气候宜人的风景名胜区或名山秀水附近。发展到现在，在城郊或者市中心也建立了一些度假型酒店，并且配套设施越来越高档，如高尔夫球场等。

（3）会议型酒店

会议型酒店主要是针对会议团体的需求而设定的一种酒店，因为其关注的焦点是会议市场，所以强调酒店拥有供会议使用的一切会议设施与服务，如各种类型的会议室、齐全的会务设施（多媒体设备、同声传译系统等）、充足的停车位、高品质的客房与餐饮等。会议型酒店常常建设在风景名胜区或交通便利的政治、经济、文化中心城市。根据国际会议协会的标准，会议型酒店的会议业务至少应占到其总业务的 60% 以上，供会议使用的面积也应占到总面积的 60% 及以上，因此，会议型酒店的规模通常是中型至特大型。

（4）长住型酒店

长住型酒店一般是为长住顾客设计的，客房以套房为主，最大的特点是客房设计为家居形式。每套客房包括客厅、卧室、厨房、卫生间、洗衣房及办公室等，配有整套的生活设施及公用的娱乐、健身设施。长住型酒店的经营策略、计价方式和服务方法都比较灵活，租期可以为 1 周、1 月、1 年、5 年或者更长时间，可以根据需要进行清洁工作，客房用品可以由酒店提供，也可由客人自行购买。

2）根据不同的计价方式分类

（1）欧式计价酒店

世界上绝大多数酒店都属于欧式计价酒店。欧式计价酒店的客房价格仅仅是指房租，不包含食品费、饮料费及其他费用。

（2）美式计价酒店

与欧式计价酒店不同，美式计价酒店的客房价格不仅包含房租，还包括早、中、晚三餐的费用，主要是为客人饮食不方便考虑。除了地处偏远的一些度假型酒店之外，目前这类酒店数量很少。

（3）修正美式计价酒店

修正美式计价酒店的客房价格包括房租及一份早餐和一份正餐（中餐或晚餐）的费用，主要是为了适应客人的需要，以便客人较自由地安排白天的活动。

（4）欧陆式计价酒店

欧陆式计价酒店的客房价格包括房租和一份简单的欧陆式早餐，即咖啡、面包和果汁。欧陆式计价酒店一般不设餐厅。

（5）百慕大计价酒店

百慕大计价酒店的客房价格包括房租和一份美式早餐的费用。美式早餐相对欧陆式早餐项目繁多，也被称为"复杂式早餐"，除了与欧陆式早餐相同的项目如咖啡或茶、黄油、果酱、面包和果汁外，还包括英式早餐中的煮黄豆、德式早餐中的香肠，还有麦片、粥类、鸡蛋类、肉食类等。

3）根据酒店的规模分类

酒店的规模一般指客房的数量。国际上普遍采用两种方式对酒店规模进行分类：

①拥有 300 间以下客房的酒店为小型酒店；拥有 300~600 间客房的酒店为中型酒店；拥有 600 间及以上客房的酒店为大型酒店。目前我国使用的是此种分类方法。

②拥有 25 间以下客房的酒店为小型酒店；拥有 25~100 间客房的酒店为中型酒店；拥有 101~300 间客房的酒店为较大型酒店；拥有 300 间以上客房的酒店为大型酒店。

4）根据其他标准分类

（1）根据产权形式进行划分

一种是将酒店分为国有酒店、合资酒店、外资酒店和私营酒店等类型；另一种是将酒店分为个体经营酒店、合伙经营酒店、酒店有限责任公司、酒店股份有限公司和酒店集团。

（2）根据酒店地点进行划分

可以将酒店分为机场酒店、汽车酒店、城市酒店、郊区酒店、度假酒店、高速公路酒店等类型。

（3）根据酒店建筑投资费用进行划分

可以将酒店分为低档酒店、中高档酒店和豪华酒店。按照国际标准，以一个标准间客房来计算，低档酒店一个标准间客房的建筑投资总费用为 2 万～4 万美元，中高档酒店为 4 万～6 万美元，高档酒店为 8 万美元以上。

【阅读材料】

复盘经济型酒店 25 年：兴起于草莽，受惠于时代

1996 年，锦江之星第一家门店"锦江乐园店"在上海虹梅路 227 号正式开业。通体白色的外立面、整齐统一砖红色窗户加上特意加高到四层的锦江之星 Logo 共同构成了中国第一家经济型酒店的雏形，中国酒店业也自此拉开了长达 25 年经济连锁时代的序幕。

在标准化的酒店产品和高性价比的酒店服务双重作用下，中国经济型酒店进入生命力旺盛的"萌芽期"。在锦江之星之后，相继诞生了如家、7 天、尚客优、汉庭、格林豪泰等一大批经济型酒店品牌，他们在中国酒店市场攻城略地，疯狂扩张，很快成为差旅人士的标配。

如果把品牌大爆发的 20 世纪 90 年代末期称为中国经济型酒店发展的第一阶段，那么进入 2000 年之后，中国经济型酒店就进入了第二阶段，即高速发展的黄金十年。其中最具标识性的事件就是"巨头们"的赴美上市潮。2006 年 10 月，如家在纳斯达克敲钟上市，上市首日涨幅达到 63.04%；2009 年 11 月，7 天连锁酒店集团在纽交所挂牌上市，从递交 IPO 申请到上市仅用了 20 天；2010 年 3 月，华住即汉庭连锁酒店成功赴美上市，直至今天依然活跃在美股市场。据中国饭店协会统计数据显示，2016 年以来，我国经济型酒店数量规模及客房总量呈现平稳上升态势，截至 2021 年 1 月，全国经济型酒店数量达到 23 万家，占全国酒店总量的 82%，总客房数量为 942.4 万间，占全国酒店客房数量的 61%。

不过，伴随着后期客房增速放缓，中国经济型酒店进入第三个阶段，即发展平缓期。

显然，此时的经济型酒店在长达数十年顺风顺水的市场环境中第一次遭遇瓶颈：在市场端，地价上升、物业成本增加，经济型的盈利空间进一步缩减；在消费端，年轻一代崛起和消费人群类型的扩大促进了消费需求的升级，除了住宿以外，消费者开始对酒店的设计、服务、功能都有了更多元的要求；在品牌端，中档酒店流行，酒店巨头换了一个战场厮杀，中高端酒店品牌市场占比逐渐提高。而在这样的背景下，经济型酒店也并未停止对行业思考的深度和广度，IP联名、产品升级、拥抱电商、打造私域等都成了经济型酒店的自救法则。

资料来源：迈点资讯，2021-11-15.（有删减）

1.3.2　酒店等级划分的目的与作用

酒店等级是指世界各国政府或旅游管理机构等按照一定标准、根据酒店设施和服务特色与质量对酒店进行总体的质量与等级评价，然后将表示等级的标志在酒店显眼的位置上公布出来。虽然各个国家的评定机构、评定要求与标准不尽相同，到目前为止全世界还没有统一的国际酒店等级划分系统，但划分目的却是一致的，主要表现为以下3个方面：

1）保护消费者利益

酒店等级不同代表了不同的酒店设施和服务质量，也就意味着不同的价格水平。一方面方便顾客在购买前了解有关酒店的信息，从而有利于顾客根据自己的实际需要与消费能力来选择相应的酒店产品与服务；另一方面也保护顾客的利益。随着酒店等级制度在全世界范围内的普及与完善，酒店等级已经成为了酒店产品质量的象征。

2）促进酒店的经营与发展

酒店的等级制度对酒店自身的经营与发展具有巨大的促进作用。第一，对每一家酒店而言，酒店的等级是对酒店最直接、最有效的宣传促销方式，同时有了等级制度的规定与指导，酒店在硬件设施配备、服务质量、日常经营管理等方面的盲目性、不规范性和随机性大大减少，酒店管理的科学性与有效性得以提高。第二，对整个酒店行业的发展而言，等级制度的实行有利于从整体上把握整个行业的等级状况，最大程度上合理分配市场资源，避免恶性竞争，同时有利于规范同等级酒店的市场竞争行为，如星级不同的酒店服务不同的目标消费群体。第三，酒店的等级制度保护了酒店企业的合法权益，让顾客不仅按照等级标准消费也要按照等级标准付费。

3）便于行业管理与监督

实行酒店等级制度还有一个好处就是便于行业的监督与管理，能够控制和规范整个行业的经营水平与经营行为，优化市场环境，杜绝不正当竞争与危害社会公众的行为，推动酒店业健康有序发展。

1.3.3　酒店等级划分的方法与评定机构

1）酒店等级表示方法

（1）星级制

星级制是世界各国广泛采用的酒店等级表示方法，在欧洲尤其普遍，我国目前采用的也是星级制。星级制以星（★）的多少来标定一家酒店的硬件档次和服务水平，不仅巧妙地避开了各国语言文字不同的障碍，而且还可以使顾客一目了然地对酒店的各个方面有一个全面的了解。因而星级制度在酒店业发展过程中越来越为社会接受。

星级制中比较流行的是五星级制，即把酒店分为5个等级，分别为一星级、二星级、三星级、四星级、五星级，用相应个数的五角星来表示，五角星的个数越多则表示等级越高，其中五星级酒店与四星级酒店又称为高星级酒店或豪华酒店，一星级酒店与二星级酒店又称为低星级酒店，三星级酒店则为中档酒店。在有些国家虽然也实行星级制，但等级与表示的方法有所不同。例如在伊朗，虽然采用的也是星级制，但前四等用星级表示，最高一级称作豪华而非五星级；斯里兰卡的星级制所表达的含义与一般意义上的星级制恰恰相反，即五角星的个数越多则表示等级越低；还有澳大利亚的星级制，不是分成5个等级，而是分成了9个等级，即在各个星级之间还有半级，如一星半、四星半。另外，还有些国家的酒店等级虽然不是用五角星来表示，但与五星制类似，例如美国汽车协会是用"钻石"的个数来评定酒店等级，从一钻石到五钻石；还有英国推行的"皇冠"表示法，从一皇冠到五皇冠。

（2）字母表示法

有些国家用字母来表示酒店的等级，从高到低一般以字母A、B、C、D为主，各个国家在具体使用上稍微有些不同。如采用字母表示法的西班牙、日本，级别最高的酒店不是用A表示，而是"豪华"；在奥地利则是用A1来表示最高等级的酒店。

（3）其他表示法

有些国家用顺序来表示酒店的等级，如意大利的酒店等级从高到低表示为豪华、第一、第二、第三、第四；有些国家依据酒店所处位置来划分等级，如挪威的酒店等级从高到低表示为旅游、城镇、乡村、山区；还有些国家则是字母与数字混用；等等。

2）酒店等级评定机构

酒店的等级划分意义重大，不仅关系到行业的规范发展与经营利益，而且还关系到消费者合法权益，因此世界各国划分酒店等级的机构一般为政府部门或权威的行业管理机构。行业管理机构以酒店行业协会居多，但具体各个国家又各不相同。关于部分国家酒店等级表示方法与评定机构见表1.3。

表 1.3　部分国家酒店等级名称及评定机构

国家	酒店等级名称（从高到低）	评定机构
中国	五星、四星、三星、二星、一星	政府

国家	酒店等级名称（从高到低）	评定机构
美国	五星、四星、三星、二星、一星 五钻石、四钻石、三钻石、二钻石、一钻石 超豪华、豪华、一般豪华、超一级、一级、一般一级、 豪华旅游级、旅游级、一般旅游级、二级	美孚汽车协会 美国汽车协会 美国饭店协会
英国	五星、四星、三星、二星、一星 五皇冠、四皇冠、三皇冠、二皇冠、一皇冠	皇家汽车俱乐部 英国旅游局
法国	五星、四星、三星、二星、一星、0 星	政府与饭店业协会
意大利	豪华、第一、第二、第三、第四	政府与饭店业协会
日本	豪华、A、B、C、D	政府
西班牙	豪华、1A、2B、2、3	政府
葡萄牙	旅游、商业	饭店业协会
澳大利亚	五星、四星半、四星、三星半、三星、 二星半、二星、一星半、一星	全国饭店与旅游者协会
爱尔兰	A1、A、B、BC、C、D	政府
希腊	A、B、C、D、E	政府
奥地利	A1、A、B、C、D	饭店协会
挪威	旅游、城镇、乡村、山区	政府
斯里兰卡	一星、二星、三星、四星、五星	政府
阿根廷	特别豪华、A、B、C、D	政府
以色列	五星、四星、三星、二星、一星	政府与饭店业协会
伊朗	豪华、四星、三星、二星、一星	政府
菲律宾	豪华、一级、标准级、经济级	政府
加蓬	豪华、舒适、现代化	饭店协会

从表 1.3 可以看出各个国家酒店级别的评定机构各不相同，实际执行过程也有所不同。有的是强制性的，有的是自愿性的，还有些是促销性的，往往要收取一定的费用。尽管各个国家和地区的酒店等级评定机构各不相同，在评定方法上却存在着共同之处，表现为：评定机构制订和颁布详细的酒店等级标准；有一套完整的关于评级的申请、检查、复查与抽查的鉴定程序；除了有一次公开调查，还要不定期进行一定次数的暗访；评定机构有权对在实际运营中达不到标准的酒店进行降级或除名。除此之外，评定机构还负责接受与处理消费者的投诉。

3）评定的内容与标准

如同各个国家酒店等级名称与评定机构不尽相同一样，酒店级别评定所涉及的评定内容与标准也是多种多样的。总体而言，大都涉及酒店的结构、设施、服务、保养、环境等方面。国际官方旅游宣传组织联盟（世界旅游组织的前身）公布的酒店等级标准的内容包括最低客房数，客房内的取暖、电话、照明、卫生间、隔音设备、公共设施（卫生间、阅览室、大厅、游泳池等）、餐厅、货币兑换以及职工素质等。现在酒店级别评定标准大体上都是以国际官方旅游宣传组织联盟公布的分级标准为参考或为最基本的标准。通常情况下都是先确定一个适用于所有酒店的最低标准或通则，达不到标准的不予评级，如规定最低可出租客房数量，法国规定为5间，美国为6间，荷兰、比利时等国为4间，东南亚及太平洋地区和南亚地区为10间，中国为15间。还有的规定酒店最低的注册标准，达不到标准的则不予注册。

1.3.4　中国酒店等级评定概述

1988年，我国制订并实施旅游酒店星级标准评定制度。截至目前经历了1997年、2003年、2010年3次修订，每次修订，都进一步引导和规范了酒店的发展及服务质量的提升。

1）酒店星级制度的形成

20世纪80年代以来，随着对外开放、对内搞活的方针政策的贯彻实施，中国旅游业有了较快发展。为了促进旅游业尽快与国际接轨，适应迅速发展的国际旅游业的需要，国家旅游局在世界旅游组织专家的指导和协助下，制定并于1988年9月1日开始执行《中华人民共和国评定旅游（涉外）饭店星级的规定》，该标准主要包括旅游涉外酒店星级评定的规定和旅游涉外饭店星级评定的标准两大部分。

1992年以后，中国酒店业进入了一轮酒店建设的高峰期。为了更好地引导酒店业的发展，在1988年等级评定版本的基础上，1997年10月，国家旅游局第一次对《旅游（涉外）饭店星级的规定》进行了修订。修订之后一、二星级酒店的标准基本保持不变，三、四、五星级酒店在总体档次、客人便利程度和舒适程度不降低的前提下，扩大酒店对自身设备和服务项目的选择空间，酒店可根据自己的客源市场和其他客观条件，在一个相对大的选择范围内自行决定投资哪些设施设备，设立哪些服务项目，即《旅游（涉外）饭店星级的划分与评定》（GB/T 14308—1997）。2002年以后，国家旅游局第二次组织修订星级标准，修订重点是强调酒店管理的专业性、酒店氛围的整体性和酒店产品的舒适性，并于2003年12月1日起实施《旅游饭店星级的划分与评定》（GB/T 14308—2003）。在新标准中，"旅游酒店"取代了"旅游涉外酒店"。近年来频发的各类突发事件对星级酒店的应急管理提出了更高的要求，低碳、环保与建立资源节约型社会等要求酒店必须重视节能减排工作，同时中低星级酒店也面临重新定位的挑战。在此背景下，2007年12月，国家旅游局启动了第三次修订工作，强调星级酒店的必备项目、核心产品、绿色环保、应急管理、软件可衡量和特色经营6个方面。2010年10月18日国家质量检验检疫总局、国家标准化管理委员会联合批准了《旅游饭店星级的划分与评定》（GB/T 14308—2010），并于2011年1月1日起正式实施。同时，全国所有星级酒店开展了酒店星级评定与复核工作。

2）酒店星级体系基本规定

《旅游饭店星级的划分与评定》（GB/T 14308—2010）规定了旅游酒店星级的划分条件（表1.4）、评定规则及服务质量和管理制度要求。该标准适用于正式营业的各种经济性质的旅游酒店。

表1.4　《旅游饭店星级的划分与评定》（GB/T 14308—2010）各星级划分条件

必要条件（附录A）	设施设备要求（附录B）	饭店运营质量要求（附录C）
必备项目检查表规定了各星级应具备的硬件设施和服务项目。评定检查时，逐项打"√"确认达标后，再进入后续打分程序。 一星级至五星级对应表为：A.1，A.2，A.3，A.4，A.5。	满分600分	满分600分
	一星级、二星级饭店不作要求；其他星级规定最低得分线： 三星级：220分 四星级：320分 五星级：420分	一星级、二星级饭店不作要求；其他星级规定最低得分率： 三星级：70% 四星级：80% 五星级：85%

《旅游饭店星级的划分与评定》（GB/T 14308—2010）以星的数量和颜色表示旅游酒店的等级。星级分为5个等级，即一星级、二星级、三星级、四星级、五星级（含白金五星级）。星级标志由长城和五角星图案构成，一颗五角星表示一星级，两颗五角星表示二星级，三颗五角星表示三星级，四颗五角星表示四星级，五颗五角星表示五星级，五颗白金五角星表示白金五星级。最低为一星级，最高为白金五星级。星级越高，表示旅游酒店的档次越高。同时还有预备星级，作为星级的补充，其等级与星级相同，开业不足一年的酒店可以申请预备星级，有效期为一年。

3）酒店星级评定的机构和规则

（1）酒店星级评定机构

我国旅游酒店星级评定机构总体实行"分级管理、下放星级标准与星级评定权"措施。国家旅游局是酒店星级评定的最高机构，下设全国旅游星级酒店评定委员会，负责全国旅游酒店星级评定的领导工作，并具体负责五星级酒店的评定。各省、自治区、直辖市旅游局设省级旅游星级酒店评定委员会；副省级城市、地级市（地区、州、盟）旅游局设地区旅游星级酒店评定委员会。这些机构都要根据上级星级评定委员会的授权开展星级评定和复核工作。

（2）酒店星级的申请

星级评定遵循酒店自愿申报的原则。凡在中华人民共和国境内正式营业1年以上的酒店，均可申请星级评定。经评定达到相应星级标准的酒店，由全国旅游酒店星级评定机构颁发相应的星级证书和标志牌。星级标志的有效期为3年。

（3）酒店星级的评定规程

由酒店提出星级申请，国家旅游局受理星级申请，全国旅游酒店星级评定机构应在接到申请一个月内安排评定检查，一、二、三星级酒店的评定检查工作应在24小时内完成，四星级酒店的评定检查工作应在36小时内完成。全国星级评定委员会保留对一星级至四星级酒店评定结果的否决权。对于以住宿为主营业务、建筑与装修风格独特、拥有独特客户群体、管理和服务特色鲜明且业内知名度较高的旅游酒店的星级评定，可按照星级评定程序直接申请评定五星级饭店。

4）星级的评定原则

酒店所取得的星级表明该酒店所有建筑物、设施设备及服务项目均处于同一星级水平。如果酒店由若干不同建筑水平或不同设施设备标准的建筑物组成，旅游酒店星级评定机构应按每座建筑物的实际水平评定星级。评定星级后，不同星级的建筑物不能继续使用相同的酒店名称。酒店取得星级后，因改造发生建筑规格、设施设备和服务项目的变化，关闭或取消原有设施设备、服务功能和项目，导致达不到原星级标准的，应向原旅游酒店星级评定机构申报，接受复核或重新评定。某些特色突出或极具个性化的酒店，若其自身条件与本标准执行的条件有所区别，可以直接向全国旅游酒店星级评定机构申请星级。

5）星级的复核及处理

星级复核是星级评定工作的重要补充部分，其目的是督促已取得星级的酒店持续达标。星级评定周期定为3年，分为年度复核和3年期满的评定性复核。年度复核工作由酒店对照星级标准自查自纠，并将自查结果报告相应级别星级评定委员会，星级评定委员会根据酒店自查结果进行抽查。评定性复核工作由各级星级评定委员会委派星级评定员以明察或暗访的方式进行。对复核结果达不到相应标准的星级酒店，星级评定委员会根据情节轻重给予限期整改、取消星级的处理，并公布处理结果。目前我国星级评定检查工作暂不收费。星级评定员往返受检酒店的交通费以及评定期间在酒店内发生的合理费用由受检酒店据实核销。

【阅读材料】

白金五星级酒店的评定标准

白金五星酒店的评定标准是：在五星级的基础上，必须具备以下条件：①两年以上五星级酒店资格；②位于城市中心商务区或繁华地带，交通极其便利；③建筑主题鲜明，外观造型独具一格，有助于所在地建立醒目的旅游目的地；④内部功能布局及装修能与所在地历史、文化、自然环境相结合，恰到好处地表现和烘托其主题氛围；⑤除有富丽堂皇的门廊及入口外，酒店整体氛围极其豪华气派；⑥各类设施设备配置齐全，品质一流，酒店内主要区域配有温湿度自动控制系统；⑦有位置合理、功能齐全、品位高雅、装饰华丽的行政楼层专用服务区，至少对行政楼层提供 24 小时管家式服务。

2007 年全国旅游星级饭店评定委员会按照"严格标准、宁缺毋滥"的原则，结合专家验收结论、各项标准得分、员工满意度、顾客满意度等综合情况，经过认真研究，中国内地产生了首批 3 家白金五星级酒店：北京中国大饭店、上海波特曼丽嘉酒店和广州花园饭店[1]。

1.4　酒店产品的构成与特点

1.4.1　酒店产品的概念

所谓产品即"过程的结果"，是指企业向市场提供的，能够引人注意，进而获取、使用或者消费以满足某种欲望或需要的任何劳动成果。酒店产品就是由酒店向市场提供的、能够满足顾客某种需求的有形产品、无形服务或两者组合的使用价值的总和。酒店产品是酒店赖以生存和发展的前提和基础。从整体上来看，酒店产品包括以下 3 个层次的含义：

1）核心产品

核心产品指酒店提供给顾客的直接利益和效用，即产品使用价值，是顾客真正要购买的东西，如客房的可住性、餐饮的可食用性等，是酒店产品整体概念中最基本、最主要的部分。酒店业属于服务性行业，核心产品的提供需要借助无形的服务来完成。正因为服务具有无形性，顾客只有通过接受酒店提供的各种服务才能感受和体验酒店核心产品的功效，可以说顾客消费的过程不仅是满足物质需求的过程，也是满足精神需求的过程。虽然顾客在消费过程中对物质产品和精神产品的需要是不同的，但是接受服务所产生的心理感受会对整体满意程度产生直接的、显著的影响，这也间接地说明了服务在酒店产品中所占据的重要地位。

2）形式产品

形式产品是指酒店产品中向市场提供的物质实体或劳务的外观，是服务借以实现的形式。根据所有权是否发生转移，形式产品分为两类：一类是所有权发生转移的物质实体，如餐饮中的菜肴、酒水以及商务中心出售的礼品等。这类形式产品伴随顾客的购买而将所有权转移给顾客，服务与消费同时进行。另一类是顾客只能感受和体验，但不能实际拥有的物质实体，如酒店的设计风格、地理位置、酒店声誉与等级、内部环境与气氛、设施设备、服务项目、服务质量等。这类形式产品更好地展现了酒店的核心产品，同时也形成了酒店的独特性。

1　2007 年首批白金五星级酒店出炉后，业内便再也没有进行相关评定，而目前全国酒店条件超过这 3 家的比比皆是。2021 年 3 月文化和旅游部正式委托全国星评委完成新版星级饭店标准修订工作，等待新标准发布。

3）延伸产品

延伸产品也称为附加产品，是指酒店为顾客提供核心产品和形式产品的同时提供给顾客的一系列附加利益，是顾客购买酒店产品时所能得到的附加的服务或利益，如酒店提供的往来于酒店与旅游景点、购物场所、机场或车站之间的免费班车、车位充足的停车场等。延伸产品对顾客来说虽然不是必需的，但它能够给顾客带来更好的便利和更高的消费满意度，会对酒店的核心产品和形式产品起到锦上添花的作用。

另外，随着环境保护意识的增强，人们认识到酒店产品不仅是上述内容，即正式和非正式合同规定的产品，还包括经营活动的结果，即非预期的产品，如酒店产品会不会造成环境污染、是否存在资源浪费等。

1.4.2　酒店产品的构成

1）酒店产品的构成要素

营销学家梅德里克对酒店产品的构成要素进行了全面的阐述，主要包括以下5个方面：

（1）酒店的地点

酒店地理位置的好坏意味着可进入性与交通是否方便，周边环境是否良好，直接影响着酒店的经营与管理。被称为"商业酒店之父"的斯塔特勒就特别强调酒店位置的重要性。他认为对任何酒店来说，取得成功的三个最重要的因素就是"地点、地点、地点"，地理位置优越与否在很大程度上决定了酒店产品吸引力的大小，甚至关系到酒店的生存与发展。另外，不同的地理位置还构成了酒店产品在内容上的差异，如面对不同的顾客群体，商务型酒店的选址与度假型酒店的选址就存在很大的差异。值得注意的是，酒店地点的选择不仅要考虑当下的情况，还要关注未来的发展，要把酒店设计在未来繁华的区域里。

（2）酒店的设施

酒店设施是酒店产品重要的组成部分，也是酒店无形服务的物质载体，如客房、餐厅、酒吧、多功能厅、会议厅、康乐设施等。一般来说，酒店设施设备的规模档次应与酒店自身的等级水平相适应，不同类型、不同等级的酒店的设施设备在规模大小、装潢设计、风格特色、环境氛围等方面都有所不同。现代酒店对设施设备的依赖程度越来越高，设施设备的技术含量也越来越高，这为酒店经营的成功和服务质量的提高打下了良好的物质基础。

（3）酒店的服务

酒店的服务是酒店产品中最重要的部分，是最能体现酒店市场竞争能力的要素。顾客在酒店的消费，不仅是购买物质产品，更重要的是体验酒店的服务。因此，服务内容、服务方式、服务态度、服务速度、服务效率等直接关系到顾客的满意程度。根据标准化程度可以将酒店服务分为标准化服务和非标准化服务（或称作个性化服务）。标准化服务是酒店服务质量的基本保障，而个性化服务则为顾客提供满意加惊喜的心理上的满足，同时个性化服务也是酒店服务竞争的焦点所在。

（4）酒店形象

酒店形象是指顾客对酒店及酒店产品所产生的总体评价或一致看法，包括物质层面的形象和精神层面的形象。物质层面的酒店形象是由酒店建筑、酒店外观、酒店设施、内部装潢、员工制服、酒店外部环境等多个方面共同展现，一般与酒店的等级水平正相关，即酒店等级水平越高，酒店的物质层面的形象越高。精神层面的形象是由服务态度、服务水平、服务技能、员工精神面貌及低碳环保行为、参与公益与慈善活动等方面共同形成。员工服务体现的是酒店的内部精神形象，而酒店经营过程中对周边环境的保护、所参与慈善与公益活动的频率、支持的力度等方面体现的是酒店的外部精神形象。相对而言，精神层面的形象更能够提升酒店的市场美誉度与市场竞争力。

（5）酒店的价格

酒店的价格是酒店产品价值的货币表现。它表现了酒店通过其地理位置、设施设备、服务等方面的价值，反映了不同的酒店产品质量和形象。酒店的价格水平一般与酒店的等级水平相关，因此顾客可以根据酒店的不同等级或价格水平来选择合适的酒店与酒店产品。

2）酒店产品的组成

从总体上可以将酒店产品分为以下两个部分：

（1）有形产品

在酒店产品的5个构成要素中，酒店的地理位置、酒店的设施设备及物质层面形象的构成物等方面都属于有形产品。如酒店建筑，外部环境中的停车场、草地与树木，客房及各种客房日用品，餐厅与酒吧中各种实物产品，康乐设施，员工服装，酒店标志与广告宣传载体，商务中心出售礼品与艺术品等。

（2）无形产品

酒店无形产品主要是指服务。除此之外还有其他的无形产品，如酒店的特色，菜肴和酒水的温度与色泽，前台、客房与餐饮等部门的服务效率，酒店各种设施设备使用的安全性，客房、餐厅与酒吧的舒适度，问询与交通的便利程度，酒店的美誉度与知名度，员工的礼仪与热情，酒店的市场口碑等。

1.4.3　酒店产品的特点

1）酒店产品的非实物性

酒店作为服务型企业，其进入旅游市场流通的酒店产品并不是以实物形态出现，而是根据酒店各部门所提供的各种服务来完成交换价值的转移。在这个过程中，多数酒店产品都会出现所有权和使用权分离。顾客购买的仅仅是酒店产品的使用权，其所有权仍然属于酒店。因此，酒店要满足顾客的物质需求和精神需求，必须通过服务人员"宾客第一"的理念、热情周到的服务来实现。

2）酒店产品的综合性和季节性

旅游需要的整体化和多样性决定了酒店产品的综合性。酒店不仅提供最基本的住宿和餐饮服务，同时还提供康乐、购物、消遣、通信、商务、旅行服务等各种服务。现代酒店随着顾客需求的多样性，酒店产品包含的内容也在不断地丰富，同时具有生存、享受和发展3种层次。

酒店产品的季节性是伴随旅游的季节性而产生的。现代旅游活动的季节性是指游客活动时间的分布上具有不均衡性，导致出现明显的淡旺季差异，还有一些特定的风景区，受时间、气候、时令、活动的限制，也会有明显的游客量差异。旅游活动的季节性代表着客流量的季节性，从而对酒店的接待量产生直接的影响，对一些以游客为主要接待对象的酒店的影响尤为明显。

3）酒店产品价值的不可储存性

酒店是服务性企业，服务时生产过程与消费过程同时进行，消费者与生产者直接接触，中间不存在产品储存运输过程。这使得酒店产品价值具有不可储存的特点，也就意味着酒店产品在规定时间内如果销售不出去，其产品价值就会丧失，而且永远无法弥补。如客房的价值需要通过顾客的入住与消费来实现，如果当天没有顾客入住，则这一晚的价值将会随之消失，再也无法补偿。因此要求酒店管理者必须时刻关注酒店产品的使用率，运用灵活的价格策略、恰当的促销渠道和有效的促销手段扩大酒店产品的销售量，从而为酒店赢得稳定的、持续的效益。

4）酒店产品的文化性

酒店产品的文化性就是通过酒店的人和物综合表现出来的一种文化特性。旅游者每到一地都希望感受到一种浓郁的当地风土人情和特色服务，这也正是吸引人们外出旅游的原因所在，酒店产品在一定程度上能够满足旅游者这种好奇心。这种需求的满足除了依靠酒店硬件设施所体现的文化外，更多地要靠酒店的文化氛围和服务人员的服务来体现。酒店内部的装饰与设计风格、摆放的艺术品、具有特色的员工制度与服务用语等都是酒店文化氛围的具体体现。另外，通过酒店员工的综合素质、职业道德、敬业精神等方面的展现还能够让顾客感受到酒店的文化内涵。

5）酒店产品的情感内涵

一般企业产品的生产加工过程及产品质量的衡量是以实物的形式体现出来的，而酒店产品的生产过程与产品质量衡量就是酒店员工与顾客直接面对面交往的过程，是以人际交往的形式来体现的。在这个过程中，酒店员工为顾客提供服务，顾客通过接受服务，获得物质和精神的满足程度来判断酒店产品的质量。酒店员工在服务过程中所展现的良好的服务态度、服务技能与服务效率等都会推动顾客对酒店产品产生积极的情感，尤其是酒店员工提供的个性化服务更能够增强顾客对整个酒店、酒店员工及酒店产品的情感，进而实现以情感留住顾客的目标。

6）酒店产品质量的不稳定性

酒店产品的质量在很大程度上取决于服务人员为顾客提供面对面的服务，而这个过程受人为因素影响很大，因此产品质量具有不稳定性。从酒店员工的角度来看，虽然酒店员工需要遵守服务的规范，如"微笑服务""耐心细致"等，但受到多种因素的影响，酒店员工的情绪会产生一定的波动。即使是同一项服务，不同的人会有不同的服务质量，甚至同一个酒店员工在不同时间和情境下也会有不同的服务质量。从顾客的角度来看，因为顾客来自不同的国家和地区，有着不同的消费水平、消费偏好与习惯，各种不同的消费习俗，不同的生活经历等，对服务的要求也就不尽相同，对服务质量的感受往往也带有较大的主观色彩。如同"一千个人眼里会有一千个哈姆雷特"一般，对酒店产品质量的感受很大程度上受制于顾客的主观感受。

【阅读资料】

酒店产品的形态创新与功能叠加

随着国人旅游消费升级的深化，对出游住宿的品质需求提高及多样化需求成为酒店产品的新考验。住宿作为出游中关键体验场景，顾客的需求已不仅仅在于舒适，更为看重的是其差异化、个性化住宿需求是否能得到满足。因此，在住宿服务创新上，住宿商家尝试引入文化、博物馆、水族馆等场景，实现空间功能叠加带来新颖的住宿体验。在丰富住宿产品矩阵的同时以独特的产品亮点抢占住宿选择先机，也在单一住宿产品基础上加大增值服务力度。创新产品形态的扩充，一方面增加了住宿中的消费、娱乐、休闲等场景；另一方面也将住宿服务的差异性体验与传统酒店的区别显现出来。

资料来源：易观-CIHB 中国酒店品牌洞察报告，2021-02-1.（有删减与改编）

【本章小结】

▶ 酒店是服务性企业，经政府主管部门批准，拥有固定场所与相应设施设备，向顾客提供食宿、娱乐、购物、消遣、通信、商务等综合性服务，具有营利性质。酒店不同于一般的工商企业，它具有服务性、综合性、手工操作比重大、享受性等特点，同时对旅游业及整个国家或地区的经济发展起到了积极的推动作用。

▶ 酒店根据规模、位置、功能、产权形式、计价方式等不同标准可产生不同的分类。酒店等级是世界各国酒店协会和旅游管理机构根据酒店设施及服务的特色和质量对酒店进行的总体评价。酒店等级制度的实施一方面方便顾客进行消费选择，保护消费者利益；另一方面又有利于各国旅游组织和酒店业的营销工作的开展。

【思考练习】

1. 简述酒店的含义与特点。
2. 简述世界酒店业发展历史。
3. 简述中国酒店业发展历史。
4. 简述目前较为流行的酒店分类。
5. 简述目前国际上常用的酒店等级制度与表示方法。
6. 简述中国酒店业的等级制度与考核方法。
7. 简述酒店产品的组成。
8. 简述酒店产品的特点。

【案例讨论】

中国酒店业 20 年升级之路

从希尔顿等外资酒店企业涌入中国市场，占据了大多数的高端酒店市场份额，再到后来本土酒店企业崛起，一路扩张；如今更多的本土酒店企业与外资酒店公司进行合资合作，甚至是本土酒店企业收购外资酒店企业，成为中国自加入 WTO 20 年来酒店市场的巨大变化。

1. 更多元化的发展

从 20 世纪 90 年代开始，外资酒店品牌如希尔顿、喜来登等开始陆续进入中国市场，虽然市场规模不是特别大，但慢慢打造了一种高端酒店的经营模式——本土业主＋外资酒店管理方。由于希尔顿等外资酒店在全球具有较强的品牌知名度和完善的管理体系，因此，不少高端酒店项目都采用了外资酒店品牌。

2001 年 12 月 11 日中国正式加入 WTO，外商的角色更为"灵活"，突出表现在不但允许外资建设饭店，还允许外商直接或间接管理饭店。根据《中国入世承诺》，外商可以合资企业形式在中国建设、改造和经营饭店与餐馆设施，允许外资拥有多数股权。关于外国个人到中国境内提供服务（自然人流动），除服务贸易水平承诺的内容外，还允许与在中国的合资饭店和餐馆签订合同的外国经理、专家（包括厨师和高级管理人员）在中国提供服务。

公开资料显示，2001 年 12 月，法国雅高酒店集团（下称"雅高"）与北京首都旅游集团签订协议，成立一家合资饭店管理公司，雅高麾下的高端品牌"美居"进入中国市场。2002 年 1 月 22 日，雅高与锦江集团合作成立针对中国国内酒店市场的销售和分销合资公司，该公司下设 3 个销售及分销合资公司，分别位于上海、广州和北京，全面负责锦江集团麾下 15 家酒店的销售，并实现了顾客分享。2002 年 1 月，四季集团购入上海四季酒店项目 21% 的股权。2002 年 3 月，北京东方酒店管理有限公司推出网上实时预订系统。2002 年 4 月，雅高并购了在华南及东南亚颇具实力的国际连锁酒店集团 Century 和 Zenith，使其在中国市场的酒店数量翻倍。

"中国加入 WTO 后，酒店业的体制模式多元化，由原本以国营为主演变为国有、民营、外资各分天下；住宿业态则更多元化，酒店业在入世后随着消费升级，市场细分加剧的趋势更迭，涌现出包括生活方式酒店、主题酒店、民宿、精品酒店、酒店公寓等新兴业态，而原本的星级酒店体系也逐渐细分为豪华全服务酒店、精选服务酒店与轻资产发展的有限服务酒店，以不同的商业模式形成新的酒店版图；经营水平更专业化，国外先进的专业化管理理念传播推动提升了我国酒店业的专业化经营水平；酒店业日趋集团化和连锁化，市场竞争越发激烈，酒店企业通过兼并、合营、控股、资产重组等多种方式逐步向集团化和连锁化的方向发展。"锦江国际集团副总裁、锦江酒店党委书记、董事长张晓强对第一财经记者表示。

受益于加入 WTO，中国旅游业加速发展，带动酒店行业复苏。根据国家统计局官网的数据，自 2004 年至 2019 年，国内住宿业营业额从 1 170 亿元增长至 4 343 亿元。

2. 并购潮和国际化

入世后我国酒店业在"走出去"和"引进来"双向战略的引导下，首先是引进国外品牌、国外管理人才和管理经验，迅速缩小与国际酒店业的差距。同时通过"走出去"，积累国际化经验，并为中国酒店业培养出一大批高级管理人才。对于外资酒店品牌方而言，与本土酒店企业合作是一条快速在中国市场发展的路径。同时，中外酒店业越来越密切的资本和战略合作也让更多的本土酒店企业"走出去"，并购海外酒店企业，并适当布局海外市场。

在并购潮中，锦江系将铂涛、维也纳酒店等纳入自己的阵营，而从经济型酒店起家的首旅如家和华住也没有闲着，华住与雅高进行了交叉持股，在 2019 年 11 月，华住在新加坡的全资子公司 China Lodging Holding Singapore 完成了对 Deutsche Hospitality 德意志酒店集团 100% 股权收购协议的签署，成为华住国际化的重要一步；首旅系携凯悦 5 亿元合资成立宇宿酒店，如家为控股方。

在业界看来，酒店业作为全球化的产业，在加入 WTO 后获得了更多国际化的发展商机，中国酒店业迅速升级，并走出了一条具有中国特色的酒店业发展之路。

资料来源：乐琰，冯小芯. 第一财经，2021-12-09.（有删减与改编）

思考题：

1. 结合案例谈谈中国酒店业加入 WTO 后 20 年的升级之路带来的经验总结与发展启示。

2. 请思考并分析中国酒店业升级发展的推动力来自哪些方面。

3. 请搜集相关资料并指出中国酒店业未来发展的趋势。

第 2 章　酒店管理的理论基础

【本章概要】

　　本章主要介绍酒店管理的基础理论及其所具备的基本职能，介绍了西方管理理论的丰富成果，论述了酒店管理的基本职能，并对酒店管理的具体理念与方法、酒店管理者的素质要求等进行了深入探讨。

【学习目标】

　　①了解古典管理理论、行为科学理论、当代管理理论等酒店管理的理论基础；②理解酒店管理的基本职能、理念和方法；③熟悉现代酒店对管理者素质的要求。

【开篇案例】

亚朵：引领多元化生活方式的中高档连锁酒店龙头

　　亚朵从 2013 年开设第一家名为"亚朵村"的酒店起，逐步建立了遍布中国 131 个城市的酒店网络。截至 2021 年 3 月 31 日，亚朵共有 119 家酒店位于一线城市，367 家酒店位于新一线、二线城市，客房总数为 71121 间，酒店品牌组合包括 Atour、Atour S、Atour X、Atour Light、ZHOTEL 和 AT House，涵盖了从中档到豪华酒店的全链条。为打破消费者对旅行和住宿的刻板印象，亚朵希望重新定义热情好客对中国年轻一代的真正意义，致力于提供独特的顾客体验和多元化的生活方式。根据公司招股书援引 Frost & Sullivan 的数据，截至 2020 年底，按客房数量计，亚朵是中国最大的中高档连锁酒店。2017 年至 2020 年，亚朵持续位居中国酒店业协会的中国中高端连锁酒店排行榜榜首。

　　"亚朵"源自创始人王海军在旅行中意外造访的云南怒江亚朵村，那里风光秀丽，民风淳朴，与之一脉相承的是亚朵酒店"人文、温暖、有趣"的产品哲学以及"新住宿、新文化、新消费"为一体的品牌文化。通过开辟社群营销模式，打破了酒店行业"经营空间"的传统观念，回归人文情怀，用心筑造城市的"乌托邦"很好地提升了酒店文化内核。

　　亚朵是国内酒店业第一家通过与领先生活方式品牌方合作，提供主题酒店的连锁酒店。截至 2021 年第一季度，亚朵共有 14 家以音乐、篮球、文学等为灵感的主题酒店。除此之外，亚朵还与网易严选、上海动漫电影制片厂等合作，经营包括零售、动漫等主题在内的独立主题酒店。亚朵还是国内第一家开发基于场景的零售业务的连锁酒店。亚朵精心设计的酒店空间为客户提供了个性化和身临其境的购物目的地，引导客户参与从发现到购买的个性化购物之旅，增强客户体验。目前亚朵共有 1136 个 SKU，从睡眠产品（包括床垫、枕头）、个人护理产品（洗浴用品、香氛等）到便携产品（手提箱、吹风机等），其中 75.2% 是自有设计品牌。同时，亚朵还是中国酒店业最早采用完全基于云的数字管理系统的酒店之一。亚朵利用先进的云和大数据技术，开发了全面的数字化管理系统，综合技术基础设施包括收入管理系统（RMS）、中央预订系统（CRS）、物业管理系统（PMS）等，从客房预订、客房管理、定价和会员权益等方面提升客户体验和运营效率。

亚朵通过致力于为各品牌酒店的顾客提供"标准化"的个性化服务，来赢得客户的满意度和忠诚度。根据公司招股说明书援引 Brandwisdom 的独立客户调查，自 2017 年以来，亚朵的整体客户满意度在六大中高档酒店品牌中名列前茅。

资料来源：未来智库，2021-07-13.（有删减与改编）

2.1 酒店管理的基础理论

2.1.1 古典管理理论

1）泰罗的科学管理理论

20 世纪初，在西方工业国家影响最大、推广最普遍的"科学管理"包括了一系列关于生产组织合理化和生产作业标准化的科学方法及理论依据，因其最初由美国机械工程师泰罗首先提出并极力推广，因此也被称为"泰罗制"。19 世纪末 20 世纪初，机器和机器体系在工业生产中的广泛运用，一方面使企业的生产规模越来越大，复杂程度不断提高；另一方面也使生产技术越来越多地掌握在工人手中，资本家无法完全控制工人的作业方法和作业时间。因此，凭经验和判断来进行的传统管理方式不再适应机器化大生产的要求，企业管理逐渐要求从传统的经验管理走向科学管理。

（1）泰罗其人

弗雷德里克·温斯洛·泰罗，又译作弗雷德里克·温斯洛·泰勒，美国古典管理学家，1856 年出生于美国费城，1878 年开始在米德瓦尔钢铁公司工作。由于他工作刻苦，表现突出，从一名普通工人先后被提升为工长、机修车间主任、总机械师、总工程师。在此期间，泰罗推行了一套科学的管理方法，这些早年实践及其后来的进一步研究被人们称为"泰罗制"，在其 1911 年出版的《科学管理原理》一书中得到了很好的阐释。

（2）泰罗制及其具体内容

泰罗认为，实施科学管理的核心问题是要求管理人员和工人双方在精神上和思想上进行彻底变革，双方都把注意力从盈利的分配转到增加盈利数量上来。因此，科学管理的根本目的应是谋求最高工作效率，这是工厂主和工人共同达到富裕的基础。而要达到最高工作效率的关键是用科学的管理方法代替传统的经验管理。

据此，泰罗提出了以下 4 个方面管理制度：

①改进操作方法，合理利用工时，提高工效

其具体做法是把生产过程中每个环节的每项操作分解成许多动作，继而把动作细分为动作要素，根据每项动作要素的必要性和合理性对其加以删除、改进或组合，以形成标准的作业方法。在此基础上进一步为标准作业方法规定标准作业时间，确定工人的劳动定额。另外，为使工人能够以标准方法进行操作，完成较高的劳动定额，还必须根据作业方法的要求，使工人的作业环境以及工具、设备、材料等作业条件标准化。

②根据工作要求，对工人进行科学的挑选和培训

泰罗认为，要提高工人的劳动生产率，首先要根据工人的不同特长来分配工作，然后根据标准的作业方法集中培训工人，既可以保证受训者掌握科学的操作方法，也可以提高培训的速度和效率。

③改进分配方法，实行差别计件工资制

要刺激工人增加产量，工资标准应该随着产量的增加而提高。对完成和超额完成工作定额的工人以较高的工资率支付工资，而对完不成定额的工人按较低的工资率支付工资。

④改进生产组织，加强企业管理

泰罗主张在企业中设立专职的计划部门，把计划职能和执行职能分开。由计划部门负责收集和整理工人的操作经验，进行作业研究和时间研究，确定工时定额依据，并在此基础上制订作业方法、时间定额和工资标准。这一做法为管理理论系统的形成奠定了基础。

（3）泰罗制的优缺点

泰罗的科学管理理论将科学引进了管理领域，促进了生产效率的提高，适应了资本主义经济在这个时期的发展。但是泰罗制把工人看成会说话的机器、纯粹的"经济人"，使其成为资本家最大限度地压榨工人的手段。另外，泰罗的管理理论研究范围较窄，主要针对作业方法或现场监督，而对企业的人事、财务等其他活动基本上没有涉及。

2）法约尔的一般管理理论

（1）法约尔其人

亨利·法约尔，法国科学管理专家，管理学先驱之一，实业家，1841 年出生于土耳其伊斯坦布尔，长时间在法国的一家大型煤矿公司担任高层领导职务，积累了丰富的大企业管理经验，侧重于从中高层管理者的角度去剖析管理问题。1916 年出版的《工业管理与一般管理》是其毕生管理经验与管理思想的总结，除了可应用于工商业之外，还适用于政府、教会、慈善团体、军事组织以及其他各种事业。

（2）一般管理理论的内容

法约尔认为经营和管理是两个不同的概念，管理只是经营的一部分，是由计划、组织、

指挥、协调、控制等一系列职能构成。除了管理，经营还包括技术活动、商业活动、财务活动、安全活动和会计活动5个方面。经营的这5个方面的活动以不同方式、不同程度地存在于任何组织的任何层次中，因此组织中不同层次的工作人员都应根据任务的特点拥有相应的知识和能力。法约尔指出，要适应企业经营的需要，必须加强管理教育，"尽快建立一种管理理论"，建立"一种得到公认的理论，包括为普遍的经验所验证过的一套原则、规则、方法和程序"。法约尔根据自己的经验总结了14条管理原则：

①劳动分工。通过劳动专业化分工提高人员的工作效率，提高劳动生产率。

②权力与责任。权力是指挥和要求别人服从的力量，出色的管理者要用个人权力来补充制度权力。为保证权力的正确使用，必须"规定责任的范围，然后制订奖惩的标准"，实现责权对等。

③纪律。纪律的实质"是对协定的尊重"，任何组织活动的有效进行，都必须有统一的纪律来规范人们的行为，使管理者和员工都对组织规章有明确的理解并进行公平的奖惩。

④统一指挥。它是一条基本的管理原则，是指"一个下属人员只应接受一个领导人的命令"，如果这条原则被打破，"权力将受到损害，纪律将受到危害，秩序将被扰乱，稳定将受到威胁"。

⑤统一领导。对于达到同一目标的全部活动，只能有一个领导人和一项计划，这是统一行动、协调组织中一切努力和力量的必要条件。法约尔指出，统一领导和统一指挥的区别在于："人们通过建立完善的组织来实现一个社会的统一领导；而统一指挥则取决于人员如何发挥作用。统一指挥不能没有统一的领导而存在，但并不来源于它。"

⑥个人利益服从整体利益。任何员工的个人利益，不能超越组织的整体利益。

⑦报酬。法约尔认为，报酬是人们"服务的价格应该合理，并尽量使企业和所属人员满意"，报酬方式可以对企业的生产发展产生重大影响。合理的报酬方式必须符合3个条件：a. 能保证报酬公平；b. 能奖励有益的努力和激发热情；c. 不应导致超过合理限度的过多报酬。

⑧集权。作为管理的两种制度，管理权力集中与分散本身无所谓好坏，不同程度的同时存在，"问题在于找到适合企业的最适度"。法约尔指出，影响权力集中程度的因素主要有：组织规模、领导者与被领导者的个人能力和工作经验、环境的特点等。

⑨等级链。等级制度是指组织的最高权力机构直至最低管理人员的领导系列，它是组织内部命令传递和信息反馈的正常渠道。法约尔认为应把尊重等级制度与保持行动迅速结合起来，为此他设计了一种"联系板"的方法，以便使组织中不同等级线路中相同层次的人员能在有关上级同意的情况下直接联系。

⑩秩序。包括"物的秩序"和"人的秩序"，不仅要求物归其位，也要求根据工作要求和人的特点来分配工作。

⑪公平。公平是由善意与公道产生的，为了鼓励下属忠实地执行职责，管理者应友善

和公正地对待下属。

⑫人员的稳定。人员的稳定对于工作的正常进行、活动效率的提高是非常重要的，应制订规范的人事计划，保证组织所需人员的供应。

⑬首创精神。首创精神是指人们在工作中的主动性和创造性，对企业是一股巨大的力量，因此应鼓励和发展员工的这种精神。

⑭人员的团结。全体人员的和谐和团结是企业发展的巨大力量，强调团结协作可以促进组织内部的和谐统一。

法约尔提出的许多概念、术语和原理为管理理论研究构建了基本的框架体系，在现代管理学中被普遍继承和运用。孔茨甚至认为法约尔是"现代管理理论的真正创始人"。

2.1.2　行为科学理论

1）人际关系论

（1）梅奥其人

乔治·埃尔顿·梅奥，行为科学的奠基人，美国管理学家，原籍澳大利亚，早期的行为科学——人际关系学说的创始人，美国艺术与科学院院士。埃尔顿·梅奥在美国宾夕法尼亚大学沃顿管理学院任教期间曾从心理学角度解释产业工人的行为，这为他后来将组织归纳为社会系统奠定了一定的理论基础。1927年冬，梅奥应邀参加了开始于1924年但中途遇到困难的霍桑实验。

（2）人际关系论的主要内容

行为科学的发展始自人际关系论。1924—1932年，梅奥等人在美国芝加哥郊外的西方电气公司的霍桑工厂进行了引起管理学界重视的"霍桑实验"。霍桑实验结束后，梅奥等人对实验结果进行了总结，构建了人际关系论。该理论的主要观点如下：

①企业职工是"社会人"，而非"经济人"

霍桑实验表明，物质条件的改变不是劳动生产率提高或降低的决定性原因，甚至计件制的刺激工资对于产量的影响也不及生产集体所形成的一种自然力量大。因此梅奥等人创立了"社会人"的假说，即认为企业员工并非单纯追求金钱收入，他们还有社会、心理方面的需求，追求人与人之间的友情、安全感、归属感和被尊重感等。

②企业中存在着一种"非正式组织"

企业员工在共同工作、共同生产中，必然会产生相互之间的人群关系，加深相互了解，产生共同的感情，自然形成一种行为准则或惯例，逐渐发展成一种相对稳定的"非正式组织"。"非正式组织"必然存在，与正式组织相互依存，而且通过影响员工的工作态度来影响企业的生产效率和目标的达成。

③新的领导力在于提高职工满足程度的能力

梅奥等人根据霍桑实验得出结论，生产效率的高低主要取决于工人的士气，而"士气"

的高低取决于安全感、归属感等社会、心理方面的需要的满足程度，家庭、社会生活的影响以及企业中人与人之间的关系。因此，新型的领导方法要求管理者转变管理观念，重视"人的因素"，认真分析职工的需求特点，不仅要解决工人生产技术或物质生活方面的问题，还要掌握他们的心理状况，了解他们的思想情绪，以采取措施提高士气，促进协作，达到提高生产效率的目的。

人群关系理论是"行为科学"学派的早期管理思想，只强调要重视人的行为。自此以后，诸多管理学家、社会学家、心理学家从行为的特点、行为的环境、行为的过程以及行为的原因等多种角度展开了对人的行为的研究，使行为科学成为现代人本管理理论的一个重要流派。

2）需求层次理论

（1）马斯洛其人

亚伯林罕·马斯洛，美国社会心理学家，人格理论家，人本主义心理学的主要发起者，于1908年4月出生于美国纽约的一个犹太家庭，是一个智商高达194的天才。马斯洛对人的动机持整体的看法，他的动机理论被称为"需求层次论"。

（2）需求层次理论的主要内容

马斯洛于1943年提出的"需求层次理论"有两个基本点：一是人的需求取决于他已经得到了什么，尚缺少什么，只有尚未满足的需求才能够影响行为；二是人的需求都有轻重层次，某一层需求得到满足后，高一层次需求才会出现。马斯洛认为大多数人的需求可以分为以下5类：

①生理的需求。这是人类最原始的基本需求，包括基本的生活要求，如衣、食、住、行等。

②安全的需求。这是继生理需求得到满足后产生的高一层需求，分为两类：一是现在安全的需求，即要求自己现在的社会生活的各个方面的安全均能有保证，如就业安全、生产过程中的劳动安全、社会生活中的人身安全等；二是对未来的安全的需求，即希望未来的生活能有保障，如病、老、伤、残后的生活保障等。

③社交的需求。社交的需求包括人与人之间的友谊、忠诚、爱情、归属感等各方面的需求。人们的生活和工作是在一定的社会环境中进行的，希望在社会生活中受到别人的注意、接纳、关心、友爱和同情，从属于一个小群体。社交的需求比生理和安全的需求更细致，需求的程度也因每个人的性格、经历、受教育程度等不同而有所差异。

④尊重的需求。尊重包括自尊和受人尊重。自尊是指在自己取得成功时的自豪感；受别人尊重是指当自己做出贡献时能得到他们的上司和同事等的较好的评价和赞扬，一定的社会地位、名望、个人能力及成就得到社会认可。

⑤自我实现的需求。这是最高层次的需求，即希望在工作上有所成就，在事业上有所建树，实现个人的理想抱负。自我实现的需求通常表现在胜任感和成就感两方面，马斯洛

认为这种需求就是"人希望越变越完美的欲望，人要实现他所能实现的一切欲望"。

马斯洛的需求层次理论发表后，在实际工作中得到了广泛应用，但它并没有注意到工作和工作环境的关系，而且只说明了需求与激励之间的一般关系，没有考虑到不同的人对相同的需求的反映方式往往是不同的。

3）双因素理论

双因素理论是一种激励模式理论，由美国心理学家弗雷德里克·赫茨伯格在广泛调查的基础上，于1959年出版的《工作与激励》一书中正式提出。赫茨伯格认为，影响人们行为的因素主要有保健因素和激励因素两类。

保健因素是指那些与人们的不满情绪有关的因素，处理得不好会引发对工作不满的情绪；处理得好可以预防或消除这种不满，但不起激励作用，只能起到保持人的积极性、维持工作现状的作用。保健因素主要有：企业的政策与行政管理、监督、与上级的关系、与同事的关系、与下级的关系、工资、工作安全、个人生活、工作条件、地位。

激励因素是指那些与人们的满意情绪有关的因素。与激励因素有关的工作处理得当，能够使人们产生满意情绪；如果处理不当，其不利效果只是没有满意情绪，而不会导致不满。激励因素主要包括工作上的成就感、受到重视、提升、工作本身的性质、个人发展的可能性、责任。

从上述两类因素可以看出，激励因素是以工作为中心的，保健因素则与工作的外部环境有关，属于保证工作完成的基本条件。这一理论的启示是：要调动和维持员工的积极性，首先要做好与保健因素相关的工作，防止不满情绪的产生，但更重要的是要利用激励因素去激发员工的工作热情。赫茨伯格的双因素理论对需要层次论作了补充，划分了激励因素和保健因素的界限，分析出各种激励因素主要来自工作本身，这就为激励工作指明了方向。

4）X-Y理论

美国社会心理学家、麻省理工学院教授道格拉斯·麦格雷戈于1957年提出了"X-Y"理论，并在1960年发表的《企业中人的方面》一文中对两种理论进行了比较。

麦格雷戈所指的X理论对人的本性的假设是：一般人都有好逸恶劳、尽可能逃避工作的特性。因此，对大多数人来说，仅用奖赏的办法不足以战胜其厌恶工作的倾向，必须以强制、监督、指挥和惩罚进行威胁；一般人都胸无大志，愿意接受别人的指挥或领导，而不愿主动承担责任；人生来就以自我为中心，对组织的要求和目标漠不关心；人是缺乏理性的，一般不能控制自己，易受外界或他人的影响。

与X理论相反的Y理论是较为传统的X理论的合理替换物。Y理论对人的本性的假设是：人并不是生来就懒惰，他们对工作的喜欢和憎恶取决于工作对他是一种满足还是一种惩罚；正常情况下，一般人不但会接受责任，而且会追求责任。逃避责任、缺乏雄心壮志以及强调安全感是经验造成的，而非源于人的本性；人们都热衷于发挥自己的才能和创造性。

对比 X 理论和 Y 理论可以发现，其差别在于对工人的需要看法不同，因此采用的管理方法也不相同。按 X 理论来看待工人的需要，进行管理就要采取严格的控制、强制方式；而按 Y 理论看待工人的需要，管理者就要创造一个能多方面满足工人需要的环境，使人们的智慧、能力得以充分的发挥，以更好地实现组织和个人的目标。

2.1.3 当代管理理论

1）权变管理理论

权变管理理论产生于 20 世纪 70 年代的美国。当时西方各国社会动荡，发生持续的经济危机，面对复杂、剧变的社会经济环境，企业迫切需要一种新的管理理论来作指导，以提高自身竞争力，权变管理理论在这种历史背景下应运而生。它强调在管理中要根据组织所处的内外条件随机应变，针对不同情况寻求不同的、最适合的管理模式、方案或方法，反对千篇一律的通用管理模式。

权变管理理论的核心内容认为在环境变量与管理变量之间存在一种函数关系，把环境对管理的作用具体化。其中环境变量分外部环境变量和内部环境变量。外部环境变量既包括由社会的、经济的、政治的、法律的和技术的力量组成的，对组织系统有巨大、间接影响的一般外部环境变量，也包括由供应商、顾客、竞争对手组成的，对正式组织系统有直接影响的特殊环境变量。内部环境变量则是指组织系统，包括组织结构、组织决策、内部信息交流以及管理流程的控制过程等。权变管理理论认为并不存在一种适用于各种情况的普遍的管理原则和方法，管理人员的任务就是研究组织外部的经营环境和内部的各种因素，理清这些因素之间的关系及其发展趋势，从而决定采用哪些适宜的管理模式和方法。

由于由各个相互联系的部分组成的系统之间和系统内部存在着相互联系、相互作用的关系，企业在不同条件下的权变管理必须系统化，且要通过大量细致的调查研究和全面深入的科学分析来把握独立的环境变量同从属的管理变量之间的关系实质。企业内外部环境的不断变化也要求权变管理应富于创新性、创造性。

2）战略管理理论

"战略"一词来源于希腊语 Strategos，意思是将军指挥作战的艺术和科学。因此，战略原本是军事范畴的概念。近代以来，战略逐渐从军事领域延伸到政治、经济、科技及社会领域。20 世纪中期，"战略"一词被引入管理学，不同学者赋予"战略"不同的含义。亨利·明茨伯格指出，人们在生产经营活动中不同的场合以不同的方式赋予组织战略不同的内涵，在此基础上，他从 5 个方面对战略进行了定义，即战略是计划（Plan）、计策（Ploy）、模式（Pattern）、定位（Position）、观念（Perspective）。

战略管理就是组织确定其使命，根据对组织外部环境和内部经营条件的分析，确定组织的经营宗旨和战略目标，为保证目标的正确落实和实现进行谋划，并依据组织内部能力将这种谋划和决策付诸实施，以及实施过程中进行控制的一个动态过程。战略管理理论的研究焦点是组织的战略决策问题，其研究从开始到现在，已形成了较为完整的理论体系，并先后形成了诸多理论学派，分别是设计学派、计划学派、定位学派、企业家学派、认知学派、学习学派、权力学派、文化学派、环境学派和结构学派等。

3）学习型组织理论

学习型组织理论是由麻省理工学院组织化学习中心的负责人彼得·圣吉于1990年出版的《第五项修炼——学习型组织的艺术与实践》一书中首先提出，之后很快风靡全球，引起企业界的热烈反响并得到普遍推崇，被誉为"朝向21世纪的管理圣经""21世纪的金矿"。

学习型组织是指通过培养弥漫于整个组织的学习气氛，充分发挥员工的创造性思维能力而建立起来的一种有机的、高度柔性的、扁平的、符合人性的、能够持续发展的组织。学习型组织是具有持续创新能力、能不断创造未来的组织，能在内部建立起完善的学习机制，将成员与工作持续结合起来，使组织在个人、工作团队及整个系统3个层次上得到共同发展，形成"学习—持续改进—建立竞争优势"这一良性循环。

圣吉认为，企业组织持续发展的精神基础是持续学习，要使企业茁壮成长，必须建立学习型组织，以增强企业的整体能力，提高整体素质。要建立学习型组织需进行5项修炼，即自我超越、改善心智模式、建立共同愿景、团队学习、系统思考。通过完善学习型组织的工作氛围和企业文化，引领人们不断学习、不断进步、不断调整新观念，从而使组织更具有长盛不衰的生命力。

学习型组织更适用于团队性、项目性和创新性的工作，有利于员工之间相互影响、沟通和知识共享，有利于企业的知识深化和更新，从而增强企业的竞争力及其对环境的适应能力。目前酒店顾客的需求及酒店服务人员的工作能力均处于变化之中，学习型组织是酒店更好地创新服务、创造体验价值的必然选择。酒店创建学习型组织可以通过快速学习、吸收改造、超越自我，构筑自己的核心能力，应对各种激烈的市场竞争环境。

2.2　酒店管理的基本职能

2.2.1　计划职能

酒店管理的计划职能是指酒店通过对内外部环境进行周密科学的调查研究和分析预测，制订未来某一时期内酒店的发展目标，并确定实现目标的具体途径与方法的管理活动。

科学合理的计划对酒店经营管理的作用主要体现在以下4个方面：

1）制订酒店统一行动的目标

酒店的经营管理是一个长期的过程，涉及多个层面和部门，通过计划管理可以确定酒店的经营管理目标，以及各阶段酒店的整体目标和各部门的分目标，将分属于不同部门、环节和领域的酒店管理者和员工联结起来，为其工作或行动指明方向、明确责任，促进相互之间的沟通与协调，以保证酒店目标的实现。

2）充分调配和利用酒店资源

酒店的经营活动是对一定人力、物力、财务、信息、时间等资源的加工和转换。为使酒店的目标活动以尽可能低的成本顺利进行，必须在规定的时间内提供经营活动所需的规定数量的各种资源。酒店的计划管理职能就是在时空上分解酒店经营活动，对各种资源进行优化组合和科学调配，以有效地减少各种资源的浪费，实现酒店的效益最大化。

3）有效增强酒店应变能力

计划职能在充分调研、分析和预测酒店内外部环境变化及趋势的基础上明确酒店目标，制订实现目标的策略、路径、方法和对策，从而使酒店能在市场竞争日益激烈、顾客需求日趋多元的环境中获得更强的适应能力和应变能力。

4）为酒店经营活动的检查与控制提供依据

由于酒店管理人员和员工的素质和能力有差异，并且酒店各部门在经营活动中所面对的环境特点可能与目标制订之时并不吻合，因此酒店目标实现过程中很可能出现有悖于酒店计划和决策的偏差，影响酒店经营目标的实现，甚至威胁酒店的生存。酒店的计划职能为酒店不同部门、不同成员在不同时期的活动情况提供了客观的标准和依据，有助于酒店对经营管理的实际情况进行检查，以及时发现可能存在的偏差并采取有效的控制措施。

2.2.2　组织职能

酒店管理的组织职能是指将实现酒店计划目标涉及的各项活动和工作进行划分和归类，正确划分酒店各部门和岗位，确定适当的职责和权力，委派适当的人员，有效配置人力、物力、财务、信息等资源，及时协调各部门、各岗位、各员工之间关系的一系列管理活动。酒店管理的组织职能可以使酒店根据顾客的需求有效地组合和调配酒店设施设备、服务水平、环境气氛等，保证酒店的业务按计划有序地进行，提升酒店的接待能力。

实现酒店管理的组织职能，首先是进行组织结构设计，即根据酒店的经营目标、市场细分、等级标准、业务范围等划分横向的酒店部门和纵向的管理层次，形成有效的组织结构。其次是进行人员配备，即根据各部门的职能和员工的特点配备相应的人员，既保证酒店经营的正常运转，也使每个员工的知识和能力得到充分发挥。此外，当酒店经营的内外部环境发生变化时，酒店还需根据其经营管理的需要对组织结构进行调整、改革或再设计，以增强酒店的适应能力，保持酒店的竞争力。

2.2.3　领导职能

酒店管理的领导职能是指酒店管理者运用组织权限，发挥领导权威，指导员工的工作，统一员工的思想和行动，协调和解决部门之间与员工之间相互合作中产生的各种矛盾和冲突，激励每个酒店员工自觉地为实现酒店目标共同努力的管理活动。酒店管理的领导职能立足于酒店发展的整体布局和目标，要求管理者能对面临的经营管理问题进行科学决策，善于发现人才和合理使用人才，能通过各种激励措施调动员工积极性，协调酒店内各部门的业务活动，引导酒店全体工作人员为实现酒店的目标而努力，保证酒店经营活动的顺利进行。

2.2.4　控制职能

酒店管理的控制职能是指酒店管理者根据目标和预定标准，对酒店运营的各方面进行监督检查，并在发现问题后及时采取纠正偏差的措施，防止目标和实际结果之间出现差异，以保证酒店目标顺利实现的管理活动。在酒店经营过程中，酒店内部和外部环境的不断变化，酒店员工的工作态度和工作技能的差异等均需通过酒店的控制职能进行调整和规范，以保证服务质量和工作效率，实现酒店目标。酒店在业务经营过程中，目标的完成程度、酒店的服务质量水平、员工的工作效率、计划与实际是否一致等都离不开控制职能。

2.2.5　创新职能

酒店管理的创新职能是指酒店及其成员根据酒店内部和外部不断变化的宏观、微观环境及客观情况，运用新理念、新思想通过调整酒店的组织结构、管理模式、工作方法、酒店产品及服务等，以不断适应环境变化，获得竞争优势及进一步发展的管理活动。

在酒店业市场竞争日趋激烈的环境下，酒店一方面要对管理制度、组织机构、管理模式和手段、经营理念、营销模式等进行创新，以提升酒店的管理层级和水平，增强酒店核心竞争力并获取持续竞争优势；另一方面，酒店也要对产品与服务进行创新，实现特色经营。这要求酒店要根据自身的优势确立细分的目标市场，在分析掌握市场需求的基础上，运用创新思维，不断在环境、设施、产品、服务、餐饮、文化等方面进行创新，以增强酒店的吸引力和竞争力。

【阅读材料】

酒店业加速"下沉"，迎接消费升级

自2019年以来，在中国的四、五线城市和很多县城里出现了不少连锁酒店品牌，这些品牌"盯牢"的是低线城市平均客房价为100~200元的单体酒店，通过市场下沉迎接消费升级，让更多的人体验到品质可靠的住宿服务。根据相关报告，中国酒店存量市场中有约

92 万家单体酒店，占比超过 85%，可触达的市场规模近 1 万亿元。这些中小单体酒店大多分布在三线以下城市，普遍存在设施老旧、服务非标准化、入住体验不好等缺陷。通过整合这些单体酒店，连锁酒店品牌在规模迅速扩张的同时，也给单体酒店带来服务品质的提升。

如汉庭计划在未来 2~3 年达到 5 千家门店，到 2028 年前后实现 1 万家门店并成为全球规模最大的单一酒店品牌，而下沉市场将是汉庭门店破万的最佳途径。因为一、二线城市的经济型酒店市场趋于饱和，且竞争激烈，而三、四线乃至更低线城市受制于收入水平和消费水平，中高端品牌较难拓展，加之酒店供给较少且多为旅馆或单体经营酒店，未来经济型连锁酒店的发展空间依然广阔。汉庭酒店自 2015 年起先后推出 2.0、2.7、3.0、3.5 版本产品，从酒店较硬件设施、美景设计、门店服务等对现有酒店进行全方位品质升级，极大地提高了顾客的入住体验。最新的 3.5 版本产品是品牌前所未有的一次迭代，在设计风格、空间配置、软硬件设施、功能上均实现突破；门店设计审美更加偏年轻化；汉庭 3.5 版本产品端进行了系统性优化，例如严控墙和门的选材标准，隔音效果大幅提升等，在最基础的功能需求上，全面改善入住体验。

资料来源：根据相关资料整理.

2.3 酒店管理的理念与方法

2.3.1 酒店管理的理念

1）战略管理理念

酒店战略着眼于酒店的使命，指引酒店经营管理的方向，是酒店健康发展的前提和基础。酒店实施战略管理一方面可以通过制订酒店的发展目标，正确认识其内外部的发展环境，审时度势地整合相关资源，调整发展方向，以提高酒店综合素质，发挥竞争优势；另一方面通过把酒店的战略目标和当前工作紧密结合，极大地调动员工的积极性，加强全体管理人员和员工对酒店的责任感。另外，战略管理也是考核、评价酒店中、长期经营效果的重要工具，有利于对酒店的发展进行正确的评估、调整和决策。随着我国酒店业的日趋成熟和国外酒店集团的全方位进入，酒店业的竞争日益激烈，战略管理已成为酒店更好地提升竞争能力、谋求持续发展的重要措施。酒店管理者必须比以往更有意识地关注市场环境的细微变化和供求趋势，关注酒店业客源市场的变化，注重品牌竞争和顾客忠诚度的竞争，从而更为主动地运用、调整经营战略。

战略管理可以使企业更好地明确自己的目标，提高综合实力和生命力，发挥竞争优势。制订战略的过程也提供了激励员工的机会，加强了全体管理人员和员工对企业的责任感。因此，在市场竞争日益激烈的条件下，企业实施战略管理十分必要。

2）人本管理理念

酒店是为顾客提供住宿、餐饮及其他所需服务的劳动密集型企业。员工是面向顾客提供服务的最终对象，员工的态度和形象是顾客对酒店的第一印象，员工所掌握的知识、技能、信息及其所持有的价值观、理念和道德观念等也是酒店竞争力的基础。国际假日集团的创始人凯蒙·威尔逊先生曾说"没有满意的员工就没有满意的顾客；没有令员工满意的工作环境，就没有令顾客满意的享受环境"，酒店业中"顾客至上"的要求使员工成为酒店经营管理活动的中心。树立人本管理理念，就是要在物质上和精神上尽量满足员工的需求，以稳定员工队伍，保证酒店的服务质量水平，提升酒店的整体竞争力。

酒店实施人本管理理念，要做好以下5个方面：

（1）融入情感管理

人本管理理念强调酒店所有员工的地位平等，要求管理者尊重员工、理解员工、关心员工，善于沟通，以提高员工的创造力为手段，以提高员工的工作生活质量为目标，在劳动分工的基础上互相尊重和密切协作。情感管理为员工提供轻松、愉快、和谐、充满人情味的工作环境，为员工提供更大的个人发展空间，从而使员工工作时拥有良好的心情，主动、愉悦地为顾客提供发自内心的微笑服务、尽善尽美的个性化服务以及物超所值的服务。

（2）建立人性化的柔性人力资源管理体制

根据酒店生命周期变化和市场需求变化进行人力资源的需求定位。管理者要充分考虑每个员工的个性化需求，通过酒店内部人力资源的优化配置，把每位员工安排在与其自身条件相符的岗位上，并主张尽可能地为员工提供宽松的工作环境及良好的工作氛围和人文环境。

（3）减少管理层次，实施服务授权

酒店应授予接待人员适度的权利，一方面可以使员工在职权范围内更快、更高效地解决顾客遇到的问题，维护酒店形象；另一方面也为员工创造参与酒店管理的机会，增强其责任心和使命感，满足其精神上高层次的需求。曾获得美国企业最高质量奖的丽思卡尔顿饭店平时给每个员工2 000美元的授权，通过授予员工上一级管理人员的权力，为员工营造自由空间，激发并释放他们的潜能，使他们能够快速成长的同时也提高了酒店的经济效益。

（4）实施民主管理

管理者作出决策前，应广泛听取员工的意见。酒店可以设立总经理信箱或总经理接待日，给员工提供一对一提意见、建议的机会，也可设立"员工建议奖"，鼓励员工提合理化建议，重视员工所提建议。此外，管理者要深入基层，切实体会员工的意愿和需求。这不仅有利于提高决策的正确性，还能提高员工的士气，使决策更易于贯彻执行，更易于让员工接受。

（5）重视员工交叉培训，提升其综合素质

交叉培训是一种让员工通过接受额外服务技巧的培训来满足不止一个工作岗位需要的

培训方式，已被越来越多的酒店作为保持人员素质优势、提高服务质量及竞争力的重要手段。实施交叉培训，使员工一专多能，不仅有利于增强员工的集体主义观念和协作精神，有利于提高工作效率，提高顾客的满意度，也有助于增加员工工作的新鲜感，提高员工综合素质，利于其职业发展。

深圳威尼斯大酒店提出"关注员工——我们承诺通过综合人才梯队计划和奖励体系以培训和发展员工；团队合作——我们将通过在各个级别上积极参与式的领导作风而创造一个开放沟通、彼此合作、相互信任、承担责任的工作环境"，这一价值观很好地体现了其人本管理的理念。

3）市场竞争理念

酒店市场的竞争越来越激烈。要想在激烈的竞争中留住顾客，有效地吸引顾客，酒店必须树立市场竞争理念，不断地探索顾客的需求，并根据自身的特点最大限度地满足顾客需求。要进行有效的市场竞争，酒店一方面要根据自身特点制订合理价格，创新体验，注重文化，努力打造酒店的自主品牌，而不是进行低价竞争；另一方面也要不断引导消费，不断创新服务理念、服务方式、服务项目和产品，培育和创造新的市场，与相关企业建立合作关系，实现协作共赢。除此之外，酒店还必须根据竞争环境及自身发展的需要，运用先进的营销理念和营销策略，进行全方位、立体化、多层次的营销活动，全面展示酒店的品牌和特色，提高酒店的市场知名度和美誉度。

4）诚信经营理念

诚信经营是酒店生存的基础，也是酒店经营管理必备的理念之一。诚信的基本含义是守诺、践约、无欺。酒店在应对市场竞争的过程中，不仅要追求产品与服务的创新性与特殊性，更要注重最基本的诚信经营，做到"言必行，已诺必诚"，否则会降低顾客对酒店的忠诚度，损害其在行业中的品牌形象和社会声誉，对酒店的经营造成致命的打击。

酒店应重视自身的诚信建设，制订诚信经营的目标，培育和传播酒店诚信文化，对员工进行诚信教育，使诚信经营的理念渗透员工心里，落实到日常工作中，并监督促进酒店的诚信建设。同时，酒店应重视并满足顾客对酒店产品与服务知情的权利，自觉接受顾客的监督，让顾客在酒店明明白白地消费，使其真切地感受到酒店提供的优质服务，从而提升顾客对酒店的忠诚度。诚信经营还要求酒店在经营过程中遵守相关法律法规，依法经营，公平竞争，重合同守信誉。

5）国际化理念

酒店行业是我国开放最早的行业之一，诸多世界知名的酒店集团进入我国酒店市场，提高了酒店行业竞争的程度和层次。因此，现代酒店管理必须树立国际化理念，具备宽广的国际视野。国际化理念要求酒店以多元化视角和全球化战略眼光分析国际酒店业的发展特点和趋势，认真剖析国际酒店业的成功经验，将国际酒店业的先进水平作为标杆，立足自身酒店的发展实际和需求进行定位，创新服务与产品。

酒店可通过特许经营、管理模式、战略联盟等形式进行国际化经营，以获取在规模经济、市场营销、风险扩散、融资等方面的竞争优势，利用电话预订、网络预订、电子信息和电子结算等现代信息技术，提高酒店管理和服务的水平。

6）"顾客为本"的理念

酒店管理中要树立以顾客为本的理念，其中的顾客不仅仅指酒店外部顾客，也包括了酒店内部其他的业务部门和员工。以顾客为本的酒店管理是用服务至上的酒店管理哲学，制订以顾客为导向的酒店管理模式，实施让顾客满意的酒店管理实践。在了解顾客需求的基础上，酒店管理部门通过制订一系列适当的规则来规范服务的提供者（员工）和服务的受用者（酒店顾客）之间的交流活动，以更好地服务顾客。这样既支持配合了酒店的长远发展，也从根本上突出了酒店管理的价值。酒店要以坚持顾客价值为导向，优化服务项目设计与服务流程，制订明确、具体的服务标准和服务质量管理体系来控制酒店服务产品的质量，以确保为顾客提供优质的服务和消费体验，提高顾客满意度和对酒店的忠诚度。同时，酒店也应加强人力资源管理和员工培训，不断提高员工素质和技术技能，增强其"宾客为本"的理念，以适应酒店发展和对客服务的需要。

【阅读材料】

希尔顿酒店管理理念

希尔顿酒店公司已是世界公认的饭店业中的佼佼者。希尔顿饭店的宗旨是："为我们的顾客提供最好的住宿和服务"。希尔顿的品牌名称已经成为"出色"的代名词了。

康拉德·希尔顿在老年时撰写了一本自传《欢迎惠顾》，总结了自己一生经营酒店的经历、经验与教训，其中包括酒店管理的7条金科玉律：

①酒店联号的任何一个分店必须要有自己的特点，以适应不同国家、不同城市的需要。

②预测要准确。

③大量采购。

④挖金子：把饭店的每一寸土地都变成盈利空间。

⑤为保证酒店的服务质量标准，并不断地提高服务质量，要特别注意培养人才。

⑥加强推销，重视市场调研，应特别重视公共关系，利用整个系统的优势，搞好广告促销。

⑦酒店之间互相帮助预订客房。

具体来说，希尔顿饭店的成功得益于其全面创新的管理模式，它们体现在以下6个方面：

①细分目标市场，提供多样化产品。

②高标准的服务质量监控。

③严格控制成本。

④以人为本的员工管理战略。

⑤积极全面地开展市场营销活动。

⑥利用新技术。

2.3.2　酒店管理的方法

酒店是一种综合性的企业，不同部门有其各自的业务特点。因此，酒店管理应针对不同业务特点的管理对象，采用灵活多样的管理方法。总体而言，酒店管理的基本方法有以下8种：

1）制度管理法

制度管理法是指酒店根据国家的各种法律规定等将酒店管理中一些比较稳定和具有规律性的管理事务，运用规章和制度的形式制订下来，以保证酒店经营活动正常进行的管理方法。酒店制度高度规范，一旦形成并颁布实施便不能随意改动，要求酒店员工必须遵守。制度管理可以起到自动调节的作用，使酒店各项业务活动有章可循。但制度管理缺乏灵活性，须与其他管理方法配合使用，以免影响各部门及员工的积极性和主动性。

目前，国内酒店业通行的做法是基于岗位责任制基础上的制度化管理，一些著名的酒店集团也总结和推出了自己成熟的酒店管理制度和规范。酒店在进行制度管理时，不应机械移植其他酒店的管理制度与规范，而是要建立一种基于问题管理的机制，针对酒店业务中最重要的问题环节，在酒店管理制度设计中加以系统解决。这一机制的核心在于注重细节，解决问题，并鼓励全员参与酒店制度化管理，将制度化管理延伸到了办公、服务、营销、后勤等第一线。

2）经济管理法

经济管理法是指酒店根据客观经济规律，运用各种经济手段（如薪酬、利润、税收、资金和罚款等经济杠杆及经济合同、经济责任等）对酒店员工进行引导和约束的管理方法。经济管理方法以经济手段协调酒店各部门之间以及员工之间的关系，间接干预和控制员工的行为，充分调动酒店内各部门及每个员工的积极性、主动性和创造性。但是经济管理法必须与其他管理方法相配合，避免出现只顾及经济效益、忽视社会效益的不良现象。同时，还要注意各种经济杠杆的综合运用和不断完善，重视整体上的协调配合。

3）行政管理法

行政管理法是指根据酒店各级行政组织的行政命令、指示、规定、制度等有约束性的行政手段来管理酒店的方法，包括制订酒店经营管理的方针、规章制度，颁布行政命令、指示，下达指令性计划任务等。行政管理要求下级对上级的行政命令、指示必须无条件地遵守并执行，有利于酒店在总经理的领导下实行统一的管理和领导。行政管理的使用要求酒店根据自身的实际情况建立合理的组织机构，形成合理的行政层次或等级。

4）教育管理法

教育管理法是指通过说服教育、引导、启发提高员工素质，激发员工的积极性和创造性，从而达到管理目的的方法，主要包括酒店员工的爱国主义和集体主义教育，人生观及道德教育，民主、法制、纪律教育，科学文化教育，工作技能培训等。教育管理法相对灵活，应根据不同员工的不同情况有针对性地采用多种方法，并长期不懈地努力维持员工良好的思想和行为。

5）情感管理法

情感管理法是通过对员工的思想、情绪、爱好、愿望、需求及行为等进行研究分析，采取适当的引导措施满足其合理需求，以实现酒店目标的方法。情感管理要求管理者尊重员工，善待员工，加强与员工的沟通，不仅要关心员工的工作，也要关心其生活，为其提供各种方便。如管理者高度重视员工宿舍、员工餐厅的建设，为员工提供各种文体活动场所，丰富员工的业余精神生活；在节日、员工生日的时候送上贺卡、礼物等；为有家庭后顾之忧的员工提供托儿与家庭关照服务等。情感管理法通过对员工进行"感情投资"，建立酒店管理者与员工之间的良好关系，激发员工的工作热情，调动员工的积极性，使员工主动地为实现酒店目标而努力。

6）目标管理法

目标管理法是以酒店目标为导向，以酒店员工为中心，以成果为标准，将酒店目标进行有效的分解，转变成各个部门和各个员工的分目标，管理者根据分目标的完成情况对下级进行考核、评价和奖惩，以保证酒店目标实现的一种管理办法。目标管理法的核心是酒店各部门、各班组、各员工分别根据酒店的总体目标、各自的分目标及实际情况制订具体的行动计划，实现自我绩效的管控。

7）表单管理法

表单管理法是通过设计制作实用的表单，及时准确地传递处理各种信息来控制酒店经营活动的一种方法。表单管理法要求酒店设计一套科学完善的表单体系，包括上级部门向下级部门发布的各种业务指令，各部门之间传递业务信息，以及下级部门向上级呈递的各种报表。酒店管理者通过检查、阅读、分析各种工作报表来掌握和督促下属工作，了解并控制酒店的经营活动。

8）现场管理法

现场管理法也称"走动管理法"，是酒店管理者深入现场，加强巡视检查，协调酒店经营活动中的各方面关系，及时发现酒店员工在工作和服务过程中思想、态度及服务技能等方面存在的问题并加以纠正的管理方法。服务是酒店产品的重要组成部分，服务提供与服务消费的同时性要求酒店管理者进行现场管理，以保证酒店员工的服务质量。

　　管理是一种理念，是酒店经营者的商业哲学和思维方法。酒店在选择管理方法时要从本酒店的需要出发，在充分了解本酒店的发展状况和具体条件的前提下，针对酒店的内外部环境（如酒店规模、产品、档次、市场、资金、股东利益等）和实际需要，在充分发挥员工创造力的基础上综合运用合适的管理理论和方法进行管理。同时，酒店应正确理解管理方法本身的内涵和外延，避免出现理解上的断章取义、扩大化、单一化、片面化，并在运用过程中避免僵化地生搬硬套，而应创造性地引进、个性化地吸收，树立自己的标准与模式，以提高酒店适应内外部环境变化的能力。

2.4　酒店管理者的素质

　　当代酒店是从事各种经营活动的多样化、快节奏的行业，酒店经营管理的复杂性也随着规模的扩大而增加，这对酒店管理者，特别是高层管理者提出了更多的要求和挑战。具体而言，酒店管理对管理者的素质要求主要体现在以下 5 个方面。

2.4.1　专业知识

1）管理和经营的基本知识

　　酒店管理者应熟悉宏观微和观经济学、市场营销学、消费行为学、投资经济学、金融货币知识、会计学、统计学、人力资源管理学、公共关系学、质量管理学等经济管理相关学科知识。

2）酒店专业知识

　　随着酒店顾客消费意识的提高和对高附加值的追求，酒店管理者只有拥有丰富的酒店管理知识和对酒店标准的高度认识，才能提高酒店管理水平、维持酒店品牌。酒店管理者需了解现代服务理念及现代服务业发展趋势，掌握酒店各部门如前厅、客房、餐饮等部门的基础知识、运作程序和管理技巧，熟知酒店管理的基本理论和基本职能、酒店目标与管理层次、酒店运营管理模式及发展趋势、酒店管理环境、酒店市场营销战略、酒店竞争战略、酒店产品开发、服务质量管理等。

3）政策理论水平

　　国家及地方政府制定的有关经济及行业的相关政策在某种程度上有利于酒店明确发展方向，确定经营方针。酒店管理者要有一定的政策理论水平，能及时了解与酒店经营管理有关的政策方针，准确领会政策精神，并根据酒店实际灵活执行。

4）扩展知识

　　酒店管理涉及方方面面，酒店管理者应有广泛的知识面。除上述知识外，还需具有其他使酒店管理人员开阔视野、拓展思维、提高自身修养，从而为工作增值的扩展知识，如社交礼仪、心理学、建筑装潢、设备设施工作原理及维修保养、美学及艺术类知识、文学知识、法律知识、卫生防疫知识、安全知识、宗教知识，以及各国历史、政治、风俗习惯等。

2.4.2　业务素质

1）行政技能

在现代酒店管理中，编制预算，做市场营销计划、月度工作报告及各种行动计划是酒店中高层管理者日常工作内容的一部分，因此酒店管理者必须有较强的计算机操作能力、文字表达能力和人际沟通能力，掌握以电脑和网络技术应用为基础的行政技能。

2）管理经验

酒店管理者不仅要懂得一般的管理理论和酒店专业知识，还要有丰富的酒店管理实践和经验，能自如地解决酒店运营中的各种问题，应付酒店复杂多变的业务对象，并能在具体的酒店管理工作中探索新的管理模式和方法。

3）酒店业务水平

酒店业务部门繁多，岗位分工较细。酒店管理人员要进行有效管理必须全面熟悉酒店业务，如整个酒店业务部门的划分，各部门工作的具体内容、运转过程、质量标准，以及各部门乃至全酒店的信息系统等。同时，酒店管理人员还要了解酒店业务发展的新趋势，关注新的业务内容、业务形式、设备及市场需求，以便进一步做好酒店管理工作。

4）外语水平

随着国际交流活动的频繁和旅游业的快速发展，酒店不仅接待日益增多的国际顾客，也越来越多地参与了国际酒店行业的激烈竞争。在此背景下，酒店需要国际化的专业人才，而良好的外语水平是酒店管理者走向国际化的必备要素，既有助于他们更好地为国际顾客服务，也帮助其拥有更广阔的国际视野，了解国际酒店业最新的发展趋势及借鉴先进的国际酒店管理经验。

2.4.3　思想道德

酒店是社会性的公众企业，酒店管理者的思想和行为会对员工、酒店、社会等产生不同程度的影响。因此，强化思想道德意识是现代酒店管理人员的必修课。酒店管理人员需具备的思想道德素质主要体现在以下3个方面：

①思想道德素质。酒店管理人员要有良好的品德，为人正直，心胸宽广，处事光明磊落，待人谦逊有礼，讲原则、讲团结、识大体、顾大局，善与他人合作。

②职业道德和职业操守。酒店管理人员要忠诚于酒店、领导和员工；严守酒店的商业秘密，不做有损酒店形象和利益的事；严格履行与酒店签订的合同，严于律己，求真务实，

忠于职守，廉洁奉公，乐于奉献。

③事业心和责任感。酒店管理人员要有强烈的事业心和责任感，自觉担负对酒店经营、服务质量、经济效益、顾客、员工、投资者、社会、环保等方面的责任；在工作中勤奋敬业，无私奉献，谦虚谨慎，团结协作。

2.4.4　心理素质和身体素质

良好的心理素质受到人的经历、品质、观念、文化素质、工作实践和外界环境等多种因素影响，是指人的正常的健康的心理过程，是心理的认识过程和心理特征向积极方面的转化。酒店管理工作烦琐复杂，日常管理工作中，来自酒店上级、员工和外部市场的诸多压力，需要耗费大量的时间和精力处理各类工作与难题，因此管理人员须具备良好的心理素质。具体而言，酒店管理者要能客观地、不带偏见地分析问题，克服狭隘心理；热爱工作、乐观豁达、充满自信；有宽广的心胸和宽容的气度，信任、尊重、善待他人，不斤斤计较；有较强的心理承受能力，并能妥善控制和稳定自己的情绪。

另外，由于酒店行业的特殊性，酒店管理者还要节制烟酒和不良嗜好，加强锻炼，保持良好的生活习惯和健康的体魄，以应对高压力的工作状态和环境。

2.4.5　职业能力

1）创新能力

创新能力是酒店管理者的核心能力，中外优秀的酒店管理模式都贵在服务创新、管理创新、营销创新、思维创新、行为创新。作为一名优秀的酒店管理人员，必须具有创新意识和创新能力，不断学习，勇于超越传统的管理模式、思想观念，在市场开发、营销手段、经营策略、企业文化建设上大胆创新，勇于引进新的管理思路，注重分析外部市场及顾客需求的发展变化，根据酒店的实际情况不断进行调整和创新，以适应市场竞争的需要和酒店行业的发展。

2）决策能力

决策能力是一种综合管理能力的表现，即能够透过复杂的事物表象，抓住问题的本质，作出准确而有预见性的分析判断的能力。酒店管理者要根据错综复杂的市场状况，结合酒店的实际情况确定酒店发展的方向和战略目标，制订有利于提高酒店经济效益和服务水平的各种具体计划方案。决策的正确与否关系到酒店经营的兴衰成败，正确的决策来源于周密细致的调查和正确而有预见性的分析和判断，来源于丰富的科学知识和实践经验，来源于丰富的集体智慧和领导者勇于负责任的精神。因此，酒店管理者要掌握丰富的科学知识和实践经验，积累有效的酒店资讯，不断培养理性素养和综合素质，才能提高自己的决策能力，领导酒店走向成功。

3）组织能力

组织能力是酒店管理者为了实现其决策，运用组织理论，把酒店的人力、财力、物力等要素和充分地调动和有效合理地配置酒店各个部门、各个环节的能力。在酒店管理活动中，不仅各项工作和各项活动需要组织，为酒店创造良好的人文环境、培养酒店员工的凝聚力和向心力、提高酒店员工的素质也离不开组织工作。作为酒店管理者，需要统筹全局，人尽其用，将酒店目标分解并准确地传递给不同层次的酒店员工，并通过各种方式去激励员工完成特定的工作。因此，组织能力是管理能力中最基础的部分，是酒店管理者必备的重要能力之一。

4）领导能力

领导能力是指酒店管理者按照酒店目标和计划，通过下达指示命令等手段，指导和激励下属工作，以实现酒店目标的一种管理能力。酒店管理者要处理大量的酒店日常经营事务，反复与不同的下属进行互动联系，全面掌握出现的各种经营问题，确保下属员工成功实施酒店制订的计划。因此，领导能力是酒店管理者的重要能力，在酒店管理中居于重要的地位。酒店管理者必须有统一又权威的领导能力，才能有秩序、有节奏、有效率地开展酒店工作，顺利实施酒店的决策计划和圆满完成工作任务。

5）协调能力

协调能力是指酒店管理者从实现酒店目标出发，依据正确的决策和工作计划，运用恰当的方式方法，及时排除各种障碍，理顺各方面关系，促进酒店组织结构正常运转和工作平衡发展的一种管理能力。

酒店管理者需要与董事会进行协调，与其他领导成员协调，与下级沟通协调，与酒店外部的有关单位、人员搞好关系，以创造良好的酒店内部和外部的关系环境，取得方方面面的支持，保证计划、决策的顺利推进和酒店目标的最终实现。在酒店管理过程中，协调工作涉及的范围相当广泛，内容十分复杂。酒店管理者具备良好的协调能力可使下属明确酒店目标、决策和工作计划，了解酒店的新动向、新的经营思想和理念，从而实现思想认识、奋斗目标、工作计划的协调统一。

以上即为对酒店管理人员素质的要求。但需注意的是，酒店并不需要每一位管理人员都成为具备上述素质要求的全能型人才，而应当根据酒店的发展阶段，以及酒店不同部门、不同管理岗位的工作职责和任职要求选择恰当的管理人员，并组建一支成熟而稳定的管理团队。具有强劲推动力和执行力的实干家，有清晰的头脑、敏锐的洞察力和超前的经营意识的谋略家，能激励和安抚下属保持和谐氛围的亲善大使都是适应酒店经营管理需要的酒店管理团队中的重要组成成员。

【阅读材料】

首旅如家：疫情期间如何做到不裁员不降薪

2020年开始的新冠肺炎疫情（以下简称"疫情"）给酒店业带来巨大冲击，艾媒咨询数据显示，疫情期间，国内酒店平均入住率不到20%，酒店平均客房收益下降299.75元，与此同时，全球有2%的酒店永久关闭。首旅如家作为国内率先回暖的酒店业企业之一，在疫情期间展开了积极的自救和灾备措施。

2020年5月，首旅如家酒店集团总经理兼如家酒店集团董事长、CEO孙坚做客《中国经营者》栏目，谈到了如家在疫情当中面临的困难及展开的一系列自救措施。2020年初突发疫情以后，国内近60%的酒店被迫关闭，即使在营业的酒店也很难有营业收入，对此首旅如家积极推出增加现金流的自救措施。2020年2月3日首旅如家商定"隔离房"概念，2月5日200多家酒店就推出了隔离房服务；随着时间的推移，如家又看到复工复产的需求，随即选用了2 000多家酒店做了放心酒店，而且从过去的仅提供住，到提供吃住、问诊、保险等一系列的居家安心服务；同时积极进行冠名为"自救保卫战"的销售举措，利用新型的技术与工具，让员工利用微信、海报等方式，在线上线下同时进行推广与销售，将"公域流量"与"私域流量"交叉融合，取得了可观的销售成效，也做到了不裁员不降薪。

资料来源：第一财经，2020-05-19.（有删减与改编）

【本章小结】

▶ 古典管理理论、行为科学理论及当代的一些管理理论为酒店的经营和管理提供了理论基础。酒店管理即通过计划、组织、领导、控制和创新职能调动酒店内的各种资源，协调发展中的内外关系，以实现酒店目标。

▶ 为更有效地赢得市场竞争，当代酒店常以战略管理、人本管理、市场竞争、诚信经营、国际化和顾客为本作为酒店管理的理念。

▶ 酒店管理常用的方法包括制度管理法、经济管理法、行政管理法、教育管理法、情感管理法、目标管理法、表单管理法和现场管理法等。

▶ 当代酒店经营活动的多样化、经营管理的复杂性给酒店管理者，特别是高层管理者提出了更多的要求和挑战，要求其在专业知识、业务素质、思想道德、心理素质和身体、职业能力等方面达到一定的要求，以适应酒店管理的需要。

【思考练习】

1. 简述古典管理理论、行为科学理论和现代管理理论对酒店经营和管理的启示。
2. 简述酒店管理的职能。
3. 简述在当前市场环境下的酒店应采用哪些管理理念进行经营管理。
4. 简述酒店管理的方法。

5.简述酒店对管理人员的素质要求。

【案例讨论】

重构酒店业未来：基于2021年酒店行业技术研究报告

对于中国酒店业来说，2020年最大的挑战是新冠肺炎疫情（以下简称"疫情"）。但在很多方面，中国酒店业还是与全球酒店业呈现出了一些不一样的特点，也具备一些共性。由于中国酒店业与全球酒店业所处的疫情发展阶段不同，现阶段的中国酒店业的关注点已经不再放在"宾客与员工安全""减少接触性服务"等方面，转而更加关注"用户运营"和"数字化营销"两个方面。至于免费Wi-Fi和免接触线上支付在中国酒店业已经常态化了，这一点上，国际酒店业需要对标中国酒店业，为宾客提供更多的技术便利性。

2021年住宿业技术发展报告面向全球酒店业IT专家展开调研，受访者来自全球22 000多家酒店，受访者中有70%是决策制订者，其他的受访者或对软件投资有建议权（20%），或对软件采购有审批权（10%）。报告揭示了行业所面临的真实困境：前所未有的疫情影响和缩水的IT预算，但同时也让我们看到行业拥抱新技术的机遇。

1.IT预算减少

疫情之下，酒店IT预算受到影响。2020年只有4%的收入用于IT预算支出，2019年这一比例是4.6%。2021年的预算也延续了这一趋势，40%的受访者表示会降低预算，30%的受访者表示将与上一年持平，30%的受访者表示对比上一年将会增加IT预算。我们发现，酒店IT预算的分配与最具前景的新型酒店技术之间存在一定的落差。68%的IT预算将用于维护现有系统，24%的预算将用于进行系统部署和安装，只有6%的IT预算会被用于研发创新。对于宾客所需的创新技术，酒店运营者保持着浓厚的热忱，但IT预算不足可能是阻碍创新的绊脚石。

2.疫情是最大挑战，其次是IT预算不足

很显然，2020年行业面临的最大挑战来自疫情。78%的受访者认为疫情是影响IT预算的最大挑战，其他挑战包括IT预算不足（44%）、与老旧系统集成难度大（38%）、没有能力提升技术投资回报率（32%）。

3.免费Wi-Fi是技术投资重点

从投资技术的角度来看，98%的受访者预计会在2021年引入免费的Wi-Fi，也有很大一部分受访者表示会投资移动预订、免接触支付、智能电视及客房内的流媒体内容、与宾客的双向沟通平台、电子签名和手机门卡。尽管预算受限，这依然体现了酒店运营者对宾客数字化体验的重视。

4.对新兴技术保持开放和热忱

酒店运营者认为提升宾客忠诚度、保护宾客和员工的安全、加强数据安全和减少接触式服务点是"非常重要"或"极其重要"的。

酒店业对平台级软件也制订了相应的计划。30%~40%的受访者表示会增加、升级或者更换现有的 POS 系统、BI 报表系统、预测分析系统和 PMS 系统。对客技术解决方案依然受到行业重视，42% 的酒店会增加、升级或更换手机支付供应商，还有 38% 的受访者表示会更换预订 App 服务商。对于新兴技术，行业也保持开放的心态，如免接触支付、AI（用以数据分析和预测分析）、5G 通信技术等。

疫情给行业带来了巨大的变化，中国酒店业和全球酒店业同样适用于贺拉斯的那句诗文：逆境造就人才。逆境也激发了创新的勇气和意识，尽管挑战依然存在，但酒店业已经开始重构未来，接下来的几年酒店将拥抱新机遇、焕发新生机。

资料来源：石基信息，2021-03-15.（有删减与改编）

思考题：

1. 面对疫情挑战与行业技术发展，作为酒店管理者应该从哪些方面做好应对的准备？

2. 请结合案例内容，谈谈你对酒店行业技术发展与运用的理解。

3. 请搜集相关资料，尝试总结疫情后酒店行业在技术发展方面的新变化与发展趋势。

第3章 酒店组织管理

【本章概要】

本章主要阐述酒店组织管理的相关内容，界定了酒店组织、酒店组织管理、酒店组织管理制度等基本概念，对酒店组织设计中应遵循的原则、组织结构类型作了详细说明。酒店管理制度是酒店组织管理的重要内容，本章还对现代酒店制度管理中几种主要的管理制度进行了简要介绍。

【学习目标】

①了解酒店组织的定义；②了解酒店组织管理的定义；③掌握酒店组织管理的作用；④理解酒店组织结构的发展；⑤掌握酒店组织设计的原则；⑥掌握酒店组织结构类型；⑦了解酒店组织管理制度的含义；⑧理解酒店组织管理制度的类型与特征；⑨掌握主要的酒店组织管理制度。

【开篇案例】

华住集团：自创＋收购品牌构筑多维布局，组织＋技术赋能成长

华住旗下共有汉庭、你好、海友、怡莱、宜必思和 Zleep Hotels 等 6 个经济型酒店品牌，其中核心品牌汉庭是全球门店数量最多的经济型酒店品牌。在首选品牌知名度方面，汉庭在全国所有经济型酒店品牌乃至所有酒店品牌中位居首位。

华住通过自建、并购和合作等方式布局多个中端酒店品牌。华住旗下运营有全季、桔子水晶、星程 3 个中端酒店品牌，其中公司自主开发的全季酒店知名度最高，在中端酒店领域位居国内第一。全季酒店从北上广深等一线城市切入市场，目前已覆盖全国超过 160 个城市，按照公司计划，全季酒店未来的发展战略是保持稳扎稳打、继续下沉，在 3~5 年内达到 3 000 家门店的目标。作为中端酒店品牌，全季虽然保持着连锁酒店标准化的底色，但也在门店和客房的设施和装潢中融入了艺术和文化元素，以不同于普通商务酒店的独特品质，树立了良好的口碑和品牌形象。

公司的中高端化布局早已开始，国内外自建＋并购扩张品牌种类。在收购国际酒店集团以前，华住集团旗下的本土高端酒店品牌仅有自创的禧玥、美仑国际和 2018 年收购的

花间堂，在高端酒店品牌方面的品牌文化塑造、管理体系、运营经验均较为欠缺。公司借鉴了万豪酒店扩张历程中的成功经验，以收购国际品牌的方式扩大市场份额和加速国际化进程。通过与雅高集团合作以及收购德意志酒店（Deutsche Hospitality，DH），公司取得了高端酒店品牌美爵以及美仑美奂（Maxx）、Jaz in the City 和超高端酒店品牌施柏阁的运营权，一方面使得公司能够引入国际一流酒店集团多年积累的运营管理经验，弥补了自身在高端酒店领域的空白；另一方面能够借助高端酒店品牌在国际市场上的卓越口碑并融合华住在国内多年深耕的积累经验，将品牌引进中国扩大高端市场份额。

数字化助力品牌扩张，科技赋能酒店经营效率。2014 年华住孵化了一家 IT 企业——盟广信息，旨在通过数字化技术引领酒店行业未来的发展方向，如今盟广信息已经为华住旗下运营酒店开发了贯穿物料采购、收入管理、顾客入住、流程管理、客户关系、硬件维护的全流程数字化酒店经营管理系统，极大提高了酒店的运营效率。此外，华住建设的 SaaS 平台成为增强加盟商黏性的"强力胶"，未来或将触及更多单体酒店。截至 2020 年 6 月 30 日，华住旗下已有超过 330 家酒店配备了智能机器人，超过 2 200 家酒店配备了自助入住 / 退房终端机。

资料来源：安信证券，2021-08-06.（有删减与改编）

3.1 酒店组织管理概述

3.1.1 酒店组织管理的定义

在后金融危机时代，不单单经济型酒店，高星级酒店也在金融危机的重创下开始思考如何更为经济有效地进行组织结构的设计与管理，既能节省人力资源，发挥每个员工的最大效能，保持稳定的服务质量，又能实现较好的员工满意度，在金融寒冬内明哲保身。

1）酒店组织的定义

从狭义上来说，组织就是指人们为实现一定的目标，互相协作结合而成的集体或团体。酒店组织是指为实现酒店经营目标，由管理人员、服务人员和其他技术人员互相协作而组成的集体。这些人员之间相互关联、通过运用各种管理方法和操作技术、技能把投入酒店的资金、物资、信息转化为可供出售的产品（有形产品和无形产品），以达到酒店经营的目标。酒店组织既是酒店正常运营的保证，又会给酒店的经营带来根本性的影响。

2）酒店组织管理的定义

酒店组织管理就是通过建立合理的组织机构，将有利于实现酒店经营目标的各种要素及其相互关系进行合理组合与配置的管理活动。酒店组织管理主要包括两个方面的含义：首先，是建立酒店的组织机构及其管理体制，并确定酒店人力、物力、财力等要素的分工协作及其相互关系；其次，是合理调配酒店组织中的人力、物力、财力等形成接待能力，开展业务活动。因此，酒店组织管理包括：建立合理的组织结构，并确定组织内横向管理部门和纵向管理层次的设置与划分；为各个职务配备相关人员，并进行系统的人力资源管理活动；建立健全相关的规章制度，明确责权关系；处理协调组织内各种关系，合理调配，形成系统；培育与建设酒店文化等内容。

总之，酒店组织管理是酒店管理的一项重要职能，也是体现酒店管理者经营管理能力的一个重要方面。同时还需注意的是，酒店组织管理的内容在不同时间、不同环境下发挥的效能范围会有所不同。因此，要求酒店管理者在进行组织管理时应与时俱进，准确把握酒店组织管理的侧重点。

3.1.2 酒店组织管理的作用

1）实现酒店所有者、顾客和员工价值的保证

酒店所有者、顾客和员工的价值观和目的各不相同。酒店所有者的最终目的是使酒店的股权受益人获得最大的利益，使酒店得到更大的发展；顾客则更偏重于体验和享受更优质的、能给他们带来惊喜的服务；而酒店员工则更多地考虑个人的职业发展与经济利益。若没有组织管理来规定职务或职位并对责权关系加以明确，就会造成酒店的运营效率降低，影响顾客满意度，减少酒店营收，并最终影响酒店员工利益的结果。正是从这个角度出发，良好的组织管理才是实现酒店所有者、顾客和员工价值的保证。

2）调动酒店员工工作积极性的重要途径

良好的组织管理能明确员工的工作关系和工作责任，可在最大程度上降低员工之间工作与沟通上的矛盾，使其非常愉悦地进行合作，并在合作中互相学习。除此之外，组织的透明度也有利于员工对晋升到上一层的岗位有明确的概念，并对自己的职业进行合理规划，进而提高其工作积极性、主动性与工作热情。

3）提高酒店核心竞争力的重要手段

酒店员工的流失率一直居高不下，除了行业普遍的低薪酬、工作时间长等原因外，站在不同角度看还有其他不同的原因。从酒店员工角度看，其最主要的原因是员工与管理者之间的糟糕关系以及渺茫的职业发展前景；而酒店管理者最常见的是对年轻员工不能吃苦、不谦虚好学、自我认识不足等方面的抱怨。毋庸置疑，人力资源是酒店发展中最宝贵的资源，是酒店核心竞争力的关键组成部分之一。因此，对这对矛盾关系的解决就需要良好的酒店组织管理，只有这样才能实现酒店员工之间相互协作的良性循环，同舟共济，提高酒店的核心竞争力。

3.2   酒店组织设计的原则与内容

酒店的组织结构设计并非一成不变，它也随着时间和经济状况的改变而改变。可以说，酒店的组织结构的发展是时代和人类思想变迁的产物。

3.2.1   酒店组织结构的发展

提到酒店的组织结构，很容易联想到最典型的金字塔形的组织结构（图 3.1）。这种组织结构非常常见，也是非常经济的一种组织结构，每一层的面积代表了人数。其中决策层以酒店总经理、各部门的总监或经理组成，决定着酒店的管理理念、价值体系和各类战略的制订等。

从图 3.1 的模型结构可以看出，越往上权力越大。处于上层的管理者容易产生一种优越感，进而压迫比自己等级低的组织成员，导致低层尤其是基层组织成员产生不满情绪，最终将这种不满情绪向顾客释放。也就是说，在这种组织状态下，处于金字塔最低端的并不是基层员工，而是酒店的顾客。

意识到了这一点之后，西方管理学界认为，要释放基层组织成员的消极情绪，关键是改变金字塔模式的压迫，因此，诞生了第二张倒金字塔图（图 3.2）。这张倒金字塔图最早由瑞典北欧航空公司（SAS）的总裁杨·卡尔松提出。他认为，在服务行业，人人都想知道并感觉到他是别人需要的人，希望被给予一些责任，人人都可以释放出隐藏在他们体内的能量。

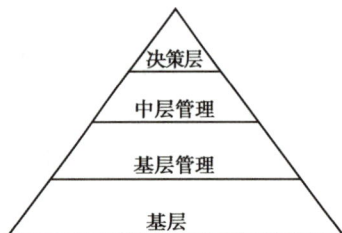

图 3.1   金字塔组织结构模型   图 3.2   倒金字塔组织管理模型

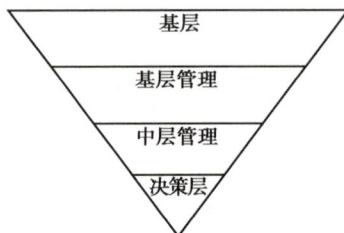

在图 3.2 上，每一层的面积依然表示人数，也并未改变每一层的权责，金字塔依旧意味着越往下压力越大，越往上权力越大。唯一不同的是，在这种管理理念里，基层不再是受压迫的对象，而是最大的权利体。在这种管理理念下，基层的权利得到了体现，顾客也站在了金字塔的顶端，真正贯彻了"顾客就是上帝"的服务宗旨。

但是图 3.2 也存在着一个缺点，那就是过于放大基层的权利，而使决策层处于被动状态。一旦酒店的决策层决定对已有的现状进行改革，就会遇到无比大的阻力。在这个前提下，第三种"以顾客为中心"的组织结构便产生了（见图 3.3）。

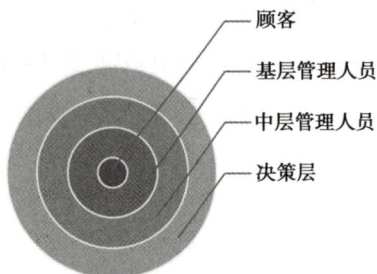

图 3.3   以顾客为中心的组织管理模式

在图 3.3 中，所有的服务人员不再对立，而是有一个共同的中心——顾客。所有人员的工作目标都是以顾客为中心，唯一的区别就在于各自的职责不同：基层管理人员需要更好地服务于顾客，使他们满意；中层管理人员需要不断地辅助和培训基层管理人员，使他们更好地服务于顾客；而决策层则需要制订使顾客满意的决策，并监督管辖范围内所有人员的工作围绕目标展开。

3.2.2 酒店组织结构设计的原则

1）满足经营需要的原则

一般来说，高星级酒店的组织结构要比经济型酒店繁杂。高星级酒店以提高顾客满意度为主要的组织目标，提供的服务项目多、岗位分工细，需要更多的一线专业人员。为了进行更好的员工管理，往往会进一步增加基层管理人员和中层管理人员的人数，管理链条长。经济型酒店在提高顾客满意度的基础上更注重节约成本，只提供有限服务，员工往往可以身兼数职，管理阶层也很少，组织结构较为精简。因此，到底采用哪种组织结构，主要衡量指标就是是否能满足经营的需要，是否有利于组织目标的实现。

2）分工协作原则

分工协作原则体现的是提高管理的专业化程度和工作效率。具体来说就是把组织目标和任务细化为各个层次、各个部门及每个人的目标和任务，明确他们的工作范围、工作职责及完成工作的手段、方式和方法。协作就是明确部门之间和部门内部的协作关系与配合的方法。分工协作是提高工作效率的基本手段，其中分工是基础，协作是关键，两者相辅相成。只有分工没有协作，分工就失去了意义；没有分工，协作也就无从谈起。

3）统一指挥原则

统一指挥原则指的是从最高管理层到最低管理层，命令应保持一致，首先要求在上下级之间形成一条有序的指挥链。但对命令不能只是简单地重复，而应该由执行者根据实际情况进行深化和具体化。其次，酒店决策层的命令应逐级下达，指挥者应向直接下级下达命令而不应越级指挥。再次，现代组织管理要求酒店每个员工只有一个直接上级，只接受直接上级的指挥和领导。

只有遵守统一指挥原则，才能更好地避免具体工作中的多头管理。多头管理指的是一个员工同时受到相同部门的多位权限相同的并行上级或者来自不同部门的多位上级的指挥与监督。若是这多位上级的指挥统一，或有明确的主要负责领导与其他监管领导的区别，则员工在执行指令时不会出现问题；若多位上级的指挥不统一，或者两者都为主要负责领导，则会使员工对指令无从下手，从而降低组织的工作效率。

4）有效的管理幅度与管理层次原则

管理幅度指的是一个组织内的管理者直接管理的下属的数量。合适的管理幅度应是因时制宜、因人而异的。一般来说，管理幅度随着管理层次的上升而下降，即管理层次越高，其管理幅度越小。这是因为管理幅度不仅仅代表管辖范围的大小，而且还表示相应的业务难度与业务量的多少。酒店管理经验表明，一般总经理的管理幅度为3人，副总经理为4人，部门经理为6人，主管为6~8人，领班的管理幅度可以为12人。

与管理幅度相对应的概念是管理层次，指的是组织职权等级链上所设置的管理等级的数量。在组织规模一定的前提下，管理幅度与管理层次成反比例关系，由此也形成了扁平式组织结构与锥形式组织结构两种组织结构形态。无论采取哪种组织结构，都必须以提高组织效率为唯一原则。

5）责权对等原则

责权对等原则也称为权责一致原则，是指组织中的管理者所拥有的权力应当与其所承担的责任相适应。有责无权不仅束缚管理人员的积极性和主动性，而且会导致无法履行其应承担的职责；有权无责则会助长瞎指挥、滥用权力和官僚主义。为了实现组织设计中的责权对等，酒店应为每个职位选择合适的人选，进行正确的授权，同时完善监督检查制度。

6）弹性原则

弹性原则是指组织设计中要留有一定的余地，以适应不断变化的经营环境。具体来说就是建立富有弹性的组织体系，制订具有伸缩性的规章制度，并随着外部环境的变化及时进行调整，从而实现在适应环境变化的同时高效完成组织目标。

3.2.3 酒店组织结构的形式

酒店组织结构根据酒店的规模和级别有着很大的不同。从酒店的发展程度来看，酒店组织机构大致有直线制组织结构、职能制组织结构、直线职能制组织结构、事业部制组织结构和矩阵制组织结构5种形式。

1）直线制组织结构

这是一种简单的组织结构形式，它从最高层主管自上而下层层节制，实行垂直领导，多见于小型的酒店组织，以节省人力资本和提供有限服务来增加利润的经济型酒店为其典型代表（见图3.4）。这种组织结构中每个人的权限十分清楚，客房部负责客房及酒店的清洁卫生，前厅部负责宾客的接待与相关对客服务，维修部负责酒店设施设备的维修保养，财务部负责酒店每天的业务收入的审核与上交。

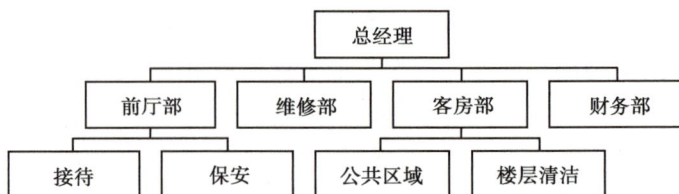

图3.4　直线制组织结构示意图

这种结构的优点在于结构简单，职责和权限十分清楚，命令统一，上下级均按照相应的规章制度行事，信息沟通迅速，解决问题及时。但这种组织结构中总经理往往身兼数职，不仅对自身能力提出了很高的挑战，而且容易陷入日常管理细节中而无暇顾及酒店整体发展的重大决策。因此，直线制组织结构只适合组织规模小、业务单一的小型酒店，酒店一旦级别升高、规模扩大、提供的服务增加，直线制组织结构便不能满足管理的需要。

2）职能制组织结构

职能制组织结构的构建依据是每个岗位的职能及其相应的工作方法，即把承担相同职能的管理任务及人员组合在一起形成各个职能部门（见图3.5），适用于业务较为单一、外部环境稳定的中小型酒店。

这种组织结构的优点在于管理职能的分工化，可以充分发挥职能部门的专业技能，提高工作效率。但其明显的缺点是，每个职能部门只负责某一个方面的职能，管理的焦点为本部门而非整个组织，责任不明确，导致组织横向协调十分困难，容易出现多头管理的混乱局面，降低了组织的应变能力。因此，当酒店规模发展到一定的阶段，业务活动不断增加，同时外部经营环境发生变化时，这种组织结构就不再适应组织发展的要求。

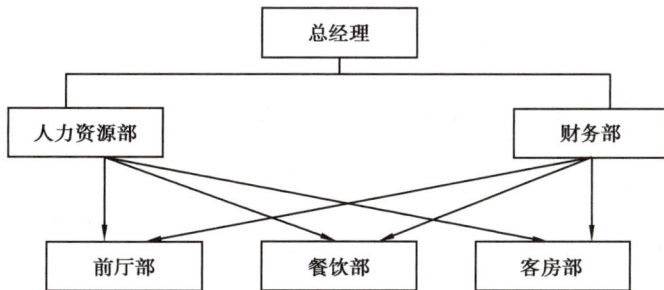

图3.5　职能制组织结构示意图

3）直线职能制组织结构

直线职能制组织结构是我国酒店运用最为广泛的一种组织结构形式。这种组织结构以直线为基础，在各级行政负责人之下设置相应的职能部门，既实现了统一指挥，又能充分发挥职能部门的专长（见图3.6）。

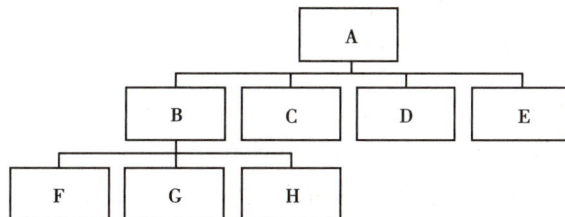

图3.6　直线职能制组织结构示意图

在这种组织结构形式下，酒店所有的机构和部门分为业务部门和职能部门两大类。

业务部门包括诸如客房部、前厅部、餐饮部、康乐部等一线部门，以及工程部、维修部等技术性较强的部分二线部门，可以单独存在，其主要任务是保证组织目标的实现。业务部门按直线制的形式进行组织，即按照垂直系统排列各个职位，各级管理者按照统一指挥原则全面负责本部门范围内的各项业务活动，责权分明，效率较高。

职能部门是指不直接从事接待和供应业务，而是为业务部门服务、执行某种管理职能的部门，起参谋作用，但无权直接指挥和发布命令，因此，职能部门不能单独存在，如酒店的人力资源部、安保部、财务部等。职能部门按分工和专业化的原则组织，发挥职能部门专业化的管理作用和管理人员专业化的管理专长，如安保部每年对所有部门入职的新员工进行安全与自我健康的培训和管理。

这种结构的优点在于很好地解决了并行部门之间的冲突问题，在业务部门有严格的晋升和直线汇报与审批制度，业务部门的执行人员严格执行本部门主管人员交代的任务，并不受职能部门的直接管理。除此之外，直线职能制还沿袭了职能制结构的权责明确的优点。同样，直线职能制依然存在一些缺点：部门之间的横向沟通较差，信息传递链过长，部门负责人协调工作量大，组织效率低；实际管理中，往往会出现过多强调直线指挥，而对参谋职能利用不够的情况，影响员工的积极性与主动性，缺乏对变化的市场环境和突发事件的灵活处理能力。

4）事业部制组织结构

事业部制组织结构是适用于大型酒店、酒店管理公司和集团化经营的酒店的一种组织结构形式，就是在酒店集团总部的领导下，按照产品或者地区分设若干事业部，各个事业部独立运营、互不干涉，拥有较大的经营自主权，有独立核算与审批制度。以锦江国际（集团）有限公司为例，事业部制组织结构如图3.7所示。

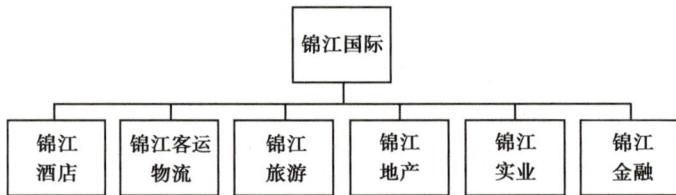

图3.7　锦江国际（集团）有限公司的事业部制组织结构

锦江酒店、锦江客运物流和锦江旅游是锦江国际集团的三大核心产业。其中锦江酒店以"锦江酒店"和"锦江股份"为主体，拥有锦江国际酒店管理公司及其华东、北方、华中、南方、西北、西南六大区域公司。锦江酒店专门从事星级酒店的营运与管理、"锦江之星"连锁经济型酒店及餐饮业的投资与经营管理。

事业部制组织结构的优点是：可以减轻高层管理人员日常管理事务的负担，有利于其集中精力考虑企业的重大经营决策和发展战略；能够明确考核各事业部的经营业绩，有利于发挥各事业部的积极性；有利于扩大企业规模、市场覆盖面和产品多样化；有利于培养胜任经营管理工作的高级管理人才。事业部制组织结构的缺点表现为：由于各事业部重复设置职能部门造成了管理费用的增加；部门之间横向协调困难；各事业部易滋生本位主义，重视本部门眼前利益而忽略组织的整体利益等。

5）矩阵制组织结构

矩阵制组织结构是一种常见的组织结构形式，由两套管理系统组成，即传统职能部门系统和为完成某一临时任务而组建的项目小组系统，也就是在直线职能制组织结构系统的基础上，再增加一种横向的领导系统，从而组成矩阵制组织结构（见图3.8），一般比较适用于对协调合作要求高、复杂性强、需要对经营环境变化作出迅速反应的大型酒店组织。

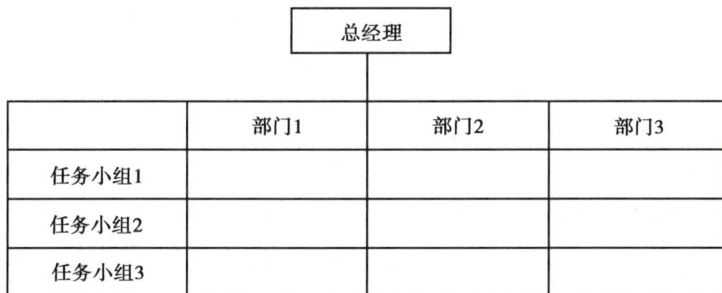

总经理			
	部门1	部门2	部门3
任务小组1			
任务小组2			
任务小组3			

图 3.8　矩阵制组织结构示意图

矩阵制组织结构的优点是：加强了组织的横向联系，既促进了任务的完成，同时还充分利用了专业设备和人员，实现了人力资源的弹性共享；集中了不同背景、不同技能和不同知识结构人员的项目小组能充分发挥集体的智慧与力量，互相激发，相得益彰，大大提高了工作效率；另外，矩阵制组织结构还具有较大的机动性，能够对经营环境的变化迅速作出反应，增强了组织的抗风险能力。

矩阵制组织结构有两个突出的缺点：项目小组完成任务后，其小组成员就各自回到原来的部门与岗位，比较容易产生临时观念，责任心不够强；矩阵制组织结构具有双道命令系统，成员受双重领导，比较容易出现权责不清、互相抱怨的状况，浪费大量的时间用于协调，对人员的积极性具有一定的负面影响。

3.3　酒店组织管理制度

3.3.1　酒店组织管理制度的含义与特征

1）酒店组织管理制度的含义

制度管理法是现代酒店管理的重要方法，只有形成一套系统、科学、严密的组织管理制度才能保证酒店经营管理活动的正常进行，实现酒店的经营目标。

从狭义上来说，所谓酒店组织管理制度就是酒店根据国家的各种法律、条例、规定等形成的用于指导、制约、激励酒店经营管理活动的、成体系的活动和行为规范。酒店组织管理制度是将单独分散的个人行为整合为有目的的集体化行为的必要环节，是酒店经营管理的基本手段，它高度规范化，一旦形成并颁布实施就不能随意改动，同时要求酒店全体员工必须遵守。

2）酒店组织管理制度的特征

（1）制度的强制性和公平性

酒店组织管理制度的强制性是指酒店以强制的形式要求全体员工必须遵守酒店的各项规章制度；公平性是指在酒店所有的规章制度面前人人平等。酒店只有很好地树立了酒店组织管理制度的严肃性和权威性，才能真正发挥其对酒店经营管理活动的指导、规范与约束作用。

（2）制度的规范性和目标性

酒店组织管理制度的目标就是保证酒店经营目标的实现，保护酒店利益相关者的权益。在实际管理过程中，科学、严谨、切实可行的管理制度可以起到自动调节的作用，规范酒店及员工行为，使酒店各项业务活动有章可循，朝实现酒店目标的方向发展，保障酒店投资者、管理者与员工等的利益。

（3）制度的灵活性和发展性

制度管理的灵活性是指酒店的管理制度须与其他管理方法配合使用，以避免影响各部门及员工的积极性和主动性。酒店在进行组织制度建立与应用时，不应机械移植其他酒店的管理制度与规范，而应结合酒店自身具体情况展开，鼓励全员参与酒店的制度化管理，同时注意制度的发展变化，使其能够真正发挥积极的作用。

3.3.2　酒店组织管理制度类型

目前，国内酒店业通行的做法是基于岗位责任制基础上的制度化管理，一些著名的酒店集团也总结和推出了自己成熟的酒店管理制度和规范。酒店组织管理制度类型简表见表3.1。

表 3.1　酒店组织管理制度类型简表

制度类型	具体制度名称
基本制度	总经理负责制、员工民主管理制度、员工手册
经济责任制	对国家的经济责任制、对酒店内部的经济责任制
管理制度	岗位责任制
专业管理制度	行政制度、人事制度、安全保卫制度、财务制度等
工作制度	质量检查制度、会议制度、考核评估制度、各服务岗位的服务规范

从表 3.1 可以看出，酒店的基本制度规定了酒店投资者、经营管理人员、员工等利益相关者各自的权利、义务与责任的分配关系，确定了财产的所有关系和分配方式，制约着酒店活动的范围和性质，是涉及酒店所有层次、决定酒店组织的根本制度。

3.3.3　几种主要的酒店组织管理制度

1）总经理负责制

总经理负责制是适合现代酒店管理规律与要求、被普遍采用的一种领导制度。总经理既是酒店的法人代表，在酒店经营中处于绝对的中心地位，又是酒店经营管理的负责人，全面负责酒店的经营和管理。在酒店内部建立以总经理为首的组织管理体系，总经理应该承担的责任主要有法律责任、经济责任、对员工的责任、对消费者的责任等，在获得酒店经济利益的同时，要保证员工的基本权利，改善员工的工作状况，为消费者提供安全、舒适的服务。

2）经济责任制

经济责任制是现代酒店经营管理中一种重要的管理制度。酒店经济责任制是以酒店的经济效益和社会效益为主，按照责、权、利相结合的原则，具体规定酒店、部门、员工等的经济责任的一种制度。实行经济责任制的目的就是提高酒店全体员工的责任心，充分发挥员工的智慧才能，通过增强酒店内部活力实现国家、酒店与个人利益的统一。

酒店经济责任制包括酒店对国家的经济责任制和酒店内部的经济责任制。

（1）酒店对国家的经济责任制

酒店作为具有营利性质的经济实体，要按照国家和上级主管部门的有关政策、法律法规制订酒店的经营计划与决策，在合法获得经济效益的同时完成相应指标税金的缴纳。具体表现为：酒店根据市场需要开展各项经营管理活动，满足市场需求，获得经济效益；在上缴税金等方面完成和超额完成国家下达的指标；兼顾社会效益，促进酒店的持续发展。

（2）酒店内部的经济责任制

酒店需要各部门、全体员工共同完成所承担的对国家的经济责任。酒店按管理层次将责任制分为部门、班组和个人的责任制，具体落实到每一岗位——酒店经理、部门经理、主管、普通员工。每一个层次的管理者及员工都制订了各自的任务和权限，都必须在各自的工作岗位上完成各自的任务，从而形成酒店内部的经济责任制。

3）岗位责任制

酒店岗位责任制是根据酒店各个岗位的工作性质与业务特点，明确规定其权限、责任、工作标准等的一种责任制度，是酒店责任制度的基础。酒店岗位责任制包括总经理岗位责任制、各部门主管和技术人员的岗位责任制、各岗位员工的岗位责任制，其中酒店服务员岗位责任制是责任制的基础，也是岗位责任制的主要形式。

岗位责任制是一个完整的体系，一般通过岗位责任书、工作说明书等书面性文件体现出来，其内容主要包括：各岗位的名称和性质；各岗位的上下级关系；各岗位的职责范围和具体的工作内容；每项工作任务的基本要求、标准和操作程序；应承担的责任以及协作的要求；对物资与设备的使用与保管；任职资格；等等。

4）酒店的工作制度

工作制度是使酒店组织协调有效运转的保证，也是现代酒店管理的基本制度，是经济责任制度及岗位责任制度实施的保障。工作制度的内容主要包括前台部门的业务技术、服务规范和后台部门的操作规范，具体内容有质量检查制度、会议制度、经济核算制度、考核评估制度、各服务岗位的业务技术规范等。其中的业务技术规范直接决定着酒店对顾客提供服务的质量水平，因而在酒店的工作制度中占据着非常重要的地位。

5）员工行为规范

员工行为规范是指酒店专门针对员工行为而制订的规矩的统称，也称作员工手册或员工守则，是酒店运用最广泛的一种管理制度。员工行为规范是组织中对员工行为和活动约束的最细化的层次，其效果好坏、程度如何往往体现了酒店的服务质量以及上级的领导能力和管理能力。一份员工手册一般包括以下内容：序言，主要是对员工的加入表示欢迎；酒店简介，包括酒店规模、特色、组织结构、服务精神等；劳动管理，包括工作时间、薪酬福利、培训进修、人事变动等；工作纪律，主要是奖惩的规定；安全守则及其他内容。

【阅读材料】

高星级酒店员工手册（参考范本）

（前部分略）

第×章 员工守则

一、工作态度

①按酒店操作规程，准确及时地完成各项工作。

②员工对上司的安排有不同意见但不能说服上司，一般情况下应先服从执行。

③员工对直属上司答复不满意时，可以越级向上一级领导反映。

④员工应工作认真，待客热情，说话和气，谦虚谨慎，举止稳重。

⑤对待顾客的投诉和批评应冷静倾听，耐心解释，任何情况下都不得与顾客争论，解决不了的问题应及时报告直属上司。

⑥员工应在规定上班时间的基础上适当提前到达岗位做好准备工作。工作时间不得擅离职守或早退。在下一班员工尚未接班前当班员工不得离岗。员工下班后无公事的，应在30分钟内离开酒店。

⑦员工不得在工作时间接待亲友来访。未经部门负责人同意，员工不得使用客用电话。外线打入私人电话不予接听，紧急事情可打电话到各部门办公室。

⑧上班时间严禁串岗、闲聊、吃零食。禁止在餐厅、厨房、更衣室等场所吸烟，不做与本职工作无关的事。

⑨热情待客，站立服务，使用礼貌用语。

⑩未经部门经理批准，员工一律不准在餐厅做客，各级管理人员不准利用职权给亲友以各种特殊优惠。

二、制服及名牌

①员工制服由酒店发放。员工有责任保管好自己的制服，员工除工作需要外，穿着或携带制服离店，将受到失职处分。

②所有员工应佩戴名牌，作为制服的一部分。对不佩戴名牌者罚款人民币10元，员工遗失或损坏名牌需要补发者应付人民币20元。

③员工离职时须把制服和名牌交回人事部，如不交回或制服破损的，须缴服装成本费。

三、仪表、仪容、仪态及个人卫生

①员工的精神面貌应表情自然，面带微笑，端庄稳重。

②员工的制服应随时保持干净、整洁。

③男员工应修面，头发不能过耳和衣领。

④女员工应梳理好头发，长发者使用发夹网罩。

⑤男员工应穿黑色皮鞋、深色袜，禁穿拖鞋或凉鞋。女员工应穿黑色鞋，肉色丝袜。

⑥手指应无烟熏色，女员工只能使用无色指甲油。

⑦工作时间内只允许员工戴手表、婚戒以及无坠耳环。厨房员工上班时不得戴戒指。

⑧工作时间内，不剪指甲、抠鼻、剔牙，打哈欠、喷嚏应用手遮掩。

⑨工作时间内保持安静，禁止大声喧哗。做到说话轻、走路轻、操作轻。

四、拾遗

①在酒店任何场所拾到钱或顾客遗留物品应立即上缴保安部并做好详细的记录。

②如物品超过3个月无人认领，则由酒店最高管理层决定如何处理。

③拾遗不报将被视为偷窃行为。

五、酒店财产

酒店物品（包括发给员工使用的物品）均为酒店财产，无论疏忽或有意损坏，当事人都必须酌情赔偿。员工如犯有盗窃行为，酒店将立即予以开除，并视情节轻重交由公安部门处理。

六、出勤

①员工必须依照部门主管安排的班次上班，需要变更班次，须先征得部门主管同意。

②除4级以上管理人员外，所有员工上、下班都要打工卡。

③如果员工上班下班忘记打卡，但确实能证明上班的，将视情节，每次扣罚不超过当月5%的效益工资。

④严禁替他人打卡，如有违反，代打卡者及持卡人将受到纪律处分。

⑤员工如有急事不能按时上班，应征得部门主管同意，事后补办请假手续，否则按旷工处理。

⑥如因工作需要加班，则应由部门主管报总经理批准。

⑦工卡遗失，立即报告人事部，经部门主管批准后补发新卡。

⑧员工在工作时间未经批准不得离开酒店。

七、员工衣柜

①人事部负责配给员工衣柜，必要时，可两个或两个以上的员工合用一个衣柜。员工衣柜不能私自转让，如有违反，将受到相应的纪律处分。

②员工须经常保持衣柜的清洁与整齐，柜内不准存放食物、饮料或危险品。

③人事部配给衣柜时，免费发给一把钥匙。如遗失钥匙，须赔偿人民币10元。

④如有紧急情况或员工忘带钥匙，可向人事部借用备用钥匙，但须部门主管同意。故意损坏衣柜的，则须赔偿，并予以纪律处分。

⑤不准在衣柜上擅自装锁或配钥匙，人事部和保安部可随时检查衣柜，检查时须有两个以上人员在场。

⑥不准在更衣室内睡觉或无事逗留，不准在更衣室吐痰、抽烟、扔垃圾。

⑦员工离职时，必须清理衣柜，并把钥匙交回人事部，不及时交还衣柜钥匙的，酒店有权清理。

八、员工通道

①员工上下班从指定的员工通道入店，不负重情况下不得使用服务电梯，禁止使用客用电梯。

②后台员工非工作原因不得任意进入店内客用公共场所、餐厅、客房，使用酒店内客用设施。

③员工在工作时间要离开酒店时，应填写出门单，经部门主管签字后方能离店。

九、酒店安全

①员工进出酒店，保安人员保留随时检查随带物品的权利。

②员工不得携带行李或包裹离店，特殊情况必须由部门主管签发出门单，离店时主动将出门单呈交门卫，由保安部存案。

十、电梯故障

当电梯出故障，有人员被关在电梯内时，一般来说，里面的被困人员会按警铃。当前厅主管／行李员听到铃声时，应采取下列措施：

①通知工程部，立即采取应急措施，设法解救电梯内被困人员。

②和关在里面的被困人员谈话，问清楚以下事项：

A.被关在电梯里的人数；

B.如可能，问一下姓名；

C.有无消息要带给（领队／队里的成员）同伴。

③若值班人员无法解救被困人员，应立即通知总工程师。

3.3.4　酒店组织制度的实施

1）制度实施的组织保证

制度实施的组织保证是指能使制度贯彻执行的客观条件和环境条件。首先，开展法纪和制度教育。通过各种形式的教育培训灌输、培养、提高员工的规范意识和制度观念，并将其用以指导、规范员工个人的工作行为。其次，营造优秀的企业文化。通过优秀企业文化的熏陶使员工的制度意识根植于内心深处，并逐渐将这种个人行为扩展为群体行为，从而在酒店内部形成一种浓厚的自觉执行制度的氛围。最后，还需要实行严格公正的考核和奖惩措施，既是对制度执行情况的系统检查与监督，又是保证制度实施的重要组织手段。

2）制度实施的主观条件

制度实施的主观条件是指制度执行者的自身条件，主要包括两个方面：一方面是良好的员工基础素质，实现这一点需要在员工招聘环节严格把关。基础素质好的员工具备顺利贯彻执行制度的原始素质。一般旅游院校学生是较好的员工来源；另一方面是对员工素质的塑造，主要是通过各种形式的培训教育、实践锻炼来综合培养员工素质，引导员工自我塑造和自我提高，从而使员工对制度的执行从被迫转化为一种自觉要求。

【阅读材料】

A 酒店的制度管理经验

A 酒店的员工签到打卡登记处有块醒目的"过失表现"告示牌。告示牌上分部门分级别地登记着最近一周整个酒店所有人员的违纪过失情况以及酒店的处理意见。告示牌上迟到、早退是常规内容，连员工随意串岗离岗，甚至一些主管、经理人员出现的工作过失都在记录之列。

每位部门经理都有一个"过失登记本"，记录本部门所有员工当天发生的违纪过失现象。对由顾客投诉和管理人员发现的违纪现象，一旦核实，部门经理立即开出过失单，一式 4 份，员工自留 1 份，部门存档 1 份，总经理室 1 份，财务室 1 份。罚款额度视过失性质和影响程度而定。例如旷工 1 小时以上，罚款 200 元，并取消当月奖金福利。对于重大过失的处罚更是毫不手软，不留情面。如一员工私自开客房给朋友休息，被当场开除；还有一员工大错不犯，小错不断，一个月里累积轻微过失有 8 次之多，而且依然未见改错的诚意，也被开除。对于一些部门经理及主管出现的违纪过失情况更是要加大惩罚力度。

每到月末员工领工资时，总能看到一份记录本人上月过失的统计单子，详细记述了过失内容、发生时间、地点及事情经过。由于每条款项都经过严格复核，经理在处理有过失的员工时也都是以思想教育为主，辅之以惩罚手段。到年终总结时，对于一些表现极好，从未违反酒店规章制度的员工，酒店会予以奖励。

［**点评**］严厉的奖惩制度对企业的员工来说有利有弊。

如果一个企业是创意型的企业，它需要员工去创新观点，那么就不能束缚员工。如美国的 Google 公司并不鼓励员工按照正常上下班时间上班，其考核制度也没有将时间作为考核项之一，而是将员工的成果放在了首位，正是因为对他们来说最重要的是创意，而创意并非朝九晚五坐在公司电脑前完成的。

但是，对于大部分劳动密集型企业来说，员工的服从性与工作积极性就意味着企业的效率，员工的散漫对企业是非常不利的。因此，这部分企业通常会有非常严格的奖惩制度，最常见、最直接的方式就是金钱上的奖惩。但是管理者对于这种方式的观点并不一致。

一部分管理者认为，经济处罚能起到立竿见影的效果。从心理学的角度来看，经济处罚被称为消极刺激，个体一旦被刺激，会立即作出反应，修正自己原先的行为，但消极刺激会引发消极的态度。另一部分的管理者认为，若对员工（特别是岗位级别较低、工资收入较低的员工）实行严厉的经济处罚制度，则会导致员工产生抵触情绪，进而消极怠工，甚至跳槽转行。

所以很多企业虽然有非常严厉的处罚，但对于不犯错的员工，相对的额外经济奖励也较慷慨，这样就能迫使企业中表现不好的员工离开企业，而留下更优秀的员工。

资料来源：冯颖如.全球化视角饭店经营与管理［M］.北京：企业管理出版社，2008.（略有改动）

【本章小结】

▶ 如何经济有效地进行组织结构的设计与管理，既能节省人力资源，发挥每个员工的最大效能，又能保持稳定的服务质量，带给顾客满意的服务体验，这就是酒店组织管理的重要内容。在不同类别的酒店中，组织管理及其结构往往会根据酒店自身的实际情况而各不相同，这就需要遵循组织设计原则、结合酒店自身实际情况进行组织结构设计，从而满足酒店实际经营的需要。

▶ 制度管理法是现代酒店管理的重要方法，只有建立一套系统、科学、严密的组织管理制度才能保证酒店经营管理活动的正常进行。现在酒店管理制度主要有总经理责任制、经济责任制、岗位责任制、酒店的工作制度和员工行为规范等，对酒店经营目标的实现发挥着积极的作用。

【思考练习】

1. 简述酒店组织管理的定义及其作用。
2. 简述酒店组织设计应遵守的原则。
3. 简述酒店组织结构的类型及各自的优缺点。
4. 简述酒店组织管理制度的定义及其特征。
5. 简述酒店几种主要的管理制度。
6. 简述酒店管理制度的实施条件。
7. 案例分析：下图为某酒店的组织结构图。从该图可以发现哪些问题？如何进行改正？

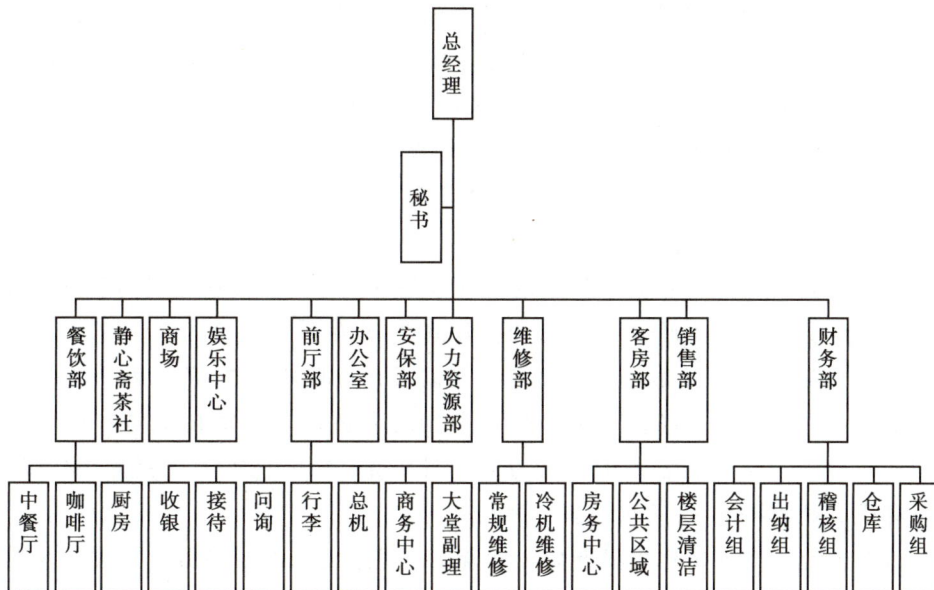

```
                          总经理
                           │
                          秘书
                           │
  ┌────┬────┬────┬────┬────┬────┬────┬────┬────┬────┬────┐
 餐饮部 静心斋茶社 商场 娱乐中心 前厅部 办公室 安保部 人力资源部 维修部 客房部 销售部 财务部
  │                        │                    │        │              │
┌─┼─┐               ┌──┬──┼──┬──┬──┐         ┌─┴─┐   ┌──┼──┐      ┌──┬──┼──┬──┐
中餐厅 咖啡厅 厨房  收银 接待 问询 行李 总机 商务中心 大堂副理 常规维修 冷机维修 房务中心 公共区域 楼层清洁 会计组 出纳组 稽核组 仓库 采购组
```

【案例讨论】

酒店行业深度研究：价值的共振

1. 后疫情（新冠肺炎疫情，以下简称"疫情"）时代酒店行业格局展望

需求端：疫情发生后，商旅出行及个人旅游受到较大影响。STR 中国大陆样本酒店数据显示，2020 年 2 月出租率同比降低 83.8%，RevPAR（Revenue Per Available Room，每间可销售房收入）同比减少 78.6%，此后 3—9 月 RevPAR 同比下滑程度逐渐收窄，但进入第四季度后疫情有所反复，经营情况出现波动。从不同市场来看，低线市场受益本地消费的增长，获得较快恢复，经营数据表现优于一、二线城市。主要原因是一、二线城市商务出行住宿（包括国际交流）需求占比更大，疫情带来的直接影响更显著。从不同档次酒店来看，中低端产品市场表现相对较好。从出租率方面来看，中国内地中档及以下酒店下滑幅度较小，均在 30% 以内；从平均房价方面来看，则是高档及以上、经济型这两端的产品下滑幅度最小。经济型酒店出租率及房价下滑幅度最小的原因可能是其下沉市场渗透率较高、产品性价比突出。

供给端：对比历史数据，危机之后中国内地酒店行业连锁化率均出现不同程度提升。2003 年"非典"之后 2 年行业连锁化率提升了 1.4%，2008—2009 年金融危机后 3 年连锁化率提升了 4.2%。根据弗若斯特沙列文数据，2019 年连锁酒店客房数占比远低于全球平均的月 411%。中国三线及以下城市的酒店行业连锁酒店渗透率相对较低，这为连锁酒店带来巨大增长机会。预计 2020—2024 年的酒店客房总数将以 3.7% 的复合年增长率温和增长，其中连锁客房供应将以 10.5% 的复合年增长率快速增长。因此，中国连锁酒店渗透率预计将于 2024 年进一步增长至 35.2%。头部公司签约门店存量的市场贡献在疫情下有所提升，下沉市场占比进一步增加。

趋势：受疫情影响，消费者对酒店的品质及消费过程的卫生状况更加重视。STR 数据显示，2020 年国庆假期奢华及超高端酒店的入住率均出现了明显增长，高端及中高端基本持平或微增，一定程度可以印证疫情后的旅游住宿需求向着高品质方向发展。酒店住宿的消费方式及预订习惯也有一定变化。同程旅行数据显示，2020 年国内居民独自出行的比例同比增加了 8.7%，2020 年前 11 个月中用户当天下单的比例提升了 6%。

2. 龙头企业修复及扩张持续领先

经营数据恢复。2020 年以来中国内地的酒店整体经营数据呈现稳定的复苏趋势，2020 年第四季度锦江和华住整体的 RevPAR 均恢复到 2019 年第四季度的 97% 以上水平。疫情影响叠加淡季周期，2021 年第一季度酒店住宿需求预计环比 2020 年第四季度有所降低，但第二季度之后有望进一步修复，有可能超过 2012 年第二季度的 RevPAR 水平。以 2019 年三大酒店（锦江、华住、首旅）数据为例进行测算，RevPAR 同比提升 1%，酒店业务营业利润有望实现 4%~7% 的同比增长，弹性可观。

新开门店加速：在连锁化率提升的大背景下，龙头企业利用品牌、管理和规模优势，加速开店。未来三年有望迎来龙头企业的加速扩张。锦江在 2020 年成立中国区之后，提出未来三年实现规模和净利润翻番的目标，锦江的中国区门店数量有望在未来三年翻一番，中国区前、后端负责人以及相关负责人均签署了目标责任书。华住及首旅也分别提出了自己的扩张计划，未来几年开店将进一步加速。

3. 周期与成长共振，龙头价值凸显

龙头企业在享受行业周期上行红利的同时，进一步获取因市场占有率提升和产品升级带来的成长溢价。锦江酒店在中国区未来三年的发展目标指引下，将继续巩固门店规模优势，同时通过整合和优化资源，使成本费用释放利润。首旅酒店中高端酒店及下沉市场齐头并进，北京环球影城开业带来一定催化作用。华住集团凭借优秀的管理效率及较强的品牌快速扩张，深耕中国下沉市场的同时开启海外布局，开启发展的新篇章。

资料来源：长江证券研究所，2021-03-16.

思考题：

1. 在当前市场环境与竞争格局下，酒店组织管理面临着哪些挑战与机遇？

2. 请结合案例内容，谈谈你对后疫情时代酒店行业"价值的共振"的理解。

3. 综合案例内容与相关资料，尝试对比并分析三大酒店集团组织管理的优劣势。

第4章 酒店市场营销管理

【本章概要】

　　酒店作为现代服务业的重要组成部分，具有区别于传统企业的产品特征，这要求酒店的营销活动应当区别于传统实体产品的营销。本章首先介绍了现代酒店市场营销管理的基本理论、基本环节以及现代酒店常用的营销策略，然后对当前几种比较流行的酒店营销理念进行了较为深入的探讨。

【学习目标】

　　①理解现代酒店市场营销区别于传统企业的一般特征；②掌握现代酒店市场营销的过程；③了解传统酒店市场营销策略；④掌握酒店市场细分的标准、目标市场选择策略；⑤掌握目标市场定位的方法；⑥理解新型的酒店市场营销策略。

【开篇案例】

国潮文化熏陶下，新消费者更倾向于哪种酒店？

　　近几年随着《上新了·故宫》《如果国宝会说话》《我在故宫修文物》《国家宝藏》等节目的播出，新中式、宫廷风成为热门词条，在某搜索平台上搜索"新中式"超过1亿条词条，"宫廷风"也有超过400万的词条。这些都代表着中国传统文化更深地进入大众视野。

　　有数青年观察局联合CBNData（第一财经商业数据中心）、FASION ZOO时髦圈儿发布的《走进自信的Z世代 2021年新青年文化洞察报告》，体现当代的中国青年对文化自我认同以及对中国元素的追求。报告指出中国Z世代（是指1995—2009年间出生的人，他们一出生就与网络信息时代无缝对接，受数字信息技术、即时通信设备、智能手机和其他电子产品等影响比较大）人群约2.6亿人，随着年轻的Z世代逐步迈入社会，围绕Z世代的商业机遇便不断涌现，作为新消费人群的Z世代消费能力毫不逊色，成为社会各界关注的焦点。

　　在一些关于中国风产品的消费趋势和速度上也体现了Z世代的消费能力，这体现在Z世代喜爱的文化类IP消费增速上，故宫文创类消费增速近80%，国家博物馆、颐和园、敦煌增速近200%，兵马俑增速近250%，在此基础上，2018—2020年线上汉服销售趋势也增长了 1.7 倍。许多文创 IP 在收割年轻人的喜爱，这也说明了 Z 世代对中国传统文化的认同与接受，新一轮的传统文化热潮也在全国悄然升起。

随着国内消费者审美自信与文化自信逐渐提高，酒店品牌也开始拥抱国潮，获取新一代消费者的认同。2020 年 11 月，锦江酒店（中国区）发布旗下首个多元化国潮体验品牌——原拓。2021 年国潮风格酒店持续走红，首旅如家连锁酒店的璞隐，汉唐风格的装修设计，君澜度假酒店的宋朝风格，同程艺龙酒店系列艺龙海怡、艺龙海雅、艺龙海岚三大品牌的中式基调，都深受市场青睐。

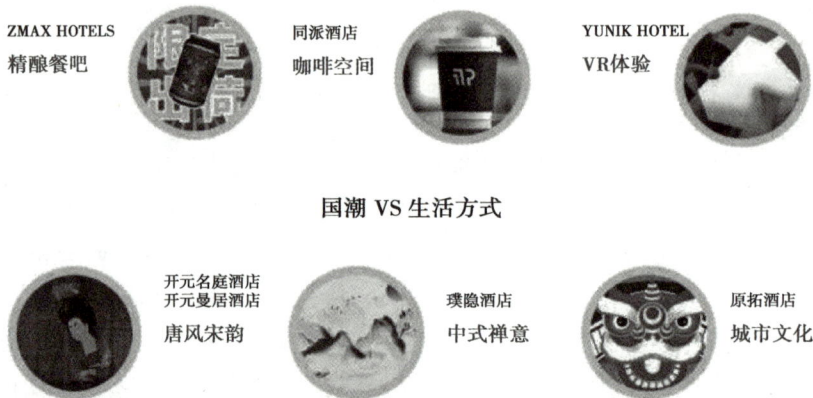

| ZMAX HOTELS 精酿餐吧 | 同派酒店 咖啡空间 | YUNIK HOTEL VR 体验 |

国潮 VS 生活方式

| 开元名庭酒店 开元曼居酒店 唐风宋韵 | 璞隐酒店 中式禅意 | 原拓酒店 城市文化 |

制图：亚洲旅宿大数据研究院

在国潮风的影响下，2021 年酒店的生活方式品牌达到高度爆发。锦江酒店（中国区）推出全新的中高端自然幸福系酒店品牌荟语；同时，又推出中国首创 360° 健康运动中高端生活方式酒店——缤跃。凤悦酒店及度假村旗下生活方式酒店品牌——凤悦轻尚正加速实现华东、华南、西南、西北等重点区域的战略布局。同派酒店认为 Z 世代认同的志同道合的圈层文化、追求社群归属感将是生活方式的新趋势，并联名举办咖啡品鉴、创意咖啡盒插花、创意特调 DIY 课堂、未来之夜直播主题房打卡等活动；ZMAX 旗下精酿餐吧——ZaoBar 在深圳蛇口正式开业，ZaoBar 是 ZMAX 倾力打造的空间 IP，打造精酿文化成为酒店品牌文化的一部分。漫心作为华住集团旗下发力中高端领域的生活方式酒店，充分挖掘当地的历史文化底蕴，将精品设计与属地文化强势链接。

资料来源：根据品橙旅游和环球旅讯相关资料整理.

4.1 酒店市场营销概述

4.1.1 酒店市场营销概念

营销大师菲利普·科特勒认为，市场营销是个人或群体通过创造产品和服务，并同他人交换以满足其欲望与需求的管理过程。

酒店产品不是单纯以物质形态表现出来的有形产品，而是有形设施和无形服务的结合。

因此，酒店产品的营销活动应当区别于传统实体产品的营销。具体来说，酒店市场营销活动应当具备这样的功能：首先，了解顾客的合理需求和消费欲望；其次，设计、组合、创造适当的酒店产品，提供合理的价格，以满足目标市场顾客的需要。所以酒店的营销活动必须是酒店内各部门密切配合的结果。酒店市场营销的作用在于沟通酒店和顾客之间、酒店内部的各种关系，寻求酒店的最佳效益。

综上所述，酒店市场营销是酒店为了使顾客满意并实现经营目标而开展的一系列有计划、有步骤、有组织的活动，其核心是满足顾客的需求，最终目的是保证酒店获得持续稳定的盈利。简而言之，酒店市场营销就是在适当的时间、适当的地点，以适当的价格，通过适当的渠道，采用适当的促销策略，向适当的顾客销售适当的产品和服务。

4.1.2　酒店市场营销的特征

1）注重服务过程

酒店产品具有综合性、无形性及评价主观性的特征，因此，要求酒店更加注重服务过程中员工和顾客服务接触的过程，即服务的"真实瞬间"。这是展示酒店服务质量的有限时机，是建立良好顾客关系、培养忠诚顾客的最佳时机。

2）注重销售的时效性

酒店服务属于一次性服务，也就是说酒店不可能将当天没有卖掉的客房储存起来放在其他时间销售给顾客。酒店客房和服务无法储存的损失表现为机会的丧失和折旧的发生，这就使得酒店营销活动比实体产品销售面临更大的挑战。所以如何提升酒店在某一天或者某一个时点的入住率，把握好客房销售的时效性，避免客房资源闲置是无法回避的问题。

3）注重需求管理

需求管理是对顾客的需求在时间、规模和结构等方面进行引导和控制。酒店顾客需求波动很大，在不同季节、不同时段和不同日期都是变化的。酒店行业普遍的经验是鼓励酒店进行客房预销售，即客房的预订。然而在客房预订时，酒店的管理者又不得不面对许多的不确定性，如可用来预订的客房数量，不同预订提前期可接受的折扣限额等。通过对顾客需求的管理，不仅可以尽量缩小酒店淡旺季之间的差异，还能将酒店的需求规模保持在一个适当的水平上，寻求酒店的最佳运行规模。

4）注重内部营销和外部营销的统一

酒店产品生产与消费同时性的特征说明了员工与顾客同为酒店生产与服务过程的要素。这一特征使得酒店营销中不仅要关注顾客的需要与满意度，同时还必须重视员工的利益与需要，即将内部营销和外部营销统一起来。其中外部营销是以顾客为对象的营销，内部营销则是以酒店内部员工为对象的营销。丽思酒店的"我们是淑女和绅士，为淑女和绅士服务"的座右铭就是对这一理念的经典诠释。

现代酒店营销应以顾客的需求为导向，产品设置与服务提供都要符合市场需求。在卖方市场转为买方市场的环境下，转变酒店固有的营销观念是酒店在激烈市场竞争中立于不败之地的前提和保证。

4.2　酒店市场营销任务

酒店市场营销的过程由市场调研后的市场细分、市场选择和市场定位构成，这是一个连续的系统的过程，也是酒店能否发现市场、进入市场、占领市场和扩大市场的关键。

4.2.1　酒店市场细分

1）酒店市场细分的内涵

（1）酒店市场细分的概念

现代酒店面临着市场竞争日益激烈、顾客日益挑剔且需求多样化，酒店如果不进行有效的市场细分并提供有针对性的产品与服务将无法吸引顾客。通过对市场的有效细分，为不同需求层次的顾客制订不同价格或分配不同资源，是提高顾客满意度和解决酒店企业资源闲置或减少潜在收益流失的重要途径。

酒店市场细分就是根据消费者明显不同的需求将整个酒店市场划分成若干个消费者群，每一个消费群体内部都具有较高程度的同质性。通过市场细分，酒店能够向目标市场提供有效的产品与服务及其相关的营销组合，从而使顾客需求得到更有效的满足，并使酒店获得目标利润。

（2）酒店市场细分的基础

①消费者需求的异质性。消费者的需求具有鲜明的异质性特征，同时又表现出明显的集群偏好。如度假旅客和商务旅客有着各自明显的偏好，对应的市场上就出现了度假酒店和商务酒店。

②企业资源的有限性。任何一家企业所拥有的资源都是有限的，任何一个企业都无法为所有消费者提供他们需要的服务。如一家五星级酒店的服务对象是高端商务旅客或者高端度假旅客，而普通的经济型旅客就不是它的服务对象。

③企业经营的择优性。任何企业都倾向于在自己擅长的领域开展服务，或者倾向于避开正面竞争，酒店企业也是如此。如万豪酒店比速 8 酒店更擅长经营高档酒店，而后者在经济型酒店领域更加具有竞争力。

（3）酒店市场细分的作用

在旅游市场细分作用的研究中，多数学者对市场细分的作用在以下 3 方面达成了基本共识：市场细分有利于识别和发掘市场，开发新的旅游产品，开拓旅游新市场；有利于有针对性地制订和调整旅游市场营销组合策略；有利于旅游企业优化资源配置，从而取得良好的经济效益。

对于酒店企业来讲，进行有效市场细分的主要作用如下：首先，通过对每个细分市场的购买潜力、竞争情况等的分析对比，有利于酒店探索出适合酒店自身的市场机会。其次，有利于酒店掌握目标市场的特点，提高酒店的应变能力。最后，有利于酒店制订和调整营销组合策略，合理利用资源，从而提高整体的经济效益。

2）酒店市场细分的原则和标准

（1）酒店市场细分应遵循的原则

①可衡量性

所谓可衡量性是指各细分市场的需求特征、购买行为等能被明显地区分，各细分市场的规模和购买力大小等能被具体测量。要做到这一点，就要保证所选择的细分标准清楚明确，能被定量地测定，这样才能明确划分各细分市场的界限。另外，所选择的标准要与顾客的某种或某些购买行为有必然的联系，这样细分出来的市场对酒店企业才具有实用性。

②可盈利性

所谓可盈利性是指细分后的子市场要能够为酒店提供足够的利润。如果一家酒店是以顾客的肤色作为市场细分的标准，从可盈利性的角度看就毫无意义，也不会给酒店的经营带来任何好处。此外，从可盈利性的角度细分市场时还要考虑市场规模、开发成本对酒店经营效益的影响，也就是说细分出的市场首先在顾客人数和购买力上要足以保证酒店可以取得良好的经济效益；其次必须保证细分市场的相对稳定性，即不仅要保证酒店的短期利润，还必须有一定的发展潜力，保持较长时期的经济效益。

③可进入性

所谓可进入性是指酒店可以进入细分后的子市场，并通过提供有效的产品和服务获得利益，即经过细分后所确定的目标市场要使酒店有条件进入并能占有一定的市场份额。酒店必须从自身实际出发，以保证细分出的市场是酒店的人力、物力、财力等资源所能达到的，是经营能力所能及的，否则不能贸然去开拓。此外，酒店的营销人员要与客源市场进行有效的信息沟通，具有畅通的销售渠道，这对于具有异地性特征的酒店市场尤其重要。

④差异性

所谓差异性是指酒店各细分市场之间的需求存在一定的差异，这些差异既是酒店进行市场细分的依据，也是形成酒店经营特色和利润空间之所在。酒店通过差异性的构建区别于竞争对手，形成自身稳定的目标顾客群体。

（2）酒店市场细分的标准

酒店要进行有效的市场细分，就必须找到一个科学的划分依据。下面我们将就几种主要的酒店市场细分标准作详细分析。

①地理因素

按地理因素细分市场是指以顾客所在的不同的国家、地区或区域作为划分市场的标准，这是酒店企业最基本的一种市场划分方式。不同的国家与地区的顾客由于经济状况、消费习惯及风俗文化的差异对酒店的产品产生不同的偏好。如亚洲人与欧洲人在对酒店设施的要求上有很多的差异，亚洲人比较注重酒店的装饰和设施，而欧洲人则强调客房的整洁、卫生与舒适宜人；亚洲人比较注重自己在旅游购物时的花费，而不太愿意支付高价来享受高星级的酒店服务，且较少支付小费；欧洲人则强调在高档次的，尤其是下榻连锁型的酒店内，其在住宿方面的支出远远超出亚洲人，并且更愿意在享受良好的服务后支付小费。酒店在了解顾客的差异之后，可以结合自身的实际情况来采取不同的营销手段招揽和吸引顾客，并且设计和提供不同的服务和产品满足顾客差异化的需求。

酒店行业目前最常用的地理因素细分方法之一就是根据客源国进行市场细分。如北京的常富酒店因日本客人占很大比例，特设日本楼层，在这些楼层中，所有的设施、设备都是日式的，服务人员对客房的打扫也按照日式的规矩进行，服务员要脱鞋才可以进入客房打扫，所有上述日式服务的设置受到了日本客人的欢迎。上海的花园酒店也主要服务于日本客人，例如客房和卫生间的设施主要根据日本人的使用习惯来设置。又如美国、澳大利亚等国的一些酒店，根据近年来亚洲客人尤其是中国客人猛增的情况，在酒店内安排会讲中文的服务人员，从而更好地迎合亚洲客人尤其是中国客人的需求。

②人口统计变量因素

消费者需求和偏好与人口统计变量关系密切，另外人口统计变量比较容易衡量，有关数据相对容易获取，这是人口统计变量成为最常用的一种市场细分依据的重要原因。

第一，性别。由于生理上的差别，男性与女性在产品需求与偏好上有很大不同。传统视角下一般认为商务客人以男性居多，女性较少，所以大多数酒店都忽略了现代女性入住酒店时的一些需求。伴随着女性在商务领域发挥的作用日益重要，商旅活动中女性比例逐渐上升，许多高端酒店意识到女性在入住酒店时对私密性和女性产品的独特需求，特设专门的女性楼层来迎合这部分女性顾客的需求，在很多地方甚至出现了女性主题酒店。

第二，收入水平。收入水平是酒店在进行营销时一个较易获取数据和衡量的细分变量标准。高收入消费者与低收入消费者在选择酒店产品、对房价的敏感性等方面都会有所不同。现代酒店在细分市场时较多考虑消费者的收入水平因素，例如如家酒店和7天连锁酒店主要体现其酒店的经济性，服务于普通收入的社会大众；万豪酒店和希尔顿酒店主要体现其高端品牌的形象，主要服务于高收入群体；丽思·卡尔顿酒店则试图打造其超高端的豪华酒店形象，主要服务于社会名流和精英。

第三，职业与受教育程度。不同的职业和受教育程度的不同会使得顾客对酒店产品有不同的偏好。例如，金融业从业者更爱入住丽思·卡尔顿酒店，而时尚的创意公司员工则喜欢入住W酒店（W hotel是一个标志性的生活时尚酒店品牌，喜达屋酒店集团旗下品牌）和URC（Urban Resort Concept）这类更具设计感的酒店。

此外，人口统计变量还包括年龄、家庭生命周期等因素，处在不同的年龄阶段、不同的家庭生命周期的消费者的需求也有较大差别。

【阅读材料】

华住酒店集团树立酒店细分行业新标杆

华住集团以经济型酒店汉庭起家，后通过自创、收购和合作等方式不断丰富其品牌矩阵，持续布局中高端酒店细分市场。此前荣登2020年度"全球酒店集团225强"第7名，在市场中已经成为酒店集团的典范。

除了经济型品牌"汉庭"和平价品牌"海友"，华住凭借全季在中端酒店市场树立了良好的口碑，进而持续发力推出"漫心"和"禧玥"两个中高端酒店品牌；完成与雅高集团的交易，拿下雅高旗下五个品牌，包括"宜必思尚品"和"宜必思"的在华经营权；后收购"桔子水晶""花间堂""德意志酒店（Deutsche Hospitality，DH）"全球业务等一系列品牌，在中高端动作频频。目前，华住运营的酒店品牌已经覆盖多元市场，旗下拥有施柏阁、美爵、美仑美奂（Maxx）、Jaz in the City、禧玥、美仑国际、花间堂、漫心、桔子水晶、全季、星程、汉庭、海友、宜必思等二十余个酒店品牌，满足消费者从高端到经济型、从商务到休闲的个性化住宿需求。

截至2021年6月30日，华住中国在营酒店数量首度突破7 000家，总计客房数为667 670间，待开业酒店数超过2 600家，中端及以上酒店占比达51.96%。随着国内的消费升级，华住持续优化产品矩阵，发力中高端市场的策略，有望成为华住未来的利润增长点。

分析华住持续发力中高端酒店市场的原因，从这组数据也可见端倪，目前我国高中低收入群体比例为1∶4.5∶4.5，而豪华、中高端和经济酒店比例为1∶3∶6，中等收入人群与中端酒店还存在一定的发展空间，因此在中端酒店行业市场有极大的发展空间。同时华住作为国内酒店龙头企业，对中国未来的经济增长依然充满信心，坚信中国住宿业向上发展的趋势不会变化，因此未来会持续发力中高端酒店市场，进而提升其市场占有率。

资料来源：环球旅讯，2022-01-11.（有删减与改编）

③心理因素

酒店在营销时应重视对顾客心理需求的分析，加强产品心理属性的研究，重视产品的品位、形象、个性、感性等方面的塑造，营造出与目标顾客心理需求相一致的产品和服务。不同消费者出于不同购买动机在选择酒店产品时的侧重点有所不同，有的顾客在入住酒店时更看重朴实、环保，有的则追求奢华的感觉或者某种刺激的感觉。所以酒店营销应根据顾客生活方式、所处的社会阶层、个性特点等因素进行市场细分，这就是心理细分。

第一，生活方式。人们追求的生活方式各不相同，如有的追求新潮时髦，有的追求恬静、简朴，有的追求刺激、冒险，有的追求稳定。具有相同或者相近生活方式的人在入住酒店时有着大致相同的偏好。如喜达屋酒店集团针对30岁左右的喜欢追求时尚潮流和设计感的青年人打造了W酒店品牌。

第二，社会阶层。处于同一阶层的消费者具有类似的价值观、兴趣爱好和行为方式，不同阶层的消费者则在上述方面存在较大的差异。很显然，识别不同社会阶层的消费者所具有的不同的消费特点，将为酒店市场细分提供重要依据。

第三，个性特征。消费者的个性特征对其选择酒店产品有很大的影响。个性特征主要体现为外向或内向、乐观或悲观、保守或激进、热情或冷漠等。性格外向、容易感情冲动的消费者往往好表现自己，因而他们喜欢购买能表现自己个性的产品；性格内向的消费者则喜欢大众化，往往购买比较平常的产品；富于创造性和冒险心理的消费者，则对新奇、刺激性强的商品特别感兴趣。如1991年全球第一家冰晶旅馆在瑞典开业，开业后就成为喜欢追求刺激、冒险的旅客的完美选择。冰晶旅馆是完全由冰和雪打造而成的旅馆，这不仅颠覆了传统的旅馆概念，还成为了世界先进的冰艺展览中心，可以让入住和参观的旅客体验天宽地阔、上帝造物的神奇力量。

④购买行为

许多学者认为，购买行为能更直接地反映消费者的需求差异，因而成为市场细分的最佳起点，主要包括以下3种情况：

第一，按购买目的细分。商务酒店、度假酒店、会议型酒店等不同类型的酒店以顾客的购买目的为细分标准，其所面对的顾客群体也不同。如位于上海松江佘山国家旅游度假区内的佘山艾美酒店是一家典型的度假酒店，主要顾客群体是到佘山旅游度假区休闲度假的旅客；而在人民广场的世贸皇家艾美酒店则是典型的商务型酒店，主要顾客群体是商务型旅客。

第二，按购买时间细分。根据顾客购买时间的不同，酒店顾客被分为偏好旺季顾客及偏好淡季顾客。一般而言，旺季偏好顾客都是一些受时间限定或约束的人群，在时间条件的约束下，这类顾客不会介意房价偏高；而淡季偏好顾客多属于对价格比较敏感而时间不受限制的人群。当然，由于酒店类型不同，淡季或旺季偏好的顾客分布也有差别。如对于旅游景区内的酒店而言，旺季偏好型顾客多数是上班族，平时没有时间外出旅游，只有到节假日才能抽出时间外出旅行。淡季时，酒店也需要寻觅一些符合"对价格比较敏感而时间相对充裕"的淡季偏好顾客作为补充客源，并通过各种措施，如价格折扣等施加影响，从而有效地帮助酒店解决淡季时期的经营问题。如在美国有一些企业受经费限制，专门在淡季时期在酒店召开一些公司会议，这样的客源对酒店而言就是典型的淡季偏好型顾客。另外，老年顾客也是酒店淡季时期可以着重开发的顾客群体。

第三，按购买数量和购买频率细分。酒店可以根据顾客入住酒店的数量和频率来进行细分，频繁入住的顾客可以为酒店带来稳定的收入和利润，是酒店的忠诚顾客。从营销学的角度我们通常把顾客按照购买频率和数量分为大量使用者、中度使用者和轻度使用者。大量使用者人数可能并不很多，但他们的消费量在总消费量中占很大的比重，酒店经营也可以这样来进行划分。如汉庭酒店把会员顾客按照入住次数细分为普通会员、金卡会员和白金卡会员 3 个不同等级，频繁入住的金卡和白金卡会员可以享受 8.8 折优惠，这样的优惠使得入住汉庭的会员顾客比例超过 60%。此外，持有金卡的顾客入住汉庭快捷酒店还可以享受快速入住、无停留离店等特殊服务（如果持有金卡的顾客在入住时已付清房费的话，退房无须等待查房，只要把房卡放到设在大厅里的一个注明"无停留离店"的盒子里就可以退房），这些服务使最注重节省时间的商务人士感到满意。

4.2.2 酒店目标市场选择

酒店市场细分的结果是将整个酒店市场划分为具有不同特征的细分市场，目标市场选择是市场细分的下一个环节。酒店通过评估每个细分市场对自身的吸引力程度，选择进入一个或多个细分市场。

1）酒店目标市场选择的标准

（1）酒店资源

酒店资源包括酒店的人力、物力、财力及酒店形象等。如果酒店规模较大，实力雄厚，有能力占领更大的市场，可采用差异性营销策略；如果酒店资源有限，实力不强，无力兼顾整体市场或几个细分市场，可采用集中性营销策略。

（2）产品同质性

同质性是指本酒店产品与其他酒店产品的类似性。如果本酒店产品同其他酒店产品相似，说明产品同质性高，适宜采用无差异性营销策略；反之适宜采用差异性营销策略或集中性营销策略。

（3）产品生命周期

一般而言，酒店产品所处市场生命周期的不同阶段所采用的营销策略也有规律可循。新产品上市往往以较为单一的产品探测市场反应，此时产品价格与销售渠道基本单一化，因此新产品在引入阶段可以采用无差异性营销。进入成长阶段或成熟阶段后，由于竞争对手的加入，同类产品增加，无差异营销难以奏效，所以在成长阶段与成熟阶段酒店采用差异性或集中性营销更有效。

（4）竞争对手数量

当酒店的竞争对手数量较少时，一般可以采用无差异性营销策略；当竞争对手数量较多且市场竞争较为激烈时，宜采用差异性或集中性营销策略，以确保本酒店的产品和服务在一个或多个方面区别于竞争对手，形成竞争优势。

（5）竞争对手的营销策略

酒店在选择目标市场的营销策略时，必须考虑竞争对手采取的营销策略。如果某个实力较强的竞争对手已经采用了差异性营销策略，在本酒店难以与之抗衡的情况下就应该进行更有效的市场细分，实行集中性营销策略；如果竞争对手的力量较弱，而自己的力量较强，则可完全根据自己的情况确定营销策略。

酒店营销的成功与否关系着酒店的发展和前途，如何才能使酒店营销发挥积极作用，这在整个酒店经营中时时都要认真考虑。酒店在市场细分之后要选择自身擅长的目标市场，积极运用和开发各种营销策略，以达到优质营销的最终目的，赢得顾客的满意。

2）酒店常用的目标市场选择策略

（1）无差异目标市场营销策略

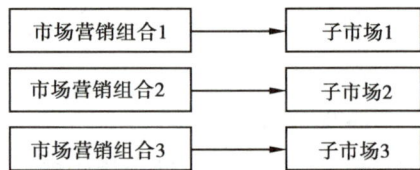

无差异目标市场营销策略是指酒店无视顾客需求的差异性，而将整个市场都作为自己的目标市场，只推出一种产品和服务，制订一种价格，运用统一的营销组合策略开展营销活动（图4.1）。

这种策略突出的优点在于可以简化分销渠道，相应地节省市场调研和广告宣传的经费开支，使平均成本降低。缺点是不能完全满足旅游者的差异化需求。随着顾客的收入水平、社会地位、生活方式以及个人兴趣的不断变化，对旅游多样化的需求日益增长，单一的市场营销策略很难满足旅游者的差异化需求。因此，本策略主要适用于市场上供不应求或少数垄断性较强的酒店企业，在竞争激烈的市场中则不能适应现代酒店业的发展。

（2）差异性目标市场营销策略

差异性目标市场营销策略指的是酒店针对不同的细分市场制订不同的营销组合策略，全方位地开展有针对性的营销活动，同时占领所选定的几个目标市场。这个策略适用于资源和能力较丰富的酒店企业（图4.2）。

图 4.1　无差异目标市场营销策略　　　　图 4.2　差异性目标市场营销策略

差异性目标市场营销策略根据消费者的不同需求特点对整体市场进行细分，并在此基础上选择整体市场中数个或全部细分市场作为自己的目标市场，针对不同细分市场的需求特点，提供不同的产品及制订不同的营销组合，满足不同的细分市场的需求。如万豪酒店集团将整个市场细分为超高端、高端、中等价位、经济型四大类，并将集团旗下品牌作了差异化的细分，BVLGARI 和 Ritz-Carlton 致力于打造最高端的奢华酒店品牌，JW Marriott 和 Marriott 等品牌则定位于高端商务市场、Courtyard 万怡则定位于中等价位市场。

这种策略的优点是能更好地满足不同顾客的需求，有利于提高酒店产品的竞争力，扩大整体市场份额。如果一个酒店能够同时在几个细分市场上占有优势，就会产生连带效应，有助于树立起令顾客信赖的、具有较高美誉度的积极形象。另外，由于酒店同时经营数个细分市场，有助于降低在某个单一市场中的经营风险。这种策略的局限性主要表现在以下两个方面，一是由于产品种类多而导致营销费用较高，二是由于经营分散使得酒店在单一子市场中难以实现规模经济，从而影响了经营效率。

（3）集中性目标市场营销策略

集中性目标市场营销策略是指酒店集中所有力量，
以一个细分市场作为目标市场，实施高度专业化的服
务，试图在较小的细分市场上占有较大的市场份额（图4.3）。这个小的细分市场是大型
酒店集团没有注意到，或者不愿意顾及的市场。这种策略的突出优点在于能充分发挥酒店
的优势，使酒店在特定市场上具有较强的竞争力。

| 市场营销组合 | ⟶ | 子市场1 |

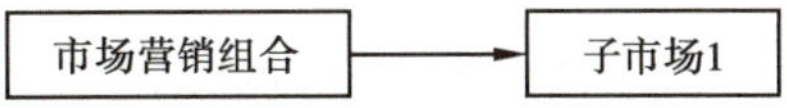

图4.3　集中性目标市场营销策略

这种策略往往适合资源能力有限的中小型酒店或新进入市场的酒店，他们在较大的市
场上难以取得竞争优势，因而力图在较小的市场范围内取得较高的市场占有率。由于经营
范围针对性强，容易形成本酒店产品与经营的特色，因此有利于扩大酒店在特定细分市场
上的知名度，增加由此带来的销售额，节省营销费用，并通过专业化的营销满足特定的消
费者的需求。这种策略的不利之处是酒店过分依赖小市场的状态和稳定性，如果目标市场
需求突然发生变化，酒店则存在较高风险。

以上3种策略各有优缺点，酒店在选择自己的经营策略时必须根据自身的条件、产品
和服务的特点以及市场的情况加以权衡，慎重行事。目标市场选择是一个系统性的工作，
从整个酒店的营销活动来看，目标市场的选择仍属于前期工作，这一工作成功与否会直接
影响酒店市场定位的效果。

4.2.3　酒店市场定位

"定位"一词最早出现在广告业，强调广告要在视听者心目中留下一定的位置。如果
酒店能在目标顾客心中确立一定的位置，给顾客一个购买的理由，往往就能在竞争中处于
有利的地位。

1）酒店市场定位的内涵

在酒店行业竞争激烈的今天，产品和服务同质化日益严重，顾客有太多功能相近的
酒店可以选择。那么顾客如何进行购买决策？顾客光顾本酒店而不是其他酒店的理由是什
么？从营销的角度来讲，这些都要依靠有效的酒店市场定位来解决。

酒店市场定位是指酒店根据竞争对手现有产品在市场上的地位及顾客对产品某些属性
的偏好程度塑造出鲜明的酒店个性或形象，并通过有效的方式传递给目标顾客，从而在细
分市场上占有强有力的竞争地位。这种个性或形象可以是实物方面的，也可以是心理方面的。

定位是以酒店产品为出发点，针对潜在顾客进行的，也就是说，定位是为酒店在潜在
顾客心中确定一个合适的位置。通常情况下，无论酒店是否意识到产品的定位问题，在顾
客心中酒店都会占据或者形成一定的位置或者形象。如酒店巨头"希尔顿"在顾客心中意
味着"高效、优质的服务"；经济型酒店创始品牌"假日酒店"则给人"经济、卫生、舒
适、便捷"的市场形象。所以，在酒店产品和服务日益同质化的今天，对于酒店而言，定
位并不是酒店要为本身的产品做些什么，而是指酒店要给顾客留下什么印象，即在顾客心

目中建立区别于竞争对手的印象和位置。

2）酒店市场定位的基本策略

（1）直接对抗定位

直接对抗定位也称针锋相对定位，是指把本酒店的产品定位在与竞争对手相似或者相近的位置上，同竞争对手争夺同一细分市场。一般来说，当本酒店能够提供比竞争对手更令顾客满意的产品或服务，或者在某些方面优于竞争对手时，可以采用这种定位策略。如百事可乐与可口可乐的竞争，肯德基与麦当劳的竞争，就是直接对抗定位的例子。在酒店行业，如锦江之星和如家快捷酒店就是典型的直接对抗定位。

如果竞争对手实力很强，且在消费者心目中处于强势地位，此时实施直接对抗定位策略就有一定的市场风险，因为这不仅需要酒店拥有足够的资源和能力，而且需要在知己知彼的基础上实施成功的差异化。

（2）再定位

再定位是指酒店发现最初选择的定位策略不科学、不合理，营销效果不明显，继续实施下去很难成功，因而作出对原有定位进行调整的策略。一般通过更换品牌或管理方（如果是运用特许经营或委托管理的话）、调整产品和服务内容或者改变广告诉求等一系列方法为酒店重新定位。酒店重新定位的目的是能够使企业获得新的、更大的市场，寻求新的增长。

（3）避强定位

这种定位是指酒店意识到很难通过与同行业竞争对手相抗衡来获得竞争的绝对优势，从而选择避开细分市场上强大的竞争对手，突出宣传自己与众不同的特色来取得相对优势。酒店可根据自己的条件，通过营销创新，在目标市场上营造一种明显区别于竞争对手的新产品或新服务，突出宣传自己与众不同的特色，在某些有价值的产品属性上取得领先地位。

【阅读材料】

美国西南航空的避强定位

美国的航空市场是个高手林立的市场，有美联航、美国航空、大陆航空等多家知名航空公司。西南航空作为后来者，无法以运营效益和美国航空等领先公司展开全面竞争。针对美国航空等多舱级运营的公司，西南航空在外部市场竞争中确立了"单一经济舱飞行"的定位。

西南航空公司以"经济舱飞行"为战略核心，对所有运营活动进行了设计。它不提供餐饮，不指定座位，不提供跨航线行李转运或高级舱位服务；它集中于短程航线，紧缩泊机时间，以更少的飞机提供频繁的航班；它还在登机口设立自动售票机，鼓励乘客跳过旅行社直接购买机票，节省付给旅行社的佣金。此外，它的机队全部选用波音737客机，从而在定位的基础上实现了多方面的优化运营：统一维护备件和养护方式，统一机师培训和交接岗，统一运营方式和形象，以及最低的批量订购价格。由于这种经济舱飞行服务适合于短途航线，西南航空在此方面形成了绝对优势，最终成为了短途飞行之王。

3）酒店市场定位的过程

（1）明确酒店的竞争优势

所谓竞争优势是指酒店在竞争过程中相对竞争对手所表现出来的优势。消费者一般都选择那些给他们带来最大价值的产品和服务。因此，赢得和保持顾客的关键是比竞争对手更好地了解顾客的需要和购买过程，并向他们提供更多价值的产品和服务。通过提供比竞争对手更低的价格，或者提供更多的价值以使较高的价格显得合理，酒店可以从产品、服务、价格、人员、形象等方面构建竞争优势。如香格里拉酒店集团作为亚太地区的先驱型豪华酒店集团，强调其源于亚洲的特点及其独特的亚洲式热情好客服务之道，这也是香格里拉赢得世界级酒店集团荣誉的基础。

（2）通过竞争优势传递市场定位

如果酒店自身存在若干潜在的竞争优势，那么就必须选择其中一个或几个竞争优势，并据此明确自身的市场定位。

在选择好市场定位之后，酒店必须采取切实可行的步骤把理想的市场定位传达给目标消费者。酒店所有的市场营销组合必须支持这一市场定位战略，即通过产品、价格、广告等渠道来传递酒店的定位。当酒店的某种产品或者服务的特性超出竞争对手的水平时，就应该强调这些特性。如上海东方滨江大酒店依托国际会议中心定位为国际级的会议型酒店，酒店一流的会议设施在顾客心中形成了较强的印象；四季酒店以其超人性化和私密性的服务著称，所以四季通过强调高价来反映其服务和质量，将产品的价格作为反映其质量的标志。

【阅读材料】

媒介的作用到底有多大？

我们遇到的现实的难题是：企业总是希望通过大量的广告让消费者来记住自己与众不同的品牌。但在现实中，人们根本无暇顾及众多的广告。2020 年度国内高清电视和超高清电视频道 756 个，广播电台、电视台、广播电视台等播出机构 2 543 家，出版期刊 10 192 种，出版报纸 1 810 种，新版图书 213 636 种，你怎么能够寄希望于用每天为数众多的电视频道中几十秒的广告或者杂志上某一个广告插图牢牢地抓住消费者？

一般来说，同等级酒店互为竞争对手。然而，北京长城酒店、凯宾斯基酒店、昆仑酒店等五星级酒店"扎堆"出现在北京"燕莎圈"，这些地理位置、硬件设施均相似的酒店却能够"和平共处"，关键在于每家酒店都通过细分客源进行了准确定位。

4.3　酒店市场营销策略

4.3.1　传统的酒店营销策略

1960年，美国著名的市场营销专家麦卡锡在营销实践的基础上，提出了著名的4Ps营销策略组合理论。4P即产品（Product）、定价（Price）、渠道（Place）、促销（Promotion）。4Ps营销策略组合在酒店市场营销活动中得到了广泛应用。

1）产品策略

产品策略是市场营销4Ps组合的核心，是定价策略、渠道策略和促销策略的基础。产品策略指酒店制订经营战略时，首先要明确能提供什么样的产品和服务来满足消费者的要求。酒店企业在提供产品时应注意整体产品设计和创新。

（1）酒店的整体产品设计

从消费者的视角看，酒店产品是指顾客在入住酒店期间所获得的各种感受，是顾客住店期间全部经历的总和，包括对无形服务和有形设施的消费体验。这种消费体验源自酒店产品的3个层次：核心产品、形式产品和延伸产品。

酒店的核心产品是指酒店为顾客提供的最基本的产品和服务，并以此来满足顾客在酒店中最基本的需求，提供最基本的服务。例如，酒店通过提供清洁卫生的客房，安全安静的环境给入住顾客以最基本的生理和安全需求的满足；通过提供温馨人性化的服务给入住顾客以尊重和被认可的心理需求的满足。酒店的形式产品是酒店产品和服务核心利益的外在表现形式，它既表现为实体产品又表现为无形的服务。如酒店的位置、装修、品牌、商标等都属于形式产品。酒店的延伸产品是指顾客购买酒店产品和服务时得到的附加利益的综合，如酒店的服务质量保证、酒店免费提供的机场接送机服务等。酒店除了做好核心产品之外，对形式产品和延伸产品也要足够地重视。

（2）酒店产品的创新

在目前酒店行业竞争日益激烈的状态下，酒店产品要勇于创新。但是在行业实践中，由于固定设施投入的成本较高、酒店产品创新无专利性等原因，酒店产品的创新本身缺乏动力。因此酒店产品的创新与实体产品和技术创新相比是滞后的。目前普遍的情况是酒店引进当前较新的技术使得产品和服务特征得以提升或者改良，或者直接进入某个新市场。如中国酒店市场上第一家精品酒店的诞生，中国本土第一家经济型酒店锦江之星的开业等。

2）价格策略

（1）影响酒店产品定价的主要因素

影响酒店产品定价的因素主要有内部因素和外部因素两大类。内部因素主要是指影响产品价格的酒店自身原因，包括酒店投资成本、酒店定价目标和其他营销组合；外部因素是指影响酒店定价的市场环境等外在原因，主要包括市场需求状况、社会文化及经济环境、政策法律因素等。

①内部影响因素

第一，酒店投资成本。根据国际酒店业的一般标准，经济型酒店每间客房的投资成本为1.5万~4万美元。酒店常用的客房定价的参考方法是千分之一法，即以每间客房造价的千分之一作为客房每天间的价格。因此，酒店投资成本是影响酒店价格水平的基本因素之一。此外，业主希望的投资成本回收期也会对房价的高低产生影响。

第二，酒店定价目标。定价目标的差异会在很大程度上影响酒店定价。如秉持利润导向目标定价的酒店，希望获得适当的投资利润，不会使销售价格低于单位成本。以竞争导向目标定价的酒店，一般采用低价策略来提高市场占有率，因而可能以低于单位成本的价格定价。而一些相对弱势且在行业里处于跟随地位的酒店，为了应对和防止竞争，往往采取跟随大型连锁酒店进行定价的方法。

第三，其他营销组合。酒店产品质量会影响酒店的定价，一般质优则价高。另外，营销渠道和促销手段的选择也会对酒店价格产生影响。

②外部影响因素

第一，市场需求状况。酒店房价随市场需求状况即供求关系的变化而不断调整。某一地区酒店数量的不断增加会导致行业内竞争加剧，为了获得高客房出租率，削减房价成为一种常用的竞争定价方法，竞争的后果是酒店整体房价偏低。因此，某一地区酒店供过于求时，酒店需要考虑降低价格；供不应求时，酒店可以考虑适当提高价格。如每年春节，海南三亚的酒店就迎来传统的旺季，酒店一房难求，亚龙湾、三亚湾等区域中各大酒店的客房销售价格均创下一年中的最高点。

第二，社会文化及经济环境。酒店作为旅游业的重要组成部分，受社会文化及经济环境的影响较大。一旦全球或者酒店所在国的经济滑坡或者政局动荡，当地的酒店业就会呈现不稳定性和波动性。2021年9月20日北京环球度假区正式开园，位于北京环球度假区周边的酒店房价均在9月20日左右有大幅上涨。如离北京环球度假区驾车4.7千米的丽枫酒店（北京通州环球万盛东地铁站店），9月7日的房价为328元，而在9月20日北京环球度假区正式开园当天的价格为778元，国庆节期间的最高房价更是达到了1 058元。

第三，政策法律因素。政府或行业组织的政策因素或者价格约束对酒店定价也有一定的影响。如政府为了维护市场秩序，或为了其他的目的，可能通过立法或者其他途径对酒店行业的价格进行干预。政府价格干预行为主要能够起到两方面的作用：一是维护消费者的利益，防止价格过高形成酒店暴利；二是保障酒店的利益，避免恶性价格竞争。如海南三亚市物价局规定：旅游业客房旺季价格，按星级（相当类型）允许企业在标准双人房协调价的基础上上浮50%以内自行确定房价；淡季，按星级（相当类型）允许企业在标准双人房协调价的基础上下浮20%以内自行制订最低限价。这一限价规定对海南酒店淡旺季的定价产生了一定影响。

【阅读材料】

上海：出台酒店价格诚信自律公约，保障游客权益

2021年8月，在上海市文化旅游局的指导下，上海市旅游行业协会坚持问题导向，充分听取了酒店企业、在线旅游平台、旅行社及各区文化旅游部门、相关法律专家意见建议后，制定出台《上海市酒店价格诚信自律公约》（下称《公约》），从商品服务明码标价、价格欺诈抵制防范、客房销售渠道管理、价格异常波动预警、价格争议解决机制等多个方面，对酒店企业、在线旅游平台、旅行社等不同经营主体提出行业自律要求，帮助酒店等旅游企业规范价格行为，更好地维护旅游者合法权益。

上海市旅游行业协会相关负责人介绍，对酒店客房除酒店企业自身销售外，往往通过在线旅游平台、旅行社等渠道进行销售，因涉及不同的经营主体，价格容易出现差异，有时个别经营者为了追求暴利，过度加价，导致"天价房"问题的产生，给旅游消费者带来不好的体验。除此以外，酒店市场也存在个别酒店为了追求高额利润，大幅度提高客房尾单销售价格从而引发"天价房"问题。当旅游消费者发现酒店价格存在问题时，可能会遭遇一些不诚信的酒店企业、在线旅游平台等经营主体相互"踢皮球"，给旅游消费者投诉维权带来困难。

对此，在上海市文化旅游局的指导下，上海市旅游行业协会主动抓住问题症结、对症下药，此次制定的公约主要从三个方面对上述问题寻求解决方案。

一是对不同经营主体提出自律要求。公约要求酒店企业严格履行明码标价，坚决抵制利用虚假的或者使人误解的价格手段诱骗旅游消费者的行为，加强各类客房销售渠道价格管理，妥善处理客房尾单销售价格；要求在线旅游平台向旅游消费者逐步推广使用平台自营及酒店官方预订渠道。

二对价格异常波动提出具体措施。公约要求在线旅游平台健全完善酒店客房价格异常波动预警机制，及时提醒相关经营者为旅游消费者提供价格合理的客房，在市场竞争中获取合法利润，同时要求酒店企业要密切关注不同客房销售渠道价格波动，如发现市场价格异常，可以及时向相关经营主体及有关部门反映。

三是对价格争议处置提出指导意见。公约要求对消费者提出的酒店价格问题投诉，酒店企业、在线旅游平台、旅行社等经营主体做到迅速响应、及时处置，不推诿扯皮、不拖沓敷衍，并鼓励在线旅游平台逐步试点完善先行赔付制度，从机制上彻底杜绝"踢皮球"问题。

附：上海市酒店价格诚信自律公约

第一条　为规范本市酒店价格秩序，保障旅游消费者合法权益，特制定本公约。

第二条　酒店企业应认真执行《价格法》《反垄断法》《消费者权益保护法》等法律法规，守法依规开展经营活动。

第三条　酒店企业严格履行明码标价，价格标示内容真实明确，字迹清晰，标示醒目，明确所标示的价格对应的商品与服务，不设置隐形消费。

第四条 酒店企业价格宣传真实、准确、无歧义，使用的语言、文字、图片等宣传内容与实际相符，坚决抵制利用虚假的或者使人误解的价格手段诱骗旅游消费者行为。

第五条 酒店企业要加强自有渠道、在线旅游平台、旅行社等各类客房销售渠道价格管理，规范签订相关合作协议，明确双方权利义务，杜绝"天价房"事件发生。

第六条 在线旅游平台向旅游消费者逐步推广使用平台自营及酒店官方预订渠道，并健全完善酒店客房价格异常波动预警机制，及时提醒相关经营者为旅游消费者提供价格合理的客房，在市场竞争中获取合法利润。

第七条 酒店企业要密切关注在线旅游平台、旅行社等客房销售渠道价格波动，如发现市场价格异常，可以及时向相关经营主体及文化旅游、市场监管部门反映，并妥善处理客房尾单销售价格，避免消费争议。

第八条 酒店企业、在线旅游平台、旅行社等经营主体应健全旅游消费者争议解决机制，对消费者提出的酒店价格问题投诉，做到迅速响应、及时处置，不推诿扯皮、不拖沓敷衍，妥善化解矛盾纠纷。在线旅游平台逐步试点完善先行赔付制度，积极协助旅游消费者维护合法权益。

第九条 酒店企业、在线旅游平台在经营场所显著位置公示公开《上海市酒店价格诚信自律公约》，认真履行本公约规定，自愿承担违规责任和相应法律后果。

第十条 本公约由上海市旅游行业协会负责解释，自发布之日起施行。

资料来源：澎湃新闻，2021-08-24.

（2）酒店产品的定价方法

①理解价值定价法

这种定价方法是以消费者对酒店产品的认识程度为依据而制订价格的方法，消费者的主观感受和评价是制订价格的基础。每家酒店在顾客心目中都有特定的位置，顾客会将其与备选的酒店相互比较，通过权衡相对价值的高低而最终做出选择。因此，酒店首先需要为其产品在目标市场上定位，并运用各种营销手段来影响消费者的价值观念，使消费者感到其选择的产品比其他产品获得更多的相对利益，然后就可根据消费者所形成的价值观念大体确定客房价格。运用理解价值定价法的关键是把自己的产品同竞争对手的产品相比较，准确估计消费者对本产品的理解价值。

②差异定价法

这种定价方法是为同一酒店产品定出多种价格，以便运用在不同的细分市场上。制订出不同价格的依据主要有以下3种情况：

第一，顾客不同。酒店不同的顾客类型会给酒店带来不同的利益，针对不同的顾客实施不同的价格可以增加酒店的营业额。如对一个无预订的散客，酒店给出的是门市价；而对协议单位的顾客，由于协议单位能给酒店带来持续而稳定的客源，酒店给出的就是协议价或折扣价。

第二，地点不同。处于不同地理位置的同一连锁酒店集团的不同酒店，定价会有所差异。如上海香格里拉大酒店的门市价就高于同一时期宁波香格里拉大酒店的门市价。

第三，时间不同。同一酒店在每年的不同时期会制订不同的价格。由于供求关系的作用，酒店在旺季时可以制订较高的价格，而在淡季时理论上价格只要高于营运成本就可以了。如海南三亚亚龙湾的一些高星级酒店，春节期间一个标准间的价格可以卖到 5 000 元 / 天，而在暑期又可下降到 500 元 / 天。

③竞争导向定价法

这种定价方法是指通过研究竞争对手的产品价格和服务质量，以竞争对手的价格为基准点，确定本酒店的产品价格。竞争是这种定价方法考虑的中心，除非市场需求或成本因素的变化引起了竞争对手价格的调整，否则不对其作出反应。竞争导向定价法包括率先定价法和随行就市定价法。

第一，率先定价法。酒店根据市场竞争及自身的市场定位，率先制订具有竞争性的价格，以吸引客源并获得市场优先权。若价格符合市场供求，则能够在竞争中获得较大收益。如厦门翔鹭国际大酒店在淡季来临时率先将客房降价为 498 元 / 天，这一针对团队客的优惠定价对厦门高星级酒店在淡季的整体价格都产生了影响，很多酒店随之进行了价格调整。

第二，随行就市定价法。酒店根据同一行业的平均价格或其直接竞争对手的平均价格来制订价格，从而较好地避免了正面的价格竞争。因此，随行就市定价法在竞争态势不明朗、酒店缺乏较强竞争力的情况下可以帮助酒店避免竞争，保持一定的市场份额。

3）分销渠道策略

酒店分销渠道是指出售或代理出售酒店产品和服务的企业和个人，包括直接分销渠道和间接分销渠道两大类。

（1）直接分销渠道

直接分销渠道又称零层次渠道，指酒店不通过任何中间商直接向顾客销售产品，亦即顾客直接向酒店购买产品。

通常有 3 种直接分销渠道可供选择：

①酒店直接向上门的顾客出售酒店产品服务，这是酒店的传统销售方式。

②酒店通过电话、传真、因特网等途径向顾客出售产品。近年来，随着信息技术的广泛应用及电脑的普及，越来越多的顾客在线预订旅游产品。文化和旅游部数据中心 2021 年 4 月 7 日发布的《全国"互联网 + 旅游"发展报告（2021）》显示，春节期间全国景区接待预约游客的比例高达 60%，平时也达 40%~50%，在线旅游消费总额已达万亿级。"互联网 +"已成为大众旅游的新场景、智慧旅游的新动能，万物互联的数字时代将加速旅游业的生态融合和业态创新，为旅游管理和营销智慧化带来更多可能和更多机遇。

石基信息《2020 年酒店餐饮新趋势报告调研》显示，目前酒店餐饮营销推广中在线营销独占鳌头，其中利用酒店微信公众号推广为 96.55%，官网营销为 82.18%，大众点评推广为71.84%，依靠自由会员体系进行口碑营销为53.45%，小红书、抖音等社交媒体推广为41.38%，媒体杂志宣传为39.66%，户外线下推广为35.06%，KOL宣传为24.71%，视频投放为23.56%，广播投放为18.97%，其他为5.17%。这充分说明网络已成为酒店未来发展重要的分销渠道之一，酒店应做好主页设计、网站建设、微信公众号等方面的工作，强化在线渠道的销售效果。

③酒店在经营区域或目标市场领域内自设销售点，如酒店在机场、火车站等地设立销售点，面向顾客直接销售。这一模式还包括连锁酒店集团的成员酒店之间相互代理预订，互相推荐客源。

（2）间接分销渠道

间接分销渠道是指借助中间商将酒店产品转移到终端消费者手中的途径。随着市场进一步国际化，酒店单靠直接分销渠道难以有效地吸引分散在各地的顾客，许多酒店借助批发商、零售商、代理商等销售机构和个人在销售渠道上的优势开展销售活动。

根据中间商介入数量的不同，间接分销渠道有不同的长度和宽度。分销渠道的长度指产品从酒店转移到顾客这一过程中所涉及的中间商的数量。中间商的数量越多，分销渠道越长。分销渠道的宽度是指一个酒店在具体分销渠道中中间商以及销售网点的数目和分布格局，中间商及销售网点多的属于宽渠道，反之则可称为窄渠道。

酒店通常有两种间接分销渠道可供选择：

①酒店—零售商—顾客。酒店将产品以较低的价格出售给零售商，由零售商组织客源。

②酒店—批发商—零售商—顾客。酒店在与批发商（如经营团体包价旅游的旅行社）进行价格谈判的基础上，以大幅度低于门市价的价格将其产品批量销售或预订给批发商，批发商则委托零售商将产品出售给顾客。

大部分酒店产品必须依靠一定的销售渠道，才能将产品转移到顾客手中。分销渠道既是酒店产品商品化的必经之路，也是连接产品和顾客的中介，而不同的分销渠道决定了酒店营销活动的质量和效果。酒店在分销渠道选择上应注意以下几个方面：首先，针对顾客数量较大、购买频率较高、分布较广的情况，酒店可以采用较长、较宽的渠道。其次，高端酒店适宜采取较短、较窄的渠道。最后，实力薄弱的酒店更多依赖中间商，实力较强的酒店应当更加注重自身分销渠道的建设，降低对中间商的依赖。

4）促销策略

所谓促销策略是指酒店为了激发顾客的购买欲望、影响他们的消费行为、扩大酒店产品的销售而进行的一系列联系、报道、说明等促进工作。以下是酒店企业常用的几种促销手段。

（1）酒店广告

酒店广告是指酒店通过付费的方式选择和制作有关酒店产品的信息，由媒体发布，说服顾客购买或使用，提升酒店知名度和影响力，树立酒店产品的形象以达到促销目的。目前较为普遍的酒店广告是平面媒体广告和电视广告。前者以文字为主要表现形式，广告信息容量大，费用较低，能够更全面、准确、详细地对酒店产品进行广告宣传，且具有一定的保存性。但是表现力不够强，内容不够丰富，受众的目的性不够明确。后者在较短时间内形成情节性的片段，具有较强的感染力，但是费用较高。

（2）公共关系

公共关系指酒店为了与公众沟通信息，使酒店与公众相互了解，协调各方面关系，提高酒店知名度和美誉度，为酒店的市场营销活动创造良好外部环境而开展的一系列专题性或日常性活动的总和。这些活动始终贯穿于酒店企业的发展过程，包括各项专业色彩浓厚的专题公关活动，如新闻发布会、大型庆典活动、大型酬宾活动等。公共关系在大型的酒店集团或连锁酒店运用较多，但在规模较小的单体酒店并不多见。

（3）营业推广

营业推广也称销售促进，是酒店用来刺激早期需求或提高市场占有率而采取的各种短期促销方式的总称。酒店的推广营业包括价格优惠（尤其常见于试营业期间）、积分换房、客房升级、免费入住体验等多种促销方式。营业推广能使消费者产生强烈而又快速的反应，但是在建立长期品牌偏爱方面的效果并不理想。目前很多酒店招聘"试睡员"就是营业推广的典型体现。

（4）人员推销

人员推销是一种比较传统的、效果较好、费用较高的促销手段。酒店的人员推销指通过人际交往的方式向顾客进行介绍、说服等，促使顾客了解、爱好、购买本酒店产品或服务，如联系走访代理商、中间商、机关团体、VIP 顾客等。这种促销方式的优势在于强化了交易过程中的感情色彩，有利于培养与顾客较为稳定的交易关系，但是促销的人员成本偏高。

4.3.2　新型的酒店营销策略

1）4Cs 营销策略

1990 年，美国学者罗伯特·劳特朋提出了与传统营销的 4Ps 理论相对应的 4Cs 营销理论。4C 分别指代 Customer（顾客）、Cost（成本）、Convenience（便利）和 Communication（沟通）。4Cs 理论主要针对服务型企业提出，强调服务型企业应当站在顾客的角度来进行营销活动，注重顾客的需求及满意度、顾客愿意承担的消费成本、顾客购买的便捷性以及与顾客的双向沟通。

（1）4Cs 营销策略的构成要素

①顾客

酒店作为典型的服务型企业更应重视顾客，关注顾客的需求。因而酒店营销最重要的任务就是寻找顾客、发现顾客、吸引顾客。酒店工作人员要善于发现、预见顾客需求，并能够对顾客需求作出敏捷反应。

酒店应当根据顾客需求的变化及时调整产品和服务。如上海四季酒店针对顾客个性化需求提供金钥匙服务，并安排富有经验的礼宾部服务生协助顾客在上海购物；地中海俱乐部根据单身度假者越来越多的情况提供更多的单人房等。当然，酒店在满足顾客需求时也应当遵循"80/20 法则"，即大部分酒店 80% 的营业额是来自于其中 20% 的忠实顾客群的重复购买或消费，只有 20% 的营业额是来自于那些 80% 的游离顾客。酒店在经营时应当着重对 20% 的忠实顾客的需求进行有针对性的研究，考虑如何通过满足他们的个性化需求来留住这部分顾客。

②成本

根据经典营销学原理得到这一公式：酒店顾客价值（顾客净享受价值）＝（酒店的产品价值＋酒店的服务价值＋酒店的人员价值＋酒店的形象价值）－（顾客货币支出＋时间支出＋体力支出＋心理支出）。从这个公式可以发现，提高酒店顾客价值除了降低货币支出，即最常用的降低价格的方法之外，还有很多其他途径，如降低顾客的时间支出、精力支出和心理支出等。

酒店可以运用这一原理，通过尽量减少顾客的消费总成本，包括货币成本、时间成本、体力成本、心理成本等，来提高顾客净享受价值，消除或降低顾客对价格的敏感性，继而提升顾客的满意度和忠诚度。许多国际知名的连锁酒店集团都在这些方面作出了相关规定并进行了有益尝试，如洲际酒店集团向全世界的旅行社和会议组织者提供质量保证承诺，承诺对顾客不满意部分重新服务或退款，通过减少顾客的心理支出提升了顾客的整体满意度。

③便利

4Cs 强调便利是客户价值不可或缺的一部分，因此酒店在制订营销策略时，要更多地考虑为顾客的购买提供方便，而不仅仅是关注酒店自身的方便。

酒店在提升便捷性时应注意以下两点：首先，降低顾客购买前的搜寻、决策成本。时间已成为越来越珍贵的资源，而搜寻酒店资料和信息会花费顾客很多时间和精力。酒店应全面、清楚、简洁地向顾客提供酒店的信息，减少顾客的搜寻时间，降低其决策难度，这是体现便捷性的一个方面。其次，便捷性还体现在要使顾客的购买活动变得方便容易，并确保酒店有良好的可进入性，如地理位置的合理性、交通工具到达的状态、酒店是否方便停车等。

④沟通

首先，酒店应该通过同顾客积极有效地双向沟通，建立起基于共同利益的新型企业与顾客关系。酒店通过与顾客进行深入广泛的交流，可以获得有关顾客需求的信息，明确顾客的欲望与需求，了解顾客真正愿意为产品支付的价格，掌握顾客的购买习惯和购买偏好，从而实施方便顾客购买的措施，更有针对性地提供优质服务。酒店从管理层到基层员工都应当重视和把握每一次与顾客沟通交流的机会，都必须认识到营销工作不仅仅是营销部员工的事情，而是需要酒店全体员工共同努力完成的活动。

另外，酒店还要注重内部沟通，即管理人员与服务人员之间、员工与员工之间、部门与部门之间的相互沟通。只有在有效的内部沟通的基础上，酒店管理人员才能够作出科学的经营决策、明确顾客的需求并设计出优秀的产品和服务；只有在有效内部沟通的基础上，酒店的服务人员才能领会酒店的经营目标和方向，进而有效地服务顾客。

（2）4Cs 策略的优势

在竞争性市场中，顾客及顾客需求具有动态性，顾客忠诚度也会发生相应的变化，顾客对酒店的青睐会因某些主观或客观因素而转移到其他酒店。要提高顾客的忠诚度，赢得长期而稳定的市场，就要求酒店以有效的方式与顾客建立持续的关联，形成一种互助、互求、互需的关系，把顾客与酒店联系在一起，这样就大大减少了顾客流失的可能性。从这个视角看，4Cs 的优势主要体现在以下两个方面：

① 4Cs 强调顾客在营销中的主导地位及顾客需求的多变性与个性化发展，酒店只有更多地考虑顾客的需要并提供有针对性的服务，才能提升顾客的满意度，为酒店赢得更多的忠诚顾客。

②虽然 4Cs 总体上是 4Ps 的转化和发展，但是 4Cs 以更有效的方式在酒店与顾客之间建立起了一种基于共同利益的新型企业与顾客关系，有别于传统的说服、劝导关系，更加适应现代市场营销的要求。

2）7Ps 营销策略

美国营销专家菲利普·科特勒认为每一行业中都渗透着服务，其区别只在于所包含的服务成分的多少。他提出的由"纯粹有形产品"向"纯粹服务"过渡的产品分类模式中，酒店产品属于"有形产品与服务的混合"，即属于服务成分较高的产品范畴。在这个基础上，美国服务营销学家布姆斯和比特内针对服务的特殊性提出了扩展营销组合，又称"服务营销组合"，即 7Ps 理论。

（1）7Ps 营销策略的构成要素

7Ps 是在传统的 4Ps 的基础上增加 3 个"服务性的 P"，即：人（People）、过程（Process）、有形展示（Physical Evidence）。因此，7Ps 包括产品、价格、渠道、促销、人员、有形展示和服务过程 7 要素。

①人

服务人员和顾客成为酒店营销管理的两个主要对象，这是 7Ps 营销组合中很重要的一个观点。

对酒店顾客而言，酒店的工作人员是酒店产品的一部分，肩负着服务提供和服务销售的双重任务。在酒店行业，由于酒店服务产品的生产和销售同时进行，因此酒店服务人员同顾客之间的互动会直接影响到产品的质量。

顾客是"人"要素中一直备受关注的关键点。酒店服务的特征之一是顾客会参与服务的整个过程，这一特点使得酒店服务的效果不仅仅取决于服务人员的素质、专业知识以及服务者是否被赋予了足够的自主权，还与顾客的个人行为特点密切相关。此外，一位顾客对酒店产品与服务质量的认知很可能会影响其他顾客的消费，因此，酒店管理者还应研究如何在顾客与顾客的相互影响中进行质量控制。

②过程

酒店的所有服务内容和项目都是通过一定的程序、机制以及活动得以实现的，这就是服务递送过程。简言之，服务过程就是指酒店服务生产和提供给顾客的过程。酒店的服务过程是由服务人员来完成的，表情愉悦、专业和关切的服务人员可以减轻顾客必须排队等待结账或者入住的不耐烦感觉，或者平息服务问题出现时的抱怨和不满，提升顾客消费体验。

③有形展示

酒店的有形展示要素包括实体环境（酒店建筑及设计风格、内部装修及装饰、色彩搭配等）以及服务提供时所需要的设施（客房、床及床上用品、卫浴产品），还有其他实体性线索（如服务人员的气质、精美的服装、酒店的气味、噪声水准等）。有形展示部分会影响顾客对酒店的总体评价。因此，目前很多酒店企业，尤其是高星级酒店都在积极提升酒店硬件设施的档次，即通过提升有形展示的水平来提升顾客对酒店的整体评价。

（2）7Ps策略的优点

①强调了员工的参与对整个营销活动的重要意义

企业员工是企业组织的主体，每个员工做的每件事都将是客户对企业服务感受的一部分，都将对企业形象产生一定的影响。酒店应让每个员工都积极主动地参与到企业的经营管理决策中来，真正发挥员工的主人翁地位。

②强调酒店企业应关注为顾客提供服务的整体性

7Ps策略更重视酒店内部各部门之间分工与合作过程的管理，强调酒店营销是一个由各部门协作、全体员工共同参与的活动，只有酒店部门之间的有效分工与合作才能保证整体服务质量，让顾客感受到"满意＋惊喜"的服务体验。

③强调有形展示在酒店产品和服务营销中的重要性

酒店产品和服务的不可感知性和所有权的不可转移性使得顾客在购买酒店产品时具有一定的心理障碍，所以7Ps强调酒店可以通过有形展示来降低顾客购买的心理障碍。另外，酒店还可以通过互动沟通了解顾客在酒店入住过程中的感受，让顾客参与酒店服务营销过程，及时改进服务来满足顾客的期望。

4.4　酒店市场营销新理念

在酒店业竞争日趋国际化、全球化的形势下，出现了一些新型的营销理念。这些新理念不仅丰富了酒店营销管理理论，也对提升酒店企业营销效果起到了不可忽视的作用。

4.4.1　体验营销

体验通常在人们对事件的直接观察或者参与中形成，是一个人达到心理或精神的某一特定水平时，意识中所产生的感觉和感受。

体验营销是指酒店以服务为舞台，以商品为道具，为给顾客创造出值得回忆的入住体验而开展的一系列营销活动的总称。这是一种基于顾客的感官、情感、思考、行动和联想5个方面来重新定义和设计酒店营销行为的方式。传统营销带给顾客的是单纯地满足住宿或者用餐等功能性需求的感受，而体验营销突出的是一种独特的个性化需求被满足的主观享受，通过文化体验、氛围体验、娱乐体验、情感体验等方式去营造意境，给顾客留下难以忘怀的经历。

4.4.2　内部营销

内部营销是与外部营销相对应的概念。传统的营销理念只把消费者即外部市场作为酒店营销的主要活动领域，而内部营销理念认为建立一个良好的内部市场是酒店外部市场营销获得成功的关键。

内部营销理念指的是酒店把员工视为酒店的内部市场，充分认识到员工在酒店发展中的重要性，将员工放在管理的中心地位，通过对员工的物质利益、精神追求等合理需要的满足，培育满意的员工，激发其自发主动对客服务的意识，为酒店更有效地拓展外部市场提供可靠的支持。

酒店必须明确认识到在员工有效地为顾客提供服务之前，酒店必须像对待终端顾客一样服务于员工，使员工满意，通过有效内部营销赢得员工的满意与忠诚，使员工对酒店产生归属感和荣誉感，从而更有效地服务顾客。

4.4.3　绿色营销

在环境恶化、资源短缺、世界性饥荒和贫困等世界性问题日益严峻的时代，环境保护和可持续发展变得日益重要。在这样的背景下，酒店业也逐渐开始推行绿色营销理念，一批绿色酒店也应运而生。

1）绿色营销的内涵

酒店的绿色营销是指酒店以环境保护理念作为其经营哲学，以满足消费者的绿色消费为中心和出发点，在绿色文化的指导下，创造和挖掘市场机会来谋求发展。酒店绿色营销关注的焦点是要求酒店的经营活动应当谋求顾客利益、酒店利益、社会效益和生态效益的和谐统一，不能以牺牲社会效益和生态效益为代价获取酒店的经济利益。

在绿色营销理念的指导下，出现了一批绿色酒店。所谓绿色酒店是在酒店建设和经营管理过程中，坚持以节约能源、保护环境为理念，在经营管理活动中注重节约能耗和促进环境和谐，是一种环保、健康、节约、安全的酒店。

【阅读材料】

上海雅悦酒店

上海雅悦酒店是中国首家"碳中性"酒店。酒店倡导低碳消费，并通过计算顾客消费产生的碳排放，以"碳积分"形式收取费用。

雅悦酒店由上海胶州路一处工厂的旧仓库改造而成，室内装饰有取自苏州河地区老房子拆迁的砖瓦，其他的诸如地板、墙砖、家具也全部由当地回收材料改造而成。酒店时尚中弥漫着怀旧的气息。更重要的是它传达的环保理念，让住客时时感受到参与环保的道德优越感和责任心。酒店在经营过程中严格贯彻绿色经营理念，设计和使用一系列低碳设施，如通过太阳能天窗来调节酒店室内的温度，通过雨水蓄水池来储存雨水供酒店的日常使用从而减少自来水消耗。此外，酒店还鼓励顾客环保消费，如不提供一次性的酒店用品等。

2）酒店绿色营销的途径

（1）树立绿色消费理念

绿色消费是一种通过选择不危害环境又可持续发展的产品和服务来满足人们生活需要的一种理性消费方式。它既尊重了地球生态环境系统的平衡和负荷，又坚持可持续发展，是一种科学的消费方式。酒店经营过程中要首先以"社会生态环境至上"的理念来代替"经济利益至上"的理念，积极倡导顾客的绿色消费，增强酒店的社会责任感。目前很多酒店企业开始逐渐意识到环保和绿色营销的重要性。2020年9月，商务部办公厅发布《关于进一步加强商务领域塑料污染治理工作的通知》，公布禁塑限塑阶段性任务，要求到2022年底，全国范围内星级宾馆、酒店等场所不再主动提供一次性塑料用品。到2025年底，实施范围扩大至所有宾馆、酒店、民宿。

（2）实施绿色管理

酒店实施绿色管理在国际上通行的做法是推行"6R"原则。6R分别指研究（Research）、消减（Reduce）、再使用（Reuse）、循环（Recycle）、保护（Reserve）、替代（Replace）。其中研究是指酒店在经营管理中将环保纳入酒店的管理决策，重视研究本酒店的环境对策；消减是指酒店应该通过采用新技术或者新材料减少废物排放和能源消耗；再使用是指酒店应当积极贯彻物尽其用的原则，不浪费任何资源；循环是指酒店注重对废弃物的回收处理，循环利用；替代是指酒店应该用可回收利用的物品代替一次性用品；保护是指酒店应该树立积极的环保意识，推广绿色消费理念。

（3）做好员工的绿色教育与培训，引导顾客绿色消费

酒店应该针对员工做好绿色培训工作，反复强调绿色酒店的意义，以及如何在对客服务中引导顾客进行绿色消费。对外部消费者应当在服务过程中进行绿色消费理念的灌输和引导，可以在酒店公共区域或者客房进行绿色消费的宣传。

4.4.4 主题营销

1）酒店主题营销的内涵

（1）酒店主题营销的概念

酒店主题营销是指酒店企业在组织开展营销活动时，根据当时的消费热点、时令季节、客源需求等因素，选定一个或多个主题，向公众宣传酒店形象，吸引公众关注从而激发其购买欲望。酒店的主题营销强调通过赋予酒店某种主题以更好地挖掘卖点，使销售活动更人性化，从而激发公众的购买欲望。

酒店主题营销主要把握以下两个方面：

①主题的差异性

酒店进行主题营销的重点之一在于强调主题的差异性，通过塑造一种与众不同的主题形象，使自己的产品与服务区别于竞争对手，优于竞争对手。酒店必须从顾客的立场出发，在调查分析顾客需求的基础上确立主题。此外，酒店还要善于正确分析自身的优势和劣势、面临的机遇和威胁，发挥本酒店的资源优势，形成其他酒店难以模仿的主题，确保主题发展的稳定性与持久性。

②主题的文化性

文化是酒店进行主题营销的源泉和根本，也是酒店的竞争力所在。主题应当是富有文化内涵的商业卖点，蕴含丰富的文化特色，通过主题体现酒店的建筑风格、装饰艺术和特定的文化氛围，让顾客获得富有个性的文化感受。

（2）酒店主题营销的作用

①体验经济时代下，顾客的消费经验日益丰富和理性，已经懂得如何表达他们的需要，尤其是对独具特色的个性化需求的表达。主题营销以特定主题为酒店经营的核心，突出酒店的文化感，让顾客可以感受到全新的与众不同的入住体验，从而满足其求新、求异的心理需求。

②主题营销可以提高酒店的知名度，打响酒店的品牌，增强酒店在顾客心目中的美誉度。酒店在满足顾客独特需求，带来全新体验的同时，通过明确的主题也让顾客记住酒店的特色和品牌，进一步激发消费欲望和重复购买酒店产品的可能性，从而提高酒店经济效益。

③主题营销将与主题相关的元素融入酒店的每个角落，实现了主题与酒店整体环境的完美融合。因此，成功的主题营销是竞争对手难以模仿的，也是酒店核心竞争力的集中体现。

2）酒店主题营销的具体运用

（1）事件营销

事件营销是主题营销在酒店业中的初级运用，也就是将某一事件作为该次营销的主题，在经营中以该事件为中心开展营销活动。事件营销并不是单纯地进行一次营销活动，而是将酒店整体营销活动处在某一事件背景下，从而让顾客易于接受，实现营销的目的。事件营销在提高酒店知名度、提升短期的经营业绩等方面都有较好的表现。

事件营销在酒店业中的运用比较广泛，是现代酒店业中较常用的一种营销方式，最常见的就是以节日为主题开展事件营销。如利用情人节的事件营销，不仅酒店的装饰和整体氛围设计要迎合情人节主题，而且酒店餐饮部门会推出针对情侣顾客的情侣套餐，客房部会有针对性地推出情侣套房等，以此在整个酒店里烘托出一种浪漫甜蜜的情人节氛围，让顾客留下一段别具一格的回忆。

（2）主题酒店

主题酒店是主题营销在酒店业中的高级运用。主题酒店是指酒店的建筑风格、装饰艺术以及整体氛围都围绕某一特定主题开展的一种酒店。主题酒店以让顾客获得富有个性的文化感受和消费体验为目的，同时将主题融入服务，以个性化的服务取代一般化的服务，让顾客获得欢乐的同时感受到酒店的与众不同。如位于巴厘岛的硬石酒店（The Hard Rock Hotel Bali），是硬石集团旗下位于亚洲的第一座摇滚音乐主题酒店，酒店所有房间都提供互动式影音娱乐系统，每天在酒店大堂都会有乐队现场的摇滚表演，酒店内还展出各种音乐文物、音乐家手稿、老唱片封面、歌唱家用过的服饰，处处有音乐的影子，俨然是一座音乐博物馆，营造出了让顾客难以忘怀的入住体验。

主题酒店的本质特点就在于差异性、文化性和体验性。首先，差异性满足了顾客的独特需要，吸引了更多的顾客。其次，文化性体现在酒店主题通常具有较强的文化内涵，并表现在酒店的方方面面，能迅速地让顾客感受到并融入其中。最后，差异性和文化性营造了主题酒店的体验性，让顾客在酒店的主题空间中不仅满足了基本的服务需求，而且还享受到了主题文化所带来的全方位的感官体验。

主题酒店近几年在中国有了一定的发展，涌现了成都的京川宾馆、广州的威尼斯酒店、杭州的沁园大酒店等一批有特色的主题酒店。京川宾馆是一家以三国文化为主题的酒店。当顾客到达京川宾馆时，从前厅的服务员的衣着装束、整个宾馆的外部装修风格便可以感受到三国文化的意境；进入宾馆内部以后，其装饰设计、餐厅、客房无处不体现出三国文化。威尼斯酒店则是位于广州的一家以水为主题的酒店，整个酒店都处于水的环抱之中。沁园大酒店是杭州第一家艺术主题酒店，以独特的艺术氛围吸引消费者，集设计艺术、建筑设计、空间设计、视觉设计及音乐设计于一体。

事件营销和主题酒店都是主题营销的表现形式，但两者之间也存在着不同点。事件营销具有临时性和短期性的特点。当某一事件的效应消失时，该次事件营销也就完成了。事件营销只存在于该事件产生效应的阶段。主题酒店则具有长期性和一致性的特点。主题酒店在建店之初便确定了主题，整个酒店从服务到装饰、从餐厅到客房都将紧扣该主题，并将该主题自始至终贯彻在酒店经营中。

【阅读材料】

酒店品牌营销新浪潮：联结情感，创意营销

信息传递能让受众对旅行建立更深的情感联结，而过去一年多里，更多人通过数字技术进行营销。这种转变在一定程度上反映了旅客媒体消费习惯的转变。如洲际酒店在热门语音聊天软件 Clubhouse 的"ASMR 风格之旅"话题下，发起了为期一年的旅游挑战赛；Expedia 集团旗下的 Hotels.com 好丁网也推出了一项活动，旅客有机会在拉斯维加斯的悬崖别墅里居住一个月，满足旅客远程办公的需求。

在这一波旅游营销热潮中，万豪国际酒店集团公司（以下简称"万豪"）脱颖而出，推出了其自成立 90 多年来最大型的全方位营销活动，在亚马逊流媒体 Fire TV、抖音和 Pinterest 等平台都推出了广告，体现了该品牌在经历了一年的低迷之后如何调整方向。万豪旅享家发起的这项大型营销活动名为"旅行的力量"（Power of Travel），以成长、治愈和完整为主题，鼓励全球拥抱旅行的转变性力量，旨在为新冠肺炎疫情（以下简称"疫情"）期间被困于一隅的人们带去安慰：旅游具有塑造世界的力量，让我们的生活再次变得完整。片尾"我们可以将你带到何处？"（Where Can We Take You?）成为万豪的新标语。这句话不仅呼应了实际的旅游目的地，也暗含了旅客的心灵抵达之所。

过去的 2020 年，世界因为疫情被相互隔离，整个社会似乎变得更加疏远，如何采用多样化的形式，通过创新满足消费者的旅行需求成为值得思考的问题。万豪正在为此努力，拍摄了由 Hoffman/Metoyer 夫妇与创意机构 72andSunny 联合执导的广告，开创了多个"首次"：万豪在亚马逊流媒体 Fire TV 投放的第一条本土广告，摄影突出了万豪旅享家覆盖的品牌；第一次采用 Pinterest 的技术在外部投放，在两家门店和纽约 Soho 社区进行创意展示；第一个在抖音开展此类营销活动的酒店品牌，抖音成为宣传推广万豪旅享家 App 的窗口；同时也是北美酒店品牌首次通过流媒体平台推出市场营销活动。

资料来源：环球旅讯，2021-06-28.（有删减与改编）

【本章小结】

▶ 酒店业作为现代服务业的重要组成部分，具有区别于传统企业的产品特征，这使得酒店企业在营销过程应把握其独特性，如注重对服务过程即"真实瞬间"的把握；注重内部营销与外部营销相统一。根据经典的营销学观点，酒店营销在市场调研的基础上首先需要对市场进行细分，然后有针对性地选择市场，最后明确市场定位。

▶ 传统的酒店营销策略是 4Ps 营销策略组合，4P 即产品（Product）、定价（Price）、渠道（Place）、促销（Promotion）。新型的酒店营销策略则包括 4Cs 营销策略组合和 7Ps 营销策略组合。4C 分别指的是顾客（Customer）、成本（Cost）、便利（Convenience）和沟通（Communication）；7P 分别指的是产品（Product）、定价（Price）、渠道（Place）、促销（Promotion）、人（People）、过程（Process）和有形展示（Physical Evidence）。

▶ 为了应对酒店市场竞争，还需要不断更新营销理念。酒店市场营销新理念包括体验营销理念、内部营销理念、绿色营销理念、主题营销理念等。

【思考练习】

1. 结合实际案例说明现代酒店市场营销的主要特征。

2. 什么是市场细分？酒店进行市场细分对酒店的发展有什么积极作用？

3. 什么是市场定位？简述酒店市场定位的几种基本策略。

4. 简述酒店常用的目标市场选择策略及各自的优势和劣势。

5. 什么是4Cs营销策略？4Cs营销策略相对于传统的4Ps营销策略有什么优点？

6. 什么是7Ps营销策略？7Ps营销策略相对于传统的4Ps营销策略有什么优点？

7. 简述体验营销理念的核心思想。

8. 请结合实际案例谈谈你所熟悉的运用了绿色营销理念的酒店企业。

9. 简述内部营销理念和外部营销理念的区别。

【案例讨论】

携程发布业内首个在线住宿平台酒店预售服务规范

2020年4月，携程集团与北京联合大学共同发布业内首个《在线住宿平台酒店预售服务规范》（以下简称"标准"），该标准从酒店预售服务主体、预售服务运营流程、资金安全保障、用户权益保障、预售服务管理、信息安全与隐私保护等6个方面，对在线平台酒店预售服务进行系统化规范。值得注意的是，携程在2020年4月14日与中国国际贸易促进委员会商业行业委员会，正式启动了《在线住宿平台酒店预售服务规范》的团体标准立项工作，这也让该标准距离行业标准更进一步。

从发布的标准文本可以看出，标准共分为10个部分，近40项条款。其中的核心亮点在于首次针对酒店预售领域强调"预售产品过期退""经营者应为预售产品预留库存"等理念，回应了近年来在酒店预售领域频发的"退款难""预售商家缺乏公信力"等消费痛点。标准文本中篇幅最大的为"预售服务"板块，其中提到了"经营者应预留并保障供应与预售产品售卖规模相适配的库存量，平台应对经营者预售产品的成功率进行监控"。这显然是在对酒店商家做出要求，要打消用户对于酒店预售产品购买之后能否顺利入住的顾虑。此外，在标准的"退改服务"部分，注明了"未使用或过期的预售产品，均宜采用免扣款退改政策或其他与用户提前签订的协议中提及的扣款退改政策"，则解决了用户购买预售产品"退款难"的后顾之忧。

这些对酒店预售服务标准的提出，相当一部分源于携程多年来在在线住宿预订的服务经验积累；事实上，自新冠肺炎疫情（以下简称"疫情"）对行业造成冲击以来，携程在用户心中已经树立起了服务保障的新标杆——截至2020年3月中旬，携程处理了数千万的取消订单，涉及交易金额超过310亿元人民币；其间，携程为用户提供超越了法定标准的服务保障，由此积累下了相当的口碑红利。酒店预售本质上是个重服务、重运营的业务，其操作难度并不小，对平台能力和调性的要求也非常高。曾多次与平台联手"带货"的知名旅游 KOL"嬉游"表示"并非所有酒店都适合做预售，也不是所有平台都适合出酒店预售标准"。嬉游认为，对于消费者来说，中高端、度假型酒店做预售的性价比更具吸引力，以该类产品为核心的预订平台在制定酒店预售标准上也更有经验。

这也解释了为什么是携程首先发布了《在线住宿平台酒店预售服务规范》。目前参与携程酒店预售的供应商数量达到近万家，高星级、度假型酒店产品占到酒店预售交易额的一半以上。而酒店预售本身也在携程体系中显露出越来越重要的一面：从旅游复兴 V 计划的发布到携程董事局主席梁建章在三亚、西江苗寨、湖州、深圳四个目的地累计 4 个小时的直播，撬动 6 000 余万酒店 GMV（Gross Merchandise Volume，网站成交金额，相当于 900 家高星酒店集体满房），酒店预售渐渐成为携程引领行业复苏的一大重要举措，并取得了显著效果。在携程目前践行的 G2 战略中，对高品质的追求和酒店预售产品的普遍调性也不谋而合。

随着疫情形势的变化，业界普遍判断商旅需求将首先恢复，度假需求的复苏会相对滞后，但度假出行中至关重要的住宿环节如果能以预售的形式先启动，则会起到一系列的激活作用，带动交通出行以及目的地玩乐产品的联动营销，给予相关业者以极大信心。酒店预售从来都不只是关乎酒店，不只是关乎住宿预订一个业务，而是关乎整个旅游产业能否顺利复苏的关键。

资料来源：品橙旅游，2021-04-15.（有删减与改编）

思考题：

1. 结合案例内容，请谈谈你对《在线住宿平台酒店预售服务规范》的理解。

2. 随着在线销售渠道的不断渗透，酒店市场营销将面临哪些方面的挑战与机遇？

3. 综合案例内容与相关资料，总结酒店在线营销发展的新理念与新趋势。

第 5 章　酒店人力资源管理

【本章概要】

　　本章主要介绍人力资源管理的相关概念和理论基础，并对酒店人力资源管理的规划工作、人力资源的配备准则与方法、酒店员工的招聘与培训、工作绩效考核和薪酬福利管理等方面作了系统阐述。最后，就酒店人力资源流失问题进行了探讨研究，并有针对性地提出了控制方法。

【学习目标】

　　①了解酒店人力资源管理的概念、特点；②掌握酒店人力资源管理的六大模块内容；③了解人力资源管理的规划工作；④掌握酒店员工的招聘与甄选流程；⑤掌握酒店员工培训与开发的方式方法；⑥了解酒店人力资源绩效管理的重要性；⑦掌握酒店员工薪酬福利管理和有效激励的手段；⑧了解酒店员工流失的原因及控制方法。

【开篇案例】

万豪理念——人服务于人

　　万豪国际酒店集团公司（以下简称"万豪"）最基本的理念是"人服务于人"，包含两方面的含义：公平对待每一位员工，重视员工的感受，让他们体会到"家"的感觉。万豪近50%的管理人员是从公司内部提拔的，公司的职位空缺要优先考虑内部员工，只有在内部没有合适的人选时才从社会上招聘。而外部招聘时，提供的薪资水平一般高出行业平均水平的50%～75%。酒店是典型的服务业，万豪认为只有公司对员工好，员工才会对客人好。

　　万豪有5个系统保证其旗下的酒店真正实施"人服务于人"的理念。

　　第一，员工如果有意见，可以直接寄信给万豪在美国总部的总裁办公室，万豪下属的酒店都有一个能写信给总裁的信箱。

　　第二，员工也可以通过热线电话给总裁办公室打电话。在万豪位于美国华盛顿的总裁办公室里，有各国语言的接线员，他们会记下来自世界各地万豪员工所反映的问题，然后总裁办公室会及时处理这些电话。

　　第三，每年万豪都会聘请第三方公司为其下属的酒店做匿名的员工满意度调查，集团通过这种方式真正了解下属酒店员工对公司、对领导或者管理满不满意。

第四，万豪还有一个称为 PeerReriew 的系统。这个系统类似于美国的陪审团制度，即当员工遇到一些问题的时候，除了找上级领导或者酒店总经理外，还可以通过这个系统寻求公平、公开、公正的对待，即员工可以拒绝由其上级对其面临的问题进行决策，他可以申请由具备一定资格的员工组成的一个委员会来决定，而且委员会的决策将是最终决策。

第五，万豪亚太总部每年还会对所有旗下酒店的人力资源系统进行审查。此审查不仅包括检查酒店的大堂、公司文件以及各种系统的运作，而且还包括与经理、普通员工之间的面谈，聆听他们对酒店的意见和看法。"面谈是匿名的，万豪希望听到员工在酒店工作的真正感受，以及是否真的受到尊重和公平对待，是否得到了应有的关怀和发展的机会，培训的机会是否足够，领导是否能让他发挥自己的能力，等等"。万豪亚洲太平洋及大洋洲区人力资源经理何佩娟介绍说，员工提到的问题往往是关系到其切身利益的事，非常具体，如北方的员工反映公司提供的储物柜太小，冬天的时候衣服装不下等。万豪将员工反映的问题收集上来后，会被反馈到相应的酒店，要求经理提出相应的行动计划并在酒店里公开，而且万豪会定期派人了解这些行动计划的落实进展。如果公司确实不能解决，也会讲明原因，这样员工才愿意提意见。

万豪的培训也很有特色，公司规定每天每位员工都有 15 分钟的培训。万豪分别给旗下各酒店品牌总结出了 20 个基本习惯，要求员工每天都温习一个习惯。万豪认为，人如果是按照习惯来提供服务，将会更自然、更顺畅。公司规定经理每年必须有 40 小时的培训时间，普通员工一般也要有 20~30 小时的培训时间。

万豪不相信惩罚的作用，而相信奖励的作用。公司设有两个主要奖项：一个是"最卓越员工奖"，该奖颁发给那些对工作或者社会做出了杰出贡献的员工，获得这个奖的员工可以到美国华盛顿去参加万豪的年度大会，并将接受总裁亲自颁奖；另一个奖颁给那些对当地社会做出了杰出贡献的集体。得到这两个奖，在万豪是至高无上的荣誉。

资料来源：人民网．

5.1 酒店人力资源管理概述

5.1.1 人力资源概述

1）人力资源的概念

人力资源的概念是由当代著名管理学家彼得·德鲁克于 1954 年在其著作《管理的实践》一书中提出的。"人"是具有创新、生产和制造能力，并能运用思维而认识、改变环境的高级生物体；"力"是这一高级生物体的智慧力和作用能力。"人力"在《辞海》中为"人的能力"，具体地讲，是人类所具有的体力和脑力的总和，即人的体力、智力和技能等。资源，即资财之源。对于资源的理解，多数学者的观点认为，在知识经济时代，现代意义上的资源由自然资源、资本资源、人力资源和信息资源 4 部分组成。

所谓人力资源，是指一定时间、一定空间地域内的能够推动整个社会和经济发展的劳动者的能力，即处在劳动年龄的已直接投入建设或尚未建设的人口的能力总和。它包括劳动力人口数量和劳动力人口质量，其数量为具有劳动能力的人口数量，质量指经济活动人口具有的体质、文化知识和劳动技能水平。

2）人力资源的特征

①人力资源是"活"的资源，它具有能动性、周期性、磨损性，而物资资源只有通过人力资源的加工和创造才会产生价值。

②人力资源是创造利润的主要源泉，人力资源的创新能力是企业的最大财富。

③人力资源是一种战略性资源。

④人力资源是可以无限开发的资源。目前对人的潜能开发程度与人力资源的实际潜能是很不相称的。

5.1.2　酒店人力资源管理概述

1）酒店人力资源的概念

所谓酒店人力资源，是指一切能为酒店创造财富、提供服务与管理的人及其具有的能力的总和。因酒店自身的特殊性，酒店人力资源呈现出以下特征：

（1）从业人员年轻化

从业人员较为年轻，年龄结构比较合理。中国旅游协会人力资源开发培训中心曾对接受过培训的几十家酒店作过抽样调查，调查结果表明：主管以上的管理人员平均年龄为35 岁，酒店员工的平均年龄始终保持在 30 岁左右。

（2）管理规范化

为适应我国旅游业的快速发展，目前我国旅游酒店都根据自己的经营目标制订了严格的管理制度，并建立起一套符合我国国情的酒店人力资源管理模式，酒店人力资源管理正在逐步向制度化、规范化、科学化发展。

（3）员工流动率加大，人力资源成本高

在市场经济之下，人们都在追求自身价值，企业间的竞争加剧了人才流动，所以使得员工流动率逐年加大。酒店数量越多，企业间的竞争越激烈，流动率就越高；经济越发达的地区员工流动率越高；学历越高、外语越好、年龄越小的员工流动性越高。

2）酒店人力资源管理

酒店人力资源管理是指恰当地运用现代管理学中的计划、组织、指挥、协调、控制等科学管理方法，根据酒店的需要，通过合理的录用、配置、激励、培训等手段，对酒店的人力资源进行有效的开发、利用和激励，使其得到最优化的组合和最大限度发挥积极性的一种全面管理活动的总称，其中包括人力资源的规划、开发和其他管理。

（1）酒店人力资源管理是对人的管理

酒店人力资源管理所直接面对的是个性、习惯、爱好、兴趣等各不相同的员工。酒店管理者必须客观地分析、正确地认识酒店的员工，只有针对人的特点进行培训和教育，才能使员工的素质符合经营的需要。

（2）酒店人力资源管理是全员性管理

全员性管理不仅是指人力资源部对企业全体员工的培训与考核有责任，而且意味着酒店全体的管理人员对下属都有监督和管理的义务。

（3）酒店人力资源管理是科学化的管理

酒店人力资源管理必须建立一整套标准化、程序化、制度化和定量化的管理系统，使酒店考核和员工考核有据可依。

（4）酒店人力资源管理是动态管理

动态管理是指管理者不仅要根据酒店的整体目标选拔合适人才，对酒店员工的录用、培训、奖惩、晋级和退职等全过程进行管理，更要在员工工作过程中重视员工的心理需求，了解员工的情绪变化和思想动态，并积极采取相应措施调动员工的工作积极性，从而使全体员工发挥出潜在的各项能力。

酒店人力资源管理和开发的过程也是酒店核心竞争力培养的过程，认清酒店人力资源管理的含义，有助于认清我国酒店人力资源开发现状，做好人力资源管理工作。

5.1.3　酒店人力资源管理的基本内容

人力资源管理体系通常由酒店人力资源规划、招聘与配置、培训与开发、绩效管理、薪酬福利管理和劳动关系管理6部分构成，各有侧重点，共同组成了一个有机整体（见图5.1）。

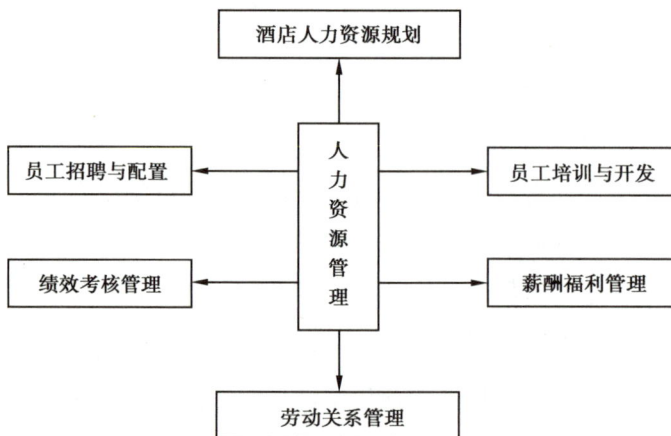

图5.1　酒店人力资源管理的6部分内容

1）人力资源规划

人力资源规划是对酒店的人力资源需求和供给进行有效预测与匹配的过程，其目的在于使人员的供给（无论是内部的还是外部的）在一定的时间内与组织需求相适应，保证随时满足组织在数量和质量上对人力资源的需求。它主要包括组织人力资源现状分析、未来人员供需预测、岗位分析、制订人力资源计划方案、维持人力资源供需均衡等工作活动。

2）招聘与配置

酒店员工的招聘与配置是根据职位分析的结果和酒店人力资源规划的要求为酒店获取所需人力资源的过程，主要是由招募、甄选、录用、评估等一系列环节所构成。选拔和录用合格乃至优秀的员工是酒店占据竞争主动地位的重要环节。

3）培训与开发

酒店员工的培训与开发是指通过在职培训、员工素质和潜能的发掘、员工职业生涯规划的制订，帮助员工提高和改善其知识、技能和素质，增强对酒店的归属感和责任感，更好地实现自身价值，提高工作满意度，从而帮助组织减少事故，降低成本，增加人力资源贡献率，提高工作效率和经济效益。

4）绩效考核

员工绩效考核是对员工在一定时间内对酒店的贡献和工作取得的绩效，以及在酒店中的所作所为作出测量和评价的过程。绩效考核是控制员工工作表现的有效手段，可以给员工提供工作反馈，促使其扬长避短，改善绩效。员工绩效考核也是员工培训、晋升、薪酬调整等人事决策的重要依据。

5）薪酬福利管理

薪酬管理包括基本工资、绩效工资、津贴、激励工资（奖金、分红、股权激励）等报酬内容的分配和管理。员工的福利是薪酬的间接组成部分，是酒店为了使员工保持稳定积极的工作状态，根据国家相关法律法规或政策，结合酒店经营管理的特点和经济承受能力，向员工提供的各种非工资和奖金形式的利益和优惠措施。员工福利是酒店吸引和留住人才、激励员工努力工作、发挥人力资源效能的最有力的杠杆之一。

6）劳动关系管理

劳动关系是劳动者与组织在劳动过程和经济活动中发生的关系。这一部分的管理要依法订立劳动合同，依法谈判解决劳动纠纷，并充分发挥工会的作用调整劳动关系；要依法实施各种劳动保护制度，确保劳动过程中员工的安全和身心健康，避免工作场所的各种有害因素对员工的伤害，维护员工的劳动能力水平。一个酒店的劳动关系是否健康和融洽，直接关系到人力资源开发与管理活动能否有效开展，及酒店的人力资源能否正常发挥作用。

5.2 酒店人力资源规划

5.2.1 酒店人力资源规划的概念和特征

酒店人力资源规划是酒店人力资源管理各项活动的基础和起点。有效的人力资源规划不仅能帮助酒店及时获得所需的人力资源，还能防止机构臃肿，降低人力成本，最大限度地优化酒店人力资源的配置。

人力资源规划被称为"HR工作的航标兼导航仪"。酒店人力资源规划也称人力资源计划，是酒店根据其发展需要和内外部条件，运用科学的方法，对人力资源需求和供给状况进行分析和估计，并制订政策与方案，通过提供具备适当的质量、诚信度和经验的员工来满足酒店未来经营需要的过程。

从上面给出的定义来看，科学的酒店人力资源规划应该具备以下4个基本特征：

①酒店人力资源规划的制订必须以酒店的战略目标和外部环境为依据。

②酒店人力资源规划必须与酒店战略相衔接，将企业战略和人力资源战略转化为必要的人力资源政策和措施。

③酒店人力资源规划必须与未来环境变化相衔接，要与酒店发展各个阶段的目标和重点相适应。

④酒店人力资源规划必须与员工发展相衔接，能够同时满足酒店利益和个人利益。

5.2.2 酒店人力资源规划的分类

酒店人力资源规划作为一种整体工作方案，必须要把酒店人力资源工作的全局安排与局部措施结合起来，形成既有序又可行的工作方案。

1）按照规划预期的时间跨度，可分为长期规划、中期规划和近期规划

长期规划一般可用于酒店未来5年以上、10年之内的参考，中期规划一般是未来1年以上、5年以内的人力资源管理工作规划，近期规划则通常是对1年以内的人力资源管理工作作出计划。为了更好地制订人力资源规划，酒店应该注意以下几点：一是对未来本地区酒店业市场的趋势和需求进行预测；二是确定为满足这一趋势要求所需员工的类型和数量清单；三是确定酒店规划期内需要的员工类型和数量的清单；四是确定酒店需要招聘或裁减的员工类型和数量的清单；五是制订现有员工和准备招聘入职的新员工进行培训与发展的计划；六是以人力资源规划为基础重新审视酒店的总体战略等。

2）按照所涉及的内容，可分为总体规划与专项业务规划

总体规划是指对计划期内人力资源管理总目标、总政策、总步骤和总预算的安排，它是人力资源管理战略决策和人力资源管理职能工作的桥梁。人力资源总规划要通过各个专项业务规划来落实。人力资源管理的专项业务规划作为人力资源总规划的构成部分，涉及酒店人力资源管理工作的各个领域，它包括酒店人员的补充计划、配置计划、晋升计划、培训计划、考核计划、工资计划、福利计划、退休离职计划、劳动关系计划等。

5.2.3　酒店人力资源规划的目标

酒店人力资源规划的总体目标是提高人力资源的配置效率。其具体目标有：得到和保持一定数量具备特定技能、知识结构和能力的人员；充分利用现有酒店人力资源，为人力资源管理的其他各项工作，如招聘、培训和开发等环节提供良好的条件；预测酒店组织中潜在的人员过剩或人力不足的情况，在供求失衡发生之前及时进行有针对性的调整，以降低人力资源的管理费用；建设一支训练有素、运作灵活的劳动力队伍，增强酒店适应未知环境的能力；减少酒店在关键技术环节对外部招聘的依赖性，唤起组织中各个层级人员对人力资源管理重要性的认识。

5.2.4　酒店人力资源规划的过程

1）酒店人力资源规划的分析阶段

这一阶段主要是全面调查、收集、整理和分析相关信息（见图5.2）。

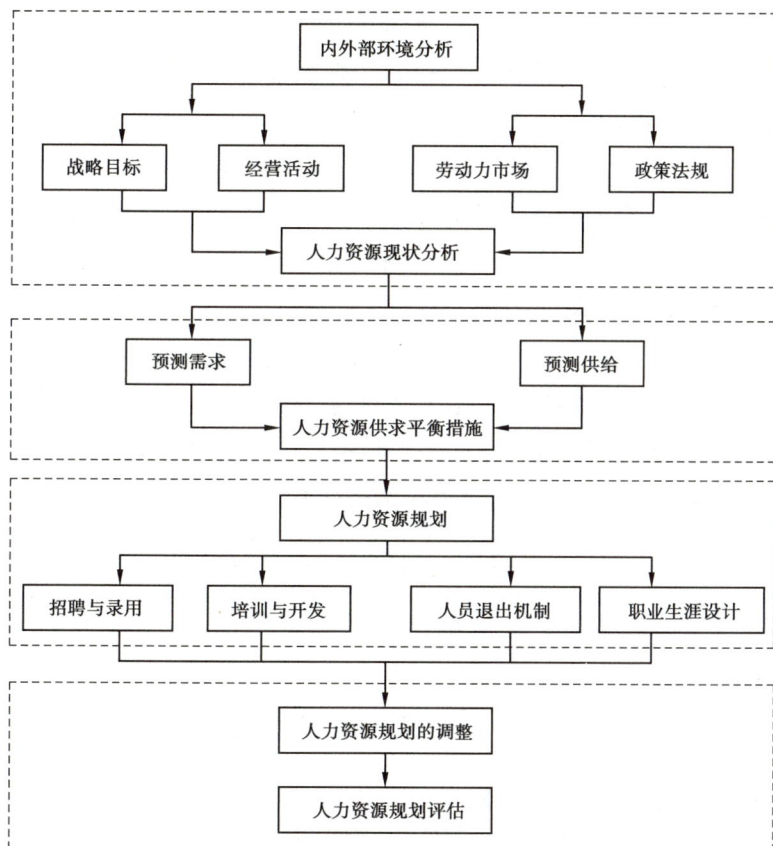

图5.2　酒店人力资源规划流程

（1）对内外部经营环境的分析

分析组织的内外部环境既是人力资源规划成功与否的关键要素之一，也是酒店人力资源规划的第一步，为其后进行的人员供求分析等工作提供了基础和依据。影响酒店人力资源规划的经营环境因素有很多，进行酒店人力资源规划时要分析酒店经营计划、市场占有率、经营的优势与劣势等，还要对外部劳动力市场进行考察，例如，大中专毕业生的数量和质量，政府有关教育、特别是职业教育和就业问题的各种政策。

（2）对内部人力资源的核查

在对外部环境进行分析之后，酒店需要对现有人力资源状况进行分层、分类的分析，确定现有人力资源与酒店实现战略目标所需的人力资源之间的差距。核查内容包括现有员工的数量、质量、结构和岗位设置状况，以及各种劳动生产率指标等。

（3）职位分析

职位分析又叫职务分析或岗位分析，它是酒店人力资源管理中一项重要的常规性技术，是整个酒店人力资源管理工作的基础。职位分析是指根据酒店工作的实际情况，对酒店各项工作的内容、特征、规范、要求、流程以及完成此工作所需的员工的素质、知识、技能等要求进行描述的过程。

职位分析的主要目的有两个：第一，研究酒店中每个职位都在做什么工作，包括工作性质、工作内容、工作责任、工作条件和环境以及完成该项工作所需要的知识水平和技术能力。第二，明确这些职位对员工有哪些具体的从业要求，包括对员工的自身素质、员工的技术水平、独立完成工作的能力和员工在工作中的自主权等方面的说明。这样才能为选拔和任用合格人员、制订有效的人员预测方案和人员计划、制订人员培训和开发方案做好基础工作，为建立先进合理的工作定额和报酬制度、员工的考核、升迁和作业标准提供依据，加强对员工的职业咨询和职业指导，提高工作效率。

职位说明书是职位分析结果的文字表达形式，其信息包括：工作名称、所属部门、主要职责、职位要求等基本信息。职位说明书一般分为对内职位说明书和对外职位说明书。对内职位说明书（见表 5.1）在酒店内部管理、员工升迁或岗位调整时使用；对外职位说明书主要在酒店发布招聘信息时使用。香格里拉酒店集团在招聘员工时发布的职位说明书见表 5.2。

表 5.1　酒店前厅部服务员职位说明书

职位编号		职位名称	前台服务员
所在部门	酒店前厅	级　　别	前厅人员
上　　级	前厅部值班经理	下　　属	

职责概述：
　　为客人提供接待、预订、结账等服务。在任何工作时间，提供主动、热情、耐心、细致、准确、高效的服务，竭诚服务，殷勤待客，严格执行酒店各项服务标准，努力树立酒店良好的品牌和公众形象

续表

主要职责：

- 为客人办理入住登记手续，发放、回收房卡及磁卡钥匙；
- 及时准确地将入住客人信息输入电脑，进行相关信息传送；
- 随时掌握和了解房态、价格等信息，积极有效地推销客房及服务项目；
- 负责办理客人换房、开门、留言、行李寄存、叫醒、洗衣服务；
- 负责办理客人离店结账手续；
- 向客人介绍、出售家宾卡，并按制度办理家宾会员的入住手续；
- 为客人提供使用保险箱、物品租用、销售小商品等各项商务服务；
- 正确有效地接受客人问询，提供有关酒店服务设施、市内外交通、旅游景点、娱乐购物等各类信息；
- 负责前台内的卫生保洁工作及设备设施的维护；
- 负责接受酒店设施设备的报修工作，并及时报告给工程人员；
- 负责提供客人电话和访客查询，办理访客登记手续，不得泄露客人资料；
- 熟悉酒店安全规范，做好可疑客人的监控，发现问题及时报告；
- 做好客人损坏酒店物品的赔偿处理工作，并报告给值班经理；
- 做好客人遗留物品的登记、保管和核对归还工作；
- 负责制作酒店的营业日报；
- 做好交接班工作

任职资格：

- 高中以上学历，年龄在 30 岁以下；
- 品貌端正，普通话标准；
- 身高：女 160 cm 以上，男 170 cm 以上；
- 具有良好的服务意识和团队意识；
- 具有一年以上的前台接待工作经验，能熟练操作电脑

资料来源：如家酒店连锁公司人事管理手册.

表 5.2 香格里拉酒店集团招聘信息

招聘岗位：	前台接待
酒店：	苏州香格里拉大酒店
工作城市：	苏州
国别：	中国

工作内容：

- 负责为前厅区域的客人提供热情友好的服务；
- 负责收银及客人信息维护

任职资格：

- 有高星级酒店工作经验者优先；
- 中英文表达流利；
- 细心、勤奋、工作充满热诚；
- 能熟练操作 Opera 系统；
- 能接受 24 小时倒班

资料来源：香格里拉酒店集团官网.

2）酒店人力资源规划的预测阶段

人力资源需求和供给预测应该采用定性和定量相结合的方法。这是一项技术性较强的工作，也是人力资源规划工作的关键。

（1）人力资源需求预测

酒店人力资源需求预测是根据酒店的组织结构状况和酒店未来的经营业务水平，对酒店所需要的人力资源进行估测和预算，包括预测企业未来生产经营状况、估算各职能工作活动的总量、确定各职能及职能内不同层次和类别人员的工作负荷、确定各职能活动及不同层次类别人员的要求量。酒店人力资源需求预测的方法有：直觉预测方法（定性预测）和数学预测方法（定量预测）。服务标准和劳动生产率的改变是影响酒店人力资源需求预测的主要因素。

（2）人力资源供给预测

酒店人力资源供给预测是对酒店未来一段时间内，内、外部各类人力资源补充来源情况进行预测的过程。在进行内部人力资源供给预测时，人力资源部门需要详细评估组织内部现有人力资源状况及其运作模式，即离职率、调动率和升迁率等。企业外部人力资源供给预测主要是指对未来一段时间内劳动力市场上的相关人力资源供给状况进行预测的过程。

（3）制订人力资源供求平衡策略

根据人力资源供求预测的数据，人力资源部门可以对酒店在人力资源质量、数量和结构上存在的不平衡进行比较，从而计算出人力资源净需求。结果通常会出现3种情况：

①人力资源过剩，即人力资源供大于求。这时酒店可采取的措施主要有减少临时工数量、实行工作分担制、提前退休，甚至解雇等。

②人力资源短缺，即人力资源供给小于需求。这时酒店所能采取的就是招聘新员工、加班、晋升、工作再设计等，酒店实习生的选用也是许多酒店解决这一问题通常采用的办法。

③供求相等，即人力资源供给等于需求。这种情况下，酒店就暂时不需要进行较大的人力资源调整。

3）酒店人力资源规划的制订阶段

这一阶段主要是根据预测结果结合实际情况，制订相应的人力资源政策与人力资源发展计划，包括具体实施方案，如职务设计方案、职务调整方案、人员补充方案、人员辞退方案、员工培训方案、员工晋升方案、绩效指标设计方案、绩效考核方案、福利方案、薪资和奖励方案等。

4）酒店人力资源规划的评估阶段

这一阶段的主要工作是评估整个人力资源规划的有效性，是保证人力资源规划的工作效果及实施效率必不可少的重要一环。该阶段的工作要求把各个人力资源职能工作计划与标志着酒店经营成功的重要衡量标准进行对比，诸如劳动生产率、服务质量、顾客满意度和酒店利润指标等要素。人力资源规划的评价是一项重要的工作，其目的是找出计划与目标之间的差距并分析产生差距的原因，从而改进未来的酒店人力资源规划活动。

【阅读材料】

探索数字化人才管理，节约人力成本

近年来，酒旅业加快数字化转型步伐，人力资源的数字化探索也在进行中。数字化从各个维度各个场景降低岗位难度的同时，也最大化地节约了人力成本。一些酒店集团在实践中发现，数字化不仅让酒店的对客服务、日常运营以及后台管理变得更加高，还降低了员工工作的难度。

例如，华住的易掌柜智能前台目前覆盖的酒店数量已经高达7 000家，使每一家酒店日均节省人工0.54人，每年节省人工工时达几百万小时。开元酒店集团也在2021年6月进行了组织构架的重新调整，数字化已经渗透其人力资源管理体系。在开元人力资源发展数字化模型中，分为三个支柱模块，一是HR（人力资源）战略体系，以集团的人力资源中心为主导，负责整个集团的人才发展，以及人才盘点、人才预测及人才获取等方面的工作。二是开元酒店集团自有的人事信息系统，主要负责日常行政事务以及人事信息流程等。三是通过对酒店业务端的支持和联动，进行数据分析，并做出预判。

数字化的介入，让酒店人才管理变得条理更加清晰。华住集团总裁、盟广信息技术有限公司创始人兼首席执行官刘欣欣表示，"搭建以数字化来赋能的新酒店行业人力模型，一定是未来努力的方向。"

资料来源：迈点网，2021-12-28.（有删减）

5.3 酒店员工的招聘与甄选

5.3.1 员工招聘的概念

员工招聘简称招聘，是"招募"与"聘用"的总称，指酒店为了发展的需要，采取一系列科学的方法寻找、吸引具备岗位工作资格要求的个人到本酒店应聘，并从中选出适合的人员予以录用的过程。招聘工作是在酒店人力资源规划和岗位分析这两项工作的基础上进行的。

招聘工作的任务或目的是要寻找具备最适合的技能、具有劳动的愿望且能够在企业相对稳定地工作的员工，从而实现员工个人与岗位的匹配，也就是人与事的匹配。

5.3.2 员工招聘的基本程序

完整的招聘过程涉及两个主体（即招聘者和应聘者），分为5个基本工作程序：制订招聘计划、招募、甄选、聘用和招聘评估（见图5.3）。

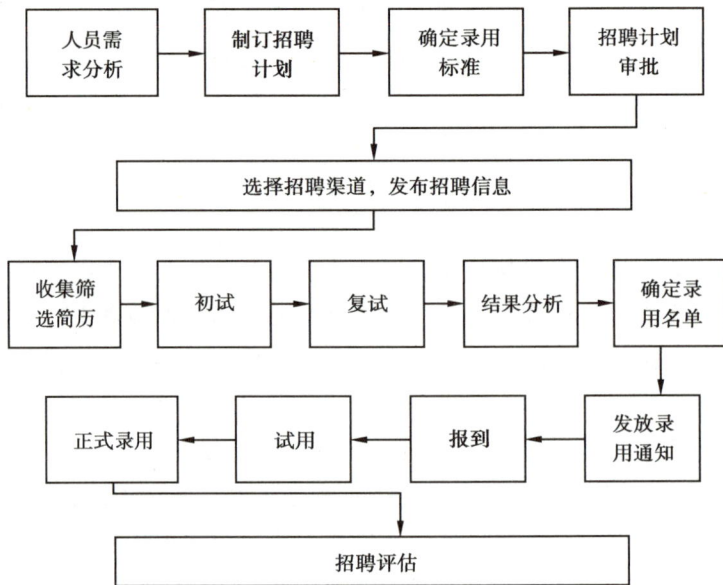

图 5.3　酒店员工招聘的基本程序

1）制订酒店招聘计划

根据酒店的人力资源规划，在掌握各类人员的需求信息，明确有哪些职位空缺的情况后，酒店就可以编制招聘计划。酒店的招聘计划通常包括：用工形式、招聘人数、招聘标准、招聘时间、招聘渠道和招聘预算等内容。

①用工形式。酒店招聘首先需要考虑的是根据用工岗位的特点决定用工形式。目前酒店业的用工形式主要是固定期限的用工、小时工和无固定期限的用工。

②招聘人数。酒店需要招聘的员工人数通常应该略多于最新录用的人数，因为部分新应聘者可能在试用期间由于难以胜任工作、对工作缺乏兴趣或不能适应企业文化而离职。

③招聘标准。招聘标准就是确定录用条件，具体内容可以根据职位说明书的要求而定。

④招聘时间。为了保证新招聘人员能够准时上岗，确定招聘开始时间必须考虑招聘工作的周期和入职培训的周期，这样才不会影响用工部门的工作安排。

⑤招聘预算。为了确保招聘工作的正常进行，招聘预算不仅要包括参与招聘工作有关人员的工资和招聘广告费，还需要考虑招聘场地费、通信费、测试费、差旅费和文具费等费用。

2）招募阶段

招募就是吸引和寻找候选人的过程。招聘计划一旦拟订，就进入了招募阶段。酒店招聘可以采用内部招聘和外部招聘两种渠道。

内部招聘就是从酒店内部发现和发掘人才，可以在不增加员工总量的前提下，重新配置员工，使酒店人力资源的结构趋于合理。内部招聘的主要途径有职位晋升、工作调换、工作轮换、内部人员的重新聘用等，主要方法有布告法、推荐法和档案法 3 种。内部聘用能够给员工提供晋升机会，提高员工工作的积极性，提高员工对酒店的忠诚度，同时节约高昂的人员招募和培训的费用。喜达屋酒店集团就非常重视集团和酒店的内部招聘，如为顾客服务部及前厅部的员工提供4个内部晋升职位，分别是顾客服务部领班、前台领班、前厅部主管及房务部经理。

外部招聘的主要渠道有媒体招聘、校园招聘、社会公开招聘、委托就业服务机构招聘、内部员工推荐等形式。外部招聘是一种有效地与劳动力市场进行交流的方式。外部人才的引进能够给酒店输送"新鲜血液"，激发内部员工的斗志，同时向社会宣传展示酒店形象。在招募过程中，酒店一方面需要尽可能多地吸引应聘者；另一方面还必须利用招聘的机会进行酒店形象或者声誉的宣传活动。酒店好的口碑会成为一种无形的招牌，吸引更多的求职者，而坏的口碑会使潜在的应聘者敬而远之。但是外部招聘前期投入的成本较高，具有一定的决策难度和风险。

3）甄选阶段

甄选候选人是招聘过程的一个重要组成部分，其目的是排除明显不合乎职位要求的申请者。职位说明书是甄选的基础，也就是要以职位说明书所要求的知识、技术和能力来判断候选人的资格。甄选应聘者的主要手段是测试，酒店业常用的测试包括专业知识考试、情景模拟测试、面试和心理测试等。

4）录取与试用阶段

对经过甄选合格的候选人，酒店通常会作出聘用决定。一般来说，酒店普通员工可以由酒店人力资源部门决定是否录用，而管理人员及技术人员的录用则需要用人部门的经理或酒店高级管理层集体决定。

对决定录用的求职者，酒店要发出正式通知，对不予录用的求职者也要致函表示歉意。对决定录用的人员，在签订劳动合同以后，酒店通常有1~3个月的试用期（视签订劳动合同的期限而定）；如果试用期满且试用合格，按劳动合同规定，新聘人员享有正式员工的权利并承担相应的责任。

为了让新员工迅速适应工作要求，在员工报到后，酒店应该首先让其熟悉酒店的基本情况。一些酒店将该项工作称为到职复核，要求人力资源部门对员工的个人资料、任职基本情况、酒店概况、组织架构、主要规章制度、本职工作概况等逐一介绍，以确保到职手续全面、完整。

5）招聘评估

一般来说，招聘评估包括招聘成本评估和录用人员评估。这两项评估可以从数量、质量、效率方面对招聘工作进行评价。研究表明，通过不同的招聘渠道和招聘方法产生的招聘效果是截然不同的。用不同的方法招聘的员工可能表现出不同的工作绩效、流失率与缺勤率等。因此通过招聘评估工作，酒店可以发现招聘工作中存在的问题，以便在将来的工作中进行修正，提高下一轮招聘工作的质量。

5.4 酒店员工的培训与开发

5.4.1 员工培训的概念

员工培训是指酒店为了使员工获得或改进与工作有关的知识、技能、动机、态度和行为，按照一定的目的，有计划、有组织地通过讲授、训练、实验和实习等方法向员工传授服务、管理知识和技能以及企业文化，使员工的行为方式在理论、技术和职业道德等方面有所提高或改进，从而保证员工能够按照预期的标准或水平，完成所承担或将要承担的工作与任务的活动。

员工培训是酒店采取的促进内部成员学习的正式活动，目的是改善成员行为，增进其绩效，更好地实现组织目标。从某种意义上说，员工培训是酒店人力资源增值的重要途径，是维持整个酒店有效运转的必要手段。

5.4.2 酒店员工培训的原则

1）培训目标多元化

培训目标不能单一地只满足酒店经营的需要，而应从酒店和员工双方面着手。从员工角度来说，培训可以使员工明确任务、目标，适应其工作岗位，使员工具有足够的知识，提高工作所需的技能，增加员工的成就感，强化员工的动机，改变他们的态度。从酒店角度而言，培训可以实现酒店变革与发展，使组织更具有生命力和竞争力，传播企业文化，凝聚企业向心力，增强企业创造力。

2）培训方式灵活化

目前培训方式主要有两种：在岗培训和脱产培训。在岗培训是将新员工分配给有经验的员工或上级去培训；脱产培训是受训者培训期间脱离工作岗位，专门接受培训的培训方式。酒店员工的培训方式应该灵活化，根据需求灵活安排。

3）培训的整体性

（1）培训思路的整体性

培训思路的整体性是指从整体上把握发展现状与发展目标之间的差距，统筹考虑发展战略、组织架构、资源优势、企业文化、经营特色、管理能力等因素，确定具有系统性、针对性、前瞻性的人力资源培训总体思路。

（2）培训过程的整体性

培训过程的整体性是指人力资源培训的总体思路应统揽人力资源培训的全过程，贯穿需求分析、计划制订、项目实施、效果评估4个阶段的每一个层面、每一个步骤。

（3）培训操作的整体性

培训操作的整体性是指人力资源培训应"分工不分家"，所有运营系统、每个职能部门都要积极支持、不断推动人力资源培训的深入开展，职责分担，成果共享。

4）培训的动态性

酒店人力资源的数量（存量和增量）和质量（总体质量与个体质量）都是动态变量，人力资源培训应充分体现动态性原则。酒店要关注旅游产业、酒店行业的总体发展态势和趋势，从打造和巩固自身的核心竞争力出发，建立"全员性、低重点、高视点、最优化"的动态培训体系。

5）培训程序科学化

科学化的培训程序有助于酒店员工的迅速成长，可使酒店通过最有效的途径达到提升员工素质的目的，节省成本。

5.4.3 酒店员工培训的主要内容

1）态度培训

态度培训就是酒店员工的服务意识与职业道德培训。酒店工作的特点决定了员工应有良好的服务意识、高度的责任心和职业道德感。该项培训的关键在于深入挖掘员工服务中有关服务意识和职业道德方面存在的问题，通过宣讲企业文化、树立服务榜样、剖析典型案例等形式，使员工从根本上重视职业道德，提高服务意识。同时还应该注意树立酒店与员工之间的相互信任，培养员工的团队精神，增强其作为酒店一员的归属感和荣誉感。香格里拉酒店集团在员工培训过程中就非常注重态度培训，强调员工殷勤好客的服务态度（见图5.4）。

图 5.4　香格里拉酒店集团员工服务理念和态度的培训内容

2）技能培训

服务技能技巧的培训是员工培训的主要内容，它直接关系到各项服务工作能否依照标准完成，并保证令顾客满意。技能培训着眼点是进一步提高员工现有的技能水平，强化和拓展员工的各项能力。通过这方面的培训，应该使员工掌握完成本职工作所必备的技能和技巧，包括一般技能和特殊技巧。客房部服务员客房清洁工作培训、做床培训，餐饮部服务员摆台、上菜撤盘培训，前台服务员接待程序、检验信用卡培训等都属于技能培训。餐饮部服务员看台、前台服务员处理疑难问题等方面的培训则属于服务技巧培训。

3）知识培训

知识培训主要是以知识为内容的培训，包括新员工的入职培训、员工的礼貌礼仪培训、酒店的各部门知识技能的培训等，目的是帮助员工获得更多的知识，对员工素质的提高起着潜移默化的作用。一位合格的酒店服务员应该扎实地掌握酒店服务礼仪、本岗位基本常识，熟悉主要客源国的政治、经济、地理、民族风俗习惯，了解酒店各项服务措施，懂得消费心理学知识等。

4）外语培训

外语培训是酒店最普遍的培训，应保持全年坚持不间断。随着世界经济一体化的进一步发展，酒店的顾客已经实现了国际化。酒店的英语培训就是要让员工能够用英语为顾客更好地提供服务，实现英语环境工作无障碍。

5）管理知识培训

酒店管理知识的培训多为管理层员工开设。酒店的管理层主要指各部门主管、部门经理等。该部分的培训可提高受训者与人沟通的能力、领导能力以及作为管理层员工必备的心理素质。

6）应急知识培训

酒店应急知识培训主要涉及消防知识、急救知识和突发事件应急处理等方面。

5.4.4 员工培训的过程

员工培训是由以下 5 个步骤为主链构成的循环过程（见图 5.5）。

1）确定培训需求

培训需要支付很高的费用，酒店必须在恰当的时期就恰当的工作对恰当的人员提供恰当的培训。所以，为了有效实施培训，应在培训前先对培训需求作出评价。

培训需求通常在以下 3 个层面上进行：

①组织分析。组织分析包括对酒店的目标、资源、环境的分析，着重分析每个职能部门的组织结构和组织目标，确定其培训范围和重点。

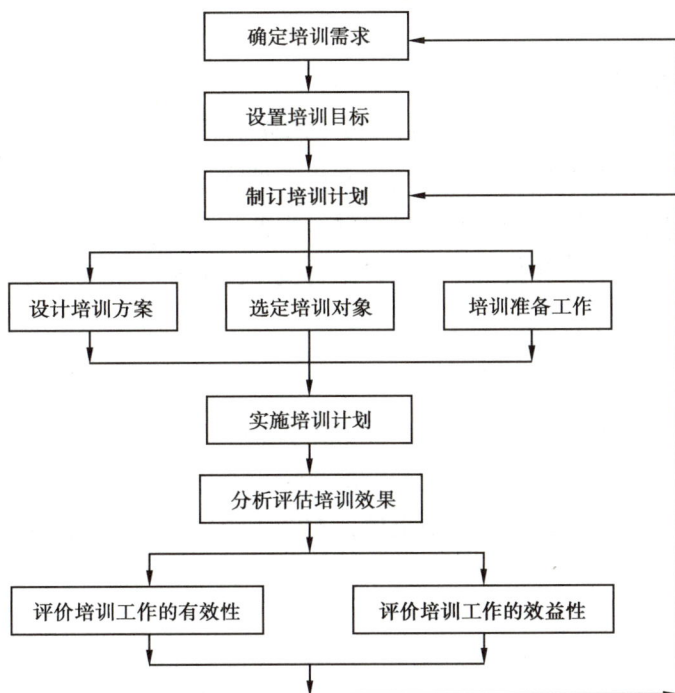

图 5.5　酒店员工培训基本流程

②任务分析。任务分析侧重研究员工具体的工作行为与酒店期望的行为标准之间的差距，从而判断出员工需要接受什么类型和程度的培训。

③员工分析。对在职员工的分析是分析每个员工的工作过程和工作结果，确定对其培训的目标及内容。酒店每个岗位都有明确的知识技能和能力要求，应该根据岗位的要求，明确企业需要培训的内容。

2）设置培训目标

酒店有明确的培训目标，才能确定培训对象、内容、时间、方法等具体内容，并可在培训之后，对照目标进行效果评估。培训目标主要可分为三大类：一是技能培养，在酒店普通员工层面，主要涉及具体的服务操作训练；对于中高级管理人员，则主要是侧重于思维性活动，同时也要涉及具体的技巧训练，如书面与口头沟通能力、人际关系技巧等。二是知识传授，包括概念与理论的理解与纠正、知识的灌输与接受、认识的建立与改变等。同时培训内容和要领必须和实际结合，才能有助于员工透彻理解，灵活掌握。三是工作态度转变。

3）制订培训计划

培训计划是培训目标的具体化与操作化，即根据既定目标，具体确定培训项目的形式、学时、培训提纲、培训教材、任课讲师、培训方法、考核方式、辅助培训教材与设施等，培训计划应包含本酒店所有的岗前培训、岗位培训和职务培训。制订正确的培训计划必须兼顾许多具体因素，如酒店类型、服务宗旨与政策等，而最关键的因素是酒店领导的管理价值观与对培训重要性的认识。

4）员工培训的实施

员工培训的组织实施工作主要包括：与员工沟通培训课程和内容；确定培训员工名单；准备和整理培训中所需的器材和各种资料；安排培训场地和教学设施；调试培训中用到的设备并安排应急措施；在培训中随时提供帮助；为教与学双方的沟通提供便利等。另外，在培训中还应保持培训人员和员工的联系，了解员工的需求、表现和心理状态，提高培训的效率和效果。

5）培训效果评估

在员工培训的某一课程结束后，酒店一般要对培训效果进行一次总结性的评估或检查。培训的效果评估是看培训结果是否达到预期的目标，并根据评估结果对培训策略、培训目标、培训计划进行适当的调整。培训效果评估有助于酒店找出培训的不足，总结经验与教训，发现新的培训需要。

5.4.5　酒店员工培训的方法

1）讲授法

讲授法是传统模式的培训方法。酒店培训中讲授法主要表现为主题讲座形式。优点是可同时实施于多名员工，不必耗费太多时间和经费。缺点则为表达上受到了限制，员工不能主动参与，只能作被动的、有限度的思考。这种方法的关键是如何让员工自始至终保持学习兴趣。

2）讨论法

讨论法是对某一主题进行深入探讨的培训方法，其目的是解决某些复杂的问题或通过讨论的形式使众多受训员工就某个主题进行沟通，达到观念看法的一致，如酒店对"如何处理客人投诉"主题的培训就可以用讨论法进行。参加讨论培训的员工人数不宜超过25人，也可分为若干小组进行讨论，讨论会的主持人要善于启发员工踊跃发言，引导员工自由发挥，还要确保参加讨论的员工对讨论结果有较统一的认识。

3）职位扮演法

职位扮演法又称角色扮演法，是一种模拟训练方法。这是一种将学习与兴趣结合起来的教学方式，可由三四名服务员扮演顾客与服务员，其他人可以提意见，有时可同时表演正确的和错误的操作方式。如客房服务员可示范整理床铺正确与错误的情况。这种方法适用于实际操作或管理人员，通过角色扮演发现及改进自己的工作态度和行为表现。

4）专业指导法

专业指导法就是酒店指定有经验的服务员带领新员工，给新员工以专人指导，是一种循序渐进的方式。新员工在工作中得到老员工的肯定和赞许会增加其工作的自信心，这样就可在正式当班时有令人满意的工作表现。

5）对话培训法

对话培训法就是将服务员与顾客间的对话录下来，将其中缺乏礼貌、态度粗暴、不懂业务、不懂销售常识等的对话制成幻灯片，在培训课上放映出来，进行讨论。对话训练的目的就是让员工学会在工作中遇到典型情景时，使用最佳的对话，从而为顾客提供优质服务，增加酒店收入。这种训练能使新员工在第一次碰到类似问题时就能正确处理，从而增强工作信心，提高工作能力。

6）自学指导

自学指导即编制自学指导材料，系统地对一项工作进行详细描述，列出其任务及完成任务的方法。有的酒店制订出工作指导后，发给新员工阅读，过几天进行测验，可以使训练正规化和系统化。

5.5 酒店员工的绩效管理

5.5.1 绩效管理的概念

绩效一般是指完成工作的效率和效能，即员工在考核期内的工作表现和业务成果，是其能力在一定环境中表现的程度和效果，是其在实现预定工作任务过程中所采取的行为及这些行为的成果。

绩效管理是通过对酒店员工的工作进行计划、考核、改进，最终使其工作活动和工作产出与酒店目标相一致的过程。绩效考核又称绩效评估，是指酒店人力资源管理部门按照一定的标准，采用比较科学的方法，全面检查和评定酒店员工对其工作职位所规定的职责的履行情况，以便确定其工作成绩的一种管理方法。

绩效管理的目的是持续提高员工、部门和组织的绩效，是人力资源管理的中枢和关键；绩效考核的目的是测评成绩或成果。绩效管理是对绩效考核过程的监控；绩效考核是绩效管理的一种手段，也是整个绩效管理的核心。绩效管理要注重结果，更要注重过程，同时强调各级管理者的参与，形成一个完整的绩效管理体系。

5.5.2 绩效管理的重要性

1）确定员工薪资报酬的依据

薪酬分配必须遵循公平与效率两大原则。绩效考核的结果是决定员工报酬的重要依据。因此，酒店必须对每一位员工的劳动成果进行评定和计量，按劳付酬，以保证酒店薪酬体系的公正性和合理性。

2）员工人事变动决策的依据

每位员工都希望酒店能公正地评价其工作表现和工作能力，以满足其物质和精神的需要。常规化、科学化的绩效考核有助于酒店认可每位员工的工作成绩，采用严格的奖励和惩罚手段，鼓励先进，鞭策后进，淘汰不合格员工，给每位员工公正的待遇。

3）人力资源开发的依据

有效的人力资源开发的依据是员工目前的行为、绩效及素质与工作规范、组织发展的要求之间存在的差距，通过绩效考核，可以确定人力资源开发目标、内容及方式，以制订具体的措施与计划。

4）有助于更好地进行员工管理

绩效考核使员工更加明确了工作要求。一方面使员工责任心增强，进一步发掘员工的潜能；另一方面还促进了员工与上级之间、员工与员工之间更好地沟通，加强了酒店员工之间的了解与协作，提高了酒店的凝聚力和竞争力。

5.5.3　绩效管理的流程

绩效管理的过程通常被看作一个循环过程。这个循环分为 6 个步骤：绩效调研、绩效计划、绩效实施、绩效考核、绩效反馈和绩效结果应用（见图 5.6）。

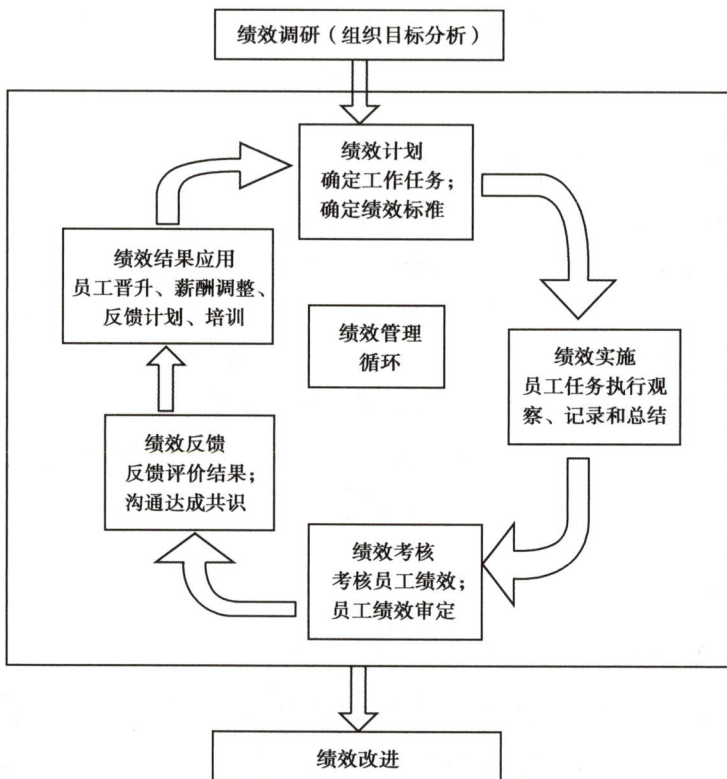

图 5.6　绩效管理的一般流程

1）绩效调研

绩效调研是绩效管理的首要任务。它通过深入、系统地诊断酒店管理现状，摸清酒店管理水平，确认酒店的组织目标已被分解为具体的工作任务并落实到各个工作岗位上。该阶段的工作内容主要包括：了解企业组织机构设置、工作流程、企业制度及薪酬系统，明确部门设置及岗位责权分工，熟知企业战略目标、经营计划、企业工作目标和计划实现周期，分析相关部门或岗位过去 1~3 年的业绩表现等工作。

2）绩效计划

制订绩效计划，首先要有效地确定酒店员工需要考核的关键绩效领域等绩效计划内容，然后确定每个关键绩效领域中的具体绩效指标和相应的绩效标准。

关键业绩指标（KPI）是指影响酒店战略发展、总体业绩的关键领域的指标。它既体现公司各层次的动态工作任务要求，也是考核依据，其表现形式是可测量的数值指标、项目指标。

3）绩效实施

这一阶段的工作主要包括两方面的内容：一是计划的跟进与调整，即管理者通过员工定期的工作进展情况汇报对绩效计划的执行情况进行跟踪，通过双方的沟通，可以根据实际情况对绩效计划进行调整，以适应实际工作要求；二是过程辅导和激励，即在绩效实施的阶段，管理人员要更多地扮演辅导员的角色，帮助员工实现绩效目标。

4）绩效考核

绩效考核就是对被考核者的绩效状况进行评定，是整个绩效管理过程的核心。

（1）确定评定者

一般来说，参加绩效评定的人员包括直接主管、员工自己、下属、同事、绩效考核委员会等，不同的人员可从不同角度对被考核者进行评定，各有优劣。

（2）确定考核方法

绩效考核方法并不是越复杂越好。酒店需要根据自身的条件和管理经验来选择绩效考核方法。一般常用的方法有关键绩效指标法、平衡计分卡法、360 度绩效考核法、目标管理法和重要事件法。

关键绩效指标法是以酒店年度目标为依据，确定反映酒店、部门和员工一定期限内综合业绩的关键性量化指标，并以此为基础进行绩效考核。

平衡记分卡法是从酒店的财务、顾客、内部业务过程、学习和成长 4 个角度进行评价，并根据战略的要求给予各指标不同的权重。360 度绩效考核法是指所有的考评信息来自被考评员工周围所有的人，包括上级、下属、同事、外部顾客以及员工自己，将上述绩效考核主体综合在一起并采用不同方法而完成。目标管理法是通过将酒店的整体目标逐级分解至个人目标，最后根据被考核员工工作目标的完成情况来进行考核的一种绩效考核方式。

重要事件法是指考核人在平时注意收集被考核员工的"重要事件"的一种考核方法。这里的"重要事件"是指那些会对部门的整体工作绩效产生积极或消极的重要影响的事件。对这些表现要形成书面记录，以此为依据进行整理和分析，最终形成考核结果。

（3）绩效考核的内容

员工绩效考核包括员工素质评价和业绩评价两个方面。

员工素质评价涉及员工的知识、技能、职业道德、生理和心理健康状况等方面的内容。业绩评价则主要包括工作态度评定和工作完成情况的评定。工作态度评定是对员工工作活动中的态度的评定；工作完成情况评定是最基本、最重要的核心内容，它一般要从工作的最终结果和工作的执行过程两个方面进行分析。工作态度与工作完成情况的评定是相互关联的，但是两者的评定结果也并不总是一致的。

5）绩效反馈

绩效反馈的目的就是让员工了解自己的工作情况，肯定员工所取得的成绩，确认仍然存在的问题，明确产生问题的原因，并在此基础上制订相应的行动计划。绩效反馈的主要方式是绩效面谈。在绩效面谈的过程中，要营造良好的面谈氛围，向员工说明面谈的目的，告知其绩效评定结果，在双方交流的过程中制订绩效改进计划。在面谈结束后，整理面谈记录，向上级主管报告。

6）绩效结果应用

绩效考核的结果可以应用在3个方面：一是作为工资等级晋升和绩效工资发放的直接依据，与薪酬制度接轨；二是记入人事档案，作为确定职等晋升、职位调配、教育培训和福利等人事待遇的参考依据；三是作为调整工作岗位、脱岗培训、免职、降职、解除或终止劳动合同等人事安排的依据。

根据反馈面谈达成改进方案，制订绩效改进目标、个人发展目标和相应的行动计划，成为下一阶段的绩效目标，从而进入下一轮的绩效考核循环中。

5.5.4　酒店员工的薪酬管理

1）薪酬的构成

酒店薪酬按照体现形式，可以分成经济性薪酬和非经济性薪酬（见表5.3）。

从员工绩效考评的角度来考察酒店薪酬的构成，薪酬可以分为固定薪酬和浮动薪酬。其中固定薪酬根据不同情况可具体包括基本工资、岗位津贴、福利待遇等；浮动薪酬则主要包括奖金、小费等短期货币激励和长期服务年金、股票期权等长期激励（见图5.7）。

表5.3 酒店员工薪酬结构表

经济性报酬			非经济性报酬		
直接的	间接的	其他	工作	企业	其他
基本工资	公司福利	带薪假期	挑战性	社会地位	友谊和关怀
加班工资	保险计划	病事假	责任感	个人成长	舒适的环境
奖金	退休计划	休息日	兴趣	价值实现	便利的条件
奖品	培训	客房内部价	成就感		
津贴	住房	工作餐			

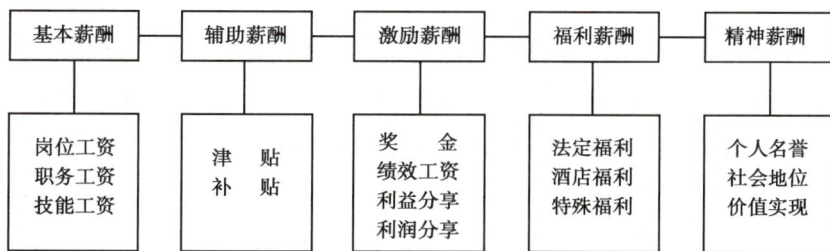

图5.7 酒店薪酬的构成

2）薪酬管理

薪酬管理是指在酒店发展战略的指导下，对员工薪酬支付原则、薪酬策略、薪酬水平、薪酬结构、薪酬构成进行确定、分配和调整的动态管理过程。

薪酬管理包括薪酬体系设计、薪酬日常管理两个方面。薪酬体系设计主要是薪酬水平设计、薪酬结构设计和薪酬构成设计；薪酬日常管理是由薪酬预算、薪酬支付、薪酬调整组成的循环，这个循环可称为薪酬成本管理循环。薪酬体系建立起来后，酒店应密切关注薪酬日常管理中存在的问题，及时调整薪酬策略，调整薪酬水平、薪酬结构以及薪酬构成以实现效率、公平、合法的薪酬目标，从而保证酒店发展战略的实现。

【阅读材料】

员工薪资水平逐年提升，但依然没有竞争力

《中国酒店人力资源现状调查报告（2020）》显示，2019年，酒店各层级员工月薪水平均有所提升，但是上升幅度小，与其他行业相比，仍然处于较低的水平。从不同档次酒店情况来看，奢华酒店员工月薪水平普遍高于行业平均水平；从地区差异来看，华北、华南和华东地区各层级月薪水平相对较高，西北和东北地区相对较低。

其中，基层员工月薪在"2 501~3 500 元"的酒店企业占比达62%，而在"4 001 元及以上"的酒店占只有6%。对比历年数据发现，自2015年以来，基层员工的月薪水平逐

年提升。2019 年，酒店基层员工税前月薪在 2 000 元以下的比例从 2015 年的 22% 下降到了 2019 年的 0.8%，跌幅约 21%；月薪在 3 001 元及以上的受访企业以平均每年 10% 的速度递增，达到 5 年之最，约为 47%。主管月薪主要集中在 3 001~5 000 元。对比前两年的数据，主管平均月薪在 4 001 元以上的比例进一步升高（较 2018 年上升了 8%），在 3 000 元以下的比例略有降低。部门经理月薪在"7 001 元以下"的比例最高（占比为 53%），较 2018 年下降了约 17%；在"7 001~8 000 元"的占比排名第二，为 24%；在"8 001~9 000 元"以及在"9 001 以上"的比例相差不大，都在 11% 左右。部门总监及以上平均月薪在 10 000 元以下的占比为 48%。月薪在"10 001~12 000 元"与"15 001 元以上"的都在 19% 左右，在 12 001~15 000 元的比例相对最低（占比为 13%）。

5.5.5　酒店员工激励的主要方式

酒店员工激励管理要注意 3 个问题：一是激励时机的掌握；二是激励频率的控制；三是激励程度的掌握。这些都要根据员工的需求、动机和实际情况来确定。激励员工的方式多种多样，常用的激励方式和手段及其内在实质详见表 5.4。

表 5.4　员工激励方式的比较

激励方式	主要手段和方法
动机激励	从员工心理需求出发，触动员工心弦，使他们产生内在驱动力，做好本职工作和对客服务
需求激励	针对员工物质、精神、心理需要，采用物质奖励、精神鼓励、培训机会、晋升机会等各种激励措施，使员工产生内在需求和动力而做好工作
目标激励	将酒店和部门管理目标和员工的个人目标结合起来，用奋斗目标和完成目标后的利益来激发员工的工作热情和勇气，保证酒店目标的顺利完成
感情激励	坚持以人为本，注重感情投资，关心、爱护员工，帮助他们解决工作、生活中的实际困难，加强感情、思想、心理沟通
榜样激励	通过培养、树立先进典型，形成榜样，使员工看得见，心服口服，从而激励员工向榜样学习，做好本职工作
兴趣激励	在安排工作、分配任务、调整工种时，事先征求员工意见，根据他们的兴趣、爱好、专长、个性特点等合理安排工作任务，激发员工兴趣
角色激励	根据工作需要和员工培养计划，定期调换员工的工作岗位，使他们扮演不同的角色，从而激发他们学习新知识、掌握新技能的热情
危机激励	在遇到艰巨任务、困难工作时，有意将其描述得十分艰巨，使员工产生压力，从而激发员工克服困难、勇挑重担的信心和勇气，将压力转化为动力

5.6　酒店员工流动的原因与控制

5.6.1　员工流动与员工流失

1）人力资源流动

人力资源流动是指人员从一种工作状态到另一种工作状态的变化。人力资源的流动分为组织内流动和组织间流动。组织内流动通常由该组织的人事部门通过提升或调动来完成，而组织间的流动则是通常所说的员工流失。

员工流失一直是困扰企业管理者的难题。随着知识经济时代的到来以及人们生活节奏的加快，员工流失正变得越来越频繁。正常的人员流动率一般应该在 5%~10%。作为劳动密集型企业，酒店的流动率却高达 20% 以上。特别是一些高学历、高层次的管理人才流失更加严重。

2）员工流动的分类

在经济理论的研究中，可以按照主体的主观意愿将员工的流动分为自愿流动和非自愿流动两种类型（见图 5.8）。非自愿流动是由于雇主的原因而发生的流动，主要有解雇、开除和裁员等形式；自愿流动是雇员为了自身的利益而进行的流动，即通常所说的员工流失。按照契约理论，员工流失实质是员工自主与组织终止劳动关系的行为，代表了个体永久性地退出某一组织。因退休、伤残、死亡等而发生的员工流动则属于自然流动。

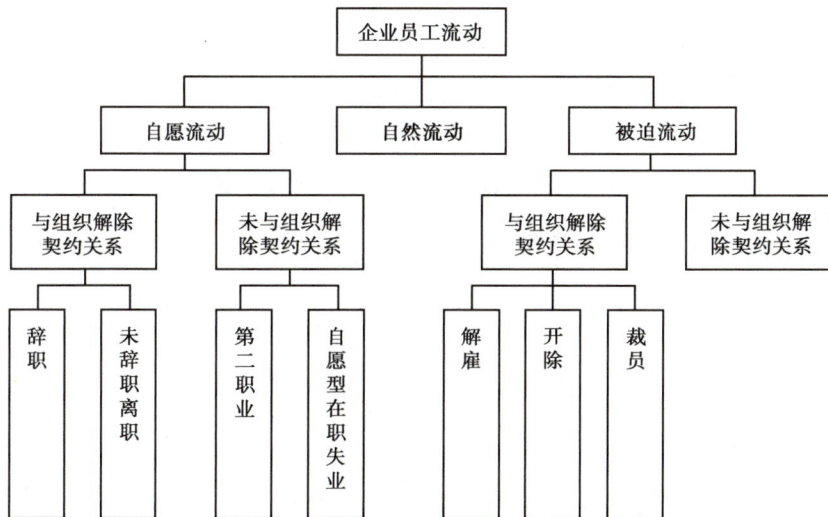

图 5.8　员工流动分类图

居高不下的员工流失率已经成为制约酒店发展的主要因素，也成为影响酒店行业健康发展的重大障碍。中国旅游饭店业协会联合携程发布的《中国饭店 2020 发展报告》显示，2020 年各档次品牌饭店基层员工的离职率超过了 20%，其中豪华型饭店基层员工离职率更是高达 26.9%，中高层管理者离职率在 10% 以下，不过经济型、中端型饭店总经理离职率明显高于高端、豪华型饭店[1]。不过在新冠肺炎疫情之下，大幅裁员的情况并没有出现，超过 90% 的饭店员工离职的方式主要是主动辞职，只有 2.9% 的员工是因为裁员而离职。

5.6.2 酒店员工流失的消极影响

1）降低服务质量

较高的人员流失率会影响酒店员工的归属感进而影响服务质量。人员的频繁流动会对其他在岗人员的工作情绪和工作态度产生消极的影响，动摇他们留在酒店工作的决心。特别是在看到流失的员工获得了更好的工作环境或者薪资待遇的时候，他们对自己所在的工作团队的归属感和荣誉感会逐渐下降，工作积极性会严重受挫，从而直接影响对顾客服务的质量。

2）增加经营成本

较高的人员流失率会带来直接的人力资源损失，从而增加酒店的经营成本。若酒店稳定员工的管理措施不足，那么将无法有效避免频繁的员工跳槽和"为他人做嫁衣"的情况发生。最典型的体现就是新员工完成培训学习能独当一面后选择了跳槽。为了维持正常运转，酒店需要进行新一轮的员工招聘与培训活动，这样不仅造成招聘和培训成本的上升，而且由于新员工缺乏对岗位职责与工作环境的准确感知，导致工作效率较低、服务差错比例大、服务成本上升、顾客满意度下降等问题的产生。

3）弱化酒店竞争力

较高的人员流失率会弱化酒店的竞争力。酒店人才的流失大多会在本行业内发生，他们或是自立门户创业，或是流向竞争对手，所以人员流失的同时会引发本酒店的技术和客户资料的流失。特别是很多销售人员都有一些固定的客源积累，这些销售人员的离职会导致酒店客源的流失，从而增加竞争对手的实力，并给酒店的经营带来极大的竞争威胁。

5.6.3 酒店员工流失的影响因素

1）社会因素

（1）社会的认同度

伴随着社会经济进步与发展，我国酒店业走过了具有历史性、跨越性和巨变性的 30 年。虽然在行业规模、企业水平和社会地位影响及经济拉动作用等方面都发生了深刻的变化，但是社会对其的认同度仍然停留在较低的水平，如酒店业是吃"青春饭"的行业、是"伺

---

[1] 究其原因，还是不同职员薪酬水平差异较大。其中，豪华型饭店总经理薪酬为 59 万元，总监为 23.7 万元，部门经理为 11.5 万元，但经济型饭店、中端型饭店总经理平均薪酬只有 17.9 万元、22.9 万元，大约只有豪华型饭店主管、总监的薪酬水平，出现较高离职率也就不足为奇了（计量币种：人民币）。

候人"的行业、员工素质低下等错误观念。这是导致酒店员工人才供给不足以及高流失率的根本原因。

（2）就业平台的多元化

网络时代员工流动市场较之计划经济时代同样有着巨大的进步和发展，同时人力资源也应与其他资源一样能够在市场上自由流动。随着改革的深入，经济的高速增长，市场化程度的进一步提高，社会对员工流失不仅越来越理解，还创造出大量的机会，提高了员工在企业外找到有吸引力的工作机会的预期。从这个角度来说，员工交流平台的多元化加剧了酒店员工的流失。

2）个体因素

（1）工资待遇低

薪酬水平及相应的福利状况是影响酒店能否留住员工最有力的武器。酒店作为营利性企业面临着营运成本的压力，而人力成本又是酒店日常营运最大的成本之一，这就造成很多酒店通过压低员工的薪酬和福利待遇水平获得更高的短期经营利润，继而直接导致员工满意度下降，使得员工流向竞争对手或者其他行业。因此，提供一个相对具有竞争力的薪酬和福利组合，不但能够激发酒店员工的积极性，还可以有效避免酒店员工的大量流失。不同档次酒店基层员工层面的收入差距却微乎其微，奢华型酒店基层员工的人均收入是5.4万元，经济型酒店是4.1万元。根据中国旅游饭店业协会联合携程发布的《中国饭店2020发展报告》显示，尽管在疫情之下，饭店集团总经理的薪酬比2019年还是略有增长，涨幅约为1.5%，但员工收入却明显下降，降幅超过13%。总经理的薪酬微涨，基层员工的薪酬骤降，这成为2020年饭店集团员工薪酬的一个突出特点，对管理层来说，基层员工的冷暖无疑需要引起更多关注。

（2）获取更好的发展空间

对于酒店行业而言，大部分一线的工作岗位对知识要求不高，工作缺乏挑战性。由于管理方面或管理者素质不高，导致很多酒店中的一线员工得不到应有的尊重；在有些酒店中还存在工作环境过于紧张、人际关系过于复杂等问题；此外，很多员工看不到自身在酒店发展前途或者晋升的机会，为了能够得到更好的个人发展前途或晋升的空间，选择了自己认为更加有发展前景的酒店或者行业。

（3）组织承诺

组织承诺也可理解为"组织归属感""组织忠诚"等，是体现员工和组织之间关系的一种心理状态，隐含了员工是否继续留在该组织的决定。组织承诺有继续承诺、感情承诺、规范承诺三种类型。继续承诺是指员工对离开组织所带来的损失的认知，是员工为了不失去多年投入所换来的待遇而不得不继续留在该组织内的一种承诺；感情承诺是指员工对组织的感情依赖、认同和投入，员工对组织所表现出来的忠诚和努力工作，主要是因为对组织有深厚的感情，而非物质利益；规范承诺体现在员工对继续留在组织的义务感，它是员工因为受到了社会的长期影响而形成的社会责任进而做出留在组织内的承诺。

组织承诺对酒店业员工流失的影响主要体现在员工对组织的三种承诺类型的保持程度。本身员工对酒店业组织的承诺就低于其他行业，加之这三种承诺类型中的任何一种承诺遭到破坏，都会对员工的流失行为起到推波助澜的作用。因此，酒店有效合理地维护员工的组织承诺，将能大大地改变员工的流失意愿，降低员工的流失率。

（4）工作满意度

工作满意度主要表现在 6 个方面：

①对领导的满意度，其中包括：企业领导对员工及员工发展的关心，是否注意与员工的交流；上级主管在分配工作、管理下属、与员工间的沟通等方面能否有效实施激励；努力工作能否得到上级的认可。

②对企业管理的满意度，包括对企业的各项规章制度的理解和认同，以及制度以外的其他管理行为的认同。

③对工作本身的满意度，包括工作是否符合自己的期望和爱好，工作量是否适度；自己在工作中能否体现出价值，能否达到自我实现的目的；工作的责权分配是否适度、明确。

④对自身发展的满意度，包括员工参加培训的次数、广度和深度是否有助于自身发展；当工作中遇到难题时，能否及时得到上级的帮助和指导；能否得到充分、公正的晋升机会。

⑤对工作协作的满意度，包括沟通渠道是否畅通；在工作群体中，能否得到个人人格的尊重及对工作价值的认可。

⑥对工作回报的满意度，包括薪酬公平感、福利满意度、工作环境与条件的满意度。

总之，工作满意度与流失意向呈负相关，即员工感觉到的工作满足程度较低时，其流失意向较高。不同程度的满意度导致不同程度的员工流失，即员工流失的不同程度。

另外，如年龄、性别、学历及婚姻状况等因素也对酒店员工流失造成了不同程度的影响。员工个体特征分布的多样化，加大了人力资源管理的难度。

3）组织因素

组织因素是导致员工流失的最直接、最根本的因素，是最有可能通过采取针对性措施明显降低流失率的因素，也是必须加以重点关注的因素。组织内部因素处理不好，会直接导致员工作出离职的决定。

（1）工作因素

工作是员工在组织中的存在形式和价值体现的最终载体。它对员工流失有着直接而重要的影响。工作因素涵盖了工作内容、工作压力、工作环境等各项来源于工作的要素。一份经过精心设计的工作直接影响到员工的业绩和工作满意度。

酒店员工，特别是身处一线的服务人员，工作既繁杂又辛苦，甚至有时还要遭受少数顾客的恶意刁难。另外酒店工作时间不固定，一线员工要实行三班制，即使是管理人员也没有正常的休息时间，一切都必须以顾客为中心，许多高素质的酒店人才不堪重负，最终离开酒店行业。

（2）体制因素

规章制度是酒店经营活动正常运行和完成各项工作任务的基本保证。但是现阶段，大部分酒店仍没有一套建立在"人性化"管理之上的制度体系。员工作为酒店的一员，期望拥有平等的发展机遇，获得尊重与成就感，但是很多酒店依然存在"任人唯亲"的现象，严重挫伤了员工的积极性。在这种情况下，酒店由于没有建立起与员工互相忠诚的模式，没有创造出有利于员工忠诚于酒店的环境，即便拥有较好的薪资待遇水平，仍然很难留住员工。

（3）领导管理因素

领导管理因素是指由于酒店管理者的管理能力、管理行为、管理风格、责任心以及与下属关系等导致员工流失的影响因素。不受欢迎的领导行为有：领导缺乏主见，朝令夕改，经常让下属做无用功；本身不能以身作则，自己没有做到，却要求下属做的；管理权力过于集中，对下属封锁必要的信息，视信息为自己职权的象征；推过揽功，对下属的工作和困难缺乏理解和支持；处事带有明显的主观感情色彩，在组织内聚集小团伙；缺乏横向合作的良好基础，导致企业内耗增加等。

（4）酒店文化

酒店文化是一个企业的"精神之魂"。酒店文化对员工流失的影响是渗透性的、复杂的，又是不可忽略的。事实表明，许多员工追求的不仅仅是一份工作，也是一份有发展前途的职业。酒店如果能创造和建立独特的企业文化氛围，使广大员工具有归属感和宽松的工作环境，并且有较大的提升希望，员工选择辞职的可能性就会比较小。但遗憾的是，很多酒店在这方面做得很不够，由此也导致了员工辞职现象的发生。

综合上述因素，影响员工流失的组织因素是复杂的、直接的，但同样也是可控的。企业目标不是要阻止员工的流动，而是要控制他们的流向和流速，以降低员工流失率，提升酒店的绩效。

5.6.4　应对酒店员工流失的对策

1）完善人力资源管理体制

（1）实施谨慎的员工招聘策略

切实做好工作分析，编写出详细而规范的工作说明书，并严格以此为依据招聘员工，以确保能招聘到合格的员工。在招聘过程中，招聘者要以挑选合适的员工为原则。合适不但是指员工的技能适合岗位要求，而且个性、态度和价值观也要与酒店、文化相吻合。如对大学生求职者，要了解其潜在的职业期望和职业兴趣，让其了解酒店人才培养的规律及晋升路径，这样可以让求职者理性选择，以避免聘用后因不适应酒店工作、期望与现实存在差距而辞职。

（2）完善人力资源培训制度

酒店领导应充分认识到培训的重要性和必要性。通过人力资源管理综合配套改革，把员工培训与员工激励、绩效考核、职业发展结合起来，建立员工自我约束、自我激励的培训机制。同时辅以交叉培训，以使员工适应多个工作岗位的需要，以便能在旅游旺季业务量突增或员工生病、休假以及顾客有额外需求导致酒店内部出现工作缺位时能够及时弥补。

（3）重视员工的职业生涯发展规划

酒店除了做好培训外，还应在考虑酒店发展需求并对员工所拥有的技能进行评估的基础上为员工制订个人职业生涯发展规划，协助员工学习各种知识和技能，特别是专业性的知识和技能，以帮助员工适应酒店多方面的工作及未来发展的需要，促进员工个人和酒店的共同发展，有效减少员工流失。

2）完善薪酬管理体制

（1）实行绩效评估，严格绩效管理

酒店应建立分层分类的员工考核制度，从实际出发，从酒店长远目标出发选择合理的考评方式，进行科学有效的绩效激励；针对不同的员工实行不同的考核内容与方法，在考核中加强与员工的沟通，通过考核不断发掘员工内在潜能，同时以公正、及时的绩效激励不断增强员工工作的责任感与成就感。

（2）提高酒店员工福利待遇

合理的薪酬体制不仅仅是指工资的高低，还要体现出公平性、激励性、竞争性。酒店需要改变传统的固定工资占绝对地位的状况，树立工作量化观念，使薪酬与贡献挂钩，给员工提供公平竞争的工作环境，从根本上吸引和留住酒店需要的人才。

另外，酒店还可以实行弹性福利制，即员工可以从酒店所提供的"福利项目菜单"中自由选择其所需要的福利。合理利用弹性福利制度，会使员工的福利需求得到最大的满足，有助于提升员工的优越感，增加员工的忠诚度。

3）塑造以人为本的企业文化

酒店经营应牢固树立"以员工为核心"的管理理念，在制订经营决策、订立规章制度、实施管理方案、落实奖惩措施以及进行教育培训时，要及时了解员工的想法，听取员工的意见和吸纳他们提出的合理化建议。在实现酒店总体目标框架内，尽可能多地去适应和满足员工的要求。维护员工的权益，为他们创造良好的工作环境和工作氛围，给员工以安全感、受尊重感和成就感。

4）畅通交流渠道，实现有效沟通

酒店的管理人员应该直接与一线员工接触沟通，了解员工的愿望和需求，了解他们对工作条件、津贴、酒店政策等的看法和意见。同时，管理人员还应具备敏锐的洞察力和判断力，善于发现员工的情绪变化，及时与他们进行沟通，耐心真诚地聆听，帮助员工排解压力。这样可以有效减缓员工压力，提高他们的工作满意度。在此基础上，通过建立内部投诉制度，可鼓励员工投诉，消除武断和官僚主义，促使内部服务质量不断提高。

【本章小结】

▶ 酒店人力资源管理的工作主要是由酒店人力资源规划、招聘与配置、培训与开发、绩效管理、薪酬福利管理和劳动关系管理这六大部分构成。酒店在整体企业发展战略的指导下，制订出酒店的人力资源规划，全面考虑酒店需求和酒店人力资源引进、保持、提高、流出各个环节的人力资源计划。在此规划的指导下，酒店人力资源部门有条不紊地开展员工招聘、培训、绩效考核、薪酬管理、劳动关系管理等工作。通过这些工作的完成，酒店的人力资源能够得到有效的开发与管理，能得到合理的使用，并能最大限度地挖掘人的潜在能力，充分调动人的积极性，使有限的人力资源发挥出尽可能大的作用。

【思考练习】

1. 简述人力资源与酒店人力资源两者的概念以及区别。
2. 简述人力资源规划的程序。
3. 如何理解招募与甄选的关系？
4. 简述员工绩效考评对酒店人力资源管理的贡献。
5. 酒店有必要开展员工的职业生涯管理吗？为什么？
6. 简述应对酒店新员工入职阶段人员流失的措施。

【案例讨论】

激发Z世代员工的内驱力，酒店该怎么做？

Z世代（95后和00后）已C位出道，成为酒店行业的主要劳动力。中瑞酒店管理学院发布的《中国酒店人力资源现状调查报告（2020）》数据显示，酒店行业Z世代的离职率最高，且离职频率进一步加快，半年内的离职比例越来越高。如何激发他们的工作热情和创造力、留住他们成为酒店管理者普遍十分关心的问题。

相比80、90后的千禧一代，Z世代有一些鲜明的特征。他们喜欢二次元，即动画、漫画、游戏、轻小说等通过屏幕或纸面等平面就可以触达的内容，喜欢虚拟社交多于现实社交；对于感兴趣的事物，他们能发挥极大的创造力；"迷茫""佛系"是他们的标签，他们需要找到工作的意义和价值。对于管理者来说，激发Z世代的内驱力已经迫在眉睫了。

1. 帮助员工找到工作的意义感和价值感

在酒店工作，不仅仅是为社会创造价值的一种古老而不过时的方式，更是一种帮助他人诠释生活意义的艺术。对于个人发展而言，在酒店工作虽然辛苦，但是经历的是人生百态、服务的是各色世人、研习的是生活的美妙、创造的是他人的满足。一个善于学习和总结的人，能够在酒店的工作中快速获得广泛的阅历和经验，从而受用一生。

作为新生代，他们具有双重身份，不仅是行业从业者，也是行业的消费者，推己及人，更能有针对性地满足新生代用户的需求，从而实现自己的价值。随着自媒体的兴起，抖音、快手等视频直播平台将被用来连接服务业的供给方与需求方，酒店、餐饮行业将会不断涌现出网红厨师、网红调酒师、网红咖啡师、网红甜点师、网红客房清扫员等，或许对于 Z 世代来说，做一个"服务业明星"，享受网红般被追捧和膜拜的感觉，也是工作的意义。

2. 传递幸福感

根据哈佛大学关于幸福的研究显示，幸福来自于两个维度：快乐和意义。不少酒店的企业文化都提到了关爱员工，其方式多样，最重要的是用"心"相待。例如为员工提供免费的、舒适的员工宿舍，配以高网速的 Wi-Fi、健身房、图书室、娱乐室等。当他们在宿舍集体"吃鸡"时他们是快乐的，当他们在健身房里挥洒汗水时他们感觉是有意义的；在员工餐方面注重营养搭配、提供多品种多口味多选择，让员工吃出健康，吃出快乐，吃出幸福感；在假期方面，设置一些弹性的假期给予员工自由使用的权利，无论是利用假期补个美容觉，还是回家看望父母，或是和朋友去旅行都是幸福的。当然，关爱也体现在工作中，例如师傅的耐心指导、同事的无私帮助、领导的责任担当，一个有爱的工作氛围也能让员工感到幸福。

3. 创造"有意思"的环境

碧水湾的积分制管理就是借鉴网络游戏而设置的一种管理模式，很好地激发了员工的工作热情与创造力。此外，网络游戏中给玩家带来升级打怪的满足感和获得特权的荣誉感也可以为管理者提供一条思路。在酒店也可以设置一些升级打怪的场景和授予一些特权卡来让员工乐在其中。例如世纪金源酒店集团就为 E 生代初级管理者专门研发了以海贼王为故事背景的场景化培训。通过模拟大秘宝探险之旅的情景，以"寻伴造船，融资启航"这一场景化的拓展项目为杠杆点，以游戏场景和实际案例相结合的方式，虚实结合地映射学员在实际的团队打造和管理过程中出现的各种困惑、难题和挑战，生涩的理论知识融入丰富游戏体验和情景案例之中，激发了员工自主学习的动力和创造力。而且，在游戏化升级打怪的过程中，学员获得的金币奖励将会作为航海途中的秘宝储值。秘宝就是公司为各自学员定制的"特权卡"。包括：追加 2 天带薪假期；酒店自助餐晚餐体验券一张；住房体验券一张；员工免费洗衣 10 次等。每人可根据个人需求任选以上特权中的一项。通过这一系列的设计，有效地激发了学员的学习热情和乐趣。

当然，管理者并不是要一味地迎合 Z 世代员工的所有喜好和要求，管理者也要让新世代了解职场基本规则，塑造良好的职业素养，通过双方的共同努力，一起建设和谐、积极的工作氛围。

资料来源：吴琼瑶. 环球旅讯 - 酒店评论，2021-06-09.（有删减与改编）

思考题：

1. 根据案例内容，系统分析酒店企业在管理 Z 世代员工中面临的挑战与机遇。

2. 作为 Z 世代的一员，谈谈你对激发内驱力这一问题的看法与解决方式。

3. 除了案例中提到的方法，你认为还有哪些创新性的方法可以有效激励 Z 世代酒店员工？

第 6 章　酒店前厅与客房管理

【本章概要】

　　前厅部与客房部是酒店两大重要部门，在酒店的经营管理中具有举足轻重的作用。本章首先介绍了前厅部业务及其管理，包括预订业务、接待业务、日常其他服务等内容及其管理，然后对客房部的业务及其管理进行了详细探讨。

【学习目标】

　　①掌握前厅部的地位和作用；②了解前厅部的主要职能；③理解前厅部预订业务及其管理；④掌握超额预订及其处理；⑤理解前厅接待业务及其管理；⑥掌握客房部的地位与作用；⑦理解客房部日常服务及其管理。

【开篇案例】

蛙声引起的表决

　　武汉某酒店是一家坐落于繁华闹市区的三星级花园式酒店。院内亭台楼阁，小桥流水，曲径通幽，碧树掩映，满目葱茏，鸟语花香，环境清幽宜人。

　　初夏，随着梅雨季节的来临，酒店院内的几处水池涨满了水。"青草池塘处处蛙"，每至夜深人静，院内"呱——呱——"的蛙声便此起彼伏，使人神往远处的乡村田园，令许多渴望回归大自然的客人兴奋不已。"蛙声太吵了！"也有喜欢安静的人找到大堂副理处投诉。投诉青蛙，酒店还是第一次遇到。总经理听了也感到惊奇。开始他想既然客人嫌蛙声吵，把青蛙抓起来就是了。可细想，又犯了踌躇：把青蛙抓走吧，虽然满足了喜欢安静的客人的要求，可蛙声不再，对另外喜欢大自然氛围的客人来说，也是一种遗憾，酒店也失去了一大特色。要知道武汉闹市里的花园式酒店本来就很少，能听到蛙声的恐怕也就这一家了！"该怎么办呢？"营销部经理想到了让客人投票表决的办法。"对，这办法好！"总经理立即拍板。

　　几天后，一张特殊的投票卡片放到了客人枕边。卡片内容是："尊敬的宾客朋友，我们一直在努力并期待着能为您提供一个宁静温馨的休息环境。近段时间，我们注意到有宾客投诉院内青蛙鸣声太吵，影响了休息。因此，我们先向受到打扰的宾客朋友致以深深的歉意。但同时我们也了解到，更多的宾客朋友很乐意享受这自然的奏鸣曲，他们说是蛙声让他们感觉回到了大自然，是蛙声让他们睡得更香甜。我们尊重每一位宾客的选择，因此设计了这一张特殊的投票卡，我们将根据大多数宾客朋友的选择，决定是否让青蛙继续留下。十分感谢您投下神圣的一票。"

为青蛙的去留投票表决，这闻所未闻的新鲜事激起了客人的极大兴趣。一张张投票卡很快投入酒店专设的投票箱内。最后统计，共发出了300张投票卡，收回280张，同意青蛙留下的有220票，反对的有60票。酒店在大堂醒目处竖起了公告牌。住店客人都饶有兴致地观看投票结果，为决定青蛙去留投下了一票的客人更是关心，一些人还特意从外地打来电话询问。虽然"青蛙奏鸣曲"获得了大部分客人的赞成票，但同时，为了不影响喜欢安静的客人休息，酒店也实行了特殊时段的"禁鸣政策"：在晚上10:30—12:00，大部分客人即将休息之际，巡逻保安会轻轻走近叫得正欢的青蛙，从池边拍动水波或草丛，让它们暂停鸣叫或叫得小声一点。青蛙也似乎颇懂人意，一段时间后，竟与酒店默契配合起来，该叫的时候叫得更欢，不该叫的时候也收起了喇叭。

资料来源：王大悟，刘耿大．酒店管理180个案例品析 [M]．北京：中国旅游出版社，2007．

6.1　酒店前厅管理概述

6.1.1　前厅部的地位和作用

1）前厅部是酒店的形象窗口

前厅部是顾客接触酒店的第一站，也是顾客对酒店形成第一印象的重要部门。前厅部的工作是对酒店服务效率、服务质量、服务态度、服务技能的直接反映，前厅部的装修装饰、员工的仪容仪表、员工的服务都会给顾客留下深刻的印象，这种先入为主的印象会对顾客接下来的酒店服务体验产生重要的影响。

2）前厅部是酒店的销售窗口

前厅部是整个酒店的核心业务部门，担负着销售酒店客房的责任。而客房销售的好坏直接关系到其他部门业绩的高低，客房的出租率高，酒店餐厅、酒吧等设施的使用率就高，就会促进这些部门的业绩。因此，前厅部应围绕客房销售开展日常活动，不断提高与完善客房销售技能，充分掌握销售心理与语言技巧，做好客房销售服务工作。

【阅读材料】

巧妙推销豪华套房

某天，南京金陵酒店前厅部小王接到一位美国客人从上海打来的预订电话，要求预订两间标准间客房，3天后入住。

小王翻阅了订房记录后告知客人说，由于3天后酒店要接待一个大型国际会议，标准间客房已全部订满。小王并未就此挂断电话，而是继续用关心的口吻说："您是否可以推迟两天来？要不然请您直接打电话询问南京××酒店？"但客人希望小王能替他想想办法。小王考虑了一会儿，用商量的口气说："感谢您对我们酒店的信任，我们非常乐意为您效劳。我建议您和您的朋友准时前来南京，先住两天我们的豪华套房，在套房内可以眺望紫金山的优美景色，室内有红木家具和古玩摆饰，提供的服务也是上乘的，相信您住了以后会满意的。"

小王讲到这里故意停顿了一下，以便等等客人的回话。对方沉默了一些时间，似乎在犹豫不决，小王于是开口说："我料想您并不会单纯计较房金的高低，而是在考虑这种套房是否物有所值。您来南京时我们派车去接站，到达酒店后等您和您的朋友实地参观套房后再决定也不迟。"

美国客人倒变得盛情难却了，愉快地答应先预订两天豪华套房。

3）前厅部是酒店业务活动的中心

前厅部是酒店唯一一个贯穿整个服务流程的部门，也是顾客接受服务最多的部门。首先，顾客预订、入住登记、住店期间的各种服务及要求、结账等都离不开前厅部员工的服务；其次，前厅部协调酒店其他部门做好对客服务，满足顾客的各种服务需求；最后，前厅部还要为酒店管理层提供反映经营管理与服务质量的数据与报表。

4）前厅部是与顾客建立良好关系的重要环节

前厅部是联系酒店和顾客的桥梁与纽带，是顾客最先接触的部门，也是顾客最后离开的地方。前厅部通过建立客史档案详细记录顾客的住宿喜好、家庭情况、旅行目的等信息，能准确掌握顾客的动态和数量，提供针对性的服务，建立并维持良好的对客关系。如希尔顿酒店手册规定，在与顾客的关系中，每位员工都是"希尔顿"，都是希尔顿大使。

【阅读材料】

记住客人的名字

根据马斯洛需求层次理论，获得尊重是一种较高的社会需求，而自己的名字被他人所知晓就是对这种需求的一种满足。在酒店服务工作中，主动热情地称呼客人的名字是一种服务的艺术，也是一种艺术的服务。酒店员工常常借助敏锐的观察力和良好的记忆力，尽力记住客人的姓名、房号、习惯与爱好等信息，提供细心周到的服务，从而给客人留下深刻的印象。

情景一：一位常住的外国客人从外面回到酒店了。当他走到服务台时，还没有等他开口，前台员工就主动微笑着把钥匙递上，并轻声称呼他的名字，这让客人大为吃惊。简单的词汇迅速缩短了彼此间的距离，使他产生了一种强烈的亲切感，如回家一般。

情景二：一位客人在服务台高峰期进店，服务员问讯小姐突然准确地叫出："××先生，服务台有您一个电话。"这位客人又惊又喜，感到自己被充分重视，享受到了特殊的待遇，这份超凡的尊重让客人不禁增添了一份自豪感。

目前国内酒店基本遵循这样一条服务规定：在为客人办理入住登记时至少要称呼客人名字3次。前台员工要熟记VIP客人的名字，尽可能多地了解他们的资料，争取在他们登记入住时就能称呼他们的名字，当再次见到他们时能准确称呼其名。同时还可以利用计算机系统建立详尽的客史档案，作为对客提供超水准、高档次优质服务的基础，把每一位客人都看成VIP，使客人相信酒店永远不会忘记他们。

6.1.2 前厅部的主要功能

1）销售客房

前厅部的首要任务就是销售客房。前厅部员工应学习向顾客介绍、推荐客房的有效技巧，掌握恰当的销售时机和销售方式，能够准确地掌握顾客特征，灵活地介绍客房情况，采用巧妙的报价方式，让顾客在没有压力的状况下，从顾客的观点和表达的意愿中指引销售，从而达到良好的销售水平。

2）控制客房状况

酒店客房状态类型多种多样，如住客房、走客房、空房、长住房、待修房等，并且客房状态是动态变化的。这就需要前厅部能够时刻准确显示客房状态。这不仅关系到为顾客提供及时周到的服务，更为重要的是，还关系到酒店客房的销售和分配。前厅部要准确、及时掌握客房状况及顾客入住、离店时间的变更信息，提高客房利用率和客房收益。

3）提供各项前厅服务

前厅部是顾客接受酒店服务最多的部门，如客房预订、登记入住、迎送服务、行李服务、问讯服务、委托代办、贵重物品寄存、代购票务、建立客账、退换客房、投诉处理等。前厅的服务质量会直接影响到顾客对酒店服务质量的整体评价。

【阅读材料】

前台接待的素质要求

由于前台接待往往代表着酒店的"脸面"，酒店对前台接待的素质要求在一线岗位中是最高的，往往对身材、长相、性格、特质、文化素质都有要求。一般高星级酒店对前台接待的素质要求为：

①有气质，笑容甜美，身高在163~168厘米，身材姣好，不偏胖偏瘦。

②能吃苦耐劳，能适应三班倒的工作。

③口齿清晰、无口音，英语听说读写能力较好。

④学习能力强，反应灵敏，适应能力强。

很多酒店为了突出地方特色，并希望接待员能长期稳定地在酒店工作下去，往往要求接待员为本地户口、能讲当地方言和普通话，且住在酒店附近，以方便倒班及保证上下班的安全。

4）协调对客服务

顾客在住店期间的各项服务几乎都与前厅有关，如顾客提出的诸如换房、供暖不足、电话不通等客房服务要通过前厅部与负责部门联系解决；对服务不满提出的投诉要通过前厅部解决。总之，前厅部要在顾客与酒店其他部门之间牵线搭桥，协助各个部门解决顾客提出的各种问题。

5）信息收集、处理与传递

前厅部是整个酒店业务活动的中心，也是酒店外部信息和内部信息的集散地。其中外部信息有市场发展状况、顾客需求变化及其趋势、酒店行业动态等；内部信息有客房销售状况、营业收入、顾客信息、投诉及其处理等。前厅部应定期将这些信息进行汇总并统计分析，将其作为制订酒店经营决策、提高对客服务质量等方面的依据。

6）负责客账管理

前厅部为顾客提供最终一次性结账服务，建立并负责客账管理。建立客账的目的有两个：一是为了准确记录顾客账单，方便顾客，为顾客办理结账、收款或转账等；二是监督顾客与酒店之间的财务关系，防止顾客恶意消费，保证酒店的正常经济利益。顾客账单可在预订客房时建立，也可在顾客办理入住手续时建立。

7）建立客史档案

前厅部要为顾客尤其是常客建立客史档案。通过建立有效的客史档案，一方面可以随时了解顾客入住酒店的情况、具体要求以及行踪，方便做好接待安排；还可在顾客生日等重要日子提前通过各种方式（短信、电子邮件等）表示关心，维护良好的对客关系；另一方面客史档案也是酒店分析客源市场状况、寻找潜在客源、提高销售能力的信息来源。建立客史档案是适应市场竞争环境的需要，也是保持顾客忠诚度、满足顾客个性化需求的需要。

【阅读材料】

利用数字化技术管理酒店协议顾客

对于覆盖多区域的大型连锁酒店而言，协议客户属于长期稳定的客源，在一定程度上保证了酒店的出租率，所以特别受到酒店的重视。但几乎所有的协议客户会同时签订多家酒店，再从中根据自身需要做出选择，造成协议客户稳定性比较差。由于缺少线上实时库存的同步，目前酒店行业的协议客户仍然没有得到较系统化的管理，且协议客户的管理效率极低。传统的协议客户订房方式存在很多缺陷，比如流程复杂，需要多次拨打电话；过于依赖销售人员，受人员变动影响很大；协议客户转化率较低，很难变成酒店的忠实客户。

上海富悦大酒店是位于上海松江区的一家超大型的商务会议度假型酒店，酒店拥有1 000间客房和两个2 000平方米的宴会大厅，经营主要以宴会、会议为主，但酒店协议单位的客户大多在松江以外的地方。上海富悦大酒店在数字技术应用赋能下，将协议客户管理功能转移到小程序上，助力酒店精准获客，打造酒店与真实客户的直连模式。同时为客户提供了"申请加入协议客户"的入口，自助提交单位信息，申请成为酒店的协议客户，酒店方审核通过后，销售经理再根据具体交易金额进行后期的跟进。成为协议客户后，客户可以享受生日优惠、四倍积分、延时退房、免费早餐、专属优惠券等福利，可以极大提高协议客户的黏度。此外，酒店把所有协议客户的信息和联系方式保存在自己的平台上，客户通过扫描二维码进入协议入口，保证了价格的私密性，既可以更好地维护客户权益，也便于酒店的管理。

资料来源：环球旅讯，2021-02-23.

6.1.3　前厅部组织结构的设置原则与类型

1）前厅部组织机构的设置原则

（1）满足实际需要

满足实际需要的原则是指酒店前厅部组织机构设置应与酒店自身实际情况相结合，不能生搬硬套。如酒店规模不同，前厅部设置会有差异；目标消费群体不同，前厅部的设置也会有所不同。因此，设置前厅部组织机构时应充分考虑酒店类型、酒店规模、地理位置、经营特色、市场定位、管理方式等因素的影响，真正发挥前厅部作为纽带与业务活动中心的作用。

（2）机构精简

机构精简的原则是指酒店前厅部组织机构设置应体现因事设岗、因岗定人、因人定责的要求，避免机构臃肿、组织效率低下。但需要注意的是，遵守机构精简原则设置的前厅部应能够满足酒店业务发展的需求，处理好方便顾客与有效管理之间的关系。

（3）协作互助

协作互助的原则是指酒店前厅部组织机构的设置应强化部门横向与纵向协作。前厅部是酒店业务活动中心，因此前厅部组织机构的设置不仅应有利于本部门内部的协调合作，还应有利于前厅部与其他部门之间的合作，达到为顾客提供优质服务的目的。

2）前厅部组织结构的类型

（1）大型酒店前厅部组织结构

大型酒店前厅部一般由部门经理、主管、领班和普通员工4个层次构成（见图6.1）。

（2）中型酒店前厅部组织结构

中型酒店前厅部一般由部门经理、领班、普通员工3个层次构成（见图6.2）。

（3）小型酒店前厅部组织结构

小型酒店的前厅部结构简单，通常只设有总台领班、普通员工两个层次（见图6.3）。

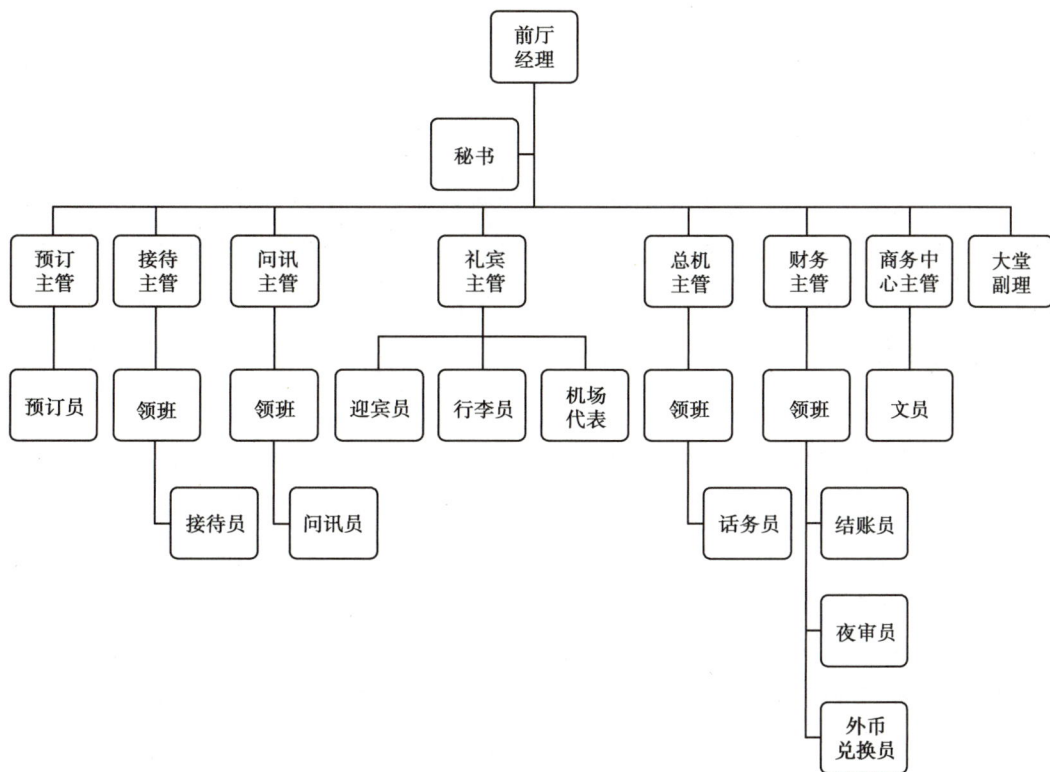

图 6.1 大型酒店前厅部组织结构图

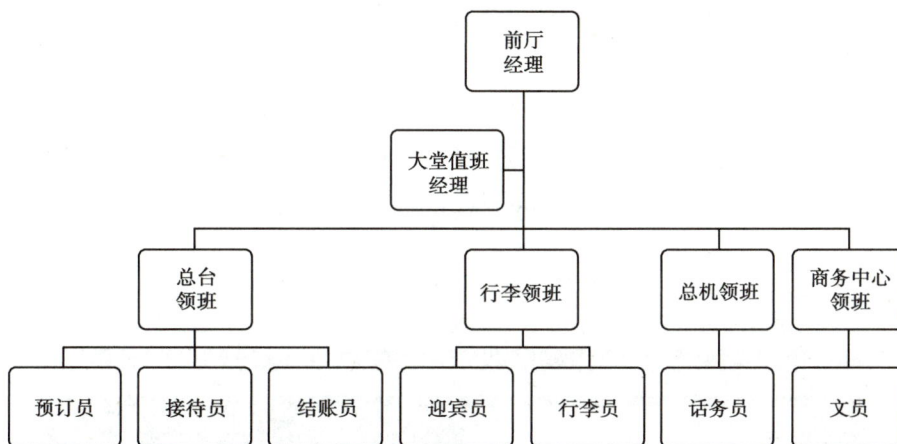

图 6.2 中型酒店前厅部组织结构图

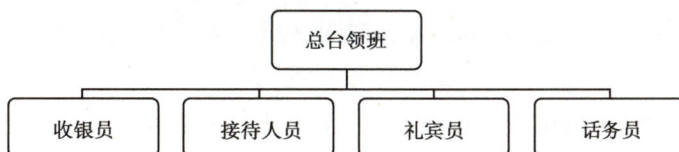

图 6.3 小型酒店前厅部组织结构图

6.2 酒店前厅部业务管理

6.2.1 预订业务与管理

大中型酒店的前厅部一般设立预订处，提供预订业务，其主要职责是：受理顾客通过各种渠道进行的预订；负责与有关公司、旅行社等提供客源的单位建立业务关系；密切同接待处联系，及时向前厅部经理及前台有关部门提供有关客房预订的资料。

1）预订渠道

（1）直接预订渠道

直接预订渠道是指顾客不经过任何中间机构直接联系酒店前台预订处预订客房。散客、团体都可通过直接渠道订房。对顾客与酒店来说，通过直接渠道预订客房，所耗成本相对较低，同时还可在预订过程中进行直接、及时、有效的沟通，避免不必要的问题与纠纷。

（2）间接预订渠道

①旅行社订房

对于大多数的酒店来说，旅行社订房是最有保障的渠道之一。酒店往往会与自己规模层次相对应的旅行社签订合同，旅行社保证定期定量的入住率，酒店则保证给予极其优惠的房价。

旅行社订房具有双赢的特点。除非当地发生重大事故影响游客对旅游地的选择，或者旅行社在旅途中发生事故，一般旅行社订房都意味着酒店会有长期稳定的客源。

②网络公司订房

国际互联网的兴起极大地改变了酒店预订方式，催生了新生的在线预订网站。国内的如携程网（www.ctrip.com，见图 6.4）、艺龙网（www.elong.com）、去哪儿网（www.qunar.com）等；国际的如 Expedia、Travelocity、www.hotelbook.com、www.orbitz.com、www.agoda.com 等。

图 6.4 携程网主页

这些在线预订网站不仅可以预订酒店，还可以预订旅行社、当地的交通，提供路线推荐等。在预订酒店时，其所提供的价格往往比酒店对外公布的价格要低，有时甚至低于酒店官网上的会员优惠价，再加上可以进行路线选择，因此受到了很多年轻人的欢迎。

③中央预订系统订房

国际酒店集团与航空公司合作开拓客源已有几十年的历史。全球主要航空公司通过在全球旅行社安装计算机终端形成并吸引酒店集团加入其全球分销系统 GDS（Global Distribution System）。后来全球主要酒店集团如假日酒店、万豪酒店纷纷开发了自己的中央预订系统 CRS（Central Reservation System），并与 GDS 对接，实现了被全球数十万家旅行社及时预订的目的（见图 6.5）。2005 年，中国首旅建国率先引进美国 Travel CLICK 公司的 Ihotelier 中央预订系统，利用动画单页面（One Screen）预订引擎，将房型信息、图片、房价及其他预订信息呈现在同一页面上，使顾客跳过繁复的预订页面轻松完成预订。该预订系统无缝连接全球主要 GDS 及互联网分销渠道（IDS），使首旅建国旗下的酒店能分销到全球 67 万家旅行社终端及上千个国际互联网分销商。

图 6.5 洲际集团的官方预订主页

④会议组织订房

会议组织订房通常泛指所有会展（MICE）公司或组织提供的订房渠道。会议组织订房具有订房量大和综合消费能力高的特点。这是因为绝大多数会议除了购买酒店客房、餐饮产品以外，还会租用酒店的会议、康乐、车辆、商务中心等酒店设施和服务，一个大型会议动辄给酒店带来几十万乃至上百万的收入。正是因为其强大的综合消费能力，使得很多酒店对会议组织订房越来越重视。酒店往往会邀请承办商和组织者前来实地考察、面谈，并以签订订房合同的形式接受和办理订房事宜。

⑤其他订房组织订房

除了营利组织的订房，还有许多旅游爱好者自己组成的具有订房功能的组织，如穷游网（qz.qyer.com，见图 6.6）和一些旅游论坛。这些订房组织与酒店之间并没有商业协议，所提供的酒店一般规模不大、没有官网或者非常规范的订房网站，但因其优质的服务、地理位置或设计风格受到顾客的喜爱，并通过口口相传的方式出现在论坛中。顾客可以通过邮件或电话的方式与酒店商议房价和入住时间。

今日推荐

图 6.6　其他订房组织订房

2）预订方式

顾客的预订方式一般有以下几种：电话预订、面谈预订、传真预订、国际互联网预订、信函预订、合同预订。预订方式多种多样，各有优缺点，到底选用哪一种预订方式，还要考虑预订紧急程度和预订设备条件的制约。

3）预订的种类

酒店预订的类型与特点见表 6.1。

表 6.1　酒店预订的类型与特点

划分标准	类型	特点
预订提前时间	当日预订	预订时间与抵店日期在同一天
	提前预订	预订提前期在一天以上
订房人数	散客预订	个人、家庭或 15 人以下组织的预订
	团体预订	15 人以上、共同缴纳房费的集体预订
酒店所承担的责任	临时类预订	当天 18 点前如果还未入住，该预订即自动取消
	确认类预订	顾客预订，酒店给予了确认，顾客一般不缴纳预订金，但必须在规定时间内入住，否则该预订自动取消
	等待类预订	针对一些预订常有取消及变更等情况的预订类型
	保证类预订	顾客缴纳预订金作为担保，确保旺季顾客擅自取消预订保证类预订又分为预付款担保、信用卡担保和合同担保 3 种类型

从表 6.1 可以看出，酒店在接受和处理客房预订时，按照酒店所承担的责任，一般可将预订分为保证类预订和非保证类预订两种，其中临时类预订、确认类预订、等待类预订

属于非保证类预订。

4）预订业务程序的控制

（1）受理预订

客房预订是一项细致的工作，需要员工具备认真细致、耐心热情的服务意识。在受理顾客预订时，应全面了解顾客预订信息，包括姓名、性别、人数；预计抵店日期、预计离店日期；所需房间种类、数量与价格；预订者姓名及联系方式；付款方式；对客房的特别要求及其他一般要求；等等。

（2）接受或婉拒预订

若顾客要求与酒店接待能力相吻合则接受预订，否则应婉言拒绝；但应主动提供可供顾客选择的参考意见，如请顾客修改行程安排，或将顾客列入等候名单等。

（3）确认预订

如果酒店可以提供预订，还需给予顾客确认。确认方式有两种：口头确认，对当日预订的顾客，因为时间紧，仅给予口头确认，但应告知注意事项，如最晚入住时间，以避免不必要的麻烦；书面确认，对于确认类预订或保证类预订，酒店必须就顾客要求给予书面确认，还应对确认类预订顾客说明抵店时限，对保证类顾客说明收取的订金。

（4）复核预订

对于入住日期较远的预订，酒店必须给予复核，以便了解顾客需求的变动状况。一般需要三次复核：第一次复核，提前一月，主要复核重要顾客、重要团队的到达日期、住店天数、房间数量与类型等；第二次复核，提前一周，复核内容与复核对象跟第一次复核基本相同；第三次复核，提前一天，仔细检查预订内容与要求，并将预订的全部信息准确传达到接待处。

（5）预订的更改、取消

顾客即便是确认了预订，入住当天还是有可能取消，因此，预订员要及时更新预订信息，以便客房可以进入新的预订程序。

（6）抵店准备

抵店准备工作需要分阶段进行：第一个阶段，提前一周或数周，将主要客情（重要顾客、大型会议团体、酒店客满等信息）通知相关部门，做好接待准备；第二个阶段，抵店前夕，将具体接待安排通知各相关部门，并确认相关部门已做好接待准备工作；第三个阶段，抵店当天，前厅接待员根据订房具体要求，提前做好房间分配，将有关细节通知各部门。

【阅读材料】

散客预订与团队预订的注意事项

1. 散客预订（FIT）

（1）一般15人以下的预订归为散客预订。

（2）散客预订的来源应按照酒店的经营需要进行正确分类，这是酒店营销工作的基础，例如国内、国外、公司、旅行社、政府机关等。

（3）散客预订如果没有确切的抵店日期，应要求支付保证金或让位于确切预订的宾客。

（4）接受VIP预订，预订员应正确执行接待贵宾的有关规定，并迅速通知各相关部门。

2. 团队预订（Group）

（1）确定团队名单，餐食预订、旅行日程安排等。

（2）对旅行社、航空公司等确切度不高的团队应提前一周进行确认。

（3）注意支付方式。

（4）妥善保管预订申请的来信原件或回信复印件。

资料来源：根据迈点百科资料整理．

5）超额预订及其处理

（1）超额预订的概念

超额预订是指酒店在一定时期内，有意识地使其所接受的客房预订数超过其客房接待能力的一种预订方式。超额预订的目的在于充分利用酒店客房，提高客房出租率。

超额预订具有一定的风险性。做好超额预订的关键在于掌握好超额的"度"，既不"过度超额"，导致客房的重复预订，使顾客无法正常入住，也不"超额不足"，闲置酒店部分客房。通常，酒店接受超额预订的比例应控制在10%~20%，具体的超额预订率还应根据酒店规模、地理位置、以往接待经验等因素具体确定。

（2）超额预订的处理

如果因超额预订而不能使顾客入住，按照国际惯例，酒店方面应该做到以下几个方面：

①诚恳地向顾客道歉，请求顾客的谅解。

②立即请求相同等级酒店的援助，并派车将顾客免费送往这家酒店。若一时无法找到相同等级的酒店，可安排顾客入住级别稍高的酒店，高出的房费由酒店支付。

③如果顾客属于连住，在顾客愿意的情况下，一旦店内有空房就把顾客接回来，并相应提高接待规格，如由大堂副理亲自出面迎接，或在客房内摆放鲜花，等等。

④对提供了援助的酒店表示感谢。如顾客属于保证类预订，则除了采取以上措施以外，还应视具体情况，为顾客提供一些额外的帮助，如支付其在其他酒店住宿期间的第一夜房费；免费为顾客提供一次长途电话或传真服务，以便顾客能够将变更信息及时通知有关方面，等等。

【阅读材料】

超额预订数量的确定

超额预订数要受预订取消率、预订不到率、提前退房率以及延期住店率等因素的影响，其中预订不到率对超额预订数的影响最大。酒店除了应根据自身实际情况确定超额预订数以外，还可利用以下公式来计算具体的超额预订量。

超额预订数＝（预订取消率＋预订不到率）×（可预订房数＋超额预订数）—

预期离店数 × 延期离店率＋提前离店率 × 续住房数

$$超额预订率＝\frac{超额预订数}{可预订房数}$$

假设，X＝超额预订数；A＝酒店客房数；C＝续住房数；r_1＝预订取消率；r_2＝预订不到率；D＝预期离店数；f_1＝提前离店率；f_2＝延期离店率，则：

$$X＝（A－C＋X）\cdot r_1＋（A－C＋X）\cdot r_2＋C\cdot f_1－D\cdot f_2$$

例题：某酒店有标准客房500间，预计4月28日续住房数为200间，预期离店客房数为100间。因"五一"旅游旺季即将到来，根据以往预订资料显示，旺季该酒店预订取消率通常为7%，预订不到率为4%，提前离店率为5%，延期离店率为6%。试问，该酒店4月28日：

①应该接受多少超额订房？

②超额预订率多少为最佳？

③总共可接受多少订房？

6）预订员注意事项

在受理顾客预订时，预订员必须注意以下事项：

①接听电话时，声音甜美，口齿清晰，应酬得体。

②接到预订需求后，应迅速、有效地处理，尽量缩短顾客等待的时间。

③填写预订单时，必须认真、仔细，逐栏、逐项填写清楚。否则，稍有差错，将会给接待工作带来困难，影响服务质量和酒店的经济效益。

④遇人数较多的团体预订或特别订房时，预订确认书要经前厅部经理或总经理签署后发出；如确实无法满足顾客的预订要求，则要另发函电，向顾客表示歉意，并同样经前厅部经理或总经理签署后发出。

6.2.2　接待业务与管理

前厅部接待处为顾客办理接待与入住手续，其主要职责为：接待抵达酒店并要求住店的客人；办理顾客住店手续、负责分配客房；负责对内联络，安排接待事项；掌握并控制客房出租状况，制作客房出租报表；保管有关住店资料。

1）接待程序

（1）识别顾客是否有预订

首先对顾客表示欢迎，询问顾客是否有预订。如有预订，则按照预订要求，请顾客确认后办理入住登记手续；若无预订，则向顾客简单介绍酒店房间类型与服务设施，并根据当天客房预订情况推销客房，一般先推荐价格高的客房。

（2）根据顾客需要介绍客房

向顾客介绍客房时可采用不同的方式，如对消费水平低的顾客，应先报价格，再介绍客房的服务设施与服务项目，即冲击式报价方式；对消费水平中等的顾客，可采用三明治式的报价方式，把房间价格放在所提供服务的中间报出，以体现实惠的特点；而针对消费水平高的顾客，可先重点介绍客房的服务设施及服务项目，最后再提及价格，以凸显客房物有所值。

（3）形成入住登记记录

辨别顾客证件的真假及有效期是这个环节的工作重点，同时接待人员还要做好顾客有关证件的复印工作，以保证每个顾客资料的准确性和完整性。

（4）排房、定房价

客房分配应按照一定的顺序进行，优先安排 VIP 顾客和团队顾客，再安排保证类预订顾客、延期离店顾客、有确切抵店时间的顾客、常客，最后安排无预订的散客和不可靠的预订顾客。尽量满足顾客对房间的需求，以减少换房的次数。

（5）确定付款方式

礼貌询问顾客的付款方式，如现金、信用卡或转账等。若是信用卡付款，还需注意信用卡的有效期、信用额度及其真假。

（6）完成入住登记手续

将欢迎卡与房卡一并交给顾客，并预祝顾客入住愉快。

（7）制作宾客账单，建立相关资料、存档

将顾客资料输入系统并作相应修订，同时抄送相关部门。

【阅读材料】

排房的艺术

①要尽量使团体顾客（或会议顾客）住在同一楼层或相近的楼层。
②对于残疾、年老、带小孩的顾客，尽量安排在离服务台和电梯较近的房间。
③把内宾和外宾分别安排在不同的楼层。
④对于常客和有特殊要求的顾客予以照顾。
⑤不要把敌对国家的顾客安排在同一楼层或相近的房间。
⑥要注意房号的忌讳。

2）客房状态的控制

（1）检查与核对

主要包括检查核对客房预订情况、预期离店客房情况、可出租客房情况、次日必须首先保证的客房情况等内容。

（2）客房状况的转换

主要包括顾客入住与退房；离店日期的变更及延迟退房的处理；换房处理等内容。

6.2.3　前厅日常服务管理

1）问讯服务

大型酒店一般在前厅设立专门的问讯处，中小型酒店问讯服务则直接由前台员工负责。问讯员应充分、全面、准确地掌握大量信息，以便随时解答顾客提出的各种信息咨询问题。总体而言，顾客咨询的问题主要包括酒店内部信息和酒店外部信息。

其中酒店内部信息主要涉及酒店服务设施、服务项目、经营特色、营业时间、收费标准、组织结构等。酒店外部信息主要涉及酒店周边主要旅游景点，购物中心，娱乐场所，周边交通状况，飞机、火车、轮船等交通工具的时刻表等。

另外，问讯处还提供访客和住客的留言服务，进店邮件与出店邮件的处理服务等。

2）礼宾服务

礼宾服务主要包括向顾客提供迎送服务、行李服务和委托代办服务等。其中迎送服务主要涉及迎送宾客、指挥门前交通、维持酒店外围秩序等内容；行李服务主要涉及行李的搬运、行李的寄存及提取服务；委托代办服务主要涉及收取信件、电报、特快专递及物品，外修外购服务，预订出租车服务和店内寻人服务等。

【阅读材料】

行李寄存的"麻烦"

某酒店，午后12点多，一位客人提着行李箱走出电梯准备办理行李寄存。行李房当班服务员小徐见到他就招呼说："钱经理，您好！"钱先生回答说："到您这儿寄存一下行李，下午出去办点事，准备赶晚上6点多的班机回去。""好，您就把行李放这儿吧！"小徐热情地接下了行李箱。

"是不是要办个手续？"钱先生问。

"不用，咱们是老熟人了，下午您回来直接找我取东西就行了。"小徐爽快答应了。

"好吧，那就谢谢您了。"钱先生说完便匆匆离去。

下午4点30分，服务员小童前来接班。小徐把手头的工作交给小童，下班离店。

4点50分，钱先生匆匆赶到行李房提取行李箱，小童说："请您把行李牌交给我。"钱先生说："小徐是我的朋友，当时他说不用办手续了，所以没拿寄存卡。"小童忙说："这可麻烦了，小徐已经下班了，他下班时也没向我交代这件事。"钱先生焦急地请小童赶紧想个办法，小童也很无奈地说："这可不好办，除非找到小徐，可他正在回家的路上……"

［**点评**］行李员在为客人办理行李的寄存和提取业务时，一定要按规定的手续办理，绝不可因为与客人"熟"而节省必要的行李寄存手续，以免引起不必要的纠纷，为客人造

成损失或带来麻烦。如果客人丢失寄存卡，行李员一定要凭借足以证实客人身份的证件发放行李，并要求客人写出已取行李的证明。

3）总机服务

酒店总机服务是酒店内外沟通联络的信息枢纽，提供的服务包括：转接电话；电话问讯及留言服务；叫醒服务；DND（Do Not Disturb）服务；查询服务等。

其中叫醒服务又可细分为人工叫醒和自动叫醒两种。在提供叫醒服务时一定要准确记录叫醒的具体时间，如"两点"，可理解为凌晨两点，也可解释为下午两点。因此，要规范时间书写方式；必要时可将两种叫醒方式结合使用，确保顾客被叫醒，以免引起服务投诉；提供"多一步"服务，如在叫醒的同时提醒顾客当天的天气、温度，方便顾客安排出行。

4）商务中心服务

商务中心是酒店为协助顾客进行商务活动而提供各种相关服务的部门。商务中心服务主要包括：打印、复印服务；传真服务；翻译服务；网络服务；票务服务等。

5）收银服务

前台收银处的主要任务就是处理住店顾客的账务，在方便顾客的同时确保酒店正常的经济收益。前台收银服务主要包括：建立顾客账单；负责客账累积服务；办理离店结账手续；进行夜间审账；提供外币兑换服务；管理客用保险箱等。

6）宾客投诉处理

（1）投诉处理原则

顾客投诉的原因及目的各不相同，有的顾客要求物质的补偿，有的顾客则看中精神的满足。但服务人员在处理任何一类顾客投诉时都应注意遵守三项基本原则：

①真心诚意地帮助顾客

顾客投诉，说明酒店的管理及服务工作尚有漏洞，服务人员应理解顾客的心情，同情顾客的处境，满怀诚意地帮助顾客解决问题，只有这样才能赢得顾客的好感，才有助于问题的解决。

②绝不与顾客争辩

顾客投诉时一般情绪比较激动，服务人员更应注意礼貌，绝不能与顾客争辩。如果服务人员无法平息顾客的怒气，应请管理人员前来接待顾客并解决问题；要切实体现"顾客永远是正确的"这一服务理念，不论"错"在酒店还是顾客，都要把"对"巧妙地让给顾客。

③不损害酒店的利益

服务人员对顾客的投诉进行解答时，必须注意合乎逻辑，不能推卸责任或随意贬低他人或其他部门；不要随便作出许诺；不应该对顾客投诉采取"大事化小，小事化了"

的态度。应使用"对于发生在您身上的这件事情，我感到十分抱歉"之类的语言，表示对投诉顾客特殊的关心；要充分估计解决问题所需要的时间，最好能告诉顾客具体的时间，不含糊其辞。

【阅读材料】

莫名的投诉

某酒店宴会厅灯火辉煌，一场高档宴会正在进行。正当客人准备致祝酒词时，一位服务员不小心打翻了酒杯，把酒水撒在了客人身上。这边"对不起"话音还未落，那边又有一位服务员摔碎了酒杯，客人的不悦溢于言表。这时，宴会厅经理走上前向客人致歉并解释说："这些服务员都是实习生，请您见谅！"正是这句话，客人直接将投诉电话打到了酒店经理办公室，表示对酒店的服务很不满意。

[点评] 对客人来说，酒店员工没有"正式员工"与"实习生"之分，出现服务差错时，酒店都应当及时、妥善处理。案例中宴会厅经理作为现场督导人员，其解释不仅不能安抚客人，反而会火上浇油。酒店服务过程中遇到意外状况对客人进行道歉时，一定要注意言语得体，解释得当，不能推卸责任，处理问题要有大局观。

此外，在处理投诉的过程中还可能遇到一些特殊的情况。有些顾客爱争吵，无论酒店如何努力也不能使他们满意，对于这类顾客应采取什么措施，酒店主管部门应作出明确的决定；还有些投诉问题是无法解决的，酒店应尽早对所存在的问题给予承认并恳请顾客的谅解。如因重新装修而产生的敲打噪声会不可避免地给顾客带来干扰，酒店可提前采取补偿措施，让顾客明白酒店已经尽力了，一般情况下顾客都能理解并给予合作。

（2）投诉处理过程（见表6.2）

表6.2　酒店顾客投诉处理过程

过程	注意事项
听	冷静、认真地倾听顾客意见，表现出对顾客高度的礼貌、尊重
记	清楚记录顾客投诉要点，尤其是一些细节，并适时复述，以缓和顾客情绪
析	弄清事情的来龙去脉，正确判断并拟定解决方案，与有关部门取得联系，一起处理
报	及时上报处理决定或是难以处理的问题，征求主管意见；不要遗漏、隐瞒材料，尤其是涉及个人自身利益的情况，更不应该有情不报
答	及时向顾客反馈处理意见，若暂时无法解决，应向顾客致歉，并说明原委，请求顾客谅解，切勿无把握、无根据地向顾客保证

投诉多种多样，如果能够掌握技巧，善于应变，将十分有助于问题的圆满解决。及时妥善的投诉处理，不仅有利于提高顾客对酒店的忠诚度，开拓客源市场，而且还能够帮助酒店发现质量问题并进行改进，维护并提高酒店声誉。

7）金钥匙服务

（1）金钥匙的来历

"金钥匙"的英文为 Concierge，词义为门房、守门人、钥匙看管人，最初起源于1929 年的法国。当时法国酒店中有一群拥有丰富服务经验的世袭委托代办礼宾司们给顾客提供尽善尽美的专业化服务，目的是为顾客提供一般酒店没有的、有一定难度的所谓"额外"服务，在平凡中为顾客创造惊喜。经过 80 多年的发展，"金钥匙"已经从酒店的委托代办服务机构演变为对国际金钥匙组织成员酒店的礼宾部员工的专属称谓。在顾客的惊喜中找到富有乐趣的人生是金钥匙们的人生哲学。

（2）金钥匙的服务哲学

金钥匙服务是酒店综合服务的总代理，是一种典型的"满意加惊喜"的服务。"金钥匙"被誉为"万能博士"，其佩戴的两把交叉的金钥匙标记就意味着尽善尽美的服务，也象征着为顾客解决一切难题。只要不违反道德和法律，任何事情都尽力办到，以满足顾客的要求，如为顾客代购歌剧院和足球赛的入场券，为顾客把金鱼送到地球另一边的朋友手中。尽管不是无所不能，但一定要做到竭尽所能，这就是"金钥匙"的服务哲学。现在，金钥匙服务已成为国内外高档酒店个性化服务的重要标志。金钥匙所承担的使命和为酒店带来的声誉是酒店其他任何人都难以达到的。

（3）国际金钥匙组织

费迪南德·吉列特先生是金钥匙组织的主要创始人，被尊称为"金钥匙之父"。

1929 年 10 月，来自法国巴黎 Grand Hotel 饭店的 11 个委托代办建立了金钥匙协会。1952 年 4 月，来自 9 个欧洲国家的代表在法国东南部的戛纳举行了首届年会，并创办了"欧洲金钥匙大酒店组织"（L'Union Europeene des Portiers des Grands Hotels）简称 UEPGH。UEPGH 在 1970 年改名为国际金钥匙大酒店组织（Union International Portiers Grands Hotels），简称 UIPGH；1994 年，UIPGH 改名为 UICO（Union International des Clefs D'or）；1997 年，UICO 又变成了现在的名称"UICH"（Union Internationale des Concierges D'Hotels），即国际金钥匙组织。

（4）金钥匙在中国的发展

1995 年，"金钥匙"被正式引入中国，并于同年在广州白天鹅宾馆产生了中国的第一位金钥匙；1997 年 1 月，中国酒店金钥匙组织成为国际金钥匙组织第 31 个成员；1998年 5 月，中国金钥匙服务被列入酒店评星定级标准之一，规定三星级以上的酒店都应有金钥匙服务；1999 年 2 月，国家旅游局正式批准中国饭店金钥匙组织成立，划归饭店业协会管理，名称为中国旅游饭店业协会金钥匙专业委员会。截至 2021 年底，我国金钥匙已覆盖到全国 330 个城市，3 200 多家酒店、物业、服务企业，拥有 5 250 多名金钥匙会员，超过 970 家企业成员。

中国饭店金钥匙服务项目

中国饭店金钥匙有 11 个服务项目。

①行李及通信服务：运送行李、电报、传真、电子邮件等。

②问询服务：指路等。

③快递服务：国际托运、国际邮政托运、空运、紧急包裹、国内包裹托运等。

④接送服务：汽车服务、租车服务、接机服务。

⑤旅游服务：个性化旅游服务线路介绍。

⑥订房服务：房价、房型、折扣、预订及取消预订。

⑦订餐服务：推荐餐馆。

⑧订车服务：汽车租赁代理。

⑨订票服务：飞机票、火车票、戏票等。

⑩订花服务：鲜花预订、异地送花。

⑪其他一切合理合法的服务：美容、按摩、跑腿、看孩子、买邮票等。

6.3　酒店客房管理概述

6.3.1　客房部概念

客房部又称为房务部，是负责经营管理酒店客房事务、公共区域清洁卫生、洗衣房与布件房工作，并向顾客提供各种客房服务的部门。客房部的主要管理范围：楼层客房区域、酒店公共区域、客房（房务）中心、布件房、洗衣房。

6.3.2　客房部的地位和作用

1）客房是酒店的物质基础和组成主体

客房是酒店存在的基础，没有客房就不算真正意义上的酒店。酒店客房数量还会影响酒店总体规模的大小及酒店综合服务设施的多少。

（1）客房空间的要求

客房空间是客房作为商品的基础。我国酒店星级评定标准规定：标准间客房净面积不能小于 12 平方米，卫生间面积不得低于 4 平方米，标准高度不能低于 2.7 米。一般来说，客房建筑面积占酒店建筑总面积的 60%~70%。

（2）客房设施与低值易耗品的价值

酒店设施设备无论从外观、数量或是使用来说，都主要体现在客房。客房建筑装饰、设施设备、家具物品配备等都是客房部管理的对象。另外，客房经营活动所必需的低值易耗品虽然单价较低，但其价值总量要占酒店物资总价值的很大一部分比例，因此，对客房设施与低值易耗品管理的好坏将直接影响到酒店经营管理的效益。

（3）客房部人员的配备

酒店客房数是酒店员工招聘的一项重要依据。一般每间客房需要配备 1.2~1.5 名员工。加上与客房管理直接相关的前厅部、洗衣房等部门的管理人员和服务人员，客房部人员配备占到整个酒店从业人员 50% 以上。

2）客房部是酒店经济收入和利润的重要来源

酒店的经济收入主要来源于客房、餐饮和综合服务设施三部分，其中，客房收入是酒店收入的重要来源。客房是住店顾客购买的主要酒店产品，其收入一般占酒店总收入的50% 左右。同时，客房出租率的提高会带来大量的客流，也会增加酒店餐饮部、康乐部等部门获取经营收入与利润的机会。

3）客房部是衡量酒店服务质量的重要标志

客房是顾客停留时间最长的地方，客房的清洁卫生、服务项目、设施设备等级、服务人员的服务态度等是顾客衡量是否"物有所值"的主要依据，将直接影响顾客对客房服务质量的总体评价。因此，客房服务质量是衡量整个酒店服务质量、维护酒店声誉的重要标志。

6.3.3　客房服务的三种模式

1）楼层服务台模式

楼层服务台模式是我国酒店客房服务中最传统、最基本、最普遍的一种模式。该模式就是在酒店客房区域各楼层设置服务台，24 小时设专职服务员值班，并与总台保持密切联系。

楼层服务台模式的优点表现在：一是具有亲切感，这也是楼层服务台模式最突出的优点。值班服务员可以与顾客进行面对面的情感交流，提供快速、周到、热情的客房服务，让顾客真正体会到"宾至如归"的感受。二是保障客房安全，方便对客服务。每个楼层服务台都有值班服务人员，能够及时发现、及时处理楼层中的不安全因素，从而最大程度上保障客房的安全。同时，顾客住宿期间有任何服务需求，走出客房就能找到服务人员，既方便、快速、有效，又能让顾客住得踏实、放心。

楼层服务台模式也存在缺点：一是劳动力成本比较高，这是楼层服务台模式最明显的缺点。酒店客房区域每个楼层都设置服务台，24 小时有服务人员值班，仅服务台一个岗位就要占用大量人力，增加了酒店劳动力成本的支出。二是管理点分散，服务质量控制难度较大。每个楼层服务台就是一个管理点，同时每个值台服务员的素质又存在一定的差异，这都会对酒店客房服务质量的稳定性造成一定的影响。三是使部分顾客产生被"监视"的感觉。随着生活水平的提高，顾客对自身权益，尤其是对隐私的要求也越来越高，顾客大多期望有一个舒适、自由的入住环境，但楼层服务台的设置以及有些值台服务员缺乏灵活性和艺术性的服务等因素却给顾客带来被"监视"的入住感受。

2）客房服务中心模式

为了保持客房楼层的安静，尽量减少对顾客的干扰，降低客房的经营成本，客房服务中心模式受到了国内越来越多酒店的青睐。该模式是根据客房楼层房间数进行分段，然后设置客房服务中心。客房服务中心实行 24 小时值班制，顾客住宿期间的服务需求都可通过内线电话告知客房服务中心，然后由客房服务中心通知顾客所在楼层的服务员或离顾客房间最近的服务员为其提供服务。客房服务中心不承担接待顾客的任务。

客房服务中心模式的优点有：减少了人员编制，降低了成本开支；通过客房服务中心模式建立了专业化的对客服务组织，有利于统一的调度和控制，提高了客房服务效率；大大减少了对顾客的干扰，营造了安静、舒适、自由的入住环境。

客房服务中心模式的缺点有：缺乏亲切感，顾客与服务员面对面接触的机会大大减少，更多的是通过电话进行交流；随即服务差，尤其是表现在当顾客出现一些紧急情况时，服务的及时性、有效性肯定会受到一定的影响，使顾客感觉不便；良好的网络、通信和安全监控系统是保证客房服务中心功能正常发挥的重要物质基础，从而增加了设备配置成本。

3）楼层服务台与客房服务中心并设模式

楼层服务台模式和客房服务中心模式各有优缺点。为了能够更好地进行客房服务，有些大型酒店采用了楼层服务台与客房服务中心并设的模式。该模式根据不同时段业务量的大小分别采用不同的服务模式。一般白天楼层事务及对客服务任务多，楼层服务台会有专职服务员为顾客提供服务；夜间对客服务工作量小，若顾客有服务要求则由客房服务中心的值班人员提供。当值班人员离开客房服务中心前往顾客所在楼层时，应将客房服务中心电话转到酒店总机，由总机提供电话服务。

以上 3 种客房服务模式各有优缺点，应根据酒店的客源结构和档次、酒店的硬件设施条件、通信条件、酒店所在地区劳动力成本等因素，从而选择适合酒店经营需要的服务模式。

6.3.4　客房基本类型及空间设计

1）基本类型

酒店客房总体上可分为单间客房和套房两种类型。其中单间客房根据客房内的配置情况，又可细分为单人间、双人间、三人间等类型；套房根据其使用功能和室内装饰标准又可细分为普通套房、商务套房、双层套房、连接套房、豪华套房、总统套房等类型。

（1）单间客房

①单人间

单人间是酒店中最小的客房，一般配备一张单人床或一张双人床，房内有独立的卫生间，适用于从事商务旅行的单身顾客居住。

②双人间

双人间又称为"标准间"，一般配备两张单人床，可供两位顾客住宿。酒店绝大多数的客房都是标准房，较受团体、会议顾客的欢迎。

③三人间

三人间通常配备三张单人床，比较适合经济型的顾客及学生群体使用，一般会在一些低星级或经济型酒店里设置。

（2）套房

①普通套房

普通套房一般为两间，一间为卧室，配有一张大床，另一间为起居室，与卫生间相连。

②商务套房

商务套房一般有三间房，除了卧室与起居室之外，还增加了一间办公室，是专为商务顾客设计布置的。有的酒店的商务套房只有两间，是将办公区域与起居区域合并一间作为起居室，另一间为卧室。

③双层套房

双层套房又称为复式套房，起居室在下，卧室在上，两者用室内楼梯连接，常见于长住型酒店以及休闲度假酒店中。

④连接套房

连接套房又称为组合套房，由相邻的两间单间客房组成，各自有独立的卫生间，中间经由隔音性能好、均能安装门锁的门连接。当顾客需要两个套房并且需要互相照顾时，就可打开门锁，方便他们互相联系。一般情况下关闭门锁，套房就可以以两间独立的单间客房出租。连接套房是一种根据经营需要而设计的套房形式。

⑤豪华套房

酒店中豪华套房数量不多，通常 2~4 套，每套房间数在两间以上。豪华套房的特点是客房装饰布置、房间气氛及用品配备呈现出豪华气派。豪华套房一般设有卧室、起居室、一间餐室或会议室兼书房、两个卫生间，卧室中配置大号双人床或特大号双人床。

⑥总统套房

总统套房是配置最完善、档次最高、服务最细、单套占用房数最多、观景度最好、入住率最低的一种套房，通常设在酒店的最高层。一般四星级以上酒店才会有总统套房。

总统套房由多间客房组成，一般为5间，多者达到20间。总统套房内分总统房、夫人房、随从房、警卫房，另有客厅、办公室、会计室、娱乐室、书房、健身房、餐厅、厨房等。

男女卫生间分用，还有桑拿浴室、按摩浴池等高级设施。整个套房装饰极为讲究，高雅豪华，室内设备和用品华丽、名贵。

2）空间设计

以双人间为例，可将客房的基本功能空间划分为：

（1）睡眠空间

睡眠空间是客房最基本的空间。睡眠空间中主要包括床、床头柜。酒店床头柜上一般有电视机与空调的遥控器，床头灯、脚灯、房间灯的开关，室内电话与国际电话，环保卡和便笺纸等。

（2）盥洗空间

盥洗空间指的就是客房卫生间。一般酒店的卫生间均设有浴缸、马桶与洗脸台三件卫生设备。高星级酒店卫生间内既有浴缸，也有淋浴设施，顾客可以自由选择；而在经济型酒店，为了减少卫生间面积，浴缸往往用淋浴设施代替。

卫生间也是梳妆的主要场所。为了保证梳妆所需的照明度，镜前照明应使光线从人的前上方照到脸部。有的高星级酒店还会在梳妆镜旁增加一面能够伸缩和旋转的圆形化妆镜，这面化妆镜一面为凹面镜，一面为平面镜，方便顾客剃须与化妆。

（3）储存空间

储存空间内设壁柜。一般设在客房门的左手边。壁柜里一般会放置备用的棉被或毛毯、雨伞、鞋篮和擦鞋布。顾客可在壁柜内存放衣帽、行李箱。壁柜门一般设计成推拉门或折叠门，以节省走道交通面积。为了方便使用壁柜，一般会在壁柜内安装一个随门开启而亮的壁柜灯。

（4）书写阅读空间

书写阅读空间往往设在床尾处或窗前。一般会在写字台上放置电视机，写字台的一侧为固定行李架，供顾客放箱子、开箱整理衣物。写字台也可兼作化妆台，在墙面上会添加可供梳妆用的镜子。

（5）起居空间

起居空间就是顾客休息区域，一般会放置沙发和茶几，茶几上放有烧水壶、茶叶包、茶杯等物品。根据酒店等级不同，客房的起居休息空间面积会有差异。

高星级酒店的客房中有的还设置小酒吧，提供各种小瓶装的白酒、葡萄酒、各种饮料和酒具。在小酒吧下方一般为酒柜和小冰箱，冰箱中提供各种收费的饮料。

总之，客房空间设计首先应考虑到要符合顾客生理与心理的需要，满足顾客对隐私与安全的要求，还要符合酒店的星级评定标准，要设计不同等级的客房来满足不同需求层次的顾客。

6.4　酒店客房服务管理

6.4.1　客房服务的要求与管理

客房是住店顾客停留时间最长的地方，也是对酒店服务质量感受最深刻的地方。所以酒店人员在提供客房服务时应抓住顾客的心理需求，做好针对性的服务工作（见表6.3）。同时客房服务又具有琐碎性、随机性、复杂性等特点，因为要面对来自不同国家、不同地区、具有不同消费习惯的顾客，其服务要求多种多样，从客房整理、开水供应到送洗客衣、租借物品等诸多事务都需要客房服务员认真、热情、耐心地去完成；而顾客醉酒、生病等突发情况又难以预料，具有很强的随机性，也需要客房服务员与各有关部门保持密切联系，协同合作，为顾客提供及时、有效的服务，共同实现为顾客提供良好服务的目的。

表6.3　客房服务的心理需求及其应对

顾　　客		酒　　店
心理要求	表现形式	应对措施
清洁	仔细检查房间的各种用具	严格按照操作程序清扫
舒适	希望客房能有家的感觉	为顾客创造良好的客房秩序
安全	关心人身财产安全及隐私	提高警惕，尽心尽责
尊重	渴望受到各方面的尊重	热情礼貌，耐心细致

6.4.2　客房清扫服务管理

1）房态的种类

①住客房（Occupied），简称O房，指正在使用的客房。

②走客房（Check Out），简称CO房，指客人已经结账离去，但是还在打扫之中的客房。

③空房（Vacant），简称V房，指已经打扫干净可再次出售的客房。

④待修房（Out Of Order），简称OOO房，指正在或即将进行维修，暂不能出售的客房。

⑤保留房（Block），简称B房，指为一些大型的团队或者有特殊要求和爱好的顾客所保留的客房。保留房一般是内部掌握的客房，一定要有所记录，防止重复出售。

⑥勿打扰房（Do Not Disturb），简称DND房，指挂出"请勿打扰"牌或点亮"请勿打扰"指示灯的客房。这种状态的客房通常属于住客房，但是也有可能是走客房或者空房，需要多加注意。

⑦双锁房（Double Locked），简称DL房，指顾客为预防干扰而双锁房门的客房。服务人员用普通钥匙是无法打开双锁房的。对这类房间也要多加注意，客房双锁状态可能是

顾客离开时误操作造成的，若不及时发现将会影响酒店房间的出售；客房双锁时间较长时应确定是否有顾客生病甚至死亡情况的发生。

⑧无行李房（No Baggage），简称 NB 房，指顾客没有携带或者只携带很少行李的客房。对这类客房也要多加注意，防止顾客逃账现象的发生。

⑨外宿房（Sleep Out），简称 SO 房，指顾客在外过夜而未回来住宿的客房。应由前厅通知客房部及大堂副理，大堂副理应双锁该客房。同时还要考虑其是否为无行李房，以防止顾客逃账。

2）客房清扫服务顺序与流程

（1）清扫顺序的确定

一般按照请即打扫房、贵宾房、走客房、住客房、请勿打扰房、空房的顺序打扫客房。

在实际客房清扫过程中，酒店可根据各自的具体情况安排清扫顺序。在旺季，为加速客房周转，保证顾客能够顺利入住，可先清扫走客房，后清扫住客房；在淡季，为表示对顾客的尊重，满足顾客需求，则可以先清扫住客房，后清扫走客房。

如果在同一个区域有两间客房同时挂有"请即打扫"牌，服务员首先应弄清两间客房的顾客是否在房内。一般先清扫有顾客在的房间；如都不在，则可按顺序及时整理；如都在，服务员应询问顾客意见后先整理更急需清扫的房间。

（2）客房日常清扫流程

以走客房（CO 房）为例，日常清扫流程包括 11 个步骤（见表 6.4）。

表 6.4　酒店客房日常清扫流程简表

步骤	名称	操作
1	准备工作	检查工作车上客用品及清扫工具是否齐全，并将工作车推至准备清扫房间门口 1/3 处靠墙放好
2	进入房间	轻敲三下房门，并报身份"服务员"；开门进入房间；拉开窗帘，打开窗户通风
3	巡视检查	检查房间设施设备，若有损坏及时报修；检查是否有客人遗留物品等，若有应立即上报并记录
4	清倒垃圾	将房间、卫生间的垃圾、烟灰缸的烟灰等倒入工作车的垃圾袋内
5	撤床	撤换床上的床单、被单、枕套，连同浴室内需要更换的四巾（浴巾、面巾、小方巾和足巾），并分类点清放入工作车的布品袋内
6	做床	有中式铺床和西式铺床两种做法
7	抹尘	准备干、湿两块抹布，遵循先上后下，先里后外，先湿后干的原则，做到不留死角
8	清洁卫生间	浸泡清洁马桶，清洗浴缸，清洁洗脸台与镜面，清洁卫生间地面
9	补充客用物品	按照规定的数量补足客用品，并按照规定的位置摆放好

续表

步骤	名　称	操　作
10	吸尘	由里向外进行，注意行李架、写字台及床下等边角的吸尘。有被移动的家具顺手归位
11	填写清扫记录	准确填写清扫房间号，并对特殊事项进行备注

6.4.3　客房其他对客服务

1）迎送客人服务

（1）迎客服务

①做好迎客准备工作

详细了解要接待客人的人数、国籍、抵达时间、宗教信仰、具体接待要求、付费方式等信息。按照客人的风俗习惯、接待规格等布置房间，尤其要对客人禁忌的物品及时进行撤换。提前等候在服务岗位上，准备随时迎接客人的到来。

②客人到达后的迎接服务

客人走出电梯时客房服务员要主动上前对客人表示欢迎；若无行李员的引领，还应接过客人的行李并带领客人进入房间；向客人介绍客房内设施设备的使用方法；根据客人不同的生活习惯或具体要求送上茶水等。

（2）送客服务

①做好送客准备工作

了解客人的房间号、离开的具体时间等信息，检查客人交办事项是否完成，主动征询客人意见，并提醒客人检查行李物品，不要遗忘在客房内。

②送客及善后工作

送客人到电梯口，并帮客人按好电梯按钮，与客人热情道别。若遇特殊情况，如老弱病残的客人，或客人行李特别多等情况，还应送客人至前台或送上车。客人走后应立即检查客房，看有无客人遗留物品、客房设施设备有无损坏、客房有无丢失物品，发生任何一种状况都应迅速通知前台，争取在客人未离开前妥善解决。

（3）VIP 客人的迎送服务

对 VIP 客人的迎送服务应提前做好更为充分的准备。

首先要彻底清扫房间，并按接待规格摆放各种客房物品、总经理签名的欢迎卡片、酒店赠送的鲜花或果篮等；其次，客人到达后，客房部经理、主管和服务员要等在电梯口迎接，并陪同客人进入房间，及时送上欢迎茶水；最后，客人入住期间要特别关注客人的服务要求，若是特别重要的贵宾，还应安排专人提供 24 小时的贴身服务。

2）住客服务

（1）整理房间服务

整理房间服务是住客服务中最多的一种服务形式。包括常规房间整理、随时房间整理和开夜床服务。其中常规房间整理与走客房的清扫流程类似；随时房间整理是应客人要求进行房间清洁工作；开夜床服务又称晚间服务（Second Service）。开夜床服务包括做夜床、房间整理和卫生间整理等三项任务，一般在晚上6点钟以后开始，或者按照客人要求灵活安排。开夜床的服务流程一般为：轻敲三下房门，并报"服务员"身份，进入房内后开灯、将空调调至舒适的温度，拉上窗帘，将棉被或毛毯拉开45度角并放上"祝您晚安"卡片，简单整理房间和卫生间，将其他房间灯关掉后留下夜灯，环视房间整体效果后离开房间。

（2）送洗客衣服务

客房内都放有洗衣登记单和洗衣袋，客人可根据需要填写。服务员在取客衣时，应当着客人面点清件数，检查口袋里有无物品，纽扣有无脱落，衣物有无破损等。如有，应向客人指出；询问洗衣的特殊要求，并在洗衣单上注明；然后，将账单转到前厅收银处，记入该客人应收账款内。

（3）其他住客服务

其他住客服务包括送茶水服务、擦鞋服务、叫醒服务、访客服务、租借物品服务等，都有相应的服务规范。如遇有晚间访客时，应向客人明确告知会客截止时间（一般为23:00），超过会客时间应提醒是否要办理住宿或加床手续。

3）会议服务

为了满足会议宾客的需要，大型酒店一般都设有国际会议中心、展览厅、会议厅等设施，中小型酒店也有规格不等的会议室。会议服务通常是由客房部服务员提供。

会议服务包括布置会场和会场服务两部分。布置会场时，服务员要掌握参会的人数、时间、会议设施及规格，会议的特殊要求等，按照要求准备好物品；会议开始前，服务员应精神饱满地等在会议室门口准备迎接客人的到来，客人到达后要做好引座、拉椅、泡茶、上香巾等工作；会议期间，一般每隔半个小时或根据客人的实际需要提供更换茶水、烟灰缸等服务，动作要轻、幅度要小，尽量减小对会场环境的影响。

4）安全服务

（1）客房内的安全

①客人的安全

客房是住店客人逗留时间最长的场所，也是客人财物的存放处，所以客人在客房内的人身及财物安全至关重要。客房部可通过在客房内配备如保险箱一类的物品、设计科学合理的工作程序等途径来做好保护客人人身与财物安全的工作。

②员工的安全

客房服务人员大多数都是女性，客房部员工在工作中要有自我防护意识，做好自我保护工作。客服服务人员对客人既要彬彬有礼，热情主动，又要保持一定距离，应客人要求清扫客房或提供其他客房服务时，应保持房门是打开的，对客人关门要保持警惕。客人邀请时不要坐下，更不要坐在床上，还要婉言谢绝客人的外出邀请。

（2）消防安全

酒店应配备好消防安全设施，如在客房内安装烟感报警器，在客房走道上安装报警及灭火装置。明确安全责任，配合保安部定期检查防火、灭火设备及用具，提出维修保养及更换的要求。制订周全、详细的火警时的紧急疏散计划，包括如何引导客人疏散，保护重要财物等。

5）紧急事故

（1）伤病住客的处理

任何员工在任何场合发现有伤病的客人应立即报告，主动询问病情、伤情，征询客人意见是否需要帮助，在客人伤病期间给予特别关照，密切注意是否有意外情况发生。但注意不能代客买药，更不能随便给客人提供药品。

（2）醉酒住客的处理

醉酒客人的破坏性较大，客房服务员遇上醉客时，应根据具体情况灵活处理。尽量避免醉酒客人大吵大闹影响其他客人休息，防止醉酒客人破坏客房设备与家具，若有呕吐物要及时清理干净。如遇客人醉得厉害，应上报管理人员并联系医生。客房服务员切忌单独搀扶醉酒客人进入客房。

（3）停水停电事故的处理

发生停电事故时应启动酒店紧急供电装置，迅速查明停电原因，同时做好客人解释工作及楼层安全保护工作。停水时应确保客房水龙头处于关闭状态、排水口畅通无阻，以防止恢复供水后出现溢水状况，同时也要做好客人解释工作。

（4）客人死亡的处理

客人死亡属于重大紧急事故。如发现客人在客房内死亡，应立即双锁客房，并迅速通知保安部人员保护现场并报警，由警方来调查死因。如客人属自然死亡，由酒店向死者家属发出由公安部门出具的相关证明，并进行善后处理；如警方判定为非正常死亡，酒店还应配合警方深入调查死因。

6）其他服务

（1）失物保管

客人在住房期间或离店时，遗失物品的情况时有发生。酒店严格规定，员工在本酒店范围内发现客人的遗失物品必须在第一时间内如数上交，并填写失物交接登记表。

（2）托婴服务

托婴服务一般由具备一定照看婴幼儿基本知识和技能的客房部女服务员承担。托婴服务责任重大，一定要严格遵守酒店托婴服务的相关规定，依据家长要求及婴幼儿的特点进行看护。

（3）送餐服务

客人可直接拨打内线电话向餐饮部订餐，也可让服务员代为订餐。送餐服务一般由餐饮部员工直接送进客房，也可由餐饮部员工送至客人所在楼层，再由客房部员工送进房间。提供送餐服务时应询问清楚客人要点的菜肴、付款方式及其他特殊要求等。

（4）加床服务

按照客人要求将加床送入客房。若客人在房内，则征询其意见后放在指定位置并铺好；若客人不在房内，则按照酒店规定进行摆放并铺好。加床后，还要注意增加相应的客人用品。

【阅读材料】

从顾客点评中发现新的服务场景

酒店服务需要不断创新。创新从哪里来？一个很重要的方式，就是从顾客点评中来。

顾客点评，可能是因为某个瞬间让他感动了，所以他要点赞；或者是因为他生气了暴跳如雷，需要吐槽；或者是因为这是他家人团聚时的一个美好的回忆，也是他久久难忘的生活经历和体验，这些都是情真意切的。但很多酒店的点评回复，即便不是千篇一律，也是按部就班标准化的。实际上，顾客的点评里往往蕴含着他们对酒店提供服务的满意程度以及希望酒店能够提供但尚未有的服务项目。有些酒店已经在这方面进行了很好的尝试。

如南京夜泊秦淮君亭酒店·金陵书画院，OTA上的得分是4.8，超棒。原因是酒店设计了一票制的打包产品，通过酒店都能满足客人在周边游玩、游船、美食的需求。如酒店附近有南京当地特色的大排档，酒店与其打通合作，大排档的菜肴可直送至酒店房间；所有房间都有水果盘；到了晚上十一二点，当客人游玩回来，酒店大堂还能有粥供应，等等。这些都能让客人感觉到宾至如归。

汉庭酒店的很多门店都会提供行李直达机场、火车站的服务。比如顾客早晨或者中午要离店，但航班可能是晚上的，行李怎么办？酒店就与专门提供这样服务的企业合作，顾客通过扫二维码下单并定位到入住的酒店，几分钟之内就有司机来酒店拿取行李并直接送到机场。还有，亚朵推出了一个叫"亚朵生活"的App，其目的就是让顾客随手拍，酒店通过随手拍得到的信息，在住店的顾客提出服务需求的时候进行快速反馈。

资料来源：环球旅讯，2017-05-23.

【本章小结】

► 前厅部是唯一一个贯穿整个酒店服务流程的部门，是联系客人与酒店的桥梁与纽带。为了给客人留下良好的第一印象，前厅部要做好各项服务工作，主要包括预订业务、接待业务、行李服务、问讯服务、总机服务、商务中心服务及投诉处理等日常服务及管理。

► 客房部是酒店的物质基础和组成主体，客房又是住店客人停留时间最长的地方，因此客房服务质量的好坏直接影响客人对酒店整体服务质量满意度的高低。客房部既要有不同类型的客房以满足不同客人的需求，还要采用合理的服务模式提供各项客房服务。客房服务模式主要有楼层服务台、客房服务中心、楼层服务台与客房服务中心并设3种模式，各有利弊，需要根据酒店自身情况进行选择。

【思考练习】

1. 简述前厅部的地位和作用。
2. 简述超额预订的概念及其因超额预订引起客房重复出售的问题的解决措施。
3. 简述客人投诉的处理原则及投诉处理过程。
4. 简述金钥匙服务及其在中国的发展。
5. 简述客房部的地位和作用。
6. 简述客房服务的三种模式及其优缺点。
7. 简述客房的基本类型与空间设计。

【案例分析】

叫醒失误的代价

小姚是刚从旅游院校毕业的大学生，分配到客房服务中心是为了让他从基层开始锻炼。今天是他到客房服务中心上班的第二天，轮到值夜班。接班没多久，电话铃响了，小姚接起电话："您好，客房服务中心，请讲。"

"明天早晨5点30分叫醒。"一位中年男性客人沙哑的声音。"5点30分叫醒是吗？好的，没问题。"小姚知道，叫醒虽然是总机的事，但一站式服务理念和首问负责制要求自己先接受客人要求，随后立即转告总机，于是他毫不犹豫地答应了。

当小姚接通总机电话后，才突然想起来刚才竟忘了问清客人的房号！再看一下电话座机，吓出一身冷汗，这部电话机根本就没有号码显示屏！小姚顿时心慌，立即将此事向总机说明。总机告称也无法查到房号。于是小姚的领班马上报告值班经理。值班经理考虑到这时已是三更半夜，不好逐个房间查询。再根据客人要求一大早叫醒的情况来看，估计是明早要赶飞机或火车的客人。现在只好把希望寄托在客人也许自己会将手机设置叫醒，否则的话，只有等待投诉了。

早晨7点30分，一位睡眼惺忪的中年男性客人来到总台，投诉称酒店未按他的要求叫醒，使他误了飞机，其神态沮丧而气愤。早已在大堂等候的大堂副理见状立即上前将这位客人引到大堂咖啡厅接受投诉。

原来，该客人是从郊县先赶到省城过夜，准备第二天早上赶往机场，与一家旅行社组织的一个旅游团成员会合后乘飞机出外旅游。

酒店方面立即与这家旅行社联系商量弥补的办法。该旅行社答应这位客人可以改加入明天的另一个旅游团，不过今天这位客人在旅游目的地的客房预订金270元不予退还。接下来酒店的处理结果是：为客人支付这笔订金，同时免费让客人在本酒店再住一晚，而且免去客人前一晚的房费。这样算下来，因为一次叫醒失误导致酒店经济损失共计790元。

思考题：

1. 如何才能避免类似的情况再次发生？

2. 该酒店的叫醒服务有哪些环节需要改进和完善？

第7章　酒店餐饮管理

【本章概要】

　　餐饮经营管理有原料采购、生产管理与销售管理3个重要的环节，本章就是按照这个顺序展开具体的内容。在概要性地介绍酒店餐饮管理的基础上，介绍了餐饮经营中原料的采购与供应管理、厨房的组织与生产管理，同时详细阐述了餐饮营销中菜单与服务的重要性及其管理，最后对酒店餐饮经营中的成本管理问题进行了简单的说明。

【学习目标】

　　①掌握餐饮在酒店经营中的地位和作用；②了解原料的采购与供应；③了解厨房的组织与生产；④掌握菜单的设计与筹划；⑤掌握服务的特点与种类；⑥了解餐饮服务的基本技能与方法；⑦了解餐饮成本的控制与管理。

【开篇案例】

酒店餐饮营销渠道多样化程度加剧，线上渗透率越来越高

　　石基信息《2020年酒店餐饮新趋势报告》（以下简称"报告"）充分展现了酒店餐饮转战并拥抱本地市场的迫切需求，以及线上线下加速融合的趋势。本地市场为2020年的酒店餐饮带来了很多的关键词，包括全员营销、裂变营销、团长模式、酒店餐饮零售化等。线上线下的加速融合意味着营销通路更为阔达，美团、口碑网等本地生活服务平台崛起，以及新流量渠道加入为酒店餐饮带来新的机会，也意味着消费者行为数据的线上化进一步加剧，使会员运营、数据决策成为餐饮业互联网化3.0发展阶段的主旋律。

　　对于大多数酒店餐饮来说，开启外卖、与线上平台展开合作是新常态。面向本地生活服务市场，酒店餐饮的互联网化才刚刚开始。报告通过对169家高端及以上酒店的调查发现，超过50%的酒店餐饮线上收入渗透率（含外卖、团购和酒店直销渠道）在10%以下。如何增强触达有效的线上消费者的能力完善线上渠道体系建设成为酒店餐饮持续发力的重要方向。

　　2019年4月，美团发布了"住+x"长青计划，助力酒店餐饮、婚宴等非住宿类产品数字化，利用美团平台帮助酒店销售非客房类本地产品，提高酒店综合收益。华天酒店集团、书香

酒店集团、君澜酒店集团、温德姆酒店集团等作为首批用于参与了长青计划。2020年5月，口碑网悄然入局，开始破土高星级酒店餐饮市场，为酒店餐饮全面开放其流量入口，通过线上向线下导流。目前开元酒店集团、香格里拉酒店集团、希尔顿酒店集团均已入住口碑网平台，采取多渠道策略，实现餐饮增收和利润最大化。

大众点评就是消费者的美食指南，跟着榜单去消费已经成为大多数用户的消费习惯。香格里拉酒店集团旗下很多的酒店餐饮品牌在大众点评上都有着不俗的表现。比如新国贸饭店的三五堂餐厅在北京自助餐热门榜排行第四位，朝阳区的排名第三位；浦东香格里拉大酒店怡咖啡海鲜自助餐厅在浦东新区自助餐排名第七位，翡翠36餐厅在陆家嘴西餐环境榜排行第六位，南京香格里拉的江南灶中餐厅更是位列黑珍珠二钻餐厅，成为南京淮阳菜系的代表之一。多家四季酒店的餐厅在大众点评上的表现也不错，其中最出名的是杭州西子湖四季酒店金沙厅，其是杭州唯一入选黑珍珠三钻的餐厅，就餐需要提前三天预约，是四季酒店旗下收入最好的餐厅。金沙厅在大众点评共有6 600多条点评，获评总分数最高为5分。

趋势是不可逆的，能否顺势而为取决于我们在趋势出现端倪的时候能否把握住，因为最终把我们带到趋势的十字交叉路口的是时代本身。时至今日移动互联网的发展，是消费结构的年轻化，是人们对灵魂产品和服务精益求精的追求，是酒店餐饮痛定思痛之下对创新的探索和思考。

资料来源：石基信息，2020-08-19.

7.1　酒店餐饮管理概述

7.1.1　餐饮在酒店经营中的地位和作用

1）餐饮产品是一种重要的旅游资源

就餐饮产品而言，它是一个地区饮食文化的集中体现，本身就是一种重要的旅游资源。在世界各种文化不断融合的环境下，餐饮产品依然保持着一定的独特性和差异性。正是因为这一点，顾客品尝美食的过程就是了解各地风土人情、文化传统、习惯与禁忌、历史沿革等的过程。因此，餐饮产品不仅是酒店产品的重要组成部分，而且还是旅游产品不可或缺的组成部分。从酒店产品角度来说，餐饮产品作为重要的酒店产品组成部分，完美体现了酒店产品是由有形产品和无形服务组成的这一特性。餐饮产品中不仅包含了一道道美味佳肴，还展现了高超的烹饪技术和精湛的服务技巧；不仅满足了顾客的生理需求，还满足了顾客在好奇心、增加见闻、情感体验等方面的精神需求。综上所述，餐饮产品具有双重性质，既属于旅游设施类别，又可以作为一种旅游资源，如饕餮旅游、食疗旅游等。

2）餐饮服务是酒店服务的必要组成部分

可以说，餐饮服务是酒店服务的必要组成部分，餐饮业是旅游业的重要基础产业。餐饮业作为旅游业的基础产业，为广大旅游者提供了餐饮服务，在解决了他们基本的饮食需要的同时，也丰富了旅游者的旅游体验，提高了旅游者的旅游质量。住宿和餐饮是酒店的两大基本功能，餐饮服务是酒店服务的必要组成部分，也是旅游最基本的条件之一，不可或缺。西方各国及我国酒店发展的历程都证实了酒店、餐馆都是随着旅游的产生而产生，又都随着旅游的发展而发展的。在这个发展过程中，酒店必须提供住宿服务和餐饮服务的模式逐渐形成并确定下来，并且餐饮服务根据酒店类型、等级、规模、地理位置等不同而有所不同。

3）餐饮服务水平是酒店服务水平的客观标志

餐饮服务的水平客观地反映了酒店的服务水平，餐饮服务质量会直接影响酒店的声誉和竞争力。

影响餐饮服务水平的因素多种多样，总体而言主要有厨房烹调和餐厅服务两大因素。其中厨房烹调技术的高低直接决定了餐饮产品实物质量的高低，餐厅服务水平的高低则直接影响顾客消费餐饮产品时的感受与满意程度。另外，餐厅的环境氛围、设计风格、餐具器皿的质量、员工的仪容仪表等都会影响顾客对餐饮服务水平的体验。世界各地因餐饮服务出色而声名鹊起并经久不衰的酒店为数众多，如美国纽约的华尔道夫酒店的星光餐厅、世界广场酒店的餐厅、芝加哥的大使旅馆舞鞋餐厅都因精美的餐饮和独特的服务风格，使其所在的酒店闻名于世；而法国的丽兹酒店公司、美国的马里奥特酒店公司则素以注重餐饮服务著称，在酒店业界久享盛誉。

4）餐饮收入是酒店营业收入的主要来源之一

餐饮部是酒店唯一生产实物产品的部门，是酒店主要的创收部门之一。如欧洲的酒店，餐饮部的营业收入占到了酒店营业总收入的40%~45%，这一比例在北美的酒店则为30%~35%。文化和旅游部发布《2019年度全国星级饭店统计报告》中的数据显示，五星级酒店的餐饮收入在总营收中的占比，过去五年中（2015—2019年）一直稳定在略高于40%的水平。从经营情况来看，2019年全国8 920家星级饭店的营业收入合计1 907.77亿元，其中餐饮收入占营业收入的42.49%，客房收入占营业收入的38.19%。具体来看，2019年度北京星级饭店营业收入达199.91亿元，全国排名第一，其中餐饮收入占比49.71%，客房收入占比26.84%；上海市星级酒店实现营业收入183.19亿元，排名第三；广州市星级酒店营业收入为72.8亿元，其中餐饮收入占比44.85%，客房收入占比35.4%。可以看出，对于星级酒店而言，餐饮收入一直是营业收入的重要来源。

【阅读材料】

五星级酒店餐饮发展趋势与展望

在过去的五年中，中国五星级酒店的餐位配置总体呈现略有下滑的趋势。2015—2019年，每间可出租房均摊餐位数下降，由 1.88 下降至 1.72。难以回避的是，五星级酒店餐饮常常被消费者拿来与社会餐饮作比较，随着社会餐饮日趋精品化、酒店餐饮成本不断抬高，五星级酒店餐饮在竞争中不断式微。在此背景下，大部分新开发或在更新的五星级酒店倾向于精简餐饮配套：减少餐厅配置、控制餐位数量。

从中国五星级酒店餐饮经营业绩趋势来看，过去五年餐饮总收入整体呈现增长的态势。每日每餐位的收入由 188 元升至 243 元，居民消费力的提升、更加精简的餐位配置以及餐饮经营的不懈努力等因素共同成就了收入的增长。但收入变化的同时，成本也体现了同样的趋势。因此，餐饮收入的增长最终也并未换来餐饮利润的提高。进一步观察五星级酒店的餐饮毛利率，在过去五年中，餐饮毛利甚至呈现了逐年下降的趋势。一方面，社会餐饮和外卖送餐的发展削弱了消费者去酒店用餐的意愿；另一方面，酒店高标准化的餐饮运营模式带来的高昂的人工成本不断挤压着酒店的餐饮毛利空间。整体而言，五星级酒店餐饮经营挑战愈发严峻。

由于住店客人早餐和会议团餐贡献了相对稳定的流量，全日制餐厅通常是五星级酒店中上座率最高、收入最稳定的餐厅。过去五年，全日制餐厅的上座率维持在 1.8% 左右，人均消费维持在约 100 元人民币的水平。全日制餐厅尽管收入稳定，但在已有基础上实现突破却略显乏力。

此外，在《2019 中国饭店业务统计》中涉及的 705 家五星级酒店中，我们列举出全日制餐厅收入排名前十的酒店：广州富力君悦大酒店、深圳华润君悦酒店、上海金茂君悦大酒店、广州白天鹅宾馆、三亚艾迪逊酒店、北京柏悦酒店、成都环球中心天堂洲际大饭店、深圳瑞吉酒店、上海佘山世茂洲际酒店、上海凯宾斯基大酒店。我们不难发现，全日制餐厅收入排名领先的酒店，大多位于一线城市或知名度假目的地的中心位置，品牌定位为奢华或超高档。不可否认，餐位数量会较大程度影响全日制餐厅的总收入水平，但这绝非决定性条件。对比整体五星级酒店，排名前十的酒店无论上座率还是人均消费水平均明显更优。因此，全日制餐厅的业绩提升仍有较大空间：一方面，全日制餐厅能否避开早餐厅的刻板印象，深入挖掘午餐、晚餐对消费者的吸引力，提升上座率；另一方面，全日制餐厅能否突破自助形式带来的消费瓶颈，从提升人均消费水平的角度拉动餐厅的收入。

针对五星级酒店餐饮经营的困境，凯悦国际酒店集团选择在餐饮布局上采取创新举措：将传统的西式全日制餐厅和中餐厅合二为一。因为对于传统的全日制餐厅而言，保证午餐及晚餐的上座率是较有挑战的，而对于中餐厅，早餐时段则是基本处于关闭状态。基于此，将两餐厅功能结合在一起，运营层面大大缩减了人员和硬件的配置，在三餐时段也均能够获得较好的客流量。为中、西餐功能实现更好融合，早餐时段餐厅由全自助改为半自助模式，可以现点现场烹饪，这样的举措不仅优化了餐饮体验，还很大程度降低了食品的浪费。

资料来源：CHAT 资讯，2021-06-20.

7.1.2 餐饮部的主要管理范围

餐饮部的日常运作从总体上可以分为三大环节：原料采购供应环节、厨房加工烹调环节和餐厅服务环节，即采购环节、生产环节和销售环节。这三个环节是餐饮部的主要管理范围，是一个有机整体。通过原料采购满足厨房生产烹调的要求，生产出符合顾客需求的产品，以此为基础来提供相应的就餐服务。环环相扣，任何一个环节出现问题都会影响餐饮部的正常经营与管理。

（1）原料采购供应

原料采购供应是餐饮部日常运作的第一个环节，也是其他环节正常运作的前提和基础，包括原料采购和原料供应两个方面。原料采购是餐饮部门根据采购规格书从供应商处将食品原料购买回来。原料供应是指由储藏室将原料发放到厨房用于生产，包括直接进料的发放和储藏原料的发放。

（2）厨房加工烹调

厨房加工烹调是餐饮部日常运作过程中的生产环节，其生产质量受到原料采购供应环节中食品原料质量的影响，同时又会对销售环节产生直接的影响。餐饮部是酒店唯一生产实物产品的部门，这一特征是通过这一环节来实现的。

（3）餐厅服务

餐厅服务是餐饮部日常运作过程中的销售环节，也是餐饮日常经营与管理工作的集中体现，它在提供实物产品的同时更重要的是提供无形服务，两者相辅相成，共同为顾客实现生理需求和精神需求服务。餐厅服务中所反映的顾客消费特征（如口味、受欢迎菜肴）能够为原料采购供应和厨房加工烹调提供具有指导意义的信息，提高这两个环节的工作效率。

7.1.3 餐饮部的组织结构图

1）组织结构设置原则

（1）任务与分工相适应的原则

任务是分工的依据，根据任务要求配备与任务相适应数量的人员，合理分配每个人的工作量，职责明确，同时注意各个岗位之间的协调性。分工是基础，协作是关键，只有这样才能获得较高的工作效率和较强的应变能力。

（2）分级与授权相结合的原则

组织机构等级划分主要是确定合理的管理层次与管理幅度。管理层次是指行政指挥系统分级管理的各个层次。根据管理层次的多少可以将组织结构分为锥形组织结构、金字塔形组织结构和扁平式组织结构，其中扁平式组织结构是组织结构发展的主要潮流趋势。管理幅度是指管理人员直接有效领导下属的人数，餐饮企业管理跨度一般为 5~12 人。在组织规模一定的前提下，管理层次与管理幅度成反比关系。

餐饮服务具有生产与消费同时进行的特点，主要是通过服务人员与顾客面对面的接触完成，在这个过程中会出现多种因素影响服务质量。授权一方面可使管理人员能够在不断变化的环境中主动处理各种问题；另一方面有助于一线服务人员利用相应的权限进行及时有效的服务补救工作，以保持服务质量的稳定性。

（3）责权利相等的原则

组织内部专业分工程度要同生产接待能力相协调。对每个员工而言，要承担相应的岗位职责，首先要具备与工作任务相适应的专业水平和业务能力；其次要拥有与岗位职责相当的权利，并享有与所承担岗位职责相当的权益，才能够保证所承担任务的顺利完成；同时责权分配不能影响各级管理人员之间的协调与配合，否则会直接影响正常组织机能的发挥。

2）餐饮部组织结构一般模式

各个酒店餐饮部组织结构不尽相同，但有些组成部分是相同的。这里仅根据酒店规模大小列出酒店餐饮部组织结构设置的一般模式。

（1）大中型酒店餐饮部组织结构图

大中型酒店餐饮部组织机构一般具有规模大、业务种类繁多、体系复杂的特点（见图7.1）。

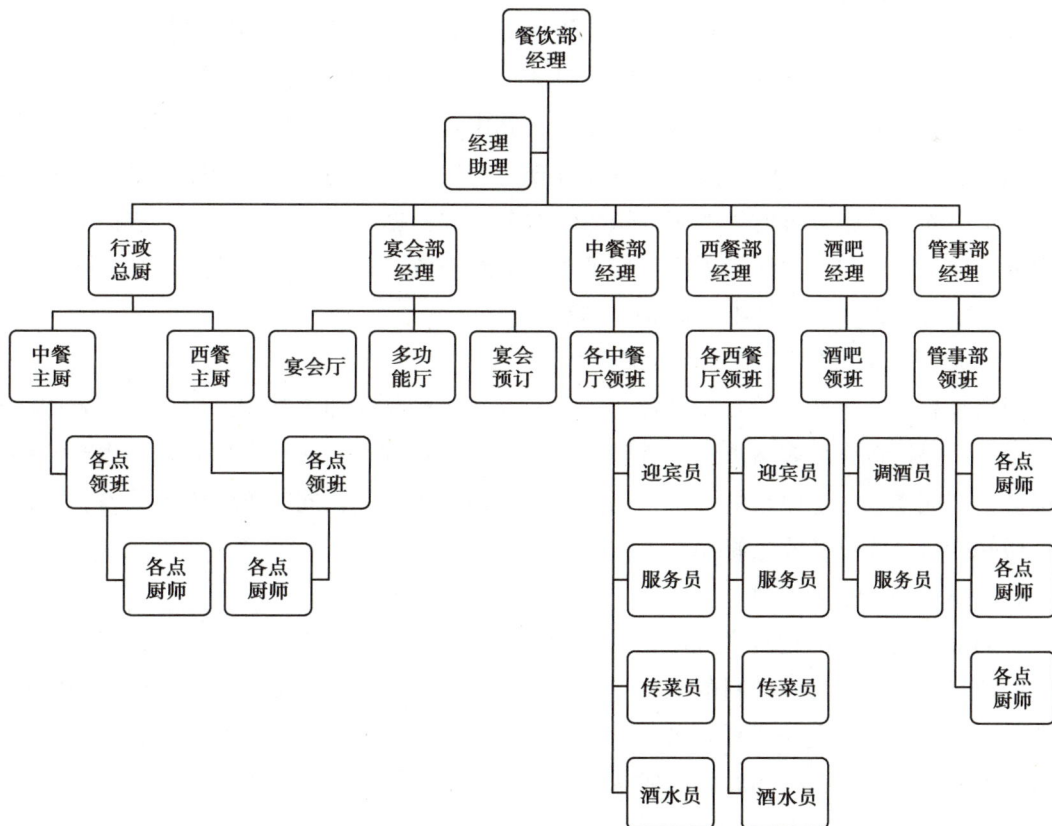

图7.1 大中型酒店餐饮部组织结构图

（2）小型酒店餐饮部组织结构图

小型酒店餐饮部组织结构具有相对规模小、体系简单的特点（见图7.2）。因为业务量相对较小，因此除了设置最基本的采购部、厨房部和餐厅部来完成原料采购、产品生产与餐厅销售等任务之外，并无过多的部门与人员设置。

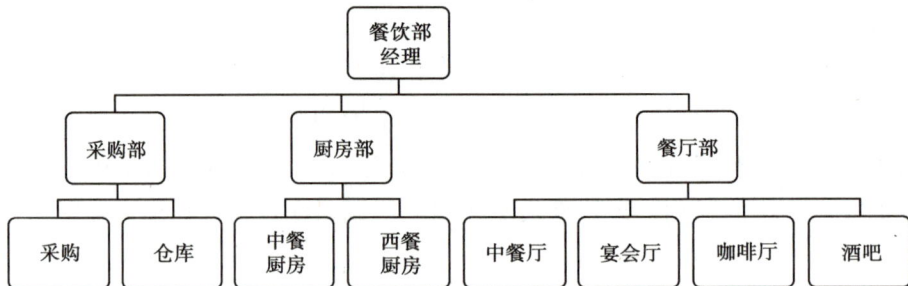

```
                    餐饮部
                    经理
        ┌─────────────┼─────────────────┐
      采购部         厨房部              餐厅部
     ┌───┴───┐     ┌───┴───┐    ┌────┬────┬────┬────┐
    采购   仓库   中餐   西餐  中餐厅 宴会厅 咖啡厅  酒吧
                  厨房   厨房
```

图7.2　小型酒店餐饮部组织结构图

3）餐饮部主要机构的职能

（1）餐厅的主要职能

餐饮部中餐厅一般设有零点餐厅、风味餐厅、海鲜餐厅、自助餐厅等类型的餐厅，其中零点餐厅是最普遍、使用频率最高的餐厅。西餐厅一般包含扒房、咖啡厅、自助式餐厅、旋转餐厅、酒吧等，其中扒房是西餐厅中规格最高的餐厅。根据所提供菜肴的种类及其服务方式可分为法式服务、英式服务、俄式服务、美式服务、欧陆式服务等类型。

餐厅是提供食品饮料及就餐服务的场所，其中食品和饮料是物质基础，就餐服务是完成职能要求的保障。餐厅的主要职能具体表现为：按照既定的标准和程序，以熟练的服务技能、耐心周到的服务态度为顾客提供餐饮服务，并根据不同顾客的不同需求提供个性化的服务；加强宣传与加大促销力度，保证餐厅的经济效益；合理控制费用开支，降低经营成本；做好餐厅设施设备的维修保养工作等。

（2）厨房的主要职能

厨房是餐厅的生产部门，主要负责菜肴、面点等产品的加工制作。厨房的主要职能具体表现为：提供符合顾客需求的菜肴和面点；控制原料成本，通过合理有效的生产流程管理降低生产成本，杜绝原料的浪费；提高菜肴和面点的质量，同时不断创新菜肴，扩大销售；做好厨房设施设备的维修保养工作等。

（3）采购部的主要职能

采购部是餐饮部的物资供应部门。采购部的主要职能具体表现为：根据厨房生产所需原料的数量和质量，做好原料的采购工作；验收符合采购规格的原料，并做好原料的储藏保管工作；按照规定发放原料到各个生产厨房，控制原料发放的数量和成本；进行储藏室储藏原料的盘点工作，控制原料的成本与周转率；做好相关设施设备的维修保养工作等。

（4）宴会部的主要职能

宴会部通常拥有多个不同规格的宴会厅，是餐饮部重要的创收部门。宴会部的主要职能具体表现为：宣传、销售各种类型的宴会产品，并承担相应的服务工作；控制宴会产品的成本与费用，增加收益；做好相关设施设备的维修保养工作等。

（5）管事部的主要职能

管事部是餐饮部的后勤保障部门。管事部的主要职能具体表现为：提供餐饮部所需的设施设备与餐具用品；清洁一般餐具与厨具，并负责银器等高档餐具的清洁与维修保养；负责餐饮部后台区域的清洁卫生工作；收集和处理餐饮部生产与经营过程中产生的垃圾；控制餐具的损耗，降低成本；做好相关设施设备的维修保养工作等。

7.2 酒店餐饮生产管理

7.2.1 原料采购与供应管理

1）原料采购管理

原料采购主要是指根据餐饮部生产经营的需要，以适当的价格购买到符合餐饮生产所需的原料，包括订货和采购两个环节。

订货是根据餐饮部的生产需要量、库存要求、质量要求、价格要求，供应商的实际条件，再综合其他方面影响因素确定需要购买的原料及其数量的过程。采购是依据订货信息而实施的购买行为。因此，采购才是餐饮部日常运作真正意义上的第一个环节，具有非常重要的作用，其过程运行的好坏将影响到资金使用率的高低。如采购的原料太少会导致库存不足，从而影响正常的餐饮生产的需要；但若采购得太多就会造成库存积压，不仅会带来库存管理方面的压力，影响原料的使用质量，而且还会使得资金周转速度太慢，加重酒店的成本负担。

因此，为了合理完成采购任务，餐饮部需要制订科学合理的采购运作程序，建立严格的采购制度，选择职业道德水平高、业务能力过硬的采购人员，综合考虑选择供应商，同时采用一套有效的方法来管理采购原料的质量与数量。在这个过程中还有一点是非常重要的，就是对采购价格的管理和控制，价格过高会失去对原料成本的控制，价格过低则会影响原料的质量。酒店可以通过制订采购预算、规定购货渠道和供应单位、控制大宗和贵重原料的采购权等方式来控制价格或降低价格，既保证原料的质量，又实现对原料成本的控制。

2）原料验收管理

验收是餐饮管理和成本控制中不可缺少的重要环节，验收的过程就是对采购的原料的数量、质量、价格等方面进行检查核对的过程，不仅关系到厨房生产的菜肴和面点的质量，而且还对生产成本的控制产生直接影响。因此，建立合理的验收体系，规定验收程序和要求，选择合适的验收人员并使用有效的验收方法，对验收加以控制管理是必需的。

（1）建立合理的验收体系

验收部门的设立依据是酒店规模及餐饮部的生产要求。一般大型酒店设有专门的验收部门，中型酒店仅有专门的验收人员，而小型酒店的验收工作往往由厨师长或餐厅经理亲自承担。在不同规模的酒店中，验收部门在隶属关系上也不相同，常见的方式是验收部门隶属于酒店餐饮部。而严格来讲，验收部门应独立于餐饮部之外，验收人员应独立于采购部门之外，这样才能避免因采购与验收为同一部门、同一人员而造成的对采购工作控制的失败。

（2）选择合适的验收人员

验收人员首先应具备较高的业务素质，对验收工作感兴趣，原料知识丰富，同时还要有较高的道德水平，诚实、敬业。选择验收人员最好的方法是从储藏室员工、食品和饮料成本控制人员、财会人员和厨房工作人员中挑选。这些人员有一定的食品知识和经验，并且往往愿意通过从事验收工作积累管理工作经验。验收人员的工作极为重要，在许多国外的酒店、餐馆里，验收人员的地位和工资级别与部门经理相同。另外，酒店和餐饮部门还应制订相应的培训计划，对所有验收人员进行定期或不定期的相关培训，提高验收工作的水平。验收人员必须谨记一条规则：未经管理人员同意，任何人无权改变采购规格。

（3）按照验收规范进行验收

验收程序规定了验收工作的工作职责和工作方法，可使验收工作规范化，而且按照程序进行验收有利于养成良好的验收习惯。合理的验收程序是验收高效率的保证。

酒店一般设有验收处或验收办公室，其位置一般在酒店的后门或边门，要有足够的空地，这样送货车开到后门就可以看到验收处，便于验收。

验收部还要有适当的验收设备和工具，如磅秤、直尺、温度计、小起货钩、纸板箱切割工具、铁榔头、铁皮条切割工具、起钉器、尖刀以及足够数量的公文柜等。各种计量工具须不定期校准，以保持其精确度。验收工具需不断更新以提高验收效率，如有一种能记录的磅秤，可将货物的准确重量印在发票或收据上面，不仅可以节省人力，还可以减少手记的错漏。

另外，管理人员还应不定期检查验收工作，一方面表示对验收工作和验收人员的关心与重视；另一方面复查货物的重量、数量和质量，及时发现问题并解决问题。

3）原料储存管理

验收的下一步工作就是原料的储存保管。由于库存原料种类繁多，并且不同原料对储存条件的要求各不相同，同时还要完成大量原料出入库管理工作，因此，原料储存管理工作具有不稳定性、难以控制和高要求等特点。

（1）合理规划原料储藏区

首先，储藏区与厨房、验收处的布局要合理，尽可能减少搬动距离，减少人流量与进出库房次数，减少物流的拥挤，以便及时向各个生产点供应各种原料。

其次，储藏室面积不能过大，也不能过小。面积过大，会增加能源和维修保养费用，容易存货过多，增加安全保卫的难度；仓库面积过小，会使得原料存放混乱，不易整理，增加仓库清洁工作的难度。一般情况下，可根据餐饮部的规模、菜单特点、客流量、原料市场的供应状况、采购方针及订货周期等因素来确定仓库的面积。

（2）准确把握不同类型库房的储存条件

一般酒店餐饮部都设有干藏库、冷藏库和冻藏库等库房类型，在温度、湿度、光线、通风、清洁卫生等方面都有不同的要求。如温度要求方面，干藏库房一般不需要供热和制冷的设备，最佳温度为15~20 ℃；冷藏库的温度一般在4 ℃以下，这种温度下细菌的活动能力较弱，冷藏就是利用低温抑制细菌繁殖来延长食品的保存期限，提高保存质量；冻藏库的温度应在−18 ℃以下，而且温度要稳定，需要提醒的是冻藏原料的保存期也不是无限期的，一般不宜超过3个月。

4）原料发放管理

原料供应主要是指将按要求采购回来并通过验收程序验收下来的原料发放给厨房使用的过程。供应的原料一部分为采购当天直接发放到厨房的原料，即直接进料的发放；另一部分为根据领料单从库房发放到厨房的原料，即储藏室原料的发放。

直接进料的发放是指经验收合格后的原料直接发到厨房用于生产，并不经过储藏室储存这一环节。大多数原料为新鲜蔬菜、奶制品及其他不易储存的原料，而且基本会在进货当天被消耗掉。

储藏室原料的发放有两个基本要求：定时发放和凭单领料。定时发放即酒店餐饮部规定固定的领料时间，这样既节省了领料的等待时间，也不耽误库房管理人员的正常工作，有充分的时间整理、检查各储藏室和各种原料的储存状态。凭单领料是指依据领料单进行原料发放的一种管理方法。使用领料单可以准确记录并控制由储藏室向厨房发放原料的数量和金额，在控制各个储藏室的库存量、核算各个厨房的食品成本及控制领料数量等方面发挥了极其重要的作用。

7.2.2　厨房组织与生产管理

1）厨房组织管理

（1）厨房组织机构设置管理

厨房组织机构设置因厨房的规模、风格、档次、位置和经营方针的不同而有所不同。小型酒店餐饮部的厨房因为规模小、业务量少、组织机构设置简单，仅包括一个可进行菜肴加工、烹调及面点制作的综合型厨房，通常只设一名厨师长负责厨房的整体管理工作，整个厨房的生产一般由两到三名主要厨师完成。中型酒店餐饮部的厨房虽然规模比小型酒店的厨房要大，但通常也只设一名厨师长负责厨房的整体管理工作，按照菜点加工程序分成若干个作业区及作业区领班，有的中型酒店还配有西餐厨房及相应的岗位和人员设置。大型酒店餐饮部的厨房规模大、结构复杂，通常会设厨房中心办公室，负责指挥整个厨房系统的生产运转，由行政总厨承担厨房的整体管理工作，各厨房的厨师长负责所在厨房的日常管理与生产工作。

（2）厨房的设计与布局

厨房的设计与布局是厨房管理的重要环节。厨房设计主要是确定厨房的规模、形状、建筑风格、装修规格及与其他部门之间的关系。厨房布局主要是合理安排厨房设施设备的平面位置和空间位置。厨房的设计与布局都是为了保障厨房生产的顺利进行及厨房工作人员工作的高效与安全。

①厨房的设计

厨房设计中首先要确定的就是厨房的位置和面积。

厨房的位置一般根据酒店设施总体规划而确定，但绝大多数都选择将厨房设在建筑的底层，这样可以很大程度上减少货物与人员的移动距离，降低厨房事故发生的概率，同时还有利于节省水、电、气等能源的消耗。

厨房面积不仅包括原料加工、烹调等区域，还包括原料采购、验收、储存仓库及垃圾处理、更衣室、办公室等区域。厨房的面积根据不同酒店等级、规模、地理位置、经营特色来确定，有多种方法：可以根据餐位数估算厨房面积，如供应正餐的餐馆比自助餐厅每一餐位所需的厨房面积要大，因为自助餐厅相对供应量更大；可以根据餐厅面积确定厨房面积，如中餐餐厅由于烹调方法与程序比较复杂，厨房面积一般为餐厅面积的40%~50%，而西餐餐厅这一比例则为30%~40%；还可以根据就餐人数估算厨房面积，若厨房供应餐数越多，则每一餐位所需厨房面积就越小。

②厨房内部环境设计

厨房内部环境设计就是对厨房工作环境的规划与安排，主要是对温度、通风、湿度、照明、噪声、气味、地面状况、美感和色调等环境因素的设计。

厨房天花板高度应适当，既能保证空气的流通，又便于生产操作与开展清洁卫生工作；厨房地面一般要求耐磨防滑，不吸水，不沾油腻，地面平整易清扫，另外还要有助于对地面积水的处理；厨房是高湿、高热的地方，一定要采用科学合理的通风方法，保持厨房室内理想的温度和湿度；厨房照明要充足，否则会影响员工的视线，降低工作质量，甚至还会导致工伤事故的发生；另外，还要注意对厨房产生的气味和噪声的处理，避免对周围的环境造成污染；在废水排放系统的设计上要考虑到大块食物和油污堵塞等状况。

③厨房布局

厨房的作业区是由若干个工作岗位的作业点组成。作业点是厨房布局的最基本单位，各工作岗位所需作业点的多少，取决于工作岗位的工作量。作业区和工作岗位的布局应结合设备的安排，既要考虑作业区场地的形状、大小，设备的情况，又要考虑人体伸展的限度和节省作业动作，同时还要注意生产时原料和菜品的流向。

通常厨房布局有直线形、L形、U形、走廊形等基本模式，或者根据厨房空间具体情况结合使用以上几种基本模式。其中直线形是指把所有的工作区都安排在一面墙上，节省空间；L形是将清洗、配膳与烹调三大工作中心依次配置于相互连接的L形墙壁空间，这种布局使用较为普遍；U形是指工作区共有两处转角，和L形的功用大致相同，空间要求较大；走廊形是将工作区安排在平行的两面墙上，一般是将清洁区和配膳区安排在一起，烹调区则单独放在另一边。

2）厨房生产管理

依据菜品生产流程，通常把与厨房生产直接相关的空间分为以下3个区域：

（1）原料粗加工区

主要包括工作台和水池。西餐烹饪的粗加工部分很小，因其原料采购进来时已经完成粗加工。中餐烹饪所需的粗加工区比较大，但是随着食品供应质量的提高和配送中心的发展，中餐厨房的粗加工区的面积有所缩小。

（2）原料精加工区

精加工即切配，分为蔬菜加工、肉类加工和糕点加工。厨师根据定好的菜单进行配料、切制加工，为下一步的烹调做好准备工作。

（3）烹饪区

烹饪是菜品加工的最后一道工序。菜品的质量不仅受到原料的影响，而且还与厨师的烹饪技能密切相关，也会对餐厅产品的销售和服务的提供产生直接的影响。

3）厨房卫生和安全管理

（1）厨房卫生管理

厨房卫生管理包括原料卫生管理、厨师卫生管理、设施设备卫生管理和环境卫生管理。由于餐饮产品关系到顾客的饮食健康，因此，卫生是餐饮生产的核心问题，也是顾客选择餐厅首先要考虑的因素。

①原料卫生管理

原料卫生是厨房卫生管理的重点，需要从原料的采购、验收、储藏保管等环节抓起。禁止采购"三无"（无质量合格证、无生产厂家、无生产日期）原料，拒绝接受不合格的原料，同时采用科学合理的方法储存保管原料，以保证原料的质量。

②厨师卫生管理

厨师卫生管理包括两个方面：一方面是厨师的个人卫生管理。厨师是一线生产人员，必须持健康证上岗，做好日常个人清洁工作，规范使用工作制服，勤换勤洗，同时酒店还应经常进行卫生知识的培训，每年做一次体检，提高厨师的卫生意识和卫生质量；另一方面是厨师生产操作的卫生管理。厨师及管理人员要熟练掌握鲜活原料、冷冻原料及易腐败原料等的处理方法，建立各种刀具、厨具、其他相关用具等卫生用品的使用细则，尽量减少从原料到成品过程中人为的卫生影响。

③设施设备卫生管理

设施设备卫生管理主要是要做好厨房设施设备的清洁、消毒工作。对厨房的加工设备如砧板、绞肉机等，烹调设备如烤箱、炉灶等进行及时清洗、消毒；冷藏设备定期除霜、除冰，清理污物，保证卫生和制冷效果；还应正确和规范地清洗、储藏餐具。

④环境卫生管理

环境卫生管理主要是指对厨房生产场所的墙壁、天花板、地板、通风、照明等厨房内部环境，洗手设备、更衣室和洗手间及垃圾处理设施等后台设施方面的卫生管理。

（2）厨房安全管理

厨房员工每天工作中都要接触各种带有一定安全风险的因素，如明火、滚烫的油锅、因油腻而打滑的地面、蒸汽等，因此需要消除安全隐患、提高安全意识，避免厨房安全事故的发生。

厨房常见的安全事故有烧烫伤、跌撞伤、切伤、扭伤、砸伤、电击伤等类型。另外厨房使用明火较多，还要谨防厨房火灾的发生，需配备并定期检查消防设施。在厨房日常安全管理工作中，管理人员不仅要了解各种厨房事故发生的原因，更重要的是找到预防事故发生的方法，采取安全知识培训与实践演习等方式培养厨房员工的防灾意识与逃生技巧。

7.3　酒店餐饮营销管理

7.3.1　菜单设计与筹划

1）菜单的含义

菜单是餐厅产品销售的说明书，主要内容是菜品与饮料的种类和价格。菜单是餐厅销售活动的开始，是连接餐厅与顾客的桥梁和纽带，也是影响餐厅经营的重要因素。

2）菜单的种类

不同的餐厅使用的菜单类型不同，不同的菜单有着不同的销售作用，因此，划分菜单种类的标准与依据各种各样，这里仅介绍其中几个。

（1）根据菜单制订的政策分类

①固定菜单

固定菜单是具有一定使用周期、不常变换的菜单。固定菜单制订过程中最重要的依据就是顾客的日常消费需要，因此内容相对固定。许多中餐厅、西餐厅都有自己的固定菜单。

固定菜单内容上较为固定，为原料采购的标准化、生产操作的标准化等管理工作带来了一定的便利，并且能够较大程度上保证产品质量的稳定，有利于酒店良好声誉和口碑的形成。但固定菜单的使用也有一些弊端，如固定的内容限制了顾客的选择范围，无法满足顾客变化的消费需求；同时，固定菜单的使用虽能在一定程度上使厨师"熟能生巧"，提高其烹调技能，但也限制了厨师的生产创新，继而引发审美疲劳，降低生产的热情和积极性。

②变动菜单

变动菜单是指内容随顾客与市场变化而变化的菜单，如儿童菜单、每日特菜菜单、会议菜单、节日菜单、家庭菜单等。变动菜单的使用周期较短，没有固定模式。

变动菜单的内容经常变换，有时甚至需要为顾客量身定制。为了保证菜单上所列菜品的正常供应。首先，酒店应确定生产菜品所需的原料能够采购得到，并要求所采购的原料价格适中，质量符合生产的要求。其次，要确保厨师有相应的烹调能力，否则依然无法实现菜品的供应。另外，由于变动菜单使用时间较短，因此变动菜单的印制成本也较高。

③循环菜单

循环菜单是指一套完整的可以循环使用的菜单。与固定菜单、变动菜单不同，循环菜单不是一本或者一张，而是有一整套，可以每天使用不同的菜单，在一定周期内循环使用。这个周期可以是一周，一个月或者其他根据酒店自身情况而确定的时间段。循环菜单是咖啡厅和西餐厅经营中不可缺少的营销工具。

循环菜单介于固定菜单和变动菜单之间，兼具两者的优点与缺点，既可以充分满足顾客变化的消费需求，同时也因地制宜，可以根据原料市场供应情况充分利用原料开展市场营销活动。循环菜单由于内容繁多、数量较大，制作和印刷的成本比固定菜单和变动菜单要大。

（2）根据菜单价格形式分类

①零点菜单

零点菜单又称点菜菜单，是针对零散顾客点菜的一种菜单。零点菜单是最常见、使用最广泛的一种菜单形式，适用于各种类型的餐厅。

零点菜单中每道菜都标有明确的价格。现在制作零点菜单时，不仅每道菜都明码标价，而且有的零点菜单除标明菜品名称与价格等信息外，还附有简洁的菜品介绍，如原料组成、数量与重量、营养成分，甚至是制作方法，使顾客的选择更加清晰、具有针对性。

②套菜菜单

套菜菜单是将经过合理搭配的各种类型的菜肴以包价的形式出售的菜单。套菜菜单的价格往往比零点菜单的价格要低。

套菜菜单有普通套菜菜单、团队套菜菜单和宴会套菜菜单等类型。其中团队套菜菜单是针对团队用餐而设计的一种菜单形式，需要根据订餐标准确定内容和价格；宴会菜单需要根据宴会主办人或主办方的要求设计菜单的内容和价格。

③混合式菜单

混合式菜单是对零点菜单和套菜菜单的综合使用，兼有零点菜单和套菜菜单的优点与缺点。

混合式菜单有两种形式：一种是把零点菜单和套菜菜单上的所有内容都包括进来，一部分是零点形式，一部分是套菜形式；另一种是以零点形式或套菜形式中的一种为主，其他的菜品则采取另外的计价方式，如有些餐厅的混合式菜单以套菜形式为主，但同时欢迎顾客再随意点用其中任何主菜并以零点形式单独付款。

（3）其他菜单分类

根据菜单的内容可以将菜单分为菜单、点心单、酒水单等类型；根据就餐时间可以将菜单分为早餐菜单、午餐菜单、晚餐菜单、夜宵菜单等类型；根据就餐形式可以将菜单分为宴会菜单、团队菜单、冷餐会菜单、自助餐菜单等类型；根据就餐地点还可以将菜单分为家庭菜单、客房菜单、泳池茶座菜单等类型。

在复杂且多变的市场和竞争下，酒店餐饮唯有创新求变、坚持高品质产品和服务的输出才能在餐饮市场占有一席之地，通过对原料和菜品细节的极致追求，在菜品研发方面不断实现自我突破和创新。一般情况下，经营较好的餐厅一年的新菜研发量占全菜单量的20%~30%。

【阅读材料】

世界级美食——鹅肝的前世今生

鹅肝，因其生产复杂，价格昂贵，与鱼子酱、松露并列为世界三大美食。

在美食天堂法国，鹅肝是最让人惊叹的美食之一。法国人甚至通过了一项"鹅肝酱法案"，以立法形式确认鹅肝酱为法国的历史文化遗产，并准备像保护艺术品一样保护鹅肝酱制作手艺。尽管动物保护协会觉得这项法案荒唐透顶，但也不妨碍这道名菜将法国菜的浪漫推到极至。甚至有人表示，鹅肝是最适合女人的一道西菜。

鹅肝其实并不是法国的专利。古埃及人早就发现，野鹅在迁徙之前为了适应长途飞行，会吃大量的食物，把能量储存在肝脏里，在这个时间段捕获的野鹅味道也最为肥美。自然而然，人们想到了用强行喂食（这种方法极其残忍，一直被全球动物保护协会控诉）的办法来获取肥鹅（中国人早就用这种办法让鸭肉变得更肥美）。这个办法从埃及传到了罗马，又传到了法国。现在最著名的鹅肝出自法国西南部和东北部的斯特拉斯堡，美食家们仍在为哪个地方的鹅肝更好而争论不休。因为法国不再是鹅肝的主要生产国，欧洲匈牙利、中国山东和云南都产鹅肝。

我们说"吃鹅肝"，一般指的是吃"法式鹅肝"—— Foie Gras，Foie 是肝脏，Gras 是肥的、脂肪的意思，两者一起，就是肥肝的意思。然而这里面没分鹅肝还是鸭肝，如果要分，则需在 Foie Gras 后面加上"d'Oie"（鹅）或"de Canard"（鸭）的说明，没注明就可称为肥肝。

这种顶级肥肝是鹅或鸭在饲养时，对它们强行喂食，务求 3 个月以内把它们的肝脏撑大、养肥，能比一般的鹅、鸭肝可长大至普通鸭肝的 10 倍。一个鸭肝可达到 450~550 克，一个鹅肝更达到 600~1 000 克。因为鸭吃得少长得快，鸭肝成本就更低。即使在法国，真正的鹅肝也不多，餐厅的肥肝里鸭肝占到 97%。

像葡萄酒分级一样，鹅肝也有分级。它分两级：最高级的一种是整鹅肝（Foie Gras d'Oie Entier），关键字在"Entier"，法文"整体"的意思。顾名思义，这种肝来自一只或最多两只鹅的整肝片，品相最好，可整只出售。第二级入门款则是名副其实的鹅肝"块"（Bloc de Foie Gras d'Oie），关键字在"Bloc"，混多只鹅肝而成，求品质恒定。另外还有一个特殊称谓为"Truffeé"，加入了至少 3% 的松露。

法国鹅肝的吃法很多。最常见的就是煎鹅肝，通常是用小火微煎后，佐以波特酒或深色的酱汁。在小火微煎鹅肝时，厨师只能将鹅肝翻一次面，这样能充分保证肉质的鲜嫩和营养。另一种吃法需要经过"特殊处理"，这种混合了别的材料的鹅肝通常在煮熟后冷却，再切片成冷盘，也可淋上调味酱汁享用。

中国餐桌上鹅肝的吃法更加简单，配糯米饭好像就很绝美。整鹅肝的淡雅持久的香气合着糯米的清香，再配上一杯香槟，简直完美！

贴心 TIPS：

1. 在商店买即食的鹅肝时，如果罐头上写的是"慕思"（Mousse）或"鹅肝泥"（Crème de Foie Gras），这就不是纯鹅肝。要吃纯鹅肝，你得挑"鹅肝块（Bloc de Foie Gras d'Oie）"。

2. 关于鹅肝是不是健康的问题，据制作鹅肝的人说，鹅肝里含量较高的是不饱和脂肪（人体不可缺少的脂肪酸），据说对心脏也有好处。当然，一切都要适可而止。

资料来源：搜狐网．（有删减与改编）

3）菜单设计的依据

（1）目标消费群体的需求

要做好菜单的设计和制作，必须从目标市场消费群体的需求出发。调查了解目标消费群体的需求是菜单制作的起点，具体包括了解目标消费群体的消费层次、饮食偏好、生活习惯、风俗禁忌、支付能力、距离远近、交通状况、停车要求等。只有这样，菜单设计与制作才能与目标市场消费群体的需求相适应，才能收到良好的营销效果。如零点菜单、宴会菜单、客房菜单、老年菜单等因面对的消费群体不同，需要进行不同的设计与安排。

（2）原料的供应

原料的供应是菜单设计与制作的前提和基础，只有采购到所需要的全部原料才能进行真正的生产销售。原料的供应不仅关系到菜品的种类，而且还会对菜品的价格产生影响。一般市场上供应的原料种类越丰富，菜单内容及价格的选择与调整余地越大。随着现代种植技术的发展，原料的供应得到了很好的保障，为餐饮经营与市场竞争力的提高提供了一定的物质基础。

（3）生产人员的技术力量

菜单在餐厅的营销活动中起着桥梁和纽带的作用，联系着顾客的需求和餐厅产品的供应。厨房生产人员的技术能力直接关系到一道菜品能否列入菜单，同时在菜单上列出的菜品都有可能被顾客购买，这都要求厨房生产人员要有一定的烹调能力。生产人员的烹调技能直接关系到餐厅的形象和声誉，所以有时会出现厨房人才"一将难求"的局面。餐饮产品最突出的特点就是菜品的"味道"，这既是生产人员烹饪能力的集中体现，也是酒店体现实力、稳定客源、带来回头客的关键所在。

（4）成本和价格的确定

菜单上的菜品是一种为销售而生产的商品，设计菜单时要从生产与销售两方面考虑菜品的成本和价格。成本消耗直接影响菜单的产品定价，而价格的高低又会影响餐厅客源的多少。若菜单价格过低，接近甚至低于成本，必然影响餐厅的盈利水平；但若菜单脱离成本制订的价格过高，又会降低市场竞争能力，严重影响客源。所以成本和价格也是菜单设计制作的重要依据之一。餐饮经营者必须及时准确地掌握当地市场的物价水平，并对未来一段时间内的市场发展趋势进行一定的预测，在此基础上合理制订菜单价格，才能收到良好效果。一份设计优良的菜单必须做到花色品种和产品价格始终协调，才能保持餐厅的竞争力。

（5）食品营养和花色品种的搭配

食品营养和花色品种搭配是菜单设计的中心环节之一。菜单设计与制作时不仅要考虑花色品种的数量，也要注意食品营养的合理搭配。花色品种既不能过多也不能过少：过多会给供应保障带来压力，过少又无法满足顾客的不同需求。注重营养搭配是现代餐饮市场消费的一个特征，要求餐饮从业人员具备丰富的食品营养知识，以便有效地制作菜单及向顾客推荐菜品，提高餐厅的服务质量与市场竞争能力。

4）菜单设计主要考虑的因素

现代餐厅菜单既是推销餐饮产品的广告，又是传播饮食文化、引导时尚美食、图文并茂的艺术作品。为此，菜单设计应该综合考虑外观设计、图案选择、纸张运用、外观形式、菜单内容、菜品照片配制、文字说明和印刷装帧等各个方面，做到设计合理、印制精美。

菜单内容要完整，包含菜品的名称和价格、菜品介绍、菜品推销、告示性信息（如加收服务费用），以及餐厅营业的时间、地址与联系方式等信息。

菜单形式要多种多样，与餐厅经营规模、档次、目标顾客、就餐环境等因素相一致。

菜单尺寸要适中，过大或者过小都会影响顾客阅读，一般23厘米×30厘米为理想尺寸。

菜肴名目的编排要合理，疏密得当，图片精美，色彩协调，文字精练，最大限度地激发顾客的食欲。

另外，在菜单制作中还有一些其他的注意事项，如菜单上字体不能过小，避免菜单上有涂改过的痕迹（尤其是价格），纸张选择要注意质量等。

7.3.2　餐饮服务技能与方法

1）餐饮服务的基本环节

（1）餐前准备

餐前准备主要包括整理餐厅、准备物品、正确摆台、调节室温与灯光等工作。整理餐厅就是要做好餐厅的全面清洁工作，整齐摆放桌椅，确保工作台台面清洁和物品摆放整齐有序。物品的准备主要是指准备好开餐用的餐具、酒具、茶具、其他服务用具等。餐前的准备工作还包括按照所供应的餐别（如午餐、晚餐等）或约定好的规格摆好餐台，以用餐顾客感到舒适为标准调节好室内的温度与灯光，并要环视整个餐厅，感受整体效果，及时弥补发现的问题。服务人员要整理好个人的仪容仪表，按时到岗，精神饱满地迎接顾客的到来。

（2）迎宾服务

迎宾服务分为热情迎宾、引宾入座、端茶送巾等几个部分。迎宾人员首先要对顾客的到来表示热烈的欢迎，并询问是否有预订。如有预订则按照预订信息引领顾客入座，若无预订可仔细询问顾客的具体意见后再带领顾客落座，并在餐厅服务人员到来之前为顾客倒上茶水、递上香巾等用品。迎宾人员是餐厅形象的代表，是顾客对餐厅服务质量的第一印象，所以顾客与餐厅双方都对迎宾服务寄予了一定的期望。迎宾人员要对酒店的内部构造、经营特色、设施设备等信息了如指掌，在领位时要面带微笑、步态优美、步速与顾客保持协调，并与顾客进行适当交流，适时宣传推广餐厅，同时还可顺便告知卫生间等设施的位置，为顾客提供便利。

（3）就餐服务

就餐服务是餐饮服务的核心环节，包括接受点菜服务、上菜服务、席间服务等工作。顾客落座后，服务人员递上茶水和香巾后就要准备接待顾客的点菜了。点菜服务需要服务人员把握好点菜时机，并要求服务人员对菜单中的菜品能够如数家珍，了解菜单上菜品的制作方法、分量等信息，以便随时应对顾客的问题。如若服务人员对餐厅菜品知之甚少或者一问三不知，不仅会影响菜品的销售，还会有损餐厅的形象与声誉。上菜服务要求服务人员了解顾客饮食习惯与禁忌，如香港人爱喝煲汤，节食的顾客偏好低热量的食品，印度人不吃牛肉，欧美人一般不吃动物内脏、狗肉、蛇肉等。分菜时尽量避免汤汁弄脏顾客的衣服或者桌面，更换骨碟或者其他餐具时应在服务标准的指导下具体情况具体应对。总之，就餐服务是对餐厅服务质量的全面展现，需要服务人员精神集中，全程密切关注，灵活应对。

（4）餐后结束工作

餐后结束工作是在顾客就餐结束后进行的工作，包括了收款、拉椅送客、收台检查、清扫餐厅、整理桌椅、清洗与消毒餐酒具、按规定存放餐酒用具等内容。服务人员要在顾客示意结账后按照规范提供结账服务，并在顾客就餐全部结束后对其光临表示感谢，欢迎其再次光临，提醒顾客不要忘带随身物品。若顾客离开后发现有遗落物品应及时联系并送还给顾客或交给餐厅经理处理。等顾客离开后，服务人员要开始整理与清洁工作，并将餐具送到清洁区域进行清洁、消毒，将所使用的酒具按照规定进行存放，并按照规范重新摆好餐台，迎接下一批顾客的到来。

2）餐饮服务的种类

（1）零点服务

零点服务是指针对零星而来就餐的顾客所提供的一种服务形式。零点服务具有顾客就餐时间不统一、要求多种多样、客流量变化较大等特点，包括餐前准备、迎宾服务、就餐服务和餐后结束等服务环节，是餐厅日常工作的主要内容，也是酒店最基本、最频繁、最大量的日常工作，对服务人员的知识储备、身体体能、应变能力等方面都提出了较高的要求。

（2）中餐服务

中餐服务是指对中式餐食提供的服务，其基本流程与零点服务相同，但因中国地域广大，民族众多，各地中式服务各有特色。现在的中餐服务以中国传统的餐饮服务、地方特色的餐饮服务为基础，形式上不断创新，内容上不断丰富，同时还结合了法式服务、俄式服务、美式服务和英式服务等西餐服务方式的优势，展现了现代中餐服务的魅力，也是20多年来酒店餐饮文化和市场蓬勃发展的见证。

（3）西餐服务

①法式服务（French style service）

法式服务是一种十分讲究礼节的服务方式，常见于法国餐厅，服务周到、节奏较慢、用餐费用昂贵是其典型特点。法式服务的目的就是让顾客享受到精制的菜肴，尽善尽美的服务和优雅、浪漫的情调。由于法式服务要用到服务小推车，因此又被称作"推车服务"。

a. 服务人员及其分工。

法式服务一般由两名服务人员，即一名服务员和一名服务员助手同时为一桌顾客服务。服务员的任务是：接受顾客点菜点酒，为顾客斟酒倒水；在顾客面前即兴烹制表演或者分割装盘，以烘托餐厅气氛；递送账单，结账收款；等等。服务员助手的任务是：将点菜单送到厨房；用推车把厨房准备好的餐盘送到餐厅；准备客前烹制餐车并协助服务员进行现场烹调；把服务员烹制好并已装盘完备的菜肴端给顾客；听从服务员的吩咐收拾餐台与餐具；等等。

b. 就餐服务。

传统的法式服务相当繁琐，如顾客用完一道菜后必须离开餐台，让服务员清扫完毕后再入席享用下一道菜，不仅耗时，而且餐具的使用与食品浪费都很大，现已不常见。

现代法式服务的做法是将菜品在厨房全部或部分烹制好，用服务小推车送到餐厅，由服务人员在顾客面前完成菜肴的最后一道烹调加工程序（这种加工往往都带有表演性质），然后切片装盘由服务员助手端给顾客，如恺撒色拉就是服务员在顾客面前制作并装入色拉木碗后端给顾客。在法式服务中，除面包、黄油、色拉和其他配菜是从顾客的左手边送上之外，其他食品饮料一律用右手在顾客的右侧送上或撤下餐桌。

c. 优点与缺点。

法式服务是一种最为讲究礼节的豪华服务，具有表演性质的烹调、切割与装盘等服务最能吸引顾客的注意力，服务周到，使每个顾客都能得到充分的照顾。

法式服务的缺点也比较明显，如需要准备大量的贵重餐具，餐车或旁桌的使用使得餐厅的空间利用率很低，进餐节奏缓慢降低了餐厅座位的周转率，需要较多的经过培训的专业服务人员，人工成本高。

②俄式服务（Russian service）

俄式服务是全世界高级西餐厅中最大众化、最受欢迎的服务方式，主要用于西餐宴会，尤其是大型宴会。俄式服务的特点是讲究礼节、风格雅致、注重实效、服务人员的表演较少。因需使用大量的银质餐具，俄式服务又被称作"银式服务"。

a. 服务人员及其服务。

俄式服务一般由一名服务人员完成整套服务程序。俄式服务中盛入大银盘的菜肴与热餐盘都是在厨房事先准备好的，服务员从厨房将其取出，用右手将热的空盘按顺时针方向从顾客的右侧依次摆放。将盛装菜肴的大银盘让顾客观赏后，左手托盘，右手持叉勺，从顾客的左侧按逆时针方向分派菜肴。派菜时要避免浪费与不足，灵活把握，每分一道菜要更换一付清洁的叉勺。汤类菜肴可盛放在大银碗中用勺舀入顾客的汤碗里，也可以盛在银杯中，再从杯中倒入汤碗。

b. 优点与缺点。

俄式服务每桌仅需一名服务人员，节省人力；省去了表演性的烹调环节，服务速度较快，餐厅的空间利用率高；大量银质餐具的使用充分显示了其讲究礼节、优雅精致的特点；服务过程能够使每位顾客都得到周到的服务，分菜后多余的食物可以回收，减少了浪费。

俄式服务最明显的缺点是需要投资购买各种银质餐具，如果使用和保管不当会影响餐厅的经济效益；俄式服务中需要分菜，分派到最后一位顾客时，盘子所剩菜肴并不美观，会在一定程度上影响顾客的食欲。

③美式服务（American style service）

美式服务是一种简单、快捷的服务方式，广泛用于咖啡厅、西餐厅和西餐宴会厅。由于美式服务中食物都是厨房人员烹制好并装盘，由服务员直接送给每位顾客，所以美式服务又被称作"盘子服务"。

a. 服务人员及其服务。

美式服务一般由一名服务员完成整套服务程序。菜肴由厨师在厨房中烹制并装盘，服务员用托盘将菜肴从厨房运送到餐厅的服务桌上，在顾客的右侧用右手按顺时针方向上菜与斟酒倒水、撤换餐盘等。

b. 优点与缺点。

美式服务简单明了，快速高效，餐厅空间利用率与座位周转率都较高；一名服务员可以照看多张餐台，人工成本很低，有利于用有限数量的服务人员为数量众多的顾客提供服务，但这样也使得美式服务中每位顾客得到的照顾较少。

④英式服务（British style service）

英式服务也称家庭式服务，主要适用于私人宴席。

英式服务中服务员从厨房将烹制好的菜肴传送到餐厅，由顾客中的主人亲自动手切肉装盘，并配上蔬菜，服务员把装盘的菜肴依次端送给每一位顾客。服务员有时要帮助主人切割食物，因此要有熟练的切割技术和令人满意的装盘造型技巧。调味品、沙司和配菜都摆放在餐桌上，由顾客自行拿取或相互传递。

英式服务的许多服务工作由顾客自己动手，因此大大节省了人力。虽然这种家庭式的就餐形式气氛很活跃，但节奏较慢。

⑤大陆式服务（Continental service）

大陆式服务是一种融合了法式、俄式、英式、美式等服务方式的服务，因此又被称作"综合式服务"。许多西餐宴会都采用这种服务方式。

大陆式服务中，通常用美式服务上开胃品和沙拉；用俄式或法式服务上汤或主菜；用法式或俄式服务上甜点。但不管采用何种方式，都必须遵循方便顾客用餐、方便员工操作这两个原则。

餐厅根据菜肴的特点选择相应的服务方式，如西餐零点餐厅多以美式服务为主，但也可根据点菜情况在顾客面前烹制青椒扒，配制魔鬼咖啡或爱尔兰咖啡，用法式服务来点缀菜肴，烘托整个餐厅的气氛。

⑥自助餐服务（Buffet service）

自助餐是顾客进入餐厅支付一餐的费用后，在预先布置好的食品台上自己动手拿取，然后回到座位上用餐的一种服务形式。许多酒店的咖啡厅早餐、午餐多采用自助餐的服务形式。

自助餐服务中服务员的工作主要是做好餐前布置，用餐过程中只需提供如斟倒酒水、撤换餐盘、结账等简单的服务即可。自助餐和各种冷餐会的用餐方式日趋流行，其中有两个原因：一是食品台上的菜肴丰富、装饰精美、价格便宜，人们只需花少量的钱即可品尝到品种繁多、各具特色的菜肴。二是就餐速度快，餐位周转率高，顾客进入餐厅后，无需等候，符合现代社会工作方式和生活方式快节奏的要求。

3）餐饮服务基本技能

做好餐饮服务工作要求服务员掌握多种技能。通常餐饮服务基本技能包括 6 个方面：托盘、摆台、折花、斟酒、上菜、分菜。这些基本服务技能都有特定的操作方法、程序和标准，需要服务人员勤学苦练，在熟练掌握基本服务技能做到规范化和标准化的基础上，提供优质的个性化服务，提高餐厅服务质量。

（1）托盘

托盘是餐厅服务人员运送食品、酒水、餐具等各种物品的基本工具。正确使用托盘是餐厅服务人员必须掌握的一项基本操作技能。托盘的使用有利于餐厅服务工作的规范化、高效化。

①种类

按照质地可将托盘分为金属（铝质、银质、不锈钢等）托盘、胶木托盘、木质托盘和塑料托盘等类型；按照形状可将托盘分为长方形托盘、圆形托盘、椭圆形托盘、异形托盘等类型；按照尺寸大小可将托盘分为大型托盘、中型托盘和小型托盘等。

②用途

大、中型的长方形托盘一般用于托送菜点、酒水和盘碟等较重的物品；大、中型的圆形托盘通常用于餐厅摆台、上菜、分菜、斟倒酒水、撤换餐具等操作；小型圆形托盘大多用于递送账单、收款找零、递送信件等物品。

③操作方法

根据所托物品的轻重，托盘的操作方法可以分为轻托和重托两种。

轻托又叫胸前托，一般用来运送较轻的物品，如少量的菜品饮料、餐具等，提供如斟酒、撤换餐具等对客服务。轻托所托的质量一般在5千克以内。

重托又叫肩上托，一般用来运送较重的菜品、餐具等。重托所托的质量一般在10千克以内。

④注意事项

托盘是餐厅规范服务的体现，所以餐厅服务人员应习惯使用托盘。使用托盘时应注意：随时调节托盘的重心，以防菜点或物品跌落；不能直接将托盘放在客人的餐桌上，或者从客人头上越过；当托盘为空时仍要保持规范托盘姿势，不要拎在手里行走；托盘不使用时应放到指定位置，不可随处乱放。

【阅读材料】

托盘的操作方法

1. 轻托的操作方法

轻托动作要求熟练、优雅和准确，操作方法如下：

①理盘。根据所托的物品选择合适的托盘，清洁托盘；若不是防滑托盘，还需在盘内垫上防滑垫。

②装盘。根据物品的形状、体积和使用顺序合理安排，以安全稳当和方便为宜，一般遵循"先用在前，后用在后，重高在内，轻低在外"的原则，要求托盘内物品重量分布均衡，重心靠近身体。

③起盘。左手五指分开，掌心向上，成中空状，右手把托盘从工作台拉出 2/3，左手伸进去托住盘底，待重心平稳后放开右手。小臂与大臂成 90° 角，平托略低于胸前。

④行走。行走时头要正肩要平，上身挺直，双眼自然平视前方，脚步轻快平稳。行走时要注意避让客人，不能将手肘靠住身体以免影响美观。

⑤卸盘。到达目的地，要把托盘平稳地放到工作台上，再安全取出物品。左手托盘，右手操作时要随时调节托盘重心，勿使托盘翻倒。

2. 重托的操作方法

重托物品一般较重，操作方法如下：

①理盘。清洁托盘后将物品合理地摆放在托盘内，重量分布均匀，托盘重心靠近身体。

②起盘。双手将托盘从工作台拉出一部分，左手伸开五指用整个手掌托住盘底，掌握好重心后用右手协助左手向上托起，同时左手向上弯曲臂肘，向左后方旋转 180°，托于肩外上方，做到盘底不搁肩，盘前不靠嘴，盘后不靠发，右手自然下垂摆动或扶托盘的前内角。

③行走。上身挺直，肩膀不倾斜，身体不摇晃，步伐平稳，步速适中，掌握重心，动作表情轻松自然。行走时托盘不能左右或前后晃动，用左臂而不是腰部支撑托盘的重量，以免影响美观。

④放盘。屈膝直腰，将托盘缓慢、平稳地放到工作台上，再进行接下来的服务操作。

（2）摆台

摆台就是按照一定的规范与要求将各种餐具摆放在餐桌上。摆台分为中餐摆台和西餐摆台，中餐摆台和西餐摆台又可分为零点摆台、早餐摆台、正餐摆台和宴会摆台等不同类型。摆台是餐厅服务中的一项重要基本技能，摆台摆得好不仅方便就餐，还能起到美化餐厅、营造用餐气氛的作用。

①中餐摆台

中餐餐台通常为圆形，摆台的一般顺序为：

a. 铺台布。铺台布时要站在副主人位，台布中缝线向上，布面平整，台布四角均匀对称。一般有两种铺台布的方法：推拉法和抖铺法（又叫撒网法）。

b. 摆放转盘。转盘中心应与餐桌中心重合，定位后还要检查转盘是否转动良好，转盘运转时应平稳无异常声响。

c. 摆放餐具。先是摆放骨碟，起到定位的作用。骨碟摆在座位正前方，离桌边 1~2 厘米，按照顺时针方向依次摆放，碟与碟之间间距相等。汤碗摆在骨碟左前方约 2 厘米处，汤勺放在汤碗内，勺柄朝左。调味碟摆在骨碟正前方，距离骨碟约 1 厘米；骨碟右侧摆放筷架，筷子放在筷架上，距离骨碟约 1.5 厘米，筷尖距离筷架 5 厘米，筷子尾部离桌边约 2 厘米，筷套店标朝向客人。红酒杯摆在调味碟正前方，相距约 1 厘米，在红酒杯的右侧摆放白酒杯，相距约 1 厘米，在红酒杯的左侧摆放水杯或啤酒杯，相距约 1.5 厘米，三杯中心成一条直线。此外，还可在骨碟左侧摆放香巾与香巾托，相距约 2 厘米；若使用牙签盅，应放在正、副主人筷子的右上方，若是小包装牙签可放在骨碟与筷子中间；在筷子的右侧摆放茶托与茶盅，相距约2厘米，距离桌边约1.5厘米。

d.其他物品的摆放。烟缸摆放4只，分别摆在正、副主人的右侧和左侧，形成一个正方形，距离转盘约3厘米；折花摆在骨碟中央或插入水杯中，观赏面朝向客人；餐椅摆放为三三两两，即正、副主人处各放3张椅子，另两侧各放两张椅子，开餐前将椅子整齐拉开围成圆形，距离桌裙约3厘米，椅背中线正对骨碟。

②西餐摆台

西餐餐台常用的有长方形、正方形、一字形、T字形等，其摆台的一般顺序为：

a.铺台布。同中餐铺台布的方法相同。

b.摆放餐具。首先用装饰盘定位，距离桌边约2厘米。装饰盘右侧，按照从左到右的顺序依次摆放主餐刀、鱼刀、汤匙、沙拉刀，刀口向左，各相距0.5厘米，刀柄离桌边约2厘米，勺面向上，汤匙与餐刀平行。装饰盘正前方，摆放甜品叉和甜品勺，间距约1厘米，甜品叉在下，叉头朝右，甜品勺在上，勺头朝左，两者平行，相距约1厘米。装饰盘左侧，按照从左到右的顺序依次摆放沙拉叉、鱼叉、主餐叉，各相距0.5厘米，餐叉底部距离桌边约2厘米。面包盘距离装饰盘约10厘米，其中心与装饰盘中心在一条直线上。在面包盘右上方摆放黄油碟与黄油刀，间距约3厘米，黄油刀中心与面包盘中心线吻合。水杯摆在主餐刀正前方约3厘米处，杯底中心与主餐刀中心在一条直线上，水杯的右下方放红葡萄酒杯，红葡萄酒杯的右下方放白葡萄酒杯，杯壁间距均约0.5厘米，3个杯子中心线与桌边成45°角。

c.其他物品的摆放。西餐折花以盘花为主；若是长条桌，还要在餐台两端、中缝线适当的位置放上蜡烛台；按照左椒右盐的顺序摆放椒、盐瓶，还有糖盅、奶壶、烟灰缸等公用物品的摆放。

③摆台的注意事项

摆台应根据就餐对象、餐饮标准、宴会性质等进行不同的台面设计。一般便餐摆台简单、灵活，正餐或较高规格的宴会摆台要求完整、突出气氛。摆台时餐具要轻拿轻放，注意卫生，骨碟要拿边沿，汤勺拿勺柄，水杯拿杯身的1/3处等；避免使用破损、有污渍的餐具。摆台结束还应进行最后的台面观察，要求餐具间距均匀、色彩协调、整齐美观、清洁卫生、取拿方便。

（3）折花

①餐巾的用途

餐巾又称口布，是供顾客进餐过程中使用的、具有保洁作用的布巾。餐巾不仅有清洁卫生的作用，而且可以折成各种花型，以美化席面、增加用餐气氛，在宴会中还可用折花突出主宾或主桌的位置。

②折花的种类

按照属性可将折花分为动物类、植物类和其他类型。动物类包括飞禽、走兽、昆虫、鱼虾等类别；植物类多为花草、蔬菜等类别；其他类型中包括模仿自然界和日常生活中各种形态的实物造型，如皇冠、雨后春笋等。

按照所放位置可将折花分为杯花、盘花和环花。杯花是指插入水杯或葡萄酒杯中的餐巾折花，折法复杂，立体感强，但容易污染杯具，散开后餐巾褶皱较多影响美观，不可提前折叠储存，有被盘花取代之势；盘花是指放在餐盘中的餐巾折花，折法简洁，打开后餐巾依然比较平整，可提前折叠储存使用，被广泛用于中西餐厅；环花是将餐巾平整卷好或折叠成造型后套在餐巾环内放置于装饰盘或餐盘上，简洁大方、精致优美。餐巾环也叫餐巾扣，材质、类型多样，有瓷制、银制、象牙、塑料等不同质地，餐巾环还可用色彩鲜明的丝带或丝穗带代替。

放置折花时应将观赏面朝向顾客，以便顾客观赏。

餐厅或宴会选择折花时应统一类型，否则会显得杂乱无章，但宴会中的主桌可选用不同的折花类型以突出主桌位置。

③折花的基本动作

餐巾折花时有折叠、推折、卷、翻拉、提、捏、穿等多种基本动作。

④餐巾折花的注意事项

餐巾折花主要是靠手完成各种动作，所以折花前首先要清洁双手并消毒，折花时要在干净的托盘上进行，选用辅助工具（如筷子等）时要注意工具本身的清洁卫生，折花过程中不允许用嘴去咬餐巾，折花完成放置时要注意避免手指对餐具造成污染。

（4）酒水服务

酒水包括酒精饮料和软饮料。软饮料是指茶、果汁、矿泉水、汽水等不含酒精成分的饮品。酒水服务是一项基本服务技能，要求服务人员熟练掌握餐厅酒水类别、饮用温度、使用的杯具等方面的知识，为客人提供优质的酒水服务。

①准备酒水

按照客人要求从酒吧取出酒水，同时注意不同酒水对温度的具体要求。一般酒水温度有冰镇、温热和常温 3 种要求。

冰镇通常有冰块冰镇和冰箱冷藏冰镇两种。白葡萄酒的最佳饮用温度为 8~12 ℃，一般是用盛有冰块的冰桶冰镇，服务时连同冰桶一并放于餐桌上。啤酒和其他需要冰镇的软饮料则是提前放入冰箱冷藏冰镇。还可将杯具提前放入冰箱或用冰块进行降温处理后提供酒水的冰镇服务。

温热通常是使用开水完成对酒水的加温处理，如中国的黄酒和日本的清酒在加热到一定温度时饮用风味更佳。温酒时先将酒水倒入专门的烫酒壶，再将烫酒壶放入盛有开水的烫酒器内温热至一定的温度。

②示酒

示酒是酒水服务的第一个程序，它标志着酒水服务操作的开始。示酒时，服务员站在点酒顾客的右侧，左手托瓶底，右手扶瓶颈，酒标朝向顾客，让顾客辨认商标和品种。示酒环节一方面表示了对顾客的尊重，另一方面还可以避免出现差错。示酒环节在贵重酒水销售中尤为重要。

③开瓶

示酒结束，得到点酒顾客的同意后即可开瓶。酒水瓶罐有不同的封口方法，如易拉环、软木塞、铁盖及旋转瓶盖等，需要借用诸如开塞钻、扳手之类的开瓶工具。开瓶一般要当着顾客的面进行，因此要求操作规范，清洁卫生。开启有气泡的酒水时要注意避免酒水溢出或喷洒到顾客衣物上面。

④斟酒

斟酒时瓶口距离酒杯口2厘米左右，斟完后将酒瓶微微旋转45°，以防酒水滴落。倾斜斟酒，尤其是瓶内酒量较少时注意斟酒的力度，以防酒水冲出。酒杯剩下酒量1/3的时候，征询顾客意见，以便添加。

不同的酒水有不同的斟酒量，白葡萄酒一般应为白葡萄酒杯的2/3杯左右，红葡萄酒一般为杯子的1/2，白酒与软饮料一般为八成满，啤酒、香槟酒等含泡沫的酒要分两次斟酒，以泡沫不溢为准。较为标准的啤酒杯上都印有酒液和泡沫的分界刻度，以便服务员更好地掌握斟酒量。

（5）上菜与分菜服务

①上菜服务

上菜服务要求服务人员明确上菜位置，把握上菜时机，注意上菜顺序，熟悉上菜要领。一般是从副主人或者不重要宾客的右侧上菜，遵循"右上右撤"的原则。掌握好上菜的节奏，一般小桌菜肴数量少，20分钟左右上完；大桌菜肴数量多，30分钟左右上完，也可根据主人要求灵活上菜。上菜的顺序通常是先冷菜，后热菜，再依次是汤、点心和水果，但粤菜是先上汤后上菜。上菜前要核对桌号与菜肴名称后再上菜并将转盘转至主宾与主人之间，同时报菜名，上最后一道菜时应告知菜已上齐。席间，根据情况适时将菜品所剩不多的大餐盘更换为小餐盘，如有带壳食物还要及时更换小毛巾或提供洗手盅服务。严禁餐桌上盘子叠盘子，应随时撤去空盘，保持台面美观。

②分菜服务

分菜服务要求手法卫生，动作干净利落，分派均匀，佐料齐备。分菜有台面分菜和工作台分菜两种方式。台面分菜时要先把干净的骨碟放在转盘周围，菜肴上桌后，服务员用分菜工具当着顾客的面进行分菜；工作台分菜是在菜肴上桌向顾客介绍并观赏后在餐桌旁的工作台进行分菜的一种服务，分好后用托盘将菜肴送到顾客面前。不论哪种分菜方式都要注意礼节与分派顺序。分菜时要注意做到分配均匀，切割美观，鱼类菜肴头与尾不给顾客，每位顾客分到后还要略有剩余，以示菜肴的丰盛及方便顾客添加。

7.4 酒店餐饮成本控制与管理

7.4.1 原料成本控制

原料成本控制是餐饮成本控制的首要环节，直接影响餐饮成本控制目标的实现与餐厅的经营效益，包括采购控制、验收控制、储存控制、发料控制、加工生产控制等环节。

1）采购控制

采购控制有3个关键因素：质量、价格和数量。因此，应坚持使用原料采购规格标准，不能随意改动采购规格，确保采购回来的原料符合生产要求；严格控制采购数量，既要满足厨房生产对原料的需求量，又不能造成库存积压，以免降低现金的周转率，影响盈利能力；采购价格必须合理，尽量就近取材，减少中间环节，控制运输途中的消耗等。

2）验收控制

对所有验收原料都应称重、计数和计量，并如实登记；核对交货数量与订购数量是否一致，交货数量与发货数量是否一致；检验原料质量是否符合采购标准；检查价格是否与酒店订购价格一致；发现数量、质量、价格方面的问题，需按规定采取处理措施；尽快妥善储存各类进货原料；还要正确填写有关表单。

3）储存与发料控制

原料储存中要做好人员控制，减少进出人员的数量及次数，避免人为损耗；做好储存环境控制，及时监控各个储藏室环境的变化，降低自然损耗；加强日常管理，制订并实施有效的防火、防盗、防虫害等措施。

原料发放时要严格执行凭领料单领料的制度，规定领料次数与时间，掌握各种原料日常使用和消耗的数量，合理控制原料的库存量，建立完备的领用、发料及原料调拨记录，正确计算成本。

4）加工生产控制

厨房生产是发生原料浪费的重要环节。因此，可以对每种原料进行切割烹调测试，找出正确的切割方式及合适的烹调方法，形成制作菜肴的标准菜谱，科学地设计每份菜肴中主料、配料及辅料的比例；做好菜肴份额的控制，制订出每份菜肴中各种原料的重量与数量的标准，并在生产中严格执行，减少原料的浪费；制订厨房生产计划，根据以往经营的数据制订当前或未来某一段时间的生产量，并根据天气、节假日或原料市场供应情况灵活调整，防止菜肴过量生产或生产不足。

7.4.2 人工成本控制

餐饮服务是餐饮产品的重要组成部分，而餐饮服务的提供主要依靠餐饮服务人员来完成。同时酒店与餐饮企业都属于劳动密集型行业，因此，人工成本是餐饮成本控制的另一个重要方面。

人工成本控制就是要合理配置人力资源，使其既能满足餐饮生产对劳动力的数量需求，保证服务质量，又能避免劳动力过剩，从而实现对人工成本支出的有效控制。人工成本控制是一项系统工程，需要对餐厅的布局、菜单的品种、员工的技术水平、原料的成品与半成品化、客流量与生产规模等各个要素进行综合考虑，制订出科学合理的人力资源安排指南；量才适用，针对性地配置员工；同时还要不断地优化岗位组合，简化工作程序，使用高科技设施设备，将电脑与网络运用到点菜、收银等服务环节，既能降低对人工的依赖，又提高了服务效率，还可以通过雇佣临时工减少对人工成本的支出。

人工成本控制中还需加强对非薪金形式成本的支出，如员工工作服的管理，员工用餐的控制等。另外，员工的流动也会带来人工成本的增加，需要对在职员工进行持续培训，不断改善工作条件，提高其服务意识，增加其归属感，降低其离职意愿。

总而言之，有效控制人工成本不单单是指节省人工开支，更重要的目标是要通过提高员工素质和服务质量达到最佳的经济效益。

7.4.3 其他成本的控制

酒水成本的控制。酒水是餐饮产品中利润空间较大的部分，酒店需要加强对酒水成本的监管。酒水的销售与菜点销售不同，可以利用空瓶保留制度和建立标准储量进行控制。

能源成本的控制。由于当今能源价格不断提高，能源成本在餐饮经营成本中所占的比例日益增加。目前，低碳节约与绿色环保日渐成为主流价值观，因此，酒店需要对员工进行相关培训，使用节能的设施设备，提高节约能源的意识和能力。

管理成本的控制。管理成本包括设备的折旧费、维修与保养费用、低值易耗品的消耗、接待用餐的费用等。这些费用的支出基本不会产生经济效益，需要在日常管理中加强控制。

【本章小结】

▶ 酒店餐饮管理在酒店经营中具有十分重要的地位与作用，不同规模、类型的酒店具有不同的酒店餐饮组织机构，但在日常经营管理中，餐饮管理主要是围绕原料采购、厨房生产管理与营销管理等环节展开。

▶ 原料采购与供应是餐饮管理的第一个环节，也是成本控制的首要环节。生产管理包括厨房组织机构设置管理、厨房设计与布局管理、厨房生产管理、厨房安全与卫生管理等内容。餐饮营销中关键因素是菜单的设计和餐饮服务。菜单是餐厅开展营销活动的手段与工具。依据不同标准可将菜单划分为不同的类型，不同类型的菜单具有不同的营销作用和各自的优缺点。餐厅服务是餐饮产品的重要组成部分，包括了托盘、摆台、折花、斟酒、上菜和分菜等六大基本技能，需要服务人员掌握六大基本技能的操作规范与标准为顾客提供优质服务。成本管理贯穿以上 3 个环节，关系到餐饮经营成本目标的实现及未来的发展壮大。

【思考练习】

1. 简述餐饮在酒店经营中的地位和作用。
2. 简述餐饮部主要机构的职能。
3. 简述餐饮原料采购与供应的管理。
4. 简述厨房组织管理的主要内容。
5. 简述厨房生产管理的主要内容。
6. 简述菜单的类型与特点。
7. 简述菜单设计的依据与注意事项。
8. 简述餐厅服务的基本技能。
9. 简述餐饮成本管理的主要内容。

【案例讨论】

酒店餐饮危机与转机并现

1. 餐厅阶段性开业以降低运营成本

纵观酒店餐饮的市场表现，2020 年酒店餐饮受到新冠肺炎疫情重创相较于客房业务，算是有过之而无不及。大多数酒店为了降低成本，皆选择短暂关闭旗下的餐厅。除全日餐厅与客房送餐平均停业 1 个月以外，中餐厅、宴会及大堂吧基本上停业 2 个月左右。而西餐厅和特色餐厅则开业时间最晚，平均停业 4 个月左右。由此可见，在店客人的减少对于酒店餐厅的影响最为显著。

为降低运营成本，酒店也对餐厅的配套设施进一步精简。除了短暂关闭一些餐厅外，不少酒店也直接关停或外租了一些经营状况不理想的餐厅。整体五星级酒店的平均每房均摊餐位数进一步下滑至 1.7。即使酒店暂时关闭或主动关停部分餐饮，住店客人的减少与商务宴请及大型宴会的蒸发使得餐饮利润进一步承压。2020 年整体五星级酒店餐饮部的经营毛利率仅有 26%。虽然 2020 年五星级酒店的餐饮收入占比由 2019 年的 41% 小幅上涨到 42%，但由于餐饮部门利润不佳，这一微小的结构性变化并不能提升酒店整体经营毛利。

2. 三亚是唯一呈现业绩提升的核心市场

从核心城市的餐饮收入情况来看，三亚是唯一呈现业绩提升的核心市场。虽然仍不及一线城市平均水平，但随着客房收入的增长，其平均每天每座位餐饮收入也增长了 8%。数据显示，三亚高端酒店除全日餐厅以外的餐厅，其每日实际入住客房平均上座数与人均消费相较 2019 年均有小幅提升。这不仅与具有酒店用餐习惯的高端客源回流相关，也与三亚酒店餐饮的品质提升有关。

三亚作为中国度假市场的制高点，市场竞争已经进入白热化阶段。酒店餐饮，曾经只是作为在店客人用餐配套，却在2020年发生了巨大变化。细观大众点评榜单可以发现，酒店餐饮的身影，伴随着多样的双人和四人的团购套餐以及完善且十分有特色的宣传资料，开始频频出现。纵使价格不菲，但其获得的点评数也在1 000~2 000，评分稳定在4分以上。这都反映出酒店开始积极主动地宣传其酒店餐饮，在拉近餐厅与客人的距离的同时开始有效引流。

除了大众点评，小红书也是各家争夺的核心战线。但相比大众点评可控的页面展示，小红书上的酒店餐厅宣传因为时尚达人的参与而具备更多的发挥空间。这些时尚达人的场景化图片相较于酒店自身的宣传照片，更具代入感与说服力，将酒店餐厅塑造成人们争相前往的"打卡地"（见图7.3）。

图7.3 酒店餐厅也可成为打卡地

资料来源：CHAT资讯，2021-06-30.（有删减与改编）

思考题：

1. 结合案例谈谈2020年这一场史无前例的"黑天鹅"事件给酒店餐饮运营带来的启示。

2. 后疫情时代酒店餐饮运营应该着力从哪些方面入手？

3. 请搜集相关资料并总结三亚酒店餐饮经营的成功之道。

第8章 酒店服务质量管理

【本章概要】

本章主要介绍酒店服务质量管理的相关知识，首先阐述了酒店服务质量的基本内涵，介绍了酒店服务质量管理的内容以及酒店服务质量管理的方法，最后对酒店服务质量管理的措施进行了深入探讨。

【学习目标】

①了解酒店服务质量的定义、构成要素和特性；②了解酒店质量管理目标；③理解酒店质量管理体系；④理解酒店服务质量培训教育的必要性；⑤理解酒店服务质量管理方法；⑥掌握酒店服务质量管理的具体措施。

【开篇案例】

世界一流酒店的待客之道

场景一：被誉为"世界最佳饭店状元"的曼谷东方酒店，往往不遗余力地满足客人的需求。美国纽约交响乐团访问曼谷，酒店得知该团的艺术大师朱宾·梅特酷爱芒果和蟋蟀，便派人遍访泰国乡村，为他找来早已落市的芒果。接着又不惜通过外交途径，找到不久前举办的国外蟋蟀大赛的录像带。这样一来，人们便不难理解，为什么梅特一行106人竟会谢绝曼谷其他高级饭店免费住宿的美意，宁肯自费也要下榻"东方"了。

场景二：著名的法国巴黎丽兹饭店，为了让一位心血来潮、临时要求在不产海胆的季节吃新鲜海胆的客人满意，专门雇请渔夫下海捕捞并空运到巴黎，被人们传为佳话。

场景三：南京的金陵饭店作为"世界一流酒店组织"的成员，其服务更是事无巨细，常常带给客人出乎意料的满足。如金陵饭店要求迎宾员在迎接客人的同时记录下出租车的车牌号，若出现客人将物品遗忘在出租车上的情况时，便能够迅速帮助客人寻找。

场景四：北京王府饭店规定，凡住店20次以上的客人，他／她的名字将被列入"王府常客"的名录。当"王府常客"再次下榻王府饭店时，客人就能看到专为他／她个人准备的信纸、信封、火柴和浴衣，上面都印着客人的名字。如印有客人名字的浴衣为客人专用，当客人离开"王府"时，浴衣会被收藏保管起来，当客人再次入住时才被取出来使用。这样，客人的自尊得到了最大限度的满足。

酒店是服务性行业，服务是酒店的核心竞争力。酒店所提供的服务不仅能满足顾客的功能性需求，还应关注对顾客心理需求的满足。这就需要在标准化服务的基础上不断提高服务技能与技巧，真正从顾客需求出发，用"心"服务，获取顾客的青睐。

8.1　酒店服务质量概述

8.1.1　酒店服务质量界定

在理解酒店服务质量的定义前，需要弄清服务、质量、服务质量、酒店服务等概念的含义和内容。

服务是指为满足他人的需要而付出的智能和必要的劳动。英文 SERVICE 通常被这样细分解释：S 可解释为"微笑"（Smile）或"诚恳"（Sincere）；E 可解释为"出色"（Excellent）或"效率"（Efficient）；R 可解释为"准备"（Ready）；V 可解释为"看待"（Viewing）或"可见的设施和有价值的服务"（Visible and valuable）；I 可解释为"邀请"（Inviting）或"提供信息资料"（Informative）；C 可解释为"创造"（Creating）或"礼貌待人"（Courteous）；E 可解释为"眼光"（Eye）或"优秀"（Excellent）。

根据 ISO 9000：2000 中对于质量的阐述，质量是指一组固有特性满足要求的程度。在质量管理过程中，"质量"的含义是广义的，除了有形产品质量之外，还包括无形服务质量、服务工作质量。

根据《星级酒店服务质量标准》，服务质量是指利用设施、设备、消费环境和产品所提供的服务劳动在使用价值方面适合并满足客人需要的物质与心理的满意程度。服务质量由服务的技术、职能、形象质量和真实瞬间构成，有预期质量与感知服务质量之别，服务质量的评判具有很强的主观性。

酒店服务是指为满足酒店顾客的需求，以有形实物产品和无形服务为基础，倾注员工情感而形成的行为效用的集合体。广义的酒店服务还应包括核心服务、支持服务、延伸服务、服务的可及性及宾主关系等内容。

目前，国内外对于酒店服务质量的理解主要有以下两种：

第一种认为酒店服务质量由技术质量、职能质量、形象质量和服务的真实瞬间构成。其中技术质量是指顾客从酒店服务过程中得到的东西，如酒店设备是否舒适；职能质量是指酒店服务人员在履行职责时的行为、态度等带给顾客的利益和享受，取决于顾客的主观感受，很难客观评价；形象质量主要指酒店在公众心中的形象；真实瞬间是酒店服务中顾客和企业进行服务接触的过程。

第二种认为酒店服务质量由顾客的预期质量和实际感知质量来决定。当预期服务质量高于实际感知的质量时，服务质量较差；反之，服务质量较好。

综合以上国内外对酒店服务质量的不同解释，我们认为酒店服务质量是指酒店依托各种有形产品、无形服务（由服务内容、服务效率、服务礼仪、操作技能、清洁卫生等组成）对酒店顾客各种需求的满足程度，表现为酒店顾客对酒店各种服务的物质和精神感受。

8.1.2　酒店服务质量的构成

1）设施设备的质量

酒店设施设备质量是酒店用于生产的设施设备和直接供顾客使用并发挥服务功能的设施设备的质量。酒店设施设备质量的高低直接决定了一家酒店产品供给能力的大小。酒店建筑不同的酒店类型、酒店等级以及酒店规模，体现了酒店建筑及装修的文化主题和功能布局。

2）实物产品的质量

酒店实物产品质量主要包括菜品酒水质量、商品质量、客用品质量、服务用品质量等。

3）服务环境的质量

服务环境质量是酒店的氛围和气势给顾客带来感觉上的美感和心理上的满足，一般包括服务设施、服务场所的装饰布置、环境布局、空间构图、灯光气氛、色调情趣、清洁卫生等方面，也包括酒店与顾客的人际环境、酒店文化、酒店内部人际关系等因素。

4）无形服务的质量

无形服务的质量是指酒店提供的无形服务水平的高低，是以劳动为直接形式创造出使用价值的质量。通常由服务项目、服务效率、服务态度、服务时机、服务礼仪、服务技能、职业道德、安全保密、清洁卫生等方面组成。

其中设施设备的质量和实物产品的质量构成了酒店服务的技术质量，又称为有形质量，是可以量化和衡量的；服务环境的质量和无形服务的质量构成了酒店服务的功能质量，又称为无形质量，具有强烈的主观性，不易量化和衡量。

【阅读材料】

亚朵的"安心工程"

近年，酒店业被曝出泄露顾客隐私、抹布擦拭杯具、布草被暴力洗涤等现象，令顾客对行业深感无奈。对此，亚朵把更多注意力放在"后台"，对每个后台流程都严格要求。2020年新冠肺炎疫情期间，亚朵集团面向全国475家门店升级"安心工程"，围绕顾客从办理入住到退房离开的24个触点，提供全方位安心的服务。安心工程的第一阶段，主要在客耗品上提供安心的基础的保障：一次性安心杯、一次性抹布、浴袍密闭全封袋包装、酒精棉片、客用品一客一换、餐具消毒等。尤为重要的是，加入安心工程的门店，需要增设一个"良心大使"的岗位，由专人负责茶杯、水杯等顾客最为关心的用品的清洁、消毒，同时"良心大使"还要监督每个门店的"安心工程"的落实。但是搭建再完美的系统都有可能遇到问题，而出现问题后的处理和制约机制变得尤为重要。亚朵App有一个"随手拍"功能，顾客在入住时遇到问题可以拍摄并分享出来，亚朵的工作人员会在30分钟之内进行回复，两小时之内解决问题。亚朵目前致力于要把"两个事"做透，其中一个就是把"让用户放心"这件事做透。

此外，针对疫情的特殊情况，亚朵集团联合20多个品牌打造"安心联盟"尊享活动，以及诚意满满的"321福利会员日"，给顾客提供全方位的品质享受。亚朵为顾客提供了包括"随心所浴""齿颊留香""一室芬芳""静夜无声""余音绕梁""身心灵动"等6项A PLUS服务，服务近15万名用户。

资料来源：根据人民网-上海频道、新华网相关资料整理.

8.1.3　酒店服务质量的特性

1）综合性和关联性

酒店提供的产品，无论是有形的产品还是无形服务，都具有综合性及关联性的特征，因此，酒店服务质量的管理也具有这两个方面的特点。一方面要把酒店服务质量管理作为一项系统工程来抓，既要抓好有形产品的质量，又要抓好无形服务的质量，更好地监督员工严格遵守各种服务或操作规程；另一方面酒店服务质量的具体内容是由很多互相关联、互相依存、互为条件的具体因素构成的，要求酒店各部门、各服务过程、各服务环节之间协作配合，充分体现酒店服务的延续性。

2）主观性和依赖性

质量的感知除了由本身的使用价值属性决定外，不同的感知主体由于个体之间的诸多差异，对于同一产品或服务的质量感知会产生显著的差异，对于主要以提供无形服务为主的酒店产品质量来说也是如此。具体而言，酒店服务质量主要是由顾客享受到各种服务后的物质和心理的满足程度决定的，其质量评价取决于两个方面：一是顾客实际得到的满意程度；二是顾客与酒店，包括服务人员的关系。前者的质量评价带有较强的主观性，后者的质量评价带有感情色彩。因此，酒店服务质量在很大程度上依赖于员工在有形产品基础上的劳动付出，很容易受到员工及顾客的个人素质和情绪好坏的影响，具有很大的不稳定性。

3）经济性和安全性

酒店服务质量的经济性是指顾客入住酒店之后，其费用开支与所得到的服务是否相等，价与值是否相符。酒店服务的价值标准是用尽可能低的支出，为顾客提供高质量的服务。因此，在提供酒店服务的同时需要实施顾客让渡价值管理，满足顾客经济性的需求。同时，顾客的安全问题是其关注的首要问题，酒店的服务员在为顾客服务的过程中，必须充分保证顾客的生命和财产不受威胁、危害和损失，身体和精神不受到伤害，酒店的机械设备运行完好，食品和环境干净卫生，这些都是服务质量中安全性的重要方面。

4）时效性和短暂性

每一次不同内容的具体服务组成了酒店服务质量，这些具体服务的使用价值都是短暂的，具有不可逆的特性，不像实物产品那样可以返工、返修或退换，即使酒店服务要进行调整或者服务补救，也只能是另一时间的具体服务。因此，酒店服务质量具有时效性和短暂性的特点。为此，酒店管理者应督导员工做好每一次服务工作，为顾客量身定制个性化、人性化、极致化的服务，以满足顾客具体的、独特的或潜在的需要和期望，甚至让顾客感觉到的服务质量水平高于其期望水平，从而提高酒店整体服务质量。

【阅读材料】

客人 Morning Call "叫而不醒" 怎么办？

一天，一位酒店客人要求总台为他提供一次第二天早上6点钟的 Morning Call 服务。总台的服务员马上通知了总机。然而，第二天早上7点过后，客人非常气愤地来到大堂经理处投诉，说今天早上并没有人来叫他起床，也没有听见电话铃声，以致他延误了国际航班。后经查实，总机在接到总台指令后，立刻就通过电脑为他做了 Morning Call 服务并排除了线路及器械故障的可能。经过分析后认为，可能是由于客人睡得较沉，没有听见。电话铃声响了几次之后自动切断，从而导致了客人错过航班的后果。

［评析］单从这个案例表面来看，酒店确实按照客人要求提供了服务，但最终结果却没有达到服务的目的。从这里，我们也可以看出"宾客至上"并非一个简单的口号，而是一项很细致、具体的工作。平时只要多一些人情化、个性化的服务，少一些公式化、程序式的服务，那么工作将做得更好。比如在此案例中，客人要求是6点钟叫醒，除了做一个电脑设置之外，在6点10分可以再让服务员到房间做一次上门叫醒。这样就可以完全避免此案例中所发生的不愉快。假如客人已醒了，可以询问客人是否要退房，需不需要通知收银处把账单列出，还可以征询客人是否需要为他叫一辆出租车，以及是否需要帮他把行李搬下去，等等。总之，在服务过程中，如果能设身处地为客人多想一想，那么这些事就有两全其美的结果。

8.2 酒店服务质量管理内容

酒店服务质量管理是酒店在确定质量目标、建立质量体系，通过质量管理培训、评价、控制等手段后实施的酒店全部管理活动的总称。对酒店服务质量进行管理，需要确定酒店服务质量管理的目标；围绕目标建立全面的酒店服务质量管理体系并在全员范围内展开相关的服务质量培训；选择科学的方法对服务质量管理的效果进行评价。

8.2.1 确定酒店服务质量管理目标

酒店管理者的重要职能之一体现在制订酒店服务质量管理目标上。

酒店质量管理目标既包括为员工制订目标，也包括为管理者自身制订目标。制订的目标必须具体明确、可以衡量、有时间限制、有挑战性和结果可控性。为此，确定酒店服务质量目标需要详细描述应该完成的目标和任务，制订有难度但可以实现的目标，准确描述评估员工工作绩效的方式，确定要取得的结果及最后期限。如果有多个目标应该分清主次顺序，制订行动计划，等等。

8.2.2 建立酒店服务质量管理体系

服务质量是酒店经营管理的生命线，因此建立起一套行之有效的服务质量管理体系意义重大。

酒店服务质量管理体系是建立在 ISO 9000 质量管理体系的基础之上的，因此应该遵循其最基本、最通用的一般规律和原则，主要是以顾客为关注焦点、领导作用、全员参与、过程方法、管理的系统方法、持续改进、基于事实的决策方法、与供方的互利关系，简称为"八项质量管理原则"。酒店服务质量与各个部门的工作质量以及服务过程中每一个环节的服务质量联系在一起。因此，只有建立完整有效的酒店质量管理体系，才能实现酒店质量管理的既定目标。

1）建立内部服务质量管理机构

建立服务质量管理机构或设置部门内的兼职质检员，如质检部门或质检小组（QC 小组），在部门经理领导下行使质量管理职能，包括统一组织、计划、协调酒店质量管理体系的活动，检查和监督各职务工作质量，组织部门外的质量信息反馈，掌握质量管理体系活动的动态，等等。

2）建立严密的服务质量管理规章制度

制度是酒店人员管理、经营管理、服务质量管理的核心准则，是保障酒店良好运营，给顾客提供优质服务的法典，可以保证酒店服务管理体系的良好运行和服务工作程序的落实到位。

3）培养工作高度负责的管理人员队伍

提高酒店服务质量和管理水平，最关键的是要造就一批有高度质量意识和服务意识，对质量工作高度负责的管理人员队伍，树立高度服从质量检查管理的思想观念，这是保证优质酒店服务质量的灵魂。酒店服务质量管理体系一旦建立，就必须在酒店内部广泛普及与学习，确保全体员工树立起自觉优质服务的思想，在实际对客服务中做好每一项服务工作。只有酒店全体员工树立了高度服从质量管理的思想，才能真正将酒店的各项服务质量管理工作及检查考评制度落实到位，最终保障酒店整个服务质量管理体系的良好运行。

4）制订明确的质量计划和质量责任制

质量计划包括质量目标计划、质量指标计划和质量改进措施计划。质量责任制是明确规定各岗位和每一员工在质量管理方面的职责、具体任务和权限，使质量工作事事有人管，人人有专责，把与酒店质量有关的各项工作和全体员工的积极性结合起来，形成一个严密的质量管理责任系统。酒店在制订了严密而严肃的服务质量管理规章制度之后，还应建立起一套全方位、立体化的服务质量检查督导系统，实施酒店全面服务质量管理，建立和完善日检、周检、月检的质量检查管理体系，以保证服务质量管理工作的贯彻执行。

5）开展质量管理小组活动

作为全面质量管理的一项重要工作，开展质量管理小组活动在酒店质量管理工作中发挥着巨大的作用。开展质量管理小组活动的目的就是实现质量管理业务的标准化和程序化。质量管理业务标准化是指把酒店服务中重复出现的质量管理问题，按其客观性质进行分类归纳并制订相应的标准规范，作为酒店全体员工处理同类质量问题的准则；质量管理程序化是把酒店服务质量管理过程中涉及的环节、岗位、工作步骤和实际过程如实记录下来，经分析和改进后使服务质量管理工作更加适用与合理化。质量管理小组是一种保证服务质量的基层组织，由部门或相同岗位中的酒店员工自觉组织起来，围绕酒店服务质量目标、质量关键环节或薄弱环节，运用质量管理的理论和方法开展现场质量管理。同时质量管理小组也是酒店员工参加质量活动的有效形式，使得酒店服务质量保证体系具有一定的群众基础。

8.2.3　开展酒店服务质量培训教育

酒店服务质量管理需要全体员工全程参与。因此，开展酒店质量管理的教育，树立全员质量管理的意识非常重要。酒店服务质量培训教育具体包括上岗前的教育、质量意识教育、质量标准教育、服务技能培训、质量方法教育和投诉处理教育。在酒店内部开展服务质量培训教育时，首先应根据培训需求制订培训计划，然后实施培训计划，最后进行评估。

提高酒店服务质量的关键在于员工素质和服务意识的培养。一方面要加强员工培训，将意识培训、技能培训与知识培训有机结合，真正全面提高员工的素质与技能，最终真正提升酒店服务品质。需要注意的是，员工培训应该贯穿员工职业生涯的整个过程。另一方面要提高员工满意度，因为员工的满意度不仅直接影响员工是否会离职，还决定了员工在服务过程中对待顾客的态度。员工对酒店的满意度包括公平合理的待遇以及工作安全感、酒店支持他们实现发展的愿望等。因此，酒店要为员工提供公平合理的薪酬待遇，改善员工的工作与生活环境，增强员工的工作安全感，为员工制订个人职业发展计划，支持员工实现个人发展，稳定员工队伍，加强团队协作精神建设，进而对酒店服务质量管理带来积极的促进作用。

8.2.4 酒店服务质量管理效果的分析方法

酒店服务质量管理的效果最终主要表现在是否符合酒店服务质量的等级标准和是否满足客人的物质需要和精神需要两个方面。酒店服务质量的评价范围包括服务质量的硬件和软件内容、服务过程、服务结构、服务技能、服务结果和影响等方面。但实际上，酒店在服务过程中的每一个环节、每一项服务设施的状态等要素都会影响顾客对整体服务质量的评价。

酒店服务质量管理的评价包括数据收集、数据分析和服务质量改进3个步骤。数据收集常用的调查方式主要有直接面谈、电话访谈、问卷调查和暗访调查，获取质量数据后通常运用层次分析法、ABC分析法、因果分析法、PDCA循环管理进行数据分析，进而识别和积极寻求服务质量的改进机会。

1）层次分析法

层次分析法是把收集的数据按照不同目的和要求分类，把性质和条件相同的数据归在一起进行分析，通过分析可使杂乱无章的数据和错综复杂的因素系统化和条理化，以便找出主要质量问题，采取措施，解决问题。对酒店服务质量管理进行层次分析法的评价，需要将复杂的评价对象通过一定的方法和程序进行归类划分，因此层次分析法是酒店服务质量评价中最先会应用到的方法。

2）ABC分析法

ABC分析法又称"重点管理法""主次因素法"，是意大利经济学家帕累托分析社会人员和社会财富的占有关系时采用的方法。美国质量管理学家J. M.朱兰把这一方法用于质量管理并取得了效果。运用ABC分析法可以找出酒店服务中存在的主要质量问题。

ABC分析法以"关键的是少数，次要的是多数"这一原理为基本思想，尽可能归纳并总结影响酒店服务质量管理的诸多因素，对这些因素的发生个数和发生频率进行定量分析，计算出每个服务质量问题在质量问题总体中所占的比重，由大到小，依次分成A、B、C3类，以便找出对酒店服务质量影响较大的1～2个关键性的质量问题，并把它们纳入酒店当前重点的质量控制与管理中去，从而实现有效的服务质量管理，使服务质量管理工作既突出重点，又照顾一般。

用ABC分析法分析质量问题主要有3个步骤：

（1）收集服务质量问题信息

通过顾客意见书、投诉处理记录、各种原始记录等方式收集有关服务质量的信息。

（2）分类、统计、排列，制作服务质量问题统计表

将收集到的质量问题信息进行分类、统计、排列，制作统计表，在表上计算出比率和累计比率。同时，作出有两条纵坐标轴的直角坐标图（见图8.1）。横坐标为分类质量问题，排列方法从左到右按出现次数的多少顺序排列；纵坐标为质量问题出现的次数。

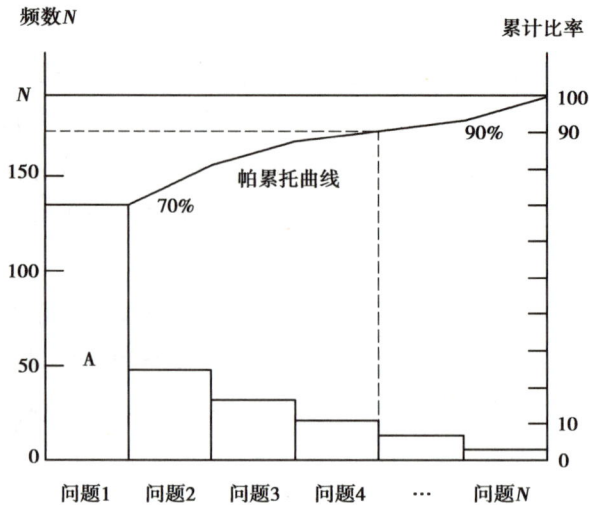

图 8.1　服务质量问题排列图

（3）分析找出主要质量问题

排列图上累计比率在 0% ~ 70% 的因素为 A 类因素，即主要因素；在 70% ~ 90% 的因素为 B 类因素，即次要因素；在 90% ~ 100% 的因素为 C 类因素，即一般因素。找出主要因素就可以抓住主要矛盾。运用 ABC 分析法进行质量分析有利于管理者找出主要问题，但在运用过程中应注意：A 类问题所包含的具体质量问题不宜过多，1 ~ 3 项是最好的，否则无法突出重点；划分问题的类别也不宜过多，对不重要的问题可单独归为一类。

3）因果分析法

用 ABC 分析法虽然找出了酒店的主要质量问题，但是却不知道这些主要的质量问题所产生的原因。因果分析法是分析质量问题产生原因的简单而有效的方法。

所谓因果分析法就是将造成某项结果的众多原因以系统的方式图解，即以图来表达结果（质量）与原因（影响因素）之间的关系，因其形状像鱼骨，又称"鱼骨图"（见图 8.2）。

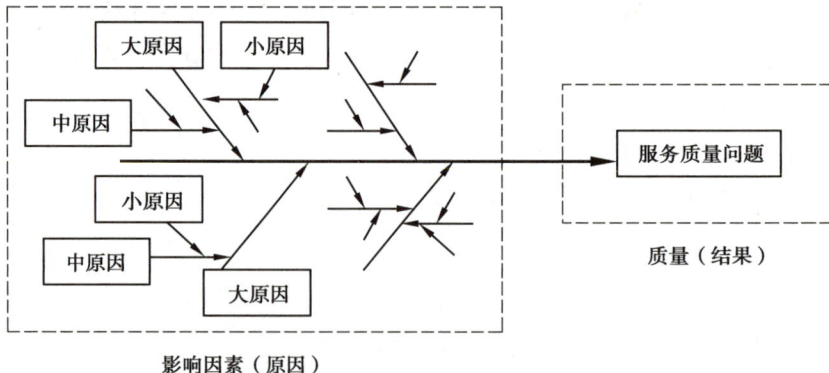

图 8.2　因果分析法示意图

运用因果分析法对酒店服务质量管理进行评价，一般要经过 3 个步骤：首先，确定要分析的质量问题，即通过 ABC 分析法找出 A 类质量问题；其次，发动酒店全体管理人员和员工共同分析，寻找产生 A 类质量问题的原因；最后，将找出的原因进行整理并按因果关系反映到图中。

4）PDCA 循环管理

PDCA 循环由美国质量管理专家戴明首先使用，又称为"戴明环"。PDCA 循环具体包括 4 个阶段：计划阶段（Plan）、实施阶段（Do）、检查阶段（Check）和处理阶段（Action），分别对酒店服务质量管理的 4 个阶段进行评价，以持续地改进和提高酒店服务质量的管理水平。

（1）PDCA 循环管理程序包括 4 个阶段、8 个步骤（见表 8.1）

表 8.1　PDCA 循环管理的程序

阶段名称	具体步骤
计划阶段	A. 分析现状，找出存在的质量问题
	B. 分析产生质量问题的原因
	C. 找出主要原因
	D. 针对主要原因制订措施和计划
执行阶段	E. 组织实施制订的计划和措施
检查阶段	F. 把实际工作结果与预期目标进行对比，检查计划执行情况和执行过程中所存在的问题
处理阶段	G. 总结经验，巩固成绩，指出目前存在的问题
	H. 将未解决的问题转入下一个步骤循环解决

（2）PDCA 循环的特点

首先，循环不停地转动，每转动一周提高一步。每次循环都有新的目标和内容，质量问题才能不断得到解决，酒店服务质量水平才能不断提高。

其次，大环套小环，小环保大环，相互联系，彼此促进。整个酒店是一个大环，各部门则是大环中的小环。小环以大环为整体，是大环的分解和保证。

最后，强调管理的完整性。PDCA 循环是一个整体，每一个阶段都同等重要。每一个阶段的工作都是下一个阶段的开始，不可忽视或缺少。

（3）实施 PDCA 管理循环的注意事项

PDCA 管理循环的 4 个阶段是一个有机的整体，缺一不可。运用 PDCA 循环法进行酒店服务质量管理评价，首先需要重视计划实施阶段的作用，因为，这个阶段直接反映了计划制订的科学性和有效性；其次需要重视检查阶段，这一阶段直接衡量了结果和计划之间的差距；再次，必须重视处理阶段，酒店服务质量管理的评价是一个开放的动态循环过程，为了巩固已取得的成果，吸取失败的教训，防止重复发生问题并最终提高服务质量管理的水平，必须要全面落实好处理阶段的工作。

8.3　酒店服务质量的管理方法

8.3.1　酒店全面质量管理

自从阿曼德·费根堡姆在 1956 年《哈佛商业评论》中首次使用"全面质量控制"一词以来，这一管理哲学一直受到众多学者和产业人士的欢迎，并得到了不同程度的应用。20 世纪 70—80 年代，日本将全面质量管理发扬光大并获得了经济的快速发展。1978 年我国酒店行业引入全面质量管理。现代酒店全面质量管理的内容可以归纳为"五全"，即酒店全方位管理、全过程管理、全员性管理、全方法管理和全效益管理。

1）全方位管理

酒店全方位质量管理是指酒店内部的各个部门为住宿顾客提供的各个方面服务的质量管理。酒店服务质量的关联性和综合性说明了酒店全面服务质量管理具有构成因素多、涉及范围广的特征。因而，酒店全面质量管理必然是全方位的质量管理，既包括有形产品的质量管理，又包括无形服务的质量管理；既包括酒店一线部门的各种质量管理，又包括酒店后台职能部门的各种质量管理。

2）全过程管理

酒店服务质量不仅仅由提供给顾客的瞬间服务决定，更重要的是服务产品形成的全过程。从客人消费的角度来看，从顾客进店到离店，是接受和体验酒店各项产品与服务的过程，也是酒店产品与服务生产与销售的过程，具有一次性、时效性的特点。为此，酒店全面服务质量管理应该把质量管理的重点放在预防上，不仅要做好事中和事后的质量管理，更要做好事前质量管理，进行全过程的管理。

3）全员性管理

从广义上来看，酒店服务质量由与酒店服务相关的人员决定，既有酒店的内部人员也有外部人员，前者是内部服务人员，后者是参与的顾客。从狭义上来说，酒店服务质量是由全体员工共同完成，贯穿于酒店全员及各个部门的直接和间接对客服务过程中。一线人员直接为顾客提供各种服务，后台职能部门人员通过为一线人员的工作服务而间接为顾客服务，管理人员则组织一线人员和后台职能部门人员共同为顾客服务。

4）全方法管理

酒店全方法质量管理是指多种不同管理方法的有机结合。酒店服务质量管理过程中要根据实际需要采用灵活多样的方法和措施不断改进服务质量，提供优质服务。目前已经形成多样化、复合型的方法体系，具体有 PDCA 循环管理、质量管理小组活动、因果分析图法、ABC 法、层次分析法等，在使用不同方法进行管理时要注意方法之间的有机统一。

5）全效益管理

酒店作为参与市场竞争的经济实体，只有在获得一定经济效益的基础上才能生存和发展。但酒店也是社会重要的企业公民成员，又必须兼顾社会效益和生态效益。酒店全效益管理就是要实现三种利益的统一与和谐，在实现酒店的经济效益的同时让顾客满意、社会受益，进而谋求长期的效益。

8.3.2 零缺点管理法

零缺点管理是美国伟大的管理思想家菲利普·克劳士比于 20 世纪 60 年代提出的一种管理观念。当代的马丁·马里塔公司为保证制造导弹的军事质量可靠，提出了"无缺点计划"，认为低质量产品需要花费大量的人、财、物力，增加企业的经营费用，并导致消费者不满，其成本远远大于保证一次性完成的优质产品的投入。20 世纪 70 年代，日本将无缺点管理应用到电子、机械等制造业中，获得成功后又扩大到工商业领域。在酒店中，这种管理方法主要用于控制酒店的产品和服务质量，可以促使酒店服务管理达到最佳。

零缺点管理法的主要做法是：

①建立服务质量检查制度。在酒店内部建立例行检查、夜查、专项检查、抽查和暗访等五级检查制度，以此督促员工执行质量标准，预防酒店服务质量问题的出现。

例行检查也称作明查，就是按照既定时间、内容和标准对酒店进行全方位服务质量检查；夜查主要检查一些白天难以发现的问题，如酒店的安全设施设备使用是否正常、值班人员是否有睡觉和脱岗现象等；专项检查是针对某项具体服务内容的检查，如针对服务态度的检查、对重大接待活动准备工作的检查等；抽查是事前不作任何通知的检查，重点是对与客人接触多、容易引起投诉环节的检查；暗访一般选择具有丰富行业经验的人来进行，是酒店服务质量检查中最为有效的手段。

② DIRFT，即每个人第一次就把事情做对（Do It Right the First Time），这是零缺陷管理的核心所在。酒店服务具有生产与消费同时进行的特点，是一个不可逆的过程。因此，每位员工把每项服务做到符合质量标准至关重要，这是改善酒店服务质量的基础。

③开展零缺点工作日竞赛。一般来说，缺乏服务所需知识和服务态度不够端正是造成酒店服务质量问题的主要因素。缺乏知识可通过培训教育得到充实，但服务态度只有通过提高员工个人觉悟才有可能改进。因此，酒店可开展零缺点工作日竞赛，使员工养成 DIRFT 的工作习惯，在此基础上逐渐推行零缺陷工作周、零缺陷工作月、零缺陷工作年等工作计划，不断丰富员工工作经验、改善服务态度，最终实现提升酒店整体服务质量的目标。

【阅读材料】

细节决定服务的无缺点

怀特先生拿着那份密密麻麻、刚整理好的数据单匆忙来到酒店商务中心，还有一刻钟总公司就要拿这些数据与比特公司谈一笔生意。"请马上将这份文件传去美国，号码是……"怀特先生一到商务中心就赶紧将数据单交给服务员要求传真。服务员一见怀特先生的紧张样，拿过传真件便往传真机上放，通过熟练的程序，很快将数据单传真了过去，而且传真机打出报告单为"OK"！怀特先生长长地舒了一口气，一切搞定。

第二天，商务中心刚开始营业，怀特先生便气冲冲赶到，开口便骂："你们酒店是什么传真机，昨天传出的这份文件一片模糊，一个字也看不清。"服务员接过怀特先生手中的原件，只见传真件上写满了蚂蚁大小的数据，但能看清。而酒店的传真机一直是好的。昨天一连发出 20 多份传真件都没问题，为什么怀特先生的传真件会是这样的结果呢？

[评析] 无缺点服务要求酒店员工提供的服务内容、过程和质量能够全方位满足住宿客人的需求，不存在瑕疵，这就需要对细节进行把握。本案例中，对于一些字体小、行间间隔太近的文件要求传真时，服务员一定要注意提醒客人，再清晰的传真机也传不清楚此类文件。所以商务中心服务员对每份即将传真的文件都要大体看一下，如有此类情况应当面提醒客人，可以采取放大复印再传出的办法来避免传真件模糊不清。同时，要将传真调至超清晰的位置，尽量放慢传真的速度，以提高其清晰度。对于上述案例所发生的情况是完全可以避免的，如果服务员注重了细节，事先查看了传真件，相信这个投诉就会被避免。

资料来源：迈点智库．

8.3.3　巡视管理法

托马斯·彼德斯在 1982 年出版的《成功之路》中最早提出了巡视管理法。巡视管理法是促使企业和顾客、供应商以及员工保持联系的一种技术，该方法有利于听取意见、促进创新、灌输和加强价值观念，是一门领导的艺术。

巡视管理法在运用到酒店服务质量管理中时，需要注意 5 个方面的要点：

①在巡视过程中加强对客交流，注重关键顾客，及时掌握顾客对于酒店服务质量的反馈信息。

②严格控制服务标准和规范，依据客观标准实施酒店服务质量管理。

③关注酒店的重点服务和重点区域，如前厅服务、客房服务、餐饮服务等。

④注重环境控制、注重服务弥补、注重现场协调，寻找并处理顾客的投诉，针对住店顾客的反馈情况和表扬的地方表示真心感谢并继续保持谦虚态度，投诉的问题认真对待，及时处理，给出令顾客满意的答复。

⑤根据巡视的实际情况，做好人力的合理调度，分散空置区域的人力，集中布置重点和热门区域的人员，合理安排任务，督导员工工作，激发员工热情。

巡视管理法有利于管理人员及时发现问题，如紧急问题（服务人员与顾客发生争执）、琐碎现象（地上的烟头），必要时亲自为顾客服务，提高解决问题的效率；同时还可改善管理人员与服务人员的人际关系，激发一线员工的工作积极性，树立良好的管理形象。

8.4 酒店服务质量管理措施

8.4.1 强化酒店全员服务意识，努力提高员工素质

服务质量是酒店的生命线，是酒店的工作中心，也是酒店参与市场竞争最关键的因素。

服务质量是一个综合性的概念，是指酒店服务在使用价值上适合满足顾客需要的程度。服务质量包含设备设施、实物产品、服务环境、劳务质量4个方面，这4个方面相辅相成，缺一不可，任何一方面的质量不合格都会影响整个酒店服务质量。因此，做好酒店服务质量管理工作必须要酒店各个部门、每个员工齐心协力，在每一个酒店员工头脑中真正树立质量第一、质量高于一切的意识，把酒店全面质量管理的意识扎根在全体员工中，切实提高酒店服务质量。

员工的素质水平对酒店的服务质量具有不可替代的作用，或者说很大程度上决定了酒店服务质量。正是因为酒店产品具有时效性和一次性的特征，酒店产品的生产、销售、消费三者是同时进行的，酒店员工需要在与顾客面对面接触交流过程中完成服务的提供，所以员工的素质水平成了酒店产品质量的一个重要组成部分。为了提高酒店服务质量，还必须通过持续的培训和思想教育提升酒店员工的技术水平、服务态度和精神面貌，尤其是一线员工素质的培训与提升是重中之重。

【阅读材料】

服务艺术 + 电扇 = 空调

香港来的王女士下榻某四星级宾馆，入住在1408房间。晚上，王女士回到房间，发现空调坏了，于是打电话要求客房部派人维修。客房部派服务员小张来负责处理此事。小张知道1408房的空调暂时修不好，而且现在宾馆已无一空房，怎么办？他一边走一边想。来到房间，小张先认真查看空调后，告知客人空调已坏，诚恳地向王女士道歉；然后当着王女士的面跟总台通话，强烈要求给王女士调换房间。总台服务员回答说没有空房可供调换。小张一再恳求，未果。小张接着又打电话到工程部坚决要求立即修理空调。工程维修人员解释说这个空调某部件坏了，一时难以修好。小张把情况一边说给王女士听，一边强烈抗议，言辞异常激烈，强调"要为客人的健康负责"。小张这一番努力，让王女士非常感动，对小张说："先生，谢谢您为我操心。您别为难了，给我加个电扇就行了。"小张抱歉地说："那好，先给您加个电扇，一有空房我们马上给您调房。谢谢您对我们的谅解！"于是，马上给王女士安了一台电扇，平息了这一棘手的事情。

［评析］本案例中服务员小张处理得非常巧妙，反映出其高超的服务艺术与技巧。小张明知空调暂时不能修好且无空房可调，但并没有简单地直接把这些情况告诉客人，请求客人的谅解，而是当着客人的面努力争取客人的利益，使客人耳闻目睹真实情况并亲身感

受到服务员对她的真诚关怀。小张随机应变的举动，使客人看在眼里，暖在心头，虽然所争取的利益渺无希望，却得到了一种心理上的满足。可见，硬件的缺陷可以用软件加以弥补，这是运用感情服务达到客人满意的成功案例。

资料来源：豆丁网．

8.4.2　制订明确的质量标准和严格的质检制度

为了做好酒店服务质量管理，酒店必须制订出明确的质量标准，即对酒店产品中的无形产品和有形产品都要有明确的控制标准，但这一点对于无形产品来说很难实现。关于服务质量的标准也有不同的理解，有种说法是顾客满意程度就是服务质量的标准。可是顾客情况千差万别，要求各不相同，还要受到主观情绪的影响，正因为此，高低不等的顾客满意程度显然无法成为一个明确的、稳定的质量标准。根据这一特点，结合既有的质量管理经验，相对而言较好的质量标准制订方法是用描述性的语言对酒店各个部门各个岗位定出具体的服务规程，明确、规范酒店无形的服务。这里的描述性语言就是质量标准。质检制度是依据质量标准针对酒店日常质量检验管理工作而制订的规章制度，是监督、检查酒店质量状况的有效手段。严格的质检制度可以保障酒店质量标准得到准确无误的执行，可以保证酒店产品质量在稳中有升。

8.4.3　提高酒店内部的沟通与协调

酒店服务产品具有综合性和质量不稳定性的特点。酒店业有一个很著名的公式"100-1=0"，即酒店服务中任何一个环节、任何一个员工身上出现问题，顾客对整个酒店的印象就会大打折扣，甚至为零。这就要求酒店各部门、各岗位、各环节紧密相连，加强沟通，协调合作，利用严密的质量控制系统统一管理各种质量活动。

首先，可利用各种集体活动，如管理者与普通员工一起用餐、酒店内部技能竞赛、酒店户外拓展运动等来促进酒店部门之间、部门内部员工之间、管理者与普通员工之间的沟通。其次，可实行轮岗制度。通过岗位轮换，一方面可以增强岗位之间的互相理解，有利于服务过程中的协调合作；另一方面还有助于激发员工的工作潜能，推动员工的职业生涯发展，提高员工的工作主动性与工作热情。最后，就是通过培育良好的酒店企业文化，在酒店员工之间、部门之间形成强大的凝聚力。这种合作、团结的氛围不仅能够提升酒店服务质量水平，还能够感染顾客，提高顾客对酒店服务质量的认同感。

【阅读材料】

营造员工之家

深圳某大酒店庆贺员工生日也颇具创意。一是庆贺的形式多种多样。不局限于贺卡、生日蛋糕和生日宴会这些固定的形式，员工还可选择去海边旅游、去登山、去打保龄球、去烧烤等形式来庆贺自己的生日；二是当月过生日的"寿星"都会在员工告示栏中列出，让酒店全体员工一起为其祝福。这些都为员工加强沟通和交流感情提供了一个充满人情味的空间。

8.4.4 加强顾客关系管理，提高顾客感知价值

顾客是酒店生存与发展的基础，也是酒店服务的重点对象。顾客的消费理念不断成熟，需求也越来越多样化，这一方面推动了酒店服务的发展与完善，另一方面也构成了酒店服务管理的难点。因此，在酒店服务质量管理过程中，酒店要加强顾客关系管理，及时了解顾客的需求变化，针对顾客的需求开发出符合市场和顾客满意的服务项目。这里顾客满意度是一个重点和难点，因为顾客的消费习惯和消费心理千变万化，如何满足顾客多层次的需求，提高顾客满意度是每天都要面对的问题。另外，顾客在入住酒店之前对即将享受的服务都会有一定的期望，然后会把自己实际感知到的服务与期望的服务进行对比，只有当感知的服务达到或超过期望的服务时，顾客才会满意。

【本章小结】

▶ 酒店是服务性行业，服务质量是酒店赖以生存的生命线。酒店服务质量是酒店依托各种有形产品、无形服务对顾客各种需求的满足程度，表现为顾客对酒店各种服务的物质和精神感受，由设施设备、实物产品、服务环境和无形劳务的质量4个部分构成。酒店服务质量的特性体现在综合性和关联性、主观性和依赖性、经济性和安全性、时效性和短暂性4个方面。

▶ 酒店服务质量管理内容由4个阶段组成。首先，确定酒店服务质量管理目标；其次，建立酒店服务质量管理体系；再次，选择酒店服务质量管理的评价方法（具体包括层次分析法、ABC分析法、因果分析法和PDCA循环管理）；最后，开展酒店服务质量培训教育。

▶ 酒店服务质量的管理方法主要有全面质量管理法（全方位、全过程、全员性、全方法和全效益管理）、无缺点管理法和巡视管理法。通过4个途径可以提高酒店服务质量管理，具体包括强化酒店全员服务意识，努力提高员工素质；制订明确的质量标准和严格的质检制度；加强顾客关系管理，提高顾客感知价值。

【思考练习】

1. 简述酒店服务质量管理的定义和构成要素。
2. 简述酒店服务质量的特性。
3. 简述酒店质量管理体系的内容。
4. 简述酒店全面质量管理方法。
5. 简述酒店服务质量管理的分析方法。
6. 简述酒店服务质量管理的方法。

7. 简述酒店服务质量管理的主要措施。

【案例讨论】

机器人能否完全接手酒店的服务工作?

机器人是否已开始从事酒店服务工作并颠覆了整个酒店业?未来或许有这样的场景,顾客走进酒店大堂时会受到机器人的欢迎,被机器人员工引导办理登记入住手续,机器人帮助扫描顾客身份证和面部以验证身份,随后搬运行李并护送顾客进入客房。

人们在旅程中对于一些机器人服务越来越熟悉。据 CNBC(美国消费者新闻与商业频道)报道,全球多国机场已配备机器人为乘客提供非接触式服务,比如美国的拉瓜迪亚机场,德国的慕尼黑国际机场和韩国的仁川国际机场,预计到 2030 年,机器人有望接管机场安检工作。机器人和 AI 技术(Artificial Intelligence)在酒店服务的运用中有哪些优劣势呢?

优势主要集中在以下方面:

(1)提供非接触式体验:疫情之后,机器人可以成为顾客和员工之间的接触点并改善整个酒店健康与安全水平的理想选择。因为机器人不会感染新冠肺炎,酒店可以使用机器人对顾客进行体温检查,搬运行李或在大厅为顾客解答问题。

(2)提高效率和生产力:机器人和 AI 技术可以全天候工作,除了日常维护和软件升级外,无需休假或休息。因此,在管理日常工作(例如顾客入住或顾客有需求)时,它们可以提高效率。基于 AI 的室内语音助手可以通过回答问题和提供一些基本的服务来减轻员工压力。

(3)协助执行清洁任务:酒店可以使用多种机器人来协助执行现在必需的酒店清洁卫生任务,比如自动吸尘器和紫外线消毒机器人。

(4)实现顾客服务的个性化:机器人具有无限存储和记忆数据的能力,可以帮助实现顾客旅程的个性化。他们可以在顾客抵达时选定顾客喜欢的音乐台或电视频道,将客房设置为顾客喜欢的温度,或者为顾客准备报纸和黑咖啡。

尽管当前整理旅游行业的各个细分市场出现了越来越多的机器人或语音助手来提供服务,但完全由机器人完成工作的酒店还比较少。日本的一家酒店曾做过尝试,尝试的结果是机器人和客户服务 AI 技术非常适合入门级任务,但该技术无法处理端到端操作。除此之外还有以下弊端:

(1)实施成本高:虽然机器人越来越容易获得,但实施最新技术的成本可能会很高,比如一些医院使用的紫外线杀菌软件造价 12.5 万美元。对于不同的预算,可以有多种选择,尤其是在遭受疫情重创的情况下,但是并不是每家酒店都可以使用机器人。

(2)需要定期维护:为了使 AI 技术发挥最大的功能,需要人工定期维护以确保一切保持应有的状态。

(3)容易出现故障和受到黑客攻击:与任何技术一样,AI 技术的安全性始终是重要的考虑因素。机器人很容易受到故障和安全漏洞的影响,因此确保机器人收集的任何数据的安全至关重要。

资料来源：品橙旅游，2021-03-23.（有删减与改编）

思考题：

1. 尽管疫情让人们重视保持社交距离和有限接触，但如果没有人类执行超出 AI 技术和情感分析编程能力的任务，酒店的人文元素将完全消失，请思考如何找到员工和机器人服务之间正确的平衡点？

2. 针对机器人服务中存在的弊端，你认为可通过哪些途径进行解决？

3. 从酒店智慧化服务质量的角度来看，你认为机器人和 AI 技术在酒店行业中的核心作用是什么？为什么？

第9章　酒店企业文化管理

【本章概要】

　　本章主要介绍了酒店企业文化的概念、构成与作用等内容，同时探讨了如何进行酒店企业文化的建设与管理，最后针对酒店管理中跨文化现状进行了详细探讨，并提出了相应的跨文化管理方法。

【学习目标】

　　①了解酒店企业文化的含义和构成；②理解酒店企业文化的作用；③熟悉酒店企业文化建设的原则和步骤；④理解酒店跨文化管理的含义和跨文化冲突的原因；⑤掌握酒店跨文化管理的策略和手段。

【开篇案例】

雅阁酒店集团的企业文化

　　雅阁酒店集团是澳大利亚知名企业，为全球业主提供包括酒店管理及度假村管理、预开业管理、酒店顾问咨询、酒店风格及功能布局设计与酒店管理相关的一系列服务。雅阁集团拥有雅阁大酒店、雅阁度假酒店、雅阁酒店、澳斯特经典商旅酒店、雅阁璞邸酒店、METRO酒店六大品牌，在奢华酒店、五星级、四星级、经典商旅酒店市场内均代表澳洲优秀水平，凭借着成熟完善的运营管理机制、专业而高效的管理专家团队帮助成员酒店成功地实现利润最大化和物业升值。

　　雅阁集团一直坚信一流的品牌管理必须内外兼修，既要注重企业的外部品牌形象，也要重视企业内部的文化发展，从而提升社会大众对雅阁集团的好感。集团寻求更多的合作伙伴，让业主和顾客产生信赖感。

　　雅阁集团以"立志成为优质酒店服务的传递者、立志成为最值得中国业主信赖的品牌、立志成为中国业主与顾客首选的酒店管理集团"为企业愿景，一直传承"专业、激情、承诺、进步、扎实、自豪"的企业文化，提倡"让每个员工都成为企业品牌的管理者"的管理法则。公司定期为员工举办生日聚会，改善员工的工作环境，关心每位员工的工作和生活状态，且每季度推出集团内部宣传杂志《心悦雅阁》，宣传酒店的企业文化，为企业和员工之间建立沟通的纽带。这一系列举措大大地增加了雅阁员工对企业的责任感和凝聚力，也使员工始终保持着良好的精神风貌和热情的服务态度。

9.1 酒店企业文化管理概述

9.1.1 酒店企业文化的概念与特征

1）酒店企业文化的概念

酒店企业文化是酒店在长期经营管理实践以及对员工、顾客及社区公众的人文关怀中形成的，并为全体员工普遍认可和遵守的具有本酒店特色的价值观念、团体意识、行为规范和思维模式的总和。酒店企业文化以"酒店价值观"为核心，以"人本文化"为中心，以"特色经营"为基础，以"标志性的文化载体和服务产品"为形式，渗透在酒店一切经营管理活动中。

2）酒店企业文化的特征

酒店企业文化是企业文化在酒店行业的应用，承袭了企业文化的共性。但酒店是一种劳动密集型、情感密集型的企业，要满足顾客多种多样的需求，因此酒店企业文化以服务作为基本特点，具有自身的一些特性。

（1）融合性

随着全球一体化及旅游业的进一步发展，酒店将越来越多地面对国际市场，面对国际性、多元化的顾客群。因此，酒店的企业文化必须具有高度的融合性，包容这些来自世界各地不同文化背景顾客的审美偏好和行为特征。同时，酒店经营的连锁化、集团化也使得中西方以及不同地区之间的文化差异给酒店经营管理的各方面（如管理制度、经营宗旨、营销策略及模式、市场竞争策略、人力资源管理等）提出了更高的要求，这种跨文化管理同样需要酒店企业文化的高度融合。

（2）人性化

酒店产品都是在员工与顾客面对面的交往中完成的，这一经营特点要求酒店企业文化必须具备人性化的特点。这种人性化一方面表现为对客服务的人性化，即根据顾客的不同需求特点尽可能提供相对应的服务；另一方面也表现为对员工的人性化，即强调"以人为本"的内部管理。在酒店这一服务性企业中，员工对服务质量有非常重要的影响。只有满意的员工才会有满意的顾客，因此酒店必须要最大限度地尊重、关心、理解和培养员工，将员工看作酒店内部的顾客，充分调动员工的积极性和主动性。例如，多次获得世界十大最佳饭店榜第一名的泰国曼谷东方大饭店具有东方典雅的文化品位，其提供的家庭式服务突出了"忠实"和"谦恭"的服务特色，给予顾客和员工无限的尊重和尊贵，酒店员工多数持有饭店的股票，并享有饭店各种优厚的福利，因此对饭店有很强的归属感。[1]

---

1 狄保荣，王晨光.饭店文化建设［M］.北京：中国旅游出版社，2010.

9.1.2 酒店企业文化的构成

与企业文化的构成类似，酒店企业文化由酒店物质文化、酒店行为文化、酒店制度文化和酒店精神文化 4 个层次构成。在酒店企业文化的结构中，酒店精神文化最重要，它决定和制约着酒店企业文化的其他层次；酒店物质文化是酒店精神文化在酒店实践中的具体体现，酒店制度文化是酒店精神文化的基础和载体。酒店企业文化结构四层次"同心圆"模型见图 9.1。

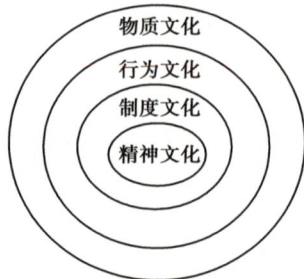

图 9.1　酒店企业文化结构四层次"同心圆"模型

1）酒店物质文化

酒店的物质文化是由酒店员工创造的产品和各种物质设施等构成的器物文化，它是酒店通过可视的一切客观实体所表达和折射出来的文化特点与内涵。酒店物质文化反映酒店内外物质环境与产品的文化特色及顾客的审美与文化感受，是最易被人感知的酒店企业文化层面。顾客通过这种感观感受来评价酒店的服务质量和特色。酒店物质文化是酒店精神文化、行为文化和制度文化的物质载体，是酒店内外认识酒店企业文化的出发点和基础。酒店产品、酒店的名称及标志、宣传手册、广告、环境、建筑风格、硬件设施、设计、装修、灯光、酒店用品及员工服饰等都是酒店物质文化的主要内容。

（1）酒店产品

酒店产品是酒店物质文化的首要内容，顾客对酒店及其企业文化的认识往往是从认识其产品文化而逐步深入。酒店产品是由酒店客房、餐饮、娱乐等不同部门不同种类的产品组合而成的，包括酒店建筑、家具、设施、食品饮料等物质产品，由物质产品传递出来的顾客可通过感官感知的感觉享受（如酒店的大小、装潢、布局、背景音乐、色调与照明等），以及顾客在心理上感觉到的诸如身份地位、舒适度、满意度等情感体验。

现代商业酒店管理大师斯塔特勒指出，饭店出售一种特殊产品——服务。酒店产品的价值最终通过服务体现出来。随着酒店市场竞争的加剧，顾客消费意识的提高和对高附加值的追求，服务日益成为酒店最重要的产品，越来越多地成为酒店竞争重要的表现形式和酒店品牌差异化战略的重要武器。

（2）酒店设施环境

酒店的设施环境是酒店进行经营与服务的物质基础，是酒店企业文化的一种外在表现形式，体现了酒店精神文化、制度文化和行为文化的个性。

酒店环境包括以下两方面：

①与酒店经营相关的各种设施设备、建筑、办公环境等工作环境

工作环境包含酒店装潢、明亮度、音色、气味、温度、空间、家具风格与舒适度、设施的设计与清洁等因素，不仅为酒店经营服务，也是酒店形象、经营实力、酒店等级、酒店产品个性的外在表现。随着科学技术日益发达，设备设施先进程度和复杂程度的提高，

酒店的设施和环境在服务感知中的作用也日益重要，不仅直接服务于酒店经营，也直接体现了酒店的等级、类型和产品特性。我国酒店实行星级评定，不仅要求酒店合理划分客房、餐饮、康乐、会议和前厅等功能区，特定类型酒店的主要功能配套完善，也要求酒店空调、锅炉等设备运行状态良好，并保持地毯、大理石、壁纸等设施完好、清洁。

②酒店员工的生活环境

良好的生活环境能强化员工归属感，主要指酒店为员工提供的宿舍、餐厅、浴室、更衣室、娱乐设施和培训教室等。如朱美拉酒店集团为普通服务员提供 3 人间，为领班和迎宾员以上职位人员提供标准间，员工宿舍楼里设有免费的自助洗衣房、公用厨房等生活设施。在该集团迪拜 6 500 人的员工村里青草如茵，鲜花盛开，健身房、乒乓球室、网吧、咖啡厅、超市、网球场、篮球场、足球场等应有尽有，是真正的员工之家。这样的生活环境使员工与酒店之间建立了一种利益共享、风险同担、荣辱与共的"命运共同体"。

【阅读材料】

三亚凯莱仙人掌度假酒店的环境营造

坐落于亚龙湾国家旅游度假区的三亚凯莱仙人掌度假酒店（原三亚仙人掌度假酒店）就是以其独特的内外部环境营造著称的。酒店的设计以墨西哥玛雅文化为主线，城堡式的楼型，大堂内几何图案的绘制、色块反差鲜明的运用、泳池中的金字塔、餐厅墙上的壁画等都体现了玛雅文化这一人类土著文明的神秘史。为了名副其实，酒店在后花园内特地开出一块核心地带，移植了各种各样的仙人掌、仙人球、仙人鞭、仙人角、麒麟掌、龙骨等，使其成为让顾客驻足品味的仙人掌观赏园。酒店以其独特的风格和文化氛围与酒店所处的自然生态环境相得益彰，有效地向顾客传播了酒店的文化内涵和经营主题，借宾客之口宣传与树立了酒店"风情度假乐园"的形象和特色。

（3）酒店标志

酒店标志是酒店文化的可视性象征，酒店品质的认证标志，也是酒店物质文化的外在体现，包括酒店名称、标志和旗帜等内容。一些知名酒店集团标志见图9.2。

图 9.2　知名酒店集团标识

（4）员工服饰

酒店员工的制服是酒店文化的一种特殊标志物，是一种具有特定品位的文化象征，有助于塑造员工的职业形象。员工制服的设计，必须结合酒店的档次、经营特色、目标客户群体类别、员工岗位特征，与酒店整体企业形象融为一体。

2）酒店行为文化

酒店行为文化是指酒店员工在酒店精神和价值观的指导下，在酒店经营、教育宣传、人际关系活动、文娱体育活动中产生的文化现象，是酒店经营作风、精神面貌、人际关系的动态体现。酒店行为文化是以人的行为为形态的动态的中层企业文化，包括酒店员工的服务方式、员工的行为举止、各类仪式活动等。

从人员结构上划分，酒店行为文化包括3方面：

（1）酒店管理人员行为

酒店高层和职业经理人是酒店经营的主角和统帅，也是酒店文化的主要缔造者和传播者，其理念和行为决定着酒店的长远发展和命运。酒店管理人员应以身作则、率先垂范，带领员工为酒店愿景共同奋斗，在经营及管理上公平公正，与员工保持良好的人际关系，关心爱护员工及其家庭。此外，酒店管理人员在对客服务中的行为表现不仅可以给员工树立榜样，也会给宾客留下较深的印象，有助于酒店品牌形象的塑造。

【阅读材料】

国际假日酒店集团创始人凯蒙斯·威尔逊

国际假日酒店集团已有50多年的历史，在世界60多个国家和地区经营2 300多家酒店，是目前世界上最大的连锁酒店之一。从1984年起至今，国际假日酒店集团已在中国十几个城市经营管理了30家酒店，具有国际一流的服务和稳定的国际客源。

国际假日酒店的创始人凯蒙斯·威尔逊白手起家，抓住机遇，成就了靠自我奋斗而成为亿万富翁的传奇一生。他最大的成就是创办了假日酒店，并使之发展成具有世界性规模的酒店集团。凯蒙斯·威尔逊以其卓越辉煌的业绩被载入美国企业家的史册，并被伦敦《星期日泰晤士报》列入20世纪1 000位创业者之一。

凯蒙斯·威尔逊事业成功的20点心得体会：

①只工作半天，无论是前12小时或者后12小时工作，都一样。

②工作是一把关键钥匙，它可以打开一切机遇的大门。

③对一个人的成败来说，精神状态远比智力更重要。

④要记住：我们大家都是一步一步爬上成功之梯的。

⑤登上橡树之顶有两种办法：一是坐在橡树的果实上等待机会；二是爬上去。

⑥不要害怕去抓机遇。要记住：一只坏表的指针所指的时间在每24小时内，至少有两次是准确的。

⑦幸福的奥秘并不在于喜欢什么就干什么，而在于干什么就喜欢什么。

⑧应从你的用语中去掉"我想我不行"，而代之以"我知道我行"。

⑨在估计一项事业的前途时，首先要考虑利用机遇，然后再考虑稳妥可靠。

⑩要记住：成功一半靠运气，一半靠动脑子。

⑪一个人要有成就，就得敢于冒风险。

⑫那些只愿尽量按酬付劳，从来不愿多做工作的人，除了工作报酬，是得不到一点别的酬劳的。

⑬只要你独具慧眼，能物色到人为你工作，那么，世上就无难事。

⑭机遇是经常有的。对于机遇，只要你学会经常用耳去听，用眼去看，用手去摸，用脑去想，它就会敲你的门。

⑮切莫拖拖拉拉，否则，只要拖两天，明天就将成为昨天。

⑯卖掉你的手表，买一只闹钟。

⑰一个成功的人会认识到个人负有自我奋发的责任。他之所以能启动自己，是因为自己的终身和前途的关键掌握在自己的手中。

⑱莫发愁。过去的已经过去了，无法改变；而对未来发愁，肯定会对现在不利。要记住：我们担忧的未来之事，其中有半数是始终不会发生的。因此，有什么可愁的？

⑲幸福并不在于拥有多少财富，而在于有多少乐趣。

⑳相信上帝，恪守十诫。

（2）酒店模范人物的行为

酒店模范人物是卓越体现酒店价值观和企业精神、在各自的岗位上做出突出成绩和贡献的优秀员工，他们是酒店的中坚力量，是酒店员工学习的榜样。酒店模范人物的行为在整个酒店行为中占有重要的地位，常被作为酒店员工仿效的行为规范。很多酒店都会定期举办类似"寻找身边的榜样"的各类评优活动，以优秀员工、先进个人的事迹作为正面培训案例激发全体员工的工作热情。

（3）酒店员工的行为

酒店员工是酒店的主体，其日常行为表现和行为习惯决定着酒店整体的精神风貌和未来发展。顾客在酒店的消费与体验离不开酒店员工所提供的服务，员工的服务态度和表现直接影响顾客的满意度及其对酒店的印象。因此，酒店员工的行为是酒店企业文化中的重要组成部分。

酒店员工行为主要包括服务态度、服务技能、职业习惯、仪容仪表、礼节礼仪、服务效率等。员工行为在制度文化的影响和制约下在某种程度上保持了一致性，但是服务的特点又要求员工行为具有一定的弹性，如对不同顾客的不同需求做出反应。这种弹性并不能通过规章制度来实现，员工行为的背后是酒店企业文化对员工的指导和影响，是员工对酒店价值观念的认同。

3）酒店制度文化

酒店制度文化是在酒店长期经营和管理实践中生成和发展起来的，为了达到特定目的所制订的、要求全体员工共同遵守的行为规范，以及与之相适应的组织机构、规章制度的总和。酒店制度文化是酒店企业文化的重要组成部分，是一种约束酒店员工行为的规范性、强制性文化，是精神文化的产物，又影响人们选择新的价值观念，成为新的精神文化的基础和载体。作为一种酒店运营程序与标准执行系统，酒店制度文化既能保证酒店运营质量稳定，也为创建服务个性化奠定了基础。酒店制度文化主要包括以下 3 个方面的内容。

（1）领导体制

酒店的领导体制是酒店领导方式、领导结构和领导制度的总称。领导体制影响酒店组织机构的设置，制约酒店管理的各个方面，是酒店制度文化的核心内容。总经理负责制是酒店常见的领导体制之一。

（2）组织机构

酒店的组织机构是酒店企业文化的载体，是指酒店为有效实现酒店目标而筹划建立的酒店内部各组成部分及其关系。如某些酒店以总经理为酒店经营管理中心，实施"总经理—部门总监—分部门主管"三级垂直层级负责管理制，建立以管理、经营、服务、保障为体系的横向管理制度。

（3）管理制度

酒店管理制度是为实现酒店目标所制订的带有强制性义务，并能保障一定权利的各项规定或条例，它作为员工行为规范的模式，能使员工个人的活动得以合理进行，也是维护员工共同利益的强制手段。酒店管理制度主要包括以下内容：

①针对管理层的层级管理制度、质量控制制度、市场营销制度、物资采购制度等。

②部门化运作规范，如管理人员岗位工作说明书、管理人员工作关系表、管理人员工作项目核检表、专门的质量管理文件、工作用表和质量管理记录等。

③服务和专业技术人员的岗位工作说明书。

④服务项目、程序与标准说明书。

⑤工作技术标准说明书等。

4）酒店精神文化

酒店精神文化是指酒店受一定的社会文化背景、意识形态影响而长期形成的，用以指导酒店经营的群体意识和价值观念，包括酒店的企业精神、企业价值观、经营哲学、企业道德等内容，是企业意识形态的总和。相对于酒店的物质文化和行为文化，酒店精神文化是一种更深层次的文化现象，是整个酒店文化的核心和灵魂。正如美国 IBM 董事长小托马斯·沃森所说，"一个组织与其他组织相比较取得何等成就，主要决定于它的基本哲学、精神和内在动力，这些比技术水平、经济资源及组织机构、革新和选择时机等重要得多。"

酒店精神文化主要包括以下 4 方面的内容：

（1）企业精神

企业精神是企业经营宗旨、价值准则、管理信条的集中体现，是企业全体或多数员工共同一致、彼此共鸣的内心态度、意志状况和思想境界。酒店的企业精神源于酒店经营管理的实践，并受到酒店发展历史和领导人风格的影响，可以体现酒店的精神风貌，鲜明地显示酒店的经营宗旨和发展方向，激发酒店员工的积极性，增强酒店的活力，起到促进酒店发展的作用。

（2）价值观

酒店的价值观是酒店在追求经营成功过程中所推崇的基本信念、判断事物的标准和处世行事的原则。酒店的价值观是酒店企业文化的核心和灵魂，为酒店生存和发展提供基本的方向和行动指南，也为酒店员工形成共同的行为准则奠定基础。"为顾客提供优质服务是最大的满足""没有满意的员工就没有满意的顾客"等就是从价值观演绎出来的服务理念。

酒店向顾客提供的是生产过程与消费过程同时进行的服务产品，不同员工或同一员工在不同时间的服务质量较难控制，要求员工有较强的自我约束力。因此，要让员工在服务过程中贯穿酒店服务理念，需要员工认同酒店的价值观念，用以价值观为基础的酒店文化来引导自己的行为（见表 9.1）。

表 9.1　国内外知名酒店集团企业价值观

酒店集团名称	企业价值观
雅高酒店集团	创新（Innovation）、征服精神（A spirit of conquest）、绩效（Performance）、信任（Trust）、尊重（Respect）
万豪酒店集团	员工第一（Put people first），追求卓越（Pursue excellence），勇于改变（Embrace change），统一行动（Act with integrity），服务世界（Serve our world）
希尔顿酒店集团	好客（Hospitality）、正直（Integrity）、行业和社区领导者（leadership）、团队合作（Teamwork）、对行为和决策负责（Ownership）、快速行动（Now）
锦江国际集团	团结、务实、创新、亲民、廉洁
华住酒店集团	求真，至善，尽美
北京首旅如家酒店集团	诚信为本、顾客为先、主动担当、创新高效

（3）经营哲学

酒店的经营哲学是酒店在经营管理过程中总结提炼的世界观和方法论，是酒店经营的最高指导思想，包括酒店存在的目的和价值、酒店的社会责任等，它能反映酒店良好的价值观念和明确的使命感，对酒店的经营和长远发展意义重大。酒店的经营哲学与酒店的文化背景有关，不同的文化背景会使酒店经营从方法到理念上都存在明显差异。

【阅读材料】

北京建国饭店的经营理念

北京建国饭店自开业伊始，一直秉持"管理是生产力"的经营理念，并一直致力于管理体制方面的研究。例如，如何正确处理组织中人与人之间的相互关系，如何建立和完善组织机构以及各种管理体制问题，研究如何激励组织内成员，从而最大限度地调动各方面的积极性和创造性，为实现组织目标而服务的问题。同时还提出要"多节约、少开支，节约就是增加收益"的口号和"精诚合作、创新求实"的店风。建国饭店还引进竞争机制，通过组织部门之间、班组之间、员工之间的竞争来激励员工的集体主义精神。

（4）酒店使命

酒店使命是酒店管理者从根本上定义酒店经营的目的和动机，从深层次上表述酒店的行为取向。酒店使命明确说明了酒店必须满足酒店顾客的哪些要求，指明了酒店未来发展的前景和方向，也为酒店战略目标的制订提供了基础。世界知名酒店集团的企业使命见表9.2所示。

表9.2　知名酒店集团企业使命

酒店集团名称	企业使命
希尔顿酒店集团	力争成为全球一流的酒店集团，成为客人、合作伙伴和业主的第一选择 To be the preeminent global hospitality company-the first choice of guests, team members, and owners alike
万豪酒店集团	我们为员工、客人、业主和连锁店、投资人、合作伙伴、社区打开机会之门 We open doors to a world of opportunity for our people, customers, owners & franchisees, investors, business alliances and communities
香格里拉酒店集团	成为客人、员工、股东和合作伙伴的第一选择；我们真心服务，为客人打造迷人体验 To be the first choice for guests, colleagues, shareholders and business partners; To delight our guests every time by creating engaging experiences straight from our heart
洲际酒店集团	我们要不断成长为客人和酒店业主首选的品牌 We want to grow by making our brands the first choice for guests and hotel owners

9.1.3　酒店企业文化的作用

1）引导酒店及员工的价值取向

酒店企业文化集中反映酒店员工共同的价值观念、理想信念和共同利益，通过酒店经营哲学、价值观念、酒店目标及规章制度等对酒店整体和酒店员工的价值取向及行为取向起导向作用。尽管员工年龄、经历、文化等方面存在差异，但对酒店统一的服务标准及服务意识的认同有助于员工在酒店企业文化的导向下协调个人利益与酒店整体利益，从而实现酒店及其员工既定的发展目标。

2）实现员工的自我调控

酒店企业文化能够协调人际关系，营造和谐的工作氛围，通过酒店的基本价值观和行为规范为酒店内部员工提供统一的行为规范与准则，建立以酒店价值观为基础的行为模式，自动生成自我调控机制，把员工的行为吸引到实现酒店目标的轨道上来，达到个人目标与企业目标在较高层次上的统一。同时，酒店的经营哲学和道德规范能使管理者和一般员工科学地调整和适应酒店各部门之间、酒店员工之间的矛盾，并化解酒店与环境、顾客、社会之间的不协调。

企业文化管理是把酒店文化渗透到酒店日常管理当中，通过企业文化各层次内容的塑造形成的一种环境氛围，对员工行为产生一种心理压力和约束，用酒店价值观、酒店精神、酒店经营目标等去影响、支配员工的行为。丽思·卡尔顿酒店是这方面的典范，酒店的企业文化号召员工共同努力，建立卓越的酒店，控制世界酒店业的高档细分市场，并要求员工熟记并理解集中体现酒店企业文化的黄金准则（包括一个信条、一句座右铭、服务三部曲和20项基本要求），时刻以黄金标准约束和规范自己的行为，以达到酒店的经营目标。

3）增强酒店的凝聚力

现代酒店的功能日趋多样化，规模的增大与综合功能的增强相应要求增强酒店内部的凝聚力和自觉性。酒店企业文化把亲密情感、价值共识与目标认同作为强化企业凝聚力的关键因素，培育出优秀的企业精神、良好的酒店形象、温馨的人际关系、融洽的工作环境和丰富的文化内涵，能使员工产生强烈的使命感、责任感、归属感、自豪感，接受酒店的信念和价值观，积极参与酒店的建设与发展，形成一种有利于增强酒店凝聚力的向心力。同时，有优秀企业文化的酒店特别重视酒店内部的情感投资，不断满足酒店员工的情感需求，使员工对群体产生依赖，在对外竞争中形成命运共同体，共同应对外部市场压力。

4）提高顾客的满意度

随着酒店业的发展、顾客消费意识的提高和对高附加值的追求，顾客满意度的提高更多地取决于酒店服务质量的提高。而酒店是一种劳动密集型、感情密集型企业，服务本身就是酒店所提供的主要产品，酒店服务质量是维持酒店品牌的保证，也是酒店品牌建设的重要内容。万豪酒店集团的创始人马里奥特说过，"生活就是服务"，我们时时刻刻都处在为别人服务和被别人服务的环境中。提高服务质量的关键首先在于培养员工的服务意识和服务精神，这是一种来自对人、生命和工作所秉持的价值观和信念，使一个人愿意服务别人，并对自己的工作感到骄傲的态度[1]。优秀的企业文化可以营造愉快的工作氛围，建立独具个性的服务文化，使员工在工作的全部流程中贯彻这种服务精神和服务文化，从而为顾客提供高质量的服务，实现高度的顾客满意。

1　Karl Albreeht. 顾客价值企业唯一重要的事［M］. 尉腾蛟，译. 旧金山：长河出版社，1998.

5）增强酒店的竞争力

酒店的竞争力是酒店在市场中取胜获利的综合能力，表现为酒店的当前经营业绩和持续发展能力。随着酒店业市场竞争日益激烈，酒店的硬件条件日益趋同，在这种情况下，酒店之间的竞争不仅是货币资本、人力资本的竞争，更是文化素质和文化实力的竞争。

无形的服务是酒店产品的重要组成部分。影响酒店服务质量的因素众多，难以控制，特别是当酒店发展到一定规模时，更无法完全借由管理制度来实现对服务质量的控制。因此，酒店需要以创新的精神建设关注服务质量和面向顾客的企业文化。通过这一软性的工具来进行员工管理，从整体上提高员工素质和服务意识，才能为顾客提供优质的体验价值，增强顾客对酒店的信心和忠诚度，从而在激烈的竞争中占据有利位置。

此外，优秀的企业文化有助于培育酒店的特色，塑造良好的酒店形象和品牌，展示酒店独特的管理风格、良好的经营状况和高尚的精神风貌，开发具有高文化附加值的酒店产品，为酒店的持续发展提供动力。世界知名的酒店集团，如雅高集团、希尔顿集团、万豪集团等在全世界范围内的快速发展，都离不开其优秀而雄厚的企业文化。

因此，企业文化是酒店核心竞争力的内核，通过品牌、管理、服务、人力资源、技术等因素决定和影响着酒店的核心竞争力，是酒店不可被模仿的竞争优势的根本来源。

【阅读材料】

如家快捷酒店文化体系

1. 如家概况

如家快捷酒店成立于 2002 年 6 月，由首旅集团和携程旅行服务公司共同投资组建而成。如家快捷酒店借鉴了欧美成熟完善的经济型酒店模式，为商务和休闲旅行等顾客提供"干净、温馨"的酒店产品，倡导"适度生活，自然自在"的生活理念。从成立时的 11 家酒店，如家迅速在全国遍地开花，并于 2006 年 10 月 26 日在美国纳斯达克成功上市，成为中国第一个在海外上市的经济型连锁酒店。如家快捷酒店自组建以来能得以快速发展，这与酒店所有员工的辛勤工作是分不开的。如家的员工之所以能勤奋敬业又与如家文化是息息相关的。如家坚信：只有服务好员工，员工才会满意；只有满意的员工，才能为顾客提供满意的服务；而要想让员工满意，必须做好员工关系管理工作。这种信念和精神才是支撑和推动如家飞速扩张的重要法宝，就是在这种文化指导下，如家才能取得今天的令人瞩目的成绩。

2. 如家酒店文化体系

（1）酒店文化的物质层面。酒店产品文化方面，如家对员工的仪容仪表、言行举止、基本礼节等都有着具体的规范和标准。如家还紧紧围绕客户需求开发"如家一样"的服务。例如，要求员工"三步微笑"，提供免费上网，推出的"书适如家"服务（即在房间为顾客提供图书，所选图书都是酒店精心选择后为顾客奉上的），这些都在细节上尽可能营造出家的温馨。

（2）酒店文化的制度层面。如家非常系统地建立了16本标准的酒店经营管理手册，选择了较为扁平的组织结构。扁平化的组织结构避免了层级过多造成的时间延误、繁冗琐杂，使管理环境相对清晰。如家的每一家门店从店长到最基层的员工只有3个级别，依次是店长、管理团队（值班经理、店长助理、客房主管）和基层员工。如家在管理上没有复杂的内部流程，要求所有问题都在3个层级内解决。事实上如家的文化倡导的是尽可能少的层级结构和行政报告关系，人与人之间营造简单平实温馨的家庭氛围，而这种文化正与如家的业务经营相匹配的。如家的"草根会议"，即管理高层与基层员工的直接对话，既有利于提高员工的满意度、忠诚度，也有利于管理高层深入了解基层工作情况。

（3）酒店文化的精神层面。"外部五角"和"内部三角"理论是如家独特的经营理念。外部的五角是指行业、产品、价格、服务和营销是显形的、可以被复制的；内部的三角包括人力资源、管理系统和核心竞争力，是隐形的、难以复制的。因此，对内部的三角要注重并逐渐培育。

9.2 酒店企业文化的建设

9.2.1 酒店企业文化建设的原则

国内外酒店集团的成功经验表明，酒店企业文化对酒店的发展非常重要，每一个酒店都须建立自己独具特色的酒店文化。但是由于每个酒店所处的市场环境不同，酒店企业文化形成的过程也不相同。酒店企业文化的建设应遵循4个原则。

1）以人为本原则

员工是酒店重要的资源，也是酒店企业文化的创造者和传播者。酒店在建设企业文化时必须要重视人的因素，充分认识到员工在酒店发展中的决定性作用，认识到员工对酒店企业文化形成、企业精神特质、企业文化层次及企业文化可持续性等方面的影响。

因此，酒店在建设企业文化时，要以人为本，以尊重人、关心人、理解人、爱护人为酒店企业文化建设的关键点，充分考虑员工的需求，广泛征求员工的意见，善于激发员工的创造力和集体智慧。这不仅有助于提高酒店企业文化的层次，也有助于增强员工对企业文化的认同感，有利于企业文化的贯彻和执行。除此之外，酒店在建设企业文化时还应该关心顾客、合作伙伴以及社会的利益诉求，将顾客满意、产品人性化、共赢发展和社会责任等理念纳入酒店企业文化体系中。

2）兼收并蓄原则

企业文化作为一种亚文化，应当吸纳和借鉴各种有价值的文化资源。酒店在建设企业文化时，一方面要继承传统文化中有价值的部分，注重发扬本酒店的优良传统，在扬弃的基础上创新发展，并结合行业的发展和市场需求的变化赋予其新的内容。同时酒店也要不断吸取、借鉴其他国家、民族的文化和优秀企业的企业文化，参考国内外关于企业文化研究的理论和方法，建设符合行业发展和市场特征、易于被员工和社会识别和接受、能为本酒店参与市场竞争和持续发展提供动力的企业文化。

3）突出特色原则

酒店建设企业文化要注重保持差异化优势，在充分考虑本酒店经营特色、资源优势、发展目标、市场细分和竞争对手的基础上构建独具特色的企业文化。酒店只有形成了自己独特的企业文化，才能更加易于被顾客、员工和社会公众识别。纵观世界著名的酒店企业在市场竞争中的优势，与其浓厚的文化意蕴和独特的个性风格不无关系。

4）不断创新原则

与时俱进、开拓创新是现代酒店永续发展的战略方针。在一个不断变化的市场环境中，酒店既要保持其企业文化的相对稳定性，又要根据行业的发展要求和市场状况的变化不断创新其企业文化的表现形式，增添新的文化内容，以实现酒店企业文化的巩固和发展。

9.2.2　酒店企业文化建设的步骤

1）分析和诊断现有企业文化

在建设酒店企业文化之前，首先要对酒店现有的企业文化进行系统分析和自我诊断，认真分析酒店企业文化的发展史、企业文化发展的内在机制、酒店价值观、酒店企业文化发展的内外文化、企业文化发展战略、酒店中员工的素质等。

2）提出酒店企业文化建设目标

在系统分析酒店现有企业文化特点和发展环境的基础上，明确现有酒店企业文化的积极因素和消极因素、存在的问题，结合酒店的发展战略和个性特点、经营特色，提出酒店企业文化建设的目标、宗旨及其意义，从宏观上为酒店企业文化进行定位。

3）设计酒店企业文化体系

酒店企业文化的建设是一项系统工程，酒店管理者应该认真规划，积极动员员工参与酒店企业文化的建设，共同设计酒店企业文化的规划方案，形成企业文化体系。具体而言，酒店应提出具有适用性的文化价值观，以此为中心提出企业精神、经营哲学等精神文化目标，并发动员工参与对酒店的制度文化、行为文化、物质文化的设计，通过各种方案的归纳、比较、融合和提炼，设计出具有本酒店特色的企业文化以及企业文化建设方案。

4）传播与执行酒店企业文化

酒店企业文化的传播与执行是一个将酒店企业文化从理念转化为实际行为的阶段，也是最艰巨和最复杂的实施过程。酒店需通过培训、宣传、座谈会、文化活动等方式有效传播酒店文化，争取酒店员工的认同和接受，并将新的企业文化渗透到酒店经营管理的全过程，指导经营实践。

5）调整和优化

酒店企业文化一经制订并不是固定不变的，而是要根据企业文化的特点、建设目标、实际执行情况不断进行衡量和评价，修正其中不符合酒店发展要求的部分，以确保酒店企业文化在酒店经营管理中发挥正面效应。此外，在酒店不同的发展阶段，酒店管理人员也需对酒店企业文化进行更新和优化，以使其适应市场环境的需要。

9.2.3　酒店物质文化建设

酒店物质文化最易于被顾客感知，是酒店在社会上的外表形象。酒店物质文化的建设要从酒店建筑风格、设备设施、酒店用品和其他产品等物质化了的实体形象入手，需要注意以下 7 个方面。

1）重视顾客需求

为顾客提供优质服务是酒店经营管理活动的轴心，酒店物质文化的建设也必须服从和服务于这一核心。酒店让顾客感到舒适、安全、方便、私密和受到尊重，应细分目标市场，具有认知需求、满足需求、创造需求的能力，在此基础上规划和实施自身的物质文化建设，以顾客的需求为出发点，为顾客提供能创造难忘体验的酒店产品和服务，从而获得在酒店市场上的竞争优势。

酒店在物质文化建设时对顾客需求的重视可体现在客房、餐饮、娱乐等各个方面。如考虑顾客对酒店，特别是酒店核心部位（前厅、客房、餐饮）舒适度的要求（如噪声的消除、温湿度要求、酒店用品要求等），为顾客提供舒适的产品和环境；针对顾客需求，结合酒店风格设计特色客房，如主题客房、绿色客房等，创新服务项目、房间布局和装饰艺术；更新烹饪方式和手法，推陈出新传统菜品，融会贯通各大菜系、中西菜点；从现实的娱乐需求及趋势出发，考虑到顾客工作与健康的因素，结合酒店所处地理及人文环境特点，提供多种方式和内容的娱乐活动，满足不同顾客的需要。

【阅读材料】

北京建国饭店的“自在建国”服务理念

北京建国饭店秉承“以人为本”的服务理念，尊重顾客需求，在酒店中增加了很多人性化的设施，让顾客充分感受到“自在建国”的轻松自在、温馨浪漫。例如，酒店在客房内配有小闹钟、应急手电筒、熨衣板、咖啡机、烧水壶等，以营造温馨的特色；把电梯按钮从高处移到低处，增设无障碍坡道，以方便残疾顾客入住；投入巨资更换整个酒店的电脑系统，使得服务更快捷，且顾客可在酒店内的任何营业地点随时结账离店，极大地提高了工作效率，方便了商务顾客结账离店；升级改造电话系统，电话都有号码记录并可以追踪，防止恐怖电话和骚扰电话。

2）满足经营活动的需要

酒店建筑风格、装潢设计、设施设备、基本用品等是酒店为顾客提供产品和服务的依托，既反映酒店的接待能力，也是决定酒店服务质量高低的物质因素。因此，满足经营活动需要、实现功能布局和流程设计的合理化是酒店物质文化营造的重要方面。建筑物和内部设施的规模和技术水平应适应不同等级、规模和类型酒店的经营定位、功能定位和主题定位。如高星级酒店要功能齐全、高档豪华；经济型酒店要突出便捷、舒适；度假酒店要注重活力、自然、松弛的环境，在尊重中不失轻松愉悦；精品酒店精致、艺术、简约、品质是重要卖点；商务酒店则应重视酒店会议室、宴会厅、商务设施等商务功能的配备；而主题酒店的装修布局、设计装饰、挂件饰品、环境烘托，以及酒店产品的设计、制作和包装要充分体现主题元素，凸显酒店文化内涵，为顾客营造一种文化氛围。

酒店客用设施设备要科学合理，舒适美观，配套齐全，使用安全，性能良好，操作简单，并进行良好的维修保养；酒店客用品要及时补充，与酒店档次相符，满足顾客需求，安全卫生；酒店服务用品要品种齐全、数量充裕、性能优良、使用方便，以提高营运效率，为顾客提供优质服务。此外，酒店还需注重员工的工作生活环境，对员工宿舍、餐厅、更衣室等进行人性化设计，做到卫生整洁、布局合理，既尊重了员工，又能使其保持良好的精神状态，提高服务效率和质量。

3）融合当地文化

酒店存在于一定的人文环境中，因此酒店物质文化建设须从传统文化中寻找切入点，与当地文化相融合。很多酒店并没有重视和挖掘酒店所在地的文化特色，造成的后果就是物质文化空洞无物，千篇一律，缺乏主题、内涵和特色。酒店的建筑形式、内部设计装饰和酒店产品等都要让顾客感知其文化背景、历史传统和人文风貌，强调意境、格调和气氛的渲染，力求创造出一种意境空间。如西双版纳的泰谷酒店把当地的民族风情、民族特点和地方特色与现代建筑巧妙地结合在一起，塑造了泰谷酒店独有的风格；北京昆仑饭店充分利用和发掘中国古代神话赋予昆仑山的传奇色彩（传说中认为天地众神把昆仑山当作下界的都城），在酒店大堂挂了一幅世界最大的艺术壁毯——《莽昆仑》，描绘出昆仑山巍峨苍茫的雄姿，凸现昆仑饭店独特的审美价值和深厚的文化底蕴；曲阜的阙里宾舍灰瓦覆顶，造型独特，古朴典雅，与孔庙、孔府浑然一体，充满了浓厚的儒家文化气氛；广州天河新天希尔顿酒店专门结合希尔顿的品牌和羊城"五羊"的传奇，设计了5只身着酒店员工制服而惟妙惟肖的"希尔顿五羊"毛绒玩具，将城市文化创意和酒店企业文化融合在一起，平添了星级酒店对文化之城的亲切感。

【阅读材料】

北京贵宾楼饭店

北京贵宾楼饭店有限公司是北京首都旅游集团有限责任公司和香港霍英东投资有限公司合资建造的豪华五星级饭店，毗邻紫禁城和天安门广场，面向长安街，是皇城内的一家豪华五星级酒店。北京贵宾楼饭店以"昔日帝王宫，今朝贵宾楼"自居，在设计中将中国古典艺术的朴实凝重与现代建筑的华丽流畅巧妙地结合起来，将大堂布置成充满中国皇家文化气氛的场所，接待后墙上的"五龙璧"金光夺目，古今文化浑然一体。

饭店共有217套客房，客房中的明清式木器家具全部用花梨木制成，房中悬挂着的国画与古色古香的家具相得益彰，有着浓郁中国传统文化特色。酒店九楼朝西南方向设有皇帝套房，意味龙居九天，可让宾客穿越时空，回享中国古代皇宫御苑生活格调的体验。皇帝套房为上下两层复式结构，房间内精雕硬木龙椅，宫廷黄缎靠垫，龙床绫罗锦被，龙凤窗帷地毯，龙头宫灯高照。房间内堂雕梁画柱，装饰屏风镶金嵌玉，百宝阁内陈古列今，仿照故宫珍品设计的纯金香炉，以及皇帝专用的明黄色彩等，处处彰显出无与伦比的皇家风范。从皇帝套房凭窗而望，故宫金色的屋顶近在咫尺，宾客身在此处可以实实在在地感受到古代帝王的尊贵。饭店第九层的走廊里悬挂着中国优秀的民族传统手工艺之一——刺绣，这些绣品设计精美，做工精细，上面的山水花草栩栩如生、活灵活现。

酒店有3个风格各异的中餐厅。御福会餐厅因酒店著名品牌"御福官府菜"而命名，提供经典中国官府菜，以及正宗川菜和淮扬菜，厅内装饰于舒适中蕴含奢华，于时尚中显露中式风格；明园餐厅古朴雅致，表现华夏文化的图纹地毯，花梨木的明式家具配丝绸坐垫，喻义延年益寿的松鹤墨画，点染幽静怡然的中国式文化氛围；由古都扒房和中国经典菜餐厅组成的古都餐厅既有中国传统的典雅庄重，又具西欧的温馨浪漫，其中华经典菜为京城首创，旨在为爱好中华美食的海内外宾客烹制中餐极品菜，每道菜式均结合各方菜系之长，选料上乘考究，技法上一丝不苟。

酒店有风格各异、中国文化浓郁的特色多功能厅，如紫金厅、王府厅、花园大厅、长安厅、竹园厅、玉兰厅等，厅内可观赏皇城美景，适合各种主题宴会和会议。其中紫金厅仿照紫禁城内的乾清宫和坤宁宫建造，处处呈现皇家气派；竹园厅独立精巧，装饰有气韵纵横、价值连城的当代书法家启功先生的墨宝——四季墨竹图，清风墨韵竹生香。

4）融入环保理念

21世纪，绿色、科技、人文已成为人类发展的时代主题。可持续发展的观念已经深入人心，创建绿色酒店，倡导绿色消费，推行绿色管理，为社会环保做出贡献已经成为酒店发展的必然趋向。酒店在建设物质文化时应将绿色、科技、人文理念贯穿于建筑节能、花园绿化、绿色建材、水资源保护和再利用等方面的设计和具体施工，并竭力按照国内相关标准和国际上的实践来实施。

环保理念可体现在酒店物质文化建设的方方面面。例如，酒店尽可能减少现代建筑带来的光污染，利用各种几何造型，提高室内采光度；采用新技术、新设备，利用太阳能等新能源，节省能源的消耗，降低对大气层的污染；尽量减少使用塑料等无机化合物易耗品，而改用易分解的制品；使用纯天然的棉织品或亚麻织品的床单、毛巾，选用纯植物油脂皂，尽量体现绿色服务；餐饮部清洁生产，推出无公害、无污染、安全、优质的绿色产品。

5）注重科技创新

酒店物质文化建设要充分利用现代科技手段，提高设施、产品、环境的科技含量，为客人提供更加高效便捷的产品和服务。如酒店采用国际先进的楼宇自动控制系统、保安消防系统、DID 直插入网系统及商务通信系统进行智能化管理；把叫醒服务单调、急促、刺耳的电话铃声变为轻快的音乐和柔和的灯光，将客人从睡梦中慢慢唤醒；电源"睡眠"功能键可一键关闭房间内所有照明；引入电子温度控制仪、电源系统的红外线感应控制、恒温供水系统、自设电子音乐闹钟等设备。

国内外很多知名酒店都以高科技、网络化创造酒店特色。如北京国宾酒店配备有视频会议系统、VOD 视频点播系统、酒店内局域网系统、宽带高速接入、IP 电话、可视电话、酒店网站七大功能智能化系统，为商务客人提供服务；迪拜伯瓷酒店还为每个客人提供一个掌上电脑，8 英寸显示屏，Linux 系统，与电视、立体声音响及其他装置相连。客人可利用掌上电脑设定叫醒电话，召唤服务员，下载电影、录像，控制房间内的音响、电视、灯光、或关闭窗帘等。

6）突出自身特色

酒店物质文化的建设不能一味地跟风、模仿。酒店的服饰、摆设、礼品等要挖掘自身的文化优势，增强其独特性和生命力。酒店的风格和设计也应形成和突出酒店自身的特色，根据具体的环境、文化背景、口味追求与风俗习惯的不同而营造不同的设计装饰效果。例如，同样是海滨度假酒店，位于有"天下第一湾"之称的海南亚龙湾的近 10 家酒店各具特色：凯莱酒店具有简洁高雅的欧式风格，天域酒店具有夏威夷风格，天鸿酒店是具有南亚特色的度假豪宅，仙人掌酒店则具有浓郁的墨西哥异国风情。再如，同为国际品牌酒店，万豪酒店在视觉上则更强调地域文化，无论在世界何地，都能将当地的文化很好地融入当地酒店的设计之中；而雅高酒店集团旗下的索菲特品牌文化中有这样一句话"Life is Magnifique（生活无限精彩）"，所以索菲特酒店将品牌文化融入酒店建筑设计中，让入住索菲特的每一位客人都能享受生活带来的艺术美感。

7）注意每个细节

酒店物质文化建设不仅要注意硬件设施，更要强调酒店装饰风格、文化、材料以及不同部位之间的和谐统一，进行更加专业的设计和管理，关注酒店中各个部位、每个环节，使酒店给客人的感觉更加流畅和谐。如酒店不选用豪华灯具却使用照明度不足或质量低劣的灯泡就会影响灯光效果，或不选择名贵花木却使用廉价的塑料花盆就会影响品质感受等。

此外，酒店中不仅要有某些服务项目或设施物品，而且要特别注意其是否规范、专业和达到应有的效果。如酒店不仅要有背景音乐，而且背景音乐应根据大厅、中西餐厅、不同酒吧、客房等不同的区域，选择和调整音乐的音调、曲目、音量，确保音响设备音质良好，能够给客人以真正的听觉享受，而不是制造噪声。

9.2.4 酒店行为文化建设

1）提高酒店管理者自身素质

酒店管理者，特别是高层管理者是酒店企业文化的塑造者和创新理念的创造者，在酒店企业文化建设中应起到率先垂范的作用。因此，酒店管理者首先要提高自身素质，树立正确的价值观，身体力行践行酒店的制度和价值观，以自身的行动为员工树立榜样，从而使酒店员工的行为符合酒店要求。

2）宣传酒店模范人物的典型事迹

在酒店行为文化的建设中，酒店的模范人物是非常重要的群体，他们通过自己的优秀表现和模范行为使酒店精神文化、制度文化、行为文化得到人格化的体现。因此，酒店要通过酒店内刊、培训等方式宣传优秀员工的典型事迹，这不仅能显示酒店企业文化的魅力，也能像"灯塔"和"旗帜"一样引导员工的行为。酒店在选择和树立模范人物时应注意两点：第一，模范人物应是立体的，生活在员工之间，易于被员工接受；第二，酒店对模范人物不应仅停留在表扬的层面，而应使其得到切实的回报，如晋升和奖励，对其他员工起到激励的作用。

3）制订可执行的行为规范或制度

客人对服务的要求标准不同，甚至同一位客人不同状态下对服务标准的要求也会不同，而且酒店通常设定诸多岗位，不同岗位分工明确。因此，酒店需要针对不同层面、不同类别岗位制订较为完善的、可执行的管理制度和行为规范标准，对服务进行量化管理，并建立与其相配套的奖惩规定，以使员工有明确的执行标准，从而规范员工行为，降低服务差异，为客人提供快捷、高效、优质的服务。

4）提高酒店管理执行力

确保各种制度有效执行是酒店行为文化形成的基础。在日常经营管理中，酒店必须强调管理执行力，确保既定的规章制度得到严格执行，对员工的行为与心理两方面形成约束力，促成酒店行为文化的深化发展。

【阅读材料】

如家连锁酒店的执行力

为保证各分店的服务质量，如家制订了服务手册（前台手册、客房手册、餐厅手册、安全手册、工程维护手册、礼仪手册）、硬件手册（硬件文字手册、硬件照片和图片手册）、销售手册、人事管理手册、VI标准手册（企业形象设计）、开业手册、财务管理手册、英语服务指南等一系列标准。为了有效地推进与执行这些标准，如家规定：每个员工每天必须学习16本标准手册中与自己有关的部分，每个月都进行考试。不管级别大小，整个如家，除了CEO，包括清洁工和总部一级主管，都要随时被抽考标准手册内容。检查部门每半年对各地酒店做一次多达460多项的检查，每3个月会有第三方机构派"神秘顾客"对各分店进行检查。在店长的办公室里贴着他们长达13项的日自查表和周自查表。店长按照规定每天要抽查至少3间客房，相关细目就有57项。这一切保证了如家任何一家分店和上海徐家汇总店之间的质量差异不超过10%。

资料来源：锦坤品牌研究院.如家模式［M］.北京：中国经济出版社，2010.

5）强化员工的行为意识

酒店要为客人创造一个温馨、舒适、安全、便利的"家"，创造"宾至如归"的文化氛围，这要求服务工作中的每一个岗位、每一位员工的每一个服务行为都要让客人满意，并在满意中得到惊喜。因此，酒店需要拓宽培训渠道，充分利用一切宣传工具和手段宣传企业文化的内容和要求，创造浓厚的环境氛围；树立酒店内部不同层面的优秀典型形象，搜集、整理与宣传酒店企业文化的经典案例，不断地强化员工的行为意识，促进其行为习惯的养成，使酒店企业文化和服务意识渗透到服务中的每一个笑脸、每一声问候。以希尔顿集团为例，希尔顿酒店发展至今，一个成功的秘诀便是牢牢确立自己的企业理念并把这个理念贯彻到每一个员工的思想和行为之中，酒店创造"宾至如归"的文化氛围，注重企业员工礼仪的培养。在希尔顿酒店中一句很常见的问候便是：你今天对客人微笑了没有？微笑服务文化已经深入酒店的品牌之中，并通过员工的行为表现出来。

6）加强对员工的培训

员工行为的塑造是企业文化建设的重要组成部分，酒店应关注人才培养、关心员工成长，将各级员工的能力提高、素质培养作为酒店的工作重心之一，通过各种开发和激励措施，使员工提高知识素质、能力素质、道德素质、勤奋素质、心理素质和身体素质。酒店要进行全方位的员工培训，不仅要有员工价值观念培训，培养员工敬业爱岗、无私奉献的精神，增强团队的竞争力和工作能力，也要有员工的技能培训，通过培训、技能竞赛等不同渠道、不同方式提高员工的服务效率、服务技能和服务态度。

如朱美拉酒店集团所有新员工上岗前都要进行企业愿景、团队精神、服务意识等多方面的培训。对在岗员工也有严格的培训制度，每周安排培训课程。集团还为每个员工的成长晋升创造条件，及时公布集团内空缺岗位，鼓励员工参加竞聘，并对所有晋升或换岗的员工都要进行集中培训。员工如果想学习和掌握更多的专业知识和技能，只要在本部门工作满6个月即可提出申请去其他部门培训学习。通过一系列的培训，员工服务的主动性、服务态度、语言能力、办事效率和服务技能等方面会不断提高，从而能为客人提供更优质的服务。

9.2.5　酒店制度文化建设

酒店制度文化是保障酒店经营管理活动正常有序、协调各方关系、规范员工行为、制约各种消极因素的必要手段。在具体的酒店制度文化建设过程中应注意以下4方面。

1）建立合理的组织机构和责任机制

合理的酒店组织机构设置能使酒店分工明确、层级适度、岗位设置恰当，既方便员工分工合作，组织管理，又方便对客服务。而合理的责任机制则能使各方明确权利和责任，为团队工作提供必要保障。酒店的组织机构和责任机制是否合理不能一刀切，而应适应酒店的特点，如酒店的经营目标、投资结构、酒店规模、地域分布、星级档次、产品特点和市场环境等方面。

【阅读材料】

希尔顿和斯塔特勒不同的组织机构

在现代酒店发展史上，希尔顿公司则采用了分散决策的组织机构，斯塔特勒酒店公司采用了集中决策的组织机构。

康拉德·希尔顿认为，他的目标是使希尔顿酒店遍布全球。因此，最好采用分散化的决策机构，将决策的职权完全授予在世界各地的酒店总经理，在这样一种哲学思想指导下工作，希尔顿酒店公司在芝加哥公司的高层机构里只有20人，公司的中心办公室和区域办公室只对下属酒店提供建议和帮助，而不是进行控制。

斯塔特勒酒店公司的情况正好相反。有100多人在公司总部工作，下属酒店具体的工作目标和行动方案都由总部制订，主要原因之一是斯塔特勒饭店公司始终在美国本土发展，面临的经营语言、法律制度等环境相似，沟通也比较容易。而1954年希尔顿先生从斯塔特勒夫人手中买下斯塔特勒酒店公司后，斯塔特勒酒店的经理们也逐渐适应了希尔顿公司的分散化决策方式来思考、管理。

2）制订公正公平、人性化的管理制度

酒店的管理制度应科学合理、公正公平、系统规范，确保酒店员工的基本利益，给予员工公正公平的环境，使其享受到公平的薪酬、公平的福利、公平的奖惩和公平的发展机会，从而增强员工对酒店的热情和归属感，激发整个团队的工作积极性和创造性，最大限度地提高工作效率。

同时，酒店在制订管理制度时，不应仅把员工视为制度的管理对象和附属物，而应尊重员工、信任员工、关心员工，尽可能使管理制度更加人性化，以减少员工对管理制度的抵触，使管理制度能得到更好地贯彻执行。例如，以服务创品牌的希尔顿酒店始终倡导"宾客第一，员工也第一"的企业文化，表达酒店对员工的尊重。这一企业文化内核架构了酒店的领导体制、组织机构、规章制度，创建了良好的制度氛围，使酒店成为员工的快乐之源。

【阅读材料】

南京金陵饭店人性化的管理制度

早在十几年前，金陵饭店就建立起每月一次的"总经理接待员工日"制度，一直持续至今。在这一天，每个员工都可以直接向总经理面对面地反映自己工作、生活中的问题，提出各种建议和意见。在金陵饭店，每个做了妈妈的员工在"母亲节"这天都会得到饭店为她送上的一束鲜花和贺卡；金陵饭店的各级管理人员都对自己下属的员工担负一份特殊责任：如果你的下属没有在工作中出成绩，管理人员就要为此受到失职的查处；饭店每年举行"民主评议会"，让员工按"德、能、勤、绩"四项标准对各级管理人员进行评议监督，不仅是为了以此来约束干部，更是为了增强员工的民主意识，吸引他们以主人翁精神参与饭店的管理；饭店多年来坚持开展以对客服务、经营管理、技术革新、开源节流为重点的群众性合理化建议活动，形成一整套登记、传递、反馈、落实和奖励制度，每年都收到员工合理化建议上千条之多，采纳率在50%以上，创经济效益数百万元。

3）保证管理制度的贯彻执行

酒店管理制度是保证酒店正常运营、确保服务质量的保证。因此，在酒店管理制度建立之后，酒店还要制订相应的质量管理体系和考评制度，建立良好的制度文化氛围，让员工树立遵守制度、服务管理的意识，以保证各项管理制度的贯彻落实和酒店服务管理体系的良好运行。

4）不断改进和发展酒店制度文化

酒店制度文化的建设是一个动态的过程。一方面，社会经济环境变化、科学技术进步、顾客需求及理念的变化等外部环境因素，以及酒店目标、功能、资本结构、员工群体行为的变化等内部环境因素会不断对酒店提出新的要求和挑战；另一方面，酒店的制度文化也需要不断地通过实践来进行检验，并在此基础上加以修正完善。因此，酒店应不断地改进和发展其制度文化，根据需要调整组织机构和管理制度，以促进酒店的经营和发展。

9.2.6 酒店精神文化建设

1）准确定位酒店精神文化

酒店精神文化是酒店企业文化体系的核心层，主导并决定着酒店物质文化、行为文化和制度文化。因此，酒店在建设精神文化时必须首先准确定位酒店的精神文化，认真分析酒店的目标市场，了解目标消费者的真正需求，在此基础上培养和塑造酒店价值观、酒店宗旨、酒店精神等一系列观念形态的精神文化方面。此外，酒店精神文化要适应社会和市场的发展需求，与时俱进，不断创新。

2）以人为本建设精神文化

优秀的酒店精神文化是酒店宝贵的无形资产，它不仅能挖掘出每位员工的潜能，鼓舞员工的士气，而且是现代酒店管理内部团结的纽带和沟通的渠道。酒店精神文化的建设要突出"以人为本"，最大限度地重视员工、尊重员工。万豪酒店集团以"员工第一"作为酒店经营理念中最核心的思想，并将这一思想贯彻在经营管理中，以使员工在"以人为本"的万豪文化氛围中感受到价值和尊重。万豪集团要求每位管理者在工作中必须体现以下原则：能够善待员工，积极帮助他们发挥潜力；从员工满意出发，达到顾客满意的结果；善于听取员工的建议，关心员工的生活、工作，企业永远要感谢员工；使员工对自身满意，有信心并以工作为荣；始终如一地培训员工，为其创造发展机遇；倡导团队精神，营造互尊互帮的工作氛围。

3）塑造共同的价值观

酒店的价值观是酒店在追求成功的过程中所推崇的基本信念和所奉行的行为准则，是酒店全体员工共有的、内化的、判断事物的标准和处世行事的原则。价值观是酒店企业文化的核心和基石，它能为酒店内部提供一种走向共同目标的指导性意识，也为酒店员工的日常行为规范提供方向性前提。酒店要塑造被全体员工认同和接受的共同价值观，这是酒店产生持久向心力和凝聚力的精神源泉。员工在工作中认同、信奉并自觉践行酒店的价值观，能使顾客通过感受酒店员工的服务了解酒店的价值观和文化内涵，为酒店提供成功经营的强大支撑力。

4）突出酒店精神文化个性

酒店的精神文化要符合个性化原则，不能与别的酒店雷同。目前许多酒店在树立酒店精神文化时常用"求实、创新、开拓、进取"或加上"拼搏"等一些类同的词语加以概括，不仅使酒店精神文化失去个性和特色，也容易成为空洞的标语口号。

不同的酒店有不同的发展目标和运行方式，酒店在建设精神文化时要对酒店自身的规模、类型、发展历史与前景、经营特色、市场竞争等进行全面的研究和分析，着眼于酒店个性特色、经营管理的成功之处、市场优势、酒店未来发展目标和员工心理期望等方面的具体特点，来提炼适合酒店自身发展的精神文化，从而更易于让顾客感知，也更易于得到社会的承认和赞赏。如喜来登酒店以"物有所值"深入人心；希尔顿酒店以"快"字服务名扬四海；香港文华大酒店以其"情"字服务成为国际酒店业的佼佼者；而在世界上享有盛誉的香格里拉饭店管理集团则以"殷勤好客亚洲情"的经营理念来体现其作为典型的亚洲管理集团的特色，并对全体员工实施了亚洲式的殷勤好客服务培训，树立亚洲传统文化风格。

5）为酒店精神文化选择恰当的表达方式

酒店精神文化的概括和提炼应突出个性，表现独特的文化魅力，酒店应根据自己的实际情况和客观需要选择适当的形式和方法（如标语、口号、企业歌曲等）来表达酒店的精神文化。文字语言是酒店精神文化的主要表达方式，可以用一段文字或几组文字来表述酒店的企业精神、价值观、经营理念等。酒店精神文化的表达应做到尽量简化、内涵丰富、易于记忆，以便于酒店精神文化的传播。

6）注重酒店精神文化的宣传和渗透

相对于酒店的物质文化、行为文化和制度文化，酒店精神文化是一种更深层次的文化，因而其塑造和建立也更为复杂，是一个酒店员工在长期的经营管理活动中不断认同、强化、渗透、转化的长期过程。酒店要加强舆论宣传和员工培训，通过专题报告、系统培训、知识竞赛、学习讲座、考核等形式使员工真正理解、认同酒店的精神文化，并通过一定的规章制度和激励机制刚柔相济，恩威并施，引导员工以酒店精神文化来指导自己的行动。

在进行酒店精神文化传播时，要注意发挥酒店经理的表率作用和酒店模范人物的影响力，以增强酒店员工的企业意识。同时，酒店也应建立完善的酒店文化网络，利用酒店文化载体和重大事件进行传播，树立良好的酒店形象。

9.3　现代酒店跨文化管理

9.3.1　酒店跨文化管理的含义

跨文化管理又称"交叉文化管理"，是在跨文化条件下如何克服异质文化间的差异，在此基础上重新塑造企业的独特文化，进行卓有成效的管理。酒店跨文化管理需要跨文化地进行沟通、领导、激励、决策和跨文化地进行人员培训、国际谈判和工作安排等内容，其目的在于如何在不同形态的文化氛围中找到超越文化冲突的酒店发展目标，以维系具有不同文化背景的员工共同的行为准则，从而合理地配置酒店资源，最大限度地挖掘和利用酒店人力资源的潜力和价值，最大化地提高酒店的管理效果。

1982 年，中国第一家内地与香港合资酒店——建国饭店开业，并首家引进了香港酒店管理公司——香港半岛管理集团，拉开了中国酒店业跨文化管理的序幕。半岛酒店集团的进入，从思想观念、管理方式、用工制度、促销手段等方面给内陆酒店业带来了全新的变化。随着经济全球化的深入发展，国际酒店业竞争主体不断增多，尤其是中国加入WTO 之后，服务业的开放程度不断扩大，假日、希尔顿、喜达屋、洲际、万豪、雅高、卡尔森、香格里拉等其他国际知名酒店集团纷纷在中国抢滩登陆，通过资本为纽带的自建、购买、租赁、合并，以及通过非资本如管理、品牌等为纽带的联号、特许经营等方式活跃在中国酒店市场。酒店集团在具有不同文化地域和背景的国家和地区进行跨国经营会面临来自不同的文化体系的冲突，文化互有差别的酒店管理者和员工有不同的价值观、思维模式、行为方式和文化背景，这些都成为影响酒店管理效果的重要因素。因此，如何进行有效的跨文化管理日益成为酒店管理的重要议题。

9.3.2　酒店跨文化冲突

管理学大师彼得·德鲁克说过，跨国经营的企业是一种多文化的机构，其经营管理思想基本上是一个把政治、文化上的多样性结合起来进行生产经营活动的经营环境，企业经营环境的文化差异是企业跨文化管理的现实背景。而美国著名学者戴维·利克斯指出，"大凡跨国公司的失败，几乎都是因为忽视了文化差异对这一基本的或微妙的理解所招致的结果"。因此，国际酒店集团要在中国健康发展，中国本土酒店集团要尽快占领国际市场，必须认真识别和区分中西方酒店文化差异，通过有效掌握和强化跨文化管理来化解酒店集团的跨文化冲突，达到跨文化融合，积极促进跨国酒店集团的健康发展，不断提高国际化酒店集团的经营管理水平，实现经营管理目标。

跨文化冲突是由不同国家和民族间在价值观、传统文化、宗教信仰、语言、思维方式、行为准则、习惯等方面的文化差异所引起的不同形态的文化或者文化要素之间相互对立、相互排斥的过程。酒店跨文化冲突既指酒店在跨国经营时与东道主国的文化观念不同而产生的冲突，也包含了在一个酒店内部由于员工分属不同文化背景而产生的冲突。具体而言，导致酒店跨文化冲突的原因主要体现在以下 5 个方面：

（1）价值观的差异

在跨国经营的酒店中，酒店跨国经营时所面对的是与其母国文化不同的文化，以及由这种文化所决定的价值观和行为方式。来自不同文化背景的员工具有多样化的价值观念和复杂的信念结构，由此决定了员工不同的需要和期望，以及不同的行为规范和表现，从而容易引起文化冲突，增加酒店管理的难度。

（2）思维方式的差异

来自不同国家和地区的员工在成长中接受了不同的文化，因此在思维方式上存在巨大差异，对同一事物有不同的认知，对同一问题采用不同的管理行为和解决方式，因此就容易产生内部冲突。

（3）管理模式的差异

酒店内部的经营管理必定会受到民族文化的影响。不同的民族文化在文化传统、价值观念和组织观念等方面具有很大的差异。如中国本土文化强调集体主义，强调个人利益服从整体利益，而西方企业文化则注重个人创新能力和个人价值的实现；本土文化依赖于"人治"，而西方管理文化以制度为基础，讲究原则、追求效率。这些文化差异会导致管理模式的差异，会使不同文化环境的员工无法理解和认同这些管理模式，从而产生摩擦和冲突。

（4）种族优越感

种族优越感是指认定一种种族优越于其他种族，包括认定其文化价值体系也较其他文化体系更为优越。种族优越感、民族歧视和隔阂是跨文化冲突的普遍根源。如果酒店管理者在跨文化管理中将这种优越感在工作中表现出来，会引起当地员工的不满和抵制，甚至上升为文化冲突和民族感情冲突，导致跨文化管理的失败。

（5）沟通障碍

酒店跨文化管理以跨文化沟通为基础。沟通是人际或群体之间交流和传递信息的过程。但是不同文化背景的员工在语言、表达方式、风俗习惯、价值观及对某些问题的认识等方面的差异会增加沟通的难度，产生沟通障碍，易引发不必要的误会甚至演变成文化冲突。另外，由于跨国经营的酒店规模较大，组织层级数目繁多，也增加了酒店横向、纵向沟通的难度，影响信息传播的准确性，从而影响管理决策的制订和执行效果。

9.3.3　酒店跨文化管理的策略

跨文化冲突是酒店跨国经营不可避免的问题。酒店要解决跨文化冲突并实现酒店经营目标，需要根据实际情况采取适合本酒店的跨文化管理策略，使不同的文化得到最佳结合，从而形成自己的核心竞争力。

1）本土化策略

本土化策略是指跨国经营的酒店雇用相当一部分熟悉当地风俗习惯、市场动态及其政府各项法律法规的当地员工，领导并管理当地人为酒店服务。本土化策略既有利于节省海外派遣人员和跨国经营的高昂费用，缓解两种文化之间的冲突，注入新的管理活力，也有助于拓展当地市场，便于酒店更好地为当地的客人服务。本土化策略突出表现在管理人员本土化、品牌本土化和销售渠道本土化三个方面。

【阅读材料】

上海花园饭店跨文化管理的人员本土化

上海花园饭店由日本野村·中国投资株式会社同中国锦江集团有限公司合作建造，由日本大仓饭店承担经营管理，其经营方针是BEST A. C. S.，即Best Accommodation；Best Cuisine；Best Service。"使客人高兴"是由清水总经理提出的口号。他进一步强调，饭店的生存发展依赖于客人的消费，饭店的员工都应怀着感激的心情对待来饭店的客人，因为客人高兴是营业最大的保证。

在经营发展过程中，上海花园饭店确立了"创建为上海市做贡献、由当地人管理、使上海市可以在世界上感到自豪的具有国际水准的饭店"的经营理念。

20世纪80年代末至90年代初，国内一些合资、合作饭店的经营方式中，在管理集团与当地职员之间的中间管理层配置了很多中国香港地区或新加坡的职业经理人。但这些职业经理人与当地职员的技术转移并不流畅，其相互理解程度和人际关系也不好。基于此，花园饭店的管理体系除了少数大仓饭店职员外，中间管理层全部用当地人。为此所需要的管理职务候补人员，都有计划地派遣到东京大仓饭店进修。开业至今，饭店的中间管理层中已经产生了多名高级管理干部。

资料来源：狄保荣，王晨光.饭店文化建设［M］.北京：中国旅游出版社，2010.

2）文化相容策略

文化相容也称为"文化互补"，是指酒店不以酒店集团或酒店管理公司的母国企业文化或是酒店所在地的文化作为酒店的主体文化，两种文化之间虽然存在巨大的差异，却并不互相排斥，反而一种文化的存在可以充分弥补另外一种文化的许多不足，以充分发挥跨文化的优势，谋求更为广泛的双赢。文化相容策略的另外一种表现形式是酒店管理者在经营活动中刻意模糊文化差异，隐去两者文化中最容易导致冲突的主体文化，使不同文化背景的人均可在同一酒店中和睦共处、协调意见分歧。

3）文化创新策略

文化创新策略是指酒店根据市场环境和酒店发展战略的需要，将酒店集团的企业文化与当地文化进行有效地融合，通过各种渠道促进不同文化相互了解、适应、融合，构建共同的经营理念和融合各方之长的新型的企业文化作为酒店的管理基础。这种新型文化既保留着酒店集团企业文化的特点，又与当地的文化环境相适应。将两种文化有机结合，不仅能使酒店适应不同国家的文化环境，而且还能大大地增强其竞争优势。

【阅读材料】

洲际酒店集团"特许经营＋"中的本土化

2021年10月18日，洲际酒店集团宣布大中华区第150家特许经营酒店开业，特许经营模式在华发展迎来又一重要里程碑。

洲际酒店集团将特许经营模式引入中国五年多来成绩斐然，成为集团在华发展的重要增长引擎——特许经营模式已占上半年集团在华酒店签约总数的57%；截至2021年9月30日，在大中华区已开业的旗下酒店中，采用特许经营的比例超过28%，在筹建酒店中更是高达50%。

随着国内新冠肺炎疫情防控进入总体稳定的常态化，国民旅游消费信心回升，酒店需求回暖，中国旅游市场的前景依然被看好。尤其当前中国酒店业迎来存量升级改造和连锁化提升的机遇，本土业主的管理能力与运营经验也都日益增加，特许经营已顺势成为当下本土酒店业的主流管理模式。《2020中国饭店业务统计报告》显示，过去三年已有近五成新签约的中高档酒店产品采用特许经营模式，且呈现明显上升趋势。但在后疫情时代背景下，本土业主对酒店投资回报与营业利润也提出了更高要求。酒店品牌的抗风险能力、市场分析和预测能力、所提供的培训和系统支持、品牌效应、管理成本等都成为业主在挑选特许经营合作品牌时的考量标准。作为全球酒店业最大的特许经营授权商之一，洲际酒店集团在全世界近 6 000 家酒店中 80% 以上采取特许经营模式，在此领域拥有深厚的积累。在中国市场，洲际酒店集团已开放的特许经营品牌——智选假日酒店、假日酒店和皇冠假日酒店也都具有卓越的市场基础和知名度，有利于更好地发挥品牌效应，帮助业主结合自身需求与优势，收获最大化的经营效益。

专业化、定制化的支持体系和对"本地化运营"的坚持也是洲际酒店集团特许经营模式一直备受业主青睐的重要原因。作为最早进入中国市场的国际酒店集团，洲际酒店集团历经了中国酒店业改革开放以来的数十年飞速发展，始终坚守"在中国、为中国"的初心，为中国市场量身定制了更具灵活性的"特许经营 +"模式。在该模式下，洲际酒店集团能够及时抓住业主的需求点，提供各项关键工具与系统平台支持。集团还在大中华区设立了专门针对特许经营酒店的本地服务团队，从本土化的培训、专业化的运营及酒店业绩等方面给予业主全方位支持，也为住客在特许经营酒店的住宿体验提供保障。

资料来源：迈点网，2021-10-18.（有删减）

4）文化渗透策略

文化渗透策略是个需要长时间观察和培育的过程，是指酒店的高级主管和管理人员由酒店集团派遣的人员担任，凭借酒店集团强大的经济实力所形成的文化优势，对酒店的当地员工进行逐步的文化渗透和移植，使其逐渐适应酒店集团的企业文化并慢慢地成为该文化的执行者和维护者，并在这种文化背景下实现酒店的日常运营。文化渗透策略能否成功取决于诸多因素，如酒店集团企业文化的活力、管理模式、管理人员的素质和能力、当地文化对企业文化的影响以及酒店集团派遣管理人员与当地员工的沟通等。

9.4　酒店跨文化管理的手段

1）正确认识文化差异和冲突

文化差异和冲突是一种客观现象，无法回避。酒店实行跨文化管理必须承认并理解差异的客观存在，克服狭隘主义的思想，加强对他国语言、文化、经济、法律等知识的了解和学习，既要理解东道国文化如何影响当地员工的行为，也要理解母国文化如何影响酒店集团派遣的管理人员的行为。酒店跨文化管理需要正确认识跨文化中的矛盾和冲突，把握不同类型的文化差异，采用适宜的方法有针对性地克服和解决文化冲突。如因管理风格、方法或技能的不同而产生的冲突可以通过互相传授和学习来克服；因生活习惯和方式不同而产生的冲突可以通过文化交流来解决。

2）充分利用文化差异为酒店发展创造契机

不同的企业文化有各自的优势和不足，是不同国家和地区文化的产物。跨文化给酒店管理提出了挑战，也带来更多的机遇。不同文化背景和不同的思维方式有助于酒店管理者从更多的角度考虑问题。酒店管理者在进行跨文化管理时要尽可能地利用文化差异，从自身文化结构出发，吸收借鉴外来文化的优势，寻求文化认同点，在此基础上根据市场环境的要求和酒店发展的需要建立起共同的经营理念和整合各方之长的新型企业文化，进而实现酒店的跨文化融合，为酒店发展创造契机和创新的动力。

3）加强管理文化的整合

在跨文化经营的酒店中，外方管理人员保持着与国外母公司或外资管理方的联系，都有一整套适应市场要求的现代酒店管理思想、理念和方法。而当地的管理人员熟悉本地文化特点，了解本地区的市场规律和需求。因此，酒店跨文化管理过程中要加强双方的互动互补以消除隔阂，既要真正理解、尊重东道国的文化，又要发挥本土文化的魅力和影响力，努力找到双方的平衡点，构建自己的竞争力。如由洲际酒店集团管理的深圳威尼斯酒店通过"人员本土化战略"，将洲际酒店集团"朴实无华、诚实可靠、坚持不懈、乐观大度，加之以一种复兴者的激情"的企业精神与华侨城"优质生活的创想家"的理念有机融合在一起，形成了深圳威尼斯酒店的文化特色，即对生活质量的执着追求和人文情怀。

4）实行全员跨文化管理

酒店跨文化管理的关键是人。因此，要实行全员的跨文化管理。一方面，酒店跨文化管理有赖于一批高素质的跨文化管理人员，因此应注意选拔、培训能深刻理解母公司企业文化、有多文化环境工作经历、有较强的平等意识和应变能力、善于与不同文化背景的人合作、且具有文化融合能力的经营管理人员在酒店跨文化管理中担任重要职责，将母公司的企业文化与当地文化进行有效整合；另一方面，酒店跨文化管理是对酒店所有管理人员和员工的管理，因此要通过对所有成员进行培训、教育和灌输，使其理解并认同酒店的企业文化，并通过思维方式、价值观、行为方式体现出来，切实发挥跨文化管理在酒店管理中的作用。

5）实施跨文化培训

预防和解决跨文化冲突，实现酒店跨文化管理的有效手段是进行跨文化培训，包括针对本国人员外派任职的培训，针对东道国人员的教育与培训，以及多元文化团队的组织与训练。在具体的培训内容上应注重以下3个方面：

①文化敏感性训练。文化敏感性训练是将具有不同文化背景的员工和管理人员集中在一起，通过演讲、角色扮演、情境对话、案例分析等形式，打破员工心中的文化障碍和角色束缚，增强其对不同文化环境的反应能力和适应能力，实现不同文化间的协调、相互适应。此外，酒店也可组织各种社交活动，使外方管理人员与本地员工之间有更多接触和交流的机会，以维持酒店内部良好的人际关系，加快员工对不同文化的适应速度。

②文化培训。文化培训就是指培训专家以授课方式介绍不同文化的内涵和特征，指导员工和管理人员阅读相关书籍和资料，加强双方对相互之间文化差异的了解。此外，酒店也可通过学术研究和文化交流的形式，组织员工探讨酒店集团企业文化与所在地文化的精髓及其对管理人员和员工的思维过程、管理风格、决策方式和行为方式的影响，提高员工诊断和处理不同文化中解决疑难问题的能力。另外，在酒店跨文化沟通过程中，言行举止都反映了一定的民族文化习俗，因此要加强对酒店所有员工的跨文化知识培训，使其对东西方文化在礼仪、价值观、审美观念、消费观念、宗教、饮食、生活习惯等方面的差异有一定的认识和了解，从而为来自全球具有多元文化背景的顾客提供更优质的服务。

③语言沟通培训。语言是文化的一个非常重要的组成部分，语言交流与沟通是提高对不同文化适应能力的一条最有效的途径。语言沟通培训不仅可使员工掌握语言知识，还能使他们熟悉中西方文化中特有的表达和交流方式，如手势、符号、礼节和习俗等，为外方管理人员与本地员工的交流扫清障碍。

6）推动不同文化间的沟通交流

在跨文化经营的酒店中，中外双方应尊重彼此的文化差异，重视信息与情感的沟通，通过座谈、对话、个别交流、经营汇报会、团队建设活动、酒店内刊等形式及时交流。北京诺富特和平宾馆就将酒店内刊——《和平之声》作为酒店跨文化沟通的桥梁，如在法国雅高集团入驻北京和平宾馆、员工对外方管理者缺乏信任、担心大量裁员之际，和平宾馆及时通过内刊传达外方总经理的专访和文章，通过权威的信息解答员工关心和担忧的问题，以安定人心、鼓舞人心；总经理在内刊上亲自撰写的"周年寄语"拉近了员工和外方管理者之间的心理距离；员工担心在酒店开展的大规模培训中不合格会下岗时，管理层通过内刊说明培训的目的、形式和内容，以解疑释惑、疏通调节，获得员工的理解和支持。

【本章小结】

► 酒店企业文化由酒店物质文化、酒店行为文化、酒店制度文化和酒店精神文化4部分组成，有助于引导员工的价值取向，实现员工的自我调控，增强酒店凝聚力，提高客人的满意度和酒店竞争力。因此，酒店应遵循以人为本、兼收并蓄、突出特色、不断创新的原则来建设有自身特色的企业文化。

► 此外，在目前经济全球化深入发展、外资酒店集团不断入驻的情况下，酒店市场的竞争越来越激烈，如何有效地进行跨文化管理也成为酒店成功经营的重要议题。酒店跨文化管理要求酒店通过本土化、文化融合、文化创新、文化渗透等策略，有效解决由价值观、思维方式、管理模式的不同以及种族优越感和沟通障碍引起的跨文化冲突，达到跨文化融合，以促进跨国酒店集团的健康发展。

【思考练习】

1. 简述酒店企业文化的构成要素。

2. 简述酒店企业文化对酒店的经营管理的作用。

3. 简述酒店应如何进行企业文化建设。

4. 简述酒店跨文化管理的含义。

5. 简述酒店产生跨文化冲突的原因。

6. 简述酒店进行跨文化管理的方法。

【案例讨论】

亚朵生活：当舟车劳顿相逢人文关怀

中国的消费升级如火如荼。在大消费赛道，新兴的商业模式和品牌万马奔腾般出现，必将涌现出一批世界级的品牌。在千百万个新涌现的品牌中，如何甄选出未来的超新星？济容资本用一系列的案例，分析其商业模式，以期寻找可以借鉴的经验。

人文关怀的服务，是亚朵的一大特色。客人入住酒店，有贴心宵夜，赶早航班的客人清晨离店，会有热好的早餐带着路上吃。客人的小偏好，酒店的团队都会录入数据系统，确保客人不管在何处的亚朵，都能享受到同样优质的体验。事实上，为了确保服务质量，亚朵建立了一套"标准的个性化"服务流程。其中，在客人从预订到离店的整个体验流程，亚朵团队精准定位了24个关键点，形成了一套属于自己的标准化流程（SOP）。服务好这24个关键点，亚朵就能确保客人享受高质量的入住体验，同时控制合理成本。

不过，标准化流程并不稀缺。每一个连锁的酒店，都有自己的标准化流程。让亚朵真正独特的，是它独具一格的伙伴文化。诚如亚朵创始人王海军先生所说，不管标准化流程做得多么完善，客人的要求永远比标准多一个。在酒店行业这样一个100-1=0的行业里，如果只依靠标准化，即使拥有再全面、再细致的流程，也不能确保客人享受到优质体验。亚朵的独到之处，在于它的企业文化能将团队成员的主观能动性被充分调动起来。在亚朵的酒店里，人文关怀的起点不是客人，而是员工。酒店里的所有团队伙伴，从经理到保洁员，每月都有500元的额度，用来解决住客的难题，而无须任何解释。这种信任和赋能，使员工能够充分共情客人需求，衷心为客人创造一流的服务体验。亚朵的核心竞争力不仅是服务好，而是在保证加盟商盈利的情况下，还能提供优质服务，体现出管理层具有较强的执行力。

维持任何品牌的生命力，秘诀在于不断迭代、不断折腾。2020年9月，亚朵推出了ZHotel，是一家面向Z世代（大致为"95"后以及"00"后）的酒店。在ZHotel所有令人眼花缭乱的艺术、社群、智能化的特征中，有相当一部分会被证伪、取舍。对于一个消费品牌来说，面对捉摸不定的消费者偏好，只有勇于尝试，假设才能被去伪存真。在亚朵的总部，有一家只有14间客房的酒店，叫亚朵Lab。亚朵在这里进行各种各样新奇的试验。源源不断的奇思妙想，在这里被发明验证，然后推广到亚朵的各个品牌。如图9.3中红色的小车模样的家具，是亚朵的新品牌 ZHotel 中的复古又现代的音乐吧台，集成了黑胶唱片、蓝牙、杂志和 mini bar。还有图 9.4 A.T.House Make Make 双床间独具一格的房屋陈设，照顾到两个住客的独立空间，因此并没有将两张床并排陈列，而是头对头放置。

图 9.3　ZHotel 的音乐吧台

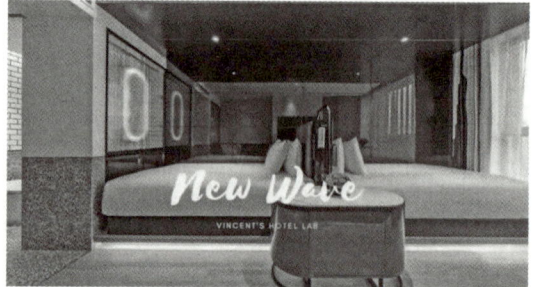

图 9.4　A.T.House Make Make 的双床间

资料来源：济容资本，2021-07-23.（有删减与改编）

思考题：

1. 请根据案例内容总结亚朵的企业文化，并分析其独特性与价值性。

2. 酒店企业文化如何更好更有效地传递给消费者？

3. 根据企业文化建设的相关理论，结合案例内容，谈谈你对保持企业文化活力的理解与看法。

第 10 章　酒店创新管理

【本章概要】

　　本章首先探讨了体验经济这一酒店创新管理的时代背景，介绍了体验经济的内涵，体验经济背景下酒店产品的新特征。为了应对新环境、新挑战，酒店必须不断创新管理，在此基础上对酒店创新管理的内涵及其重要性、实施创新管理的原则、创新管理的内容等进行了深入的探讨与分析。

【学习目标】

　　①了解目前酒店业面临的问题；②理解酒店创新管理的内涵及重要性；③了解酒店创新管理的实施原则；④掌握酒店创新管理的内容。

【开篇案例】

萨伏依酒店的创新管理

　　1889 年 12 月，恺撒·里兹出任当时伦敦最豪华的酒店——萨伏依酒店的总经理。他任职后对酒店进行了大举创新。

　　萨伏依酒店的设施设备在当时是一流的，先进的硬件设备当然要有一流的软件相配套。于是里兹请来法国著名的烹饪大师埃斯科·菲尔作为酒店的主厨；又根据多年的酒店从业经验，按照英国贵族的审美和消费习惯对酒店的内部装潢、装饰以及氛围进行调整。由于当时的英国社会存在很多俱乐部，上流社会的贵族们更愿意在俱乐部里聚会、用餐以及消磨时光，于是里兹开始千方百计地把人们吸引到酒店来。为了吸引女士的光临，他说服了一位当时颇有名望的贵妇，请她带头邀请朋友到酒店用餐。由于她的威望以及当时人们赶时髦及嫉妒等心理，很多贵妇也开始纷纷到萨伏依酒店用餐。此外，里兹率先将反射光照明用到酒店的照明系统中，他用雪花石膏罩把灯光打到天花板上，使得酒店光线既优雅又柔和，还能使女士的妆容在灯光下更美艳，由此又吸引了更多的贵妇。

　　为了营造餐厅的氛围，里兹根据英国人喜欢音乐的特点，不惜重金请来了奥地利音乐大师约翰·施特劳斯和他的乐队来为客人演奏助兴。在对客服务上，丽思提出"客人永远不会出错"（The guest is never wrong）的观点，这和后来现代酒店业之父斯塔特勒先生提出的"客人永远是对的"（The guest is always right）的理论是一致的；并且，在酒店内推行"一个客人一个仆从",从实践上将管家式服务在酒店业率先推开。而所有这些在当时是其他酒店无法做到的。

萨伏依酒店的成功之处在于,它不仅有超前的酒店服务理念,而且通过创新管理的实施引领了酒店业的消费潮流。时至今日,萨伏依酒店仍被世界名流看作"家外之家",仍然是伦敦乃至全球酒店业的标杆。

10.1 酒店创新管理的时代背景

10.1.1 体验经济的内涵和特征

1)体验经济的内涵

1999 年 4 月,由美国战略地平线 LLP 公司的创始人约瑟夫·派恩和詹姆斯·吉尔摩共同撰写的《体验经济》一书正式出版,立刻在社会上引起了强烈反响。该书指出 20 世纪 90 年代,人类已经迈入了"新经济"时代,并率先明确地提出了体验经济时代来临这一概念。派恩提出体验经济是继农业经济、工业经济和服务经济阶段之后人类的第四个经济发展阶段,是服务经济的延伸,是一种最新的经济发展浪潮。

进入 20 世纪 90 年代后,在全球范围内,从工业到农业、计算机业、旅游业、商业、服务业、餐饮业等各行各业都在上演着体验或体验经济。在体验经济中,企业不再仅是销售商品或服务,而是提供一种充满情感力量的最终体验,为顾客创造难以忘却的愉悦记忆。从这个角度来说,在体验经济时代,顾客每一次购买的产品或服务在本质上不再仅仅是实实在在的商品或服务,更是一种感觉,一种情绪上、体力上、智力上甚至精神上的体验。

总而言之,体验经济强调的是消费者从服务和产品供应商那里获得独特的消费体验和愉悦的回忆。这种消费体验和愉悦的回忆区别于传统服务经济下单纯的满足功能性需求的感受,是一种独特个性化需求被满足的主观享受。可以这样认为,体验经济可以给消费者带来这样的感觉,即企业把每一位消费者都看作独特的个人,进而满足他们的个性化需要。

2)体验经济的核心特征

(1)体验经济是一种更加完备的经济形态

体验经济产生于市场经济的大背景之下,是一种比工业经济和服务经济更加完备的经济形态。服务经济时代的营销核心是"服务第一",强调企业提供的不仅是有形的商品,还有无形的服务,而体验经济就是服务经济的延续。

(2)体验经济强调消费者自我实现需要的满足

在体验经济时代,人们的消费需求已经逐渐向个性化转变,以期达到自我实现、自我发展的目的,消费者对消费活动中所能够获得的感受和体验有了更多的个人诉求。因此,传统的产品和服务已经不能完全满足消费者的需求。体验经济要求企业能够专门为顾客定制设计并生产产品或提供服务。用马斯洛的层次需求理论来理解就是，服务经济下强调企业要着重满足消费者发展的需要，体验经济强调的则是消费者自我实现需要的满足。

（3）体验经济强调消费者的个性化及参与性

美国的一份统计资料表明，咖啡豆的价格取决于它在何处或以何种经济形态的产品出售。它可以作为农业经济下自然产品的咖啡豆出售，一杯为 5~25 美分；它可以作为工业经济加工品的速溶咖啡出售，一杯为 30~40 美分；它可以作为服务经济街头咖啡店里的煮咖啡出售，一杯为 0.5~1 美元；它也可以作为体验经济下在有气氛与情调的酒店里出售，一杯为 2~5 美元甚至更高。[1] 体验经济与传统经济的区别概括如下（见表 10.1）。[2]

表 10.1　体验经济与传统经济的区别

经济形态	农业经济	工业经济	服务经济	体验经济
经济提供物	产品	商品	服务	体验
经济功能	采掘提炼	制造	传递	展示
提供物的性质	可替换的	有形的	无形的	难忘的
关键属性	自生的	标准化的	定制的	个性化的
供给方法	大批储存	生产后库存	按要求传递	消费者参与
需要要素	特点	特色	利益	突出感受

从表 10.1 可以看出，体验经济的最大特征在于强调消费是一个过程，消费者是这一过程的参与者。在体验经济下企业通过个性化的服务带给消费者的消费体验是愉悦的难忘回忆，是一种独特的消费感受。

10.1.2　体验经济下酒店产品的新特征

体验经济的出现是人们需求变化的新趋势，是以满足人们的情感需求、自我实现需求为主要目标的一种经济形态。伴随着物质文明的进步，消费者情感需求的比重逐渐增加。消费者在购买商品时，不再单纯地满足基本生活的需要，而是更加偏好能引起心理共鸣的商品。情感营销专家维基伦兹认为："情感是市场营销成功的唯一、真正的基础，是价值、顾客忠诚度和利润的秘诀。"这是因为当经济发展到一定程度之后，人类的消费重点将从产品和服务向体验转移，这是人类发展的一种自然境界。无论什么时候，一旦一个企业有意识地以服务为舞台，以商品为道具来使消费者融入其中，"体验"就出现了。

按照传统的酒店观念，酒店产品是指酒店为顾客或社会大众提供的能够满足其需要的

1　约瑟夫·派恩，詹姆斯·吉尔摩.体验经济［M］.夏业良，等译.北京：机械工业出版社，2002.

2　孙在国.体验经济与企业营销战略的调整［J］.经济经纬，2004（1）：96-98.

场所、设施、有形产品和无形服务的总和，即酒店产品具有综合性和季节性、价值的无法储存性、生产和消费的同步性、服务质量的不稳定性以及酒店产品和服务的无专利性等特征。这个定义主要是从功能性的视角对酒店产品进行分析，强调了酒店产品在服务经济形态下所具有的一般特征。

体验经济理论给酒店业带来了全新的思路。酒店经营者逐步认识到，只有让顾客在本酒店感受到独特的消费体验，才能在竞争中区别于其他酒店而获得市场的认可，培养出自己的忠实顾客群体。酒店不再是单纯的餐饮和客房的提供者，不应该只强调其功能性特征，而应该变成一个消费者体验的策划者和提供各种体验的消费场所。

综上所述，在体验经济时代，现代酒店产品应当是一种体验产品，应当是顾客所获得的物质产品、感官享受和情感体验的综合，衡量酒店产品成功与否的标准是酒店所提供的产品与服务能否给予顾客一种难以忘怀的体验。体验经济时代来临、居民的个人可自由支配收入提高、闲暇时间增加等共同构成了目前我国酒店发展的市场环境，因此探讨在体验经济背景下传统的酒店产品和服务如何适应并满足不断变换和挑剔的顾客的需求变得尤为重要。

【阅读材料】

酒店新文创

酒店新文创是一种系统的发展思维，具体是指通过更广泛的主体连接，推动文化价值和酒店价值的互相赋能，从而实现更高效的产出与酒店新的 DNA 构建。新文创时代，关键是要把内容升级为体验，不但要有好的内容，而且还要有好的形式。

狭义的文创产品是包括"文化资源＋创意转化＋市场价值"三要素的物质实体产品，而广义的文创产品是包括"文化资源＋创意转化＋市场价值"三要素且能够满足人们需求的物质实体与非物质形态的服务。在形体上赋予文化内涵，是创作的意义，比如当地文化、历史典故、人物故事等，所传达的并非独善其身，而是对共同的文化价值观的表达与传承，也是对群体文化内涵和价值的认同及呼应。

1. 新奇元素

要想让文创产品具有吸引力，必须做到的就是新奇。千篇一律的东西，永远不会吸引到喜好品位一直在变化进步的消费者。大白兔＋深坑，两个极具特点的 IP 结合，并以创新不落俗套的产品包装呈现，摆脱千篇一律，让消费者眼前一亮。此款产品 2021 年 7 月全球发售，这也是大白兔第一次与酒店业合作（见图 10.1）。

2. 赋予情感

对大众有感染力、有内涵的产品，往往会符合社会和人们的潜在心理需求，弥补人们记忆中的缺憾，或者解答某些群体内心的一些疑问，也或许可以引发人们对过去美好的记忆以及带来的连锁回忆。引发群体情感共鸣最好的因素就是"我也是"，当消费者在兰小姐玉先生身上看到与自己相符合的特质，作为 IP 依托的载体酒店的形象便会在消费者心里大大加深，从而产生更多延伸与互动（见图 10.2）。

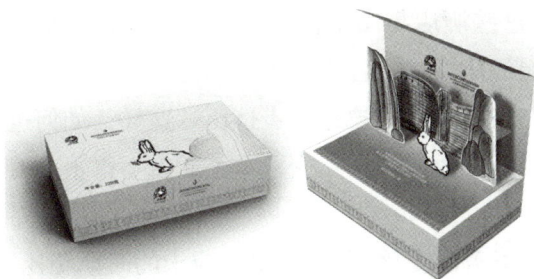

图10.1　大白兔奶糖——深坑酒店联名礼盒　　　图10.2　锦江集团白玉兰酒店IP——兰小姐玉先生

3. 链接文化内涵

"隐世、传承、专享"，御榕酒店通过独有的在地资源和当地文化，用现代思维与创意构想表达传统文化，使其在传达精髓与内涵的同时，又不显生硬与刻板（见图10.3）。

4. IP跨界与IP联合

根据西安古都的历史文化底蕴，西安W酒店设计出兼具时尚与情怀的IP人物以及文创联名产品，完善了酒店的产品线，也更加丰富了品牌文化（见图10.4）。

图10.3　世茂集团御榕酒店——酒店客用品　　　图10.4　西安W酒店IP——唐唐妃妃

酒店应找准自己的定位，根据自身的特点，挖掘精炼出属于自身品牌的IP，加以深化和升华，凝聚出文创产品的独特品位。当品牌和产品、跨界成为IP时，可以实现传统营销无法达到的影响力、注意力、连接力效果，从而反哺品牌。

资料来源：环球旅讯，2021-09-02.（有删减与改编）

10.2　酒店创新管理概述

10.2.1　酒店创新管理的内涵

自从1986年国家旅游局号召全国旅游酒店学习"北京建国酒店"以来，我国酒店业无论在软件和服务水平、经营管理理念还是硬件建设方面都有了长足的进步。进入20世纪90年代后，国外著名连锁酒店集团纷纷加快了进驻中国酒店市场的步伐。他们凭借先进的管理水平、丰富的酒店管理实践经验，牢牢占据了国内酒店行业的高端市场。伴随着中国经济的快速发展和大众旅游的蓬勃发展，这些酒店集团不再满足于仅在高端市场和一二线城市发展自己的业务，其触角已经延伸至酒店领域的各个角落。如此一来，我国本土酒店尤其是一些实力较弱的单体酒店的生存与发展空间也被进一步挤压。这样，如何进行管理创新以提升竞争力来有效对抗国际连锁酒店集团的扩张就成了本土酒店不得不面对的一个问题。

体验经济的来临使得消费者的需求也发生了显著的变化。与以往供不应求的时期相比，顾客在关注价格的同时，更注重精神方面的追求，更关注产品服务的附加价值、预订客房的便利程度以及酒店对他们乃至整个社会的人性化关怀。在这种背景下，我国酒店必须重新审视自己，在经营理念与思路方面向国外知名酒店集团学习，针对顾客需求，结合自身实力与经营特点努力创新。

1）酒店创新管理的概念

进入 21 世纪，体验经济成为继服务经济后更加完备的经济形态。顾客消费理念日益成熟且越来越挑剔，在享受酒店服务的时候更加注重体验，而酒店内部员工流失问题的日益加剧，外部的经营和市场环境日益复杂，这些问题使得创新管理成为酒店获得持续发展动力的根本。酒店必须进行创新管理。

根据经典管理学的理论可知，创新是创造性的、突破性的、理由充足性的思维活动和实践活动。创新管理是指企业通过有效的资源配置，鼓励和支持创造性、突破性思维和实践性活动的顺利开展，以适应不断变化的市场需求，赢得企业发展的空间。

酒店创新管理是指酒店在新的市场环境下，以价值增加为目标，将新型管理模式和管理理念等应用到酒店日常经营管理活动中的过程。酒店创新管理强调"以人为本"的管理思想，通过产品和服务创新、营销创新等方式来实现自身的可持续发展。

2）酒店创新管理的特征

（1）酒店创新不能申请专利

对于酒店业来说，创新具有特别重要的意义。因为酒店产品难以申请专利，酒店的特色服务更不可能获得专利，它们都可以轻易地被人模仿和复制。在酒店产品和服务容易被人模仿的情况下，不同的酒店对酒店创新有两种截然不同的态度：一种是因为推出新产品后易被迅速模仿，于是放弃创新；另一种是仍然持续不断地进行创新，并以此作为酒店核心竞争力的来源。从酒店长远发展来看，消极对待酒店创新管理的态度是不可取的，而应把创新当作酒店日常经营与管理中的一个组成部分，循序渐进继而获得良性循环。

（2）最终体现为酒店的经营特色

酒店创新管理的实施最终会体现在酒店产品或者服务上，并以此形成一定的经营特色。酒店依托这些特色在酒店文化、定位、品牌、服务、氛围或者设施环境等方面区别于竞争对手，这样势必会在酒店产品与服务同质化的市场环境下对顾客产生强烈的吸引力。如南京丁山酒店打造"食在丁山，住在金陵"，通过餐饮来突出酒店特色。丁山酒店的餐饮特色是不断推出新菜品、新菜单。新菜品先让内部员工品尝，改进后再推出以获得顾客的肯定，于是丁山酒店创造了一个餐位一年超过14万元的营业额。这一数据遥遥领先于国内同行，也使得丁山酒店的餐饮收入占到其酒店总收入的一半以上，为酒店创造了巨大的经济效益。

3）酒店创新管理的重要性

（1）酒店创新管理的行业背景

20世纪初，斯塔特勒先生在水牛城创立了第一家斯塔特勒酒店，标准化酒店产品和服务模式随之诞生。到20世纪50年代，随着美国假日酒店等知名连锁酒店的崛起，标准化酒店模式得到进一步提升和发展。它体现在无论是普通的经济型酒店还是高星级连锁酒店，基本的客房用品配置以及客房服务都实施相同的标准和流程。21世纪后，越来越多的流水线上生产出来的星级酒店鳞次栉比，日益成熟的酒店管理方法和经验进一步完善了酒店运营管理，这其中酒店标准化模式发挥了极致的功能。

标准化的酒店运营模式将现代酒店业带入了一个超速发展的时代，但是同时也带来了另外一个问题——顾客的审美疲劳，即越来越多的顾客在重复的入住中产生了审美疲劳，他们希望在入住酒店的过程中得到更多的精彩体验。显然，传统的酒店管理理念和方法无法满足顾客在新时期对酒店产品和服务的要求。因此，现代酒店产品和服务需要创新，现代酒店管理更需要创新。

（2）酒店创新管理的作用

①产生新的管理与营销理念

酒店进行创新管理能够给酒店管理带来新的管理和营销理念，从根本上突破传统酒店管理思想的束缚，营造一种良好的经营氛围。国际酒店集团在中国市场发展的经验表明，无论是酒店的经营管理理念还是酒店的产品与服务都不能固步自封。国内酒店在学习国际酒店集团先进的管理理念和经验的同时，也要不断积累经验，突破自身创新能力不足的困境，否则将无法应对激烈的市场竞争。

②提高资源配置效率

酒店创新管理能够帮助酒店提高自身资源配置的效率，增强核心竞争能力，实现酒店的可持续发展。酒店创新管理的实质是利用市场的潜在机会，重新组织和配置生产条件和要素，建立起效能更强、效率更高和费用更低的对客服务方式和经营方法，推出新的产品和服务，开辟新的市场或获得新的营销渠道。由于目前酒店产品之间非常强的模仿性和复制性，经济型酒店之间、星级品牌酒店之间提供的产品和服务雷同。因此，酒店只有在产品和服务、管理理念和营销方式上不断创新才能在竞争中脱颖而出。

我国酒店业创新环境和氛围已有了长足的进步，经济型酒店在这一点上也有明显表现。经济型酒店的黄金十年成就了"锦江之星""如家""7天"和"汉庭"等本土经典品牌，这些经典经济型品牌不断升级迭代力保"经典"常驻。如首旅的如家已升级到3.0 NEO，华住的汉庭 3.5、锦江 7 天的 3.0 等，都是最新升级版本。除此之外，7 天品牌 2021 年发布 IP "7 仔"及系列衍生品，"小镇之王"尚美在酒店 +IP 方面，近年来先后与腾讯电竞、同道大叔、大英博物馆、乐刻运动、赫本猫等大型 IP 品牌合作，打造了一系列各具特色的主题酒店。经济型酒店也已开启 IP 之路，不断创新品牌营销模式。

【阅读材料】

企业创新之源

当代管理学大师、现代管理学之父彼得·德鲁克认为，企业创新之源有 4 种情况：第一，当发生意料之外的情况时；第二，当出现不协调、不和谐的情况时；第三，当生产、运作过程需要时；第四，当行业和市场发生变化时。

德鲁克说，当发生意料之外的情况时，企业的管理人员往往会想："这样的事要是没有发生该多好啊！"殊不知意料之外的情况往往可以成为企业创新的大好机会。现代酒店的创始人之一凯蒙斯·威尔逊先生创建全球知名的假日酒店的过程最能说明这一点。20 世纪 50 年代初，威尔逊先生带着全家开车去首都华盛顿旅游，不料一路上很不顺利：如汽车旅馆价格非常昂贵，而且房间狭小，大部分没有干净的卫生设施，孩子又不能和大人住在同一房间……这一系列问题使威尔逊全家的华盛顿之行非常扫兴。旅途结束后，威尔逊先生就产生了建造一座价格适中、舒适卫生、每个客房都带有独立整洁的卫生间，能够方便大众出行居住的酒店的想法，驰名全球的假日酒店便由此诞生。

10.2.2　酒店创新管理实施的原则

酒店创新管理并不是为了创新而创新，而是以创新为中心的管理。在实施创新管理的过程中酒店应当秉持以下原则：

（1）注重创新管理的长期效益

酒店创新管理的过程中可能会造成短期成本上升，如新技术的使用使酒店短期成本支出急剧上升。但是从长期来看，酒店创新管理会给酒店经营带来持续的积极效果。如希尔顿集团 2011 年推出自主研发的可持续性节能平台 "Light Stay"，在全球 1 300 多家希尔顿酒店投入使用，使全球的希尔顿酒店累计节约成本超过 1.47 亿美元。可见，酒店管理者不能过分关注酒店创新管理带来的短期经营成本上升的压力，而要看到创新带来的持续效应。

（2）坚持创新管理的动态适应性

在激烈的市场竞争中，酒店能否尽快适应市场环境的变化，及时调整经营思路和策略以获得竞争的优势，关键要看能否在短时间内在组织、制度、产品、服务等方面进行创新并进行有效的管理。酒店组织内部的变革和创新就是要不断地根据外部环境的变化进行动态的调整，所以说酒店创新管理实施过程中应当秉持动态适应性。

（3）坚持创新管理的全员参与性

酒店创新管理中应该更加重视员工尤其是一线员工的因素和作用。因为员工是实现酒店产品服务创新的根本，所以酒店创新管理需要全员参与，管理者和一线服务人员都应当积极投身其中。管理者要千方百计鼓励创新，尽最大可能创造一种有利于创新的氛围，一线员工也应当积极投身于产品和服务的创新和改进中，以实现顾客的"满意和惊喜""为顾客带来难忘的入住体验"为目标进行创新。

（4）坚持创新管理的全面性

进行酒店的创新管理需要搭建一个支持创新的平台。这一平台的建立需要考虑制度、理念、组织、文化、人员等诸多方面的因素，几乎涉及酒店管理的方方面面。需要指出的是，酒店创新管理的全面性特征并不是说酒店在各个方面都需要创新与变革，而是指在酒店创新管理过程中，无论是否进行具体的创新活动，各部门各个环节都应当支持创新。

（5）关注创新管理的不确定性

创新的本质具有不确定性，酒店创新管理在本质上也是不确定的。酒店经营的外部市场环境不断变化，酒店内部环境有时也会随着管理者的调整而变化，这些都给酒店创新管理带来了不确定性。需要提出的是，并不是所有的创新活动都能取得成功或者获得积极的效果。但酒店不能因噎废食，要做到像日本松下公司创始人松下幸之助先生那样允许自己和部下犯"真诚的错误"（"真诚的错误"是指积极创新但因种种原因未能成功，而造成企业损失的情况）。虽然创新具有不确定性，但仍有规律可循，酒店管理者可以通过学习如何获得创新力、如何提高创新质量、如何使创新活动收益最大化以及如何保护和传播创新等方面的知识以实现创新的积极效应。

【阅读材料】

酒店开启跨界合作、联动发展新模式

为了快速扩张并获得更多客源，越来越多的酒店业者开始跨界合作，进一步挖掘市场空间。2021年华住集团与旭辉集团旗下旭辉商业签署合作协议，双方将突破传统商业模式，打磨"酒店＋"产品，在开发商投资和品牌方管理的传统模式上共享金融、设计、大数据等多方资源，让更多合作方介入，打造可复制的"酒店＋"模式。在此之前华住集团已与融创文旅集团合资创立永乐华住酒店管理有限公司，融创文旅将旗下西双版纳、广州、成都等11个城市的22家酒店授权永乐华住进行管理，主打高端及奢华酒店品牌，品牌有施柏阁大观、宋品、施柏阁、花间堂、花间系列、永乐半山等。

除了与地产商合作来加速扩张，还有部分业者以结合"微旅游"的方式来扩张事业版图。2021年复星旅文旗下全新综合型旅游度假目的地——复游城·太仓阿尔卑斯国际度假区举行了阿尔卑斯时光小镇招商会，该度假区打造阿尔卑斯雪世界、运动公园及时光小镇三大主题体验区，并引入 Club Med Joyview 太仓度假村、Casa Cook 酒店及度假村及 70 万

平方米的阿尔卑斯国际社区，其理念就是结合"微旅游"，建主题集市、酒文化博物馆、文化艺术空间、特色餐饮、沉浸娱乐五大具有主题特色的自营商业。

同样进行跨界合作的还有携程和周大福。携程近期宣布旗下丽呈集团、瑰丽酒店集团旗下新世界酒店及度假村与周大福旗下的同派酒店签署合资协议，未来合作各方将通过合资公司开发和运营所有同派酒店以及中国内地市场新开设的新世界酒店，计划未来 3 年内在中国内地市场开发 10 家新世界酒店和 90 家同派酒店，推动酒店行业的数字化转型。

首旅如家则在此前上线了酒店行业首创的全球商品数字化贸易的服务平台——首免全球购平台，以结合零售购物的业态方式来争取更多客源。首旅如家 2021 年第三季度新开店数量为 325 家，1—9 月归属于上市公司股东的净利润为 1.25 亿元。

资料来源：乐琰．第一财经，2021-10-22.（有删减与改编）

10.3　酒店创新管理的内容

随着竞争的加剧，酒店进行创新管理不应该只停留在宣传口号上，而应实实在在地落到实处，使之成为自身发展的强劲推动力。

10.3.1　酒店产品和服务创新

酒店产品和服务的创新首先需要进行观念的转变，其次需要通过温情的个性化服务等手段将产品和服务创新落到实处。

1）酒店产品和服务观念的转变

世界范围内知识技术和市场环境的变化，人们的消费观念和行为的变化，都可以为创新提供机会。德鲁克在其著作中提到，法国地中海俱乐部之所以能成为当今世界最大的旅游供应商之一，其成功在相当程度上得益于 20 世纪 70 年代初对市场的准确把握和创新管理的实施。地中海俱乐部最早注意到欧美国家正在出现一批新一代的旅游者，他们年轻、受过良好教育、家境富裕，与他们劳工家庭出身的父母不同，这批旅游者已不再满足于去布莱顿和大西洋城度假。于是法国地中海俱乐部打破传统度假胜地建设的观念，在世界各地投资建设适合这部分游客的度假胜地，并因此获得巨大发展与可观的经济效益。这是旅游供应商因关注新的市场机会并通过创新以适应市场变化而获得成功的一个典型案例。而知识与技术的不断进步带来的创新机遇主要表现在 21 世纪后各大连锁酒店集团运用现代互联网技术使酒店大规模个性化服务的提供成为可能，万豪、希尔顿、喜达屋、洲际等诸多酒店集团在这方面均已迈出重要步伐。

目前，在体验经济时代，消费者更加注重个性满足和体验，需要酒店产品和服务在观念上进行创新。由于体验经济的本质是强调满足个人心理与情感需要，体验经济中顾客在选择产品时，已不再单纯地只注重传统的功能性的满足，而是更注重产品带给个人的美好的心理体验，并乐意为此付出更高的代价。在传统经济模式下，酒店产品和服务强调满足顾客的功能性需求。在体验经济时代，这一观念需要转变，酒店创造价值的特点应当像迪士尼乐园那样，以设施、设备与环境为道具和舞台，以员工的接待、服务与娱乐活动的介绍及表演为节目，使顾客融入其中，充满着感性的力量，给顾客以愉悦的入住体验。

酒店作为实践体验经营的最佳场所，如果能够以创造或者提供这种美好的感觉作为着眼点，一定可以带给顾客"满意加惊喜"的体验，进而提升顾客满意度和忠诚度。

2）酒店产品和服务创新管理的实施

目前，我国很多酒店对行业经营特点的认识仍停留在服务经济水平上，即停留在帮顾客解决用餐、会议、住宿等服务问题上。而事实告诉我们，这样是不行的，现代酒店管理必须要上升到体验经济的高度，即以突出为顾客创造美好的入住体验和感受来对酒店产品与服务进行管理。

（1）突出个性化的温情服务和顾客关爱

酒店应该通过个性化的温情服务和顾客关爱来增加顾客的归属感。一旦酒店个性化的温情服务和顾客关爱成为特色，就能吸引更多潜在顾客，提高酒店的收益。此外，这种个性化的温情服务和顾客关爱较难复制，能够帮助酒店形成较为稳定、持久的竞争力。泰国曼谷东方大酒店将个性化的温情服务和顾客关爱很好地融入员工对客服务行为中，如大堂经理在大堂里来回走动时，看到门口有车就会主动出来为顾客拉车门，这一出乎顾客意料的微小举动，使顾客更有身份尊贵和亲切的感觉。再如由喜达屋旗下高端品牌圣·瑞吉斯管理的北京国际俱乐部酒店，其最大的服务特色是贴身侍从服务，24小时关注顾客的一切需求，给顾客无与伦比的关爱体验，以得到顾客的认可。

（2）以顾客需求为中心设计产品与服务

酒店应围绕顾客需求设计酒店产品和服务，以增加顾客消费过程的体验性。酒店产品和服务的创新要以顾客的需求为基础，特别要关注"顾客资料库"中20%忠实客户群体的需求，因为这部分忠实客户大多是某一行业的成功人士，重复购买力强，且他们对酒店的评价和选择往往能对其周围许多人产生影响。所以酒店在设计产品和服务时，应以忠诚顾客的需求为中心，通过向他们提供超值和可供选择的服务与之建立长期的紧密性关系，使老顾客不断感受到新的服务和新的变化，进一步提升他们对酒店的忠诚度。

另外，酒店还应学会根据消费者需求的变化及时调整产品和服务。如中国第一家本土五星级度假酒店三亚凯莱度假酒店，自开业之初就强调酒店应针对顾客需求对产品和服务不断进行创新和调整，以提升顾客的入住体验。顾客在凯莱酒店能感受到无微不至的服务，如酒店考虑到度假顾客通常都会带孩子入住酒店，所以酒店的所有家具都没有棱角；凯莱酒店套房卫生间专门配置一大一小两个马桶，分别供大人和小孩使用。如此个性化、体贴的服务，为凯莱度假酒店赢得了很好的声誉，也提升了顾客的体验价值及其对酒店的品牌忠诚度。

（3）充分重视高科技的运用

酒店应重视高科技在酒店产品和服务中的运用。一些国际一流连锁酒店集团通过高科技为顾客提供极致个性化和定制化的贴心服务。如服务人员查房时发现淋浴房的花洒被顾客调慢，便会将这一细节存入客户云端系统，当这位顾客再次入住时，工程部和客房部就会事先将花洒调至顾客惯用的状态；又如某位顾客偏爱某一个尺寸的枕头，酒店可以通过数据库进行记录，该顾客再入住时，酒店可以提前为顾客进行安排，让顾客感觉到温馨。

当然，酒店产品和服务的创新不能强加于人，要给顾客提供多种选择的余地，并尊重顾客的选择。传统酒店可以根据上述几个方面来实施产品和服务的创新。而对一些主题或者精品酒店而言，上述措施就不足以使目标顾客"满意加惊喜"，还需要在传统酒店的产品和服务标准的基础上增加更多的主题和特色因素。

【阅读材料】

酒店机器人屡遭嫌弃，它们还能继续整活吗？

5年前人们还对会自己坐电梯、会讲笑话的酒店机器人充满新鲜感，如今大多数酒店中所使用的机器人，除了按部就班执行较为简单的任务，还远未达到取代真人的智能程度。

1. 当新鲜感追不上想象

在社交媒体上，酒店机器人相关的新闻多是围绕着它们不自觉的小错误，带有调侃或微微吐槽的口吻称之为"人工智障"。当新鲜感追不上想象，曾经靠着机器人"出圈"的"Botel"大概率还是要变回"Hotel"。

2015年日本长崎开业的Henn na酒店曾被吉尼斯世界纪录认证为世界上第一家拥有机器人的酒店。该酒店90%以上的工作人员是机器人，不过，伴随着客人的深入体验，机器人酒店的弊端也开始显现。办理入住缓慢、机器人突然断电、听不懂客人指令、半夜叫醒客人……酒店里常常出现的荒谬景象是：员工边维修机器人边让机器人开展服务。终于在2019年初，噱头不敌现实，Henn na酒店弃用了大部分酒店机器人。2018年阿里巴巴的无人酒店菲住布渴（Flyzoo hotel）开业，现在来看阿里巴巴所构建的"未来"明显有些原地踏步。

良好的品牌效应和传播效果带来的想象空间与客人的实际体验感难免有落差，日常场景运用的机器人在语音交互、指令分析、避障导航等方面还有很多硬件和软件层面都尚未解决的问题，大多数酒店机器人无法像人一样对突发情况做出灵活的应对，因此带来了很多不必要的麻烦，反而增加了员工的负担。

2. 服务型机器人的广阔市场

尽管屡屡遭到客人"嫌弃"，但以酒店机器人为代表的服务型机器人市场却具有巨大的市场潜力。2021世界机器人大会期间，中国电子学会发布的《中国机器人产业发展报告（2021年）》显示我国机器人市场规模预计将达到839亿元，其中服务型机器人所占市场规模达 302.6 亿元。

传统酒店的运营成本日趋走高，尤其是在高端酒店中人工成本占比高达 50%，但酒店服务中从迎宾导览、配送货品、传递菜肴到客房打扫都是机器人可以完成的工作。疫情期间，华住、首旅如家等一批酒店巨头，纷纷在旗下部分酒店推行了"无接触服务"，除了手机端和酒店自助机完成下单、续住、退房等手续，还专门提供机器人拿外卖、送物等服务，既满足了基本的服务需求，又最大程度上降低了病毒的传播。尽管不足之处仍有很多，但机器人在酒店行业的应用已经不可或缺。

3. 智能化和人情味的天平

机器与智能的结合，无疑会给各行各业带来深刻变革，酒店机器人的未来，不仅是其让人眼前一亮的外在形态，更在于其背后的智能化技术。究其根本，酒店首先需要这些智能终端提升服务质量，优化客人的入住体验；其次则是希望借技术工具实现降本增效。从硬件角度替换人力只是酒店机器人应用的最初级阶段，终极目的则在于通过机器提高工作效率，节省下来的人工可以更好地投入面客服务，让客人可以同时获得效率和体验感。

科技的进步是释放了人类，并不能完全替代人类。在情感交流方面，无论人工智能发展到什么阶段，都不可能完全替代人类，尤其是在酒店业这种以服务和人情味为重的行业。在保证原有服务水准的同时，如何制造新鲜感和体验感，智能化也许是一个解答，但努力平衡智能化和人情味的天平仍是留给酒店的一道考题。

资料来源：酒店圈儿，2021-10-17.（有删减与改编）

10.3.2　酒店营销创新

在体验经济时代，消费者不仅重视产品和服务，更渴望获得产品依附的无形物质和文化效应所带来的体验，这就需要酒店将外部营销与内部营销统一起来。

1）适时进行体验营销

酒店在面对日益挑剔的顾客时，可以通过延伸和拉长服务链条，提高服务附加值的比例，加强酒店产品的体验性，创造令人愉悦的环境氛围，使顾客在酒店的消费经历成为一种难忘的体验，这就是酒店体验营销的核心。

（1）酒店体验营销的内涵

体验通常是由人们对事件的直接观察或者参与造成的，是一个人达到心理或者精神的某一特定水平时意识中所产生的美好的感觉和感受。一次美好的入住体验会长存于消费者心中，会成为消费者难以忘怀的记忆。

酒店的体验营销就是指酒店以服务为舞台，以商品为道具，为顾客创造出值得回忆的活动。传统营销带给顾客的是单纯的住宿或者用餐等功能性需求的感受，而体验营销则是一种独特的个性化需求被满足的主观享受。酒店可以从感官、情感、思考等方面去为顾客营造体验的意境，达到进一步吸引和留住顾客的目的。

（2）酒店体验营销的特征

①强调高度的顾客参与性

体验营销以拉近酒店和顾客之间的距离为重要经营手段，以一种让顾客感到更加亲近、更易感知、更具互动性并更具情感的形式来提供产品和服务，强调顾客和员工的互动体验，从而丰富酒店服务和产品的内涵。因此，酒店进行体验营销的重点应在于为顾客创造和提供直接参与或者选择的空间，尽量让每一位顾客都参与并融入其中。

②重视体现主题的设计

注意为每一个体验活动创造或设计一个体验主题。酒店要提供的顾客体验对顾客必须有价值并且与众不同，这可以通过对不同体验主题的设计来实现。但是需要注意的是，由于不同国家和地区的顾客有着不同的风俗习惯和文化理念，价值观念和价值评判标准也不同，评价的结果会存在一定差异。因此，酒店体验营销活动的安排要适应当地市场的风土人情，迎合主要客源的需求，既富有新意，又符合常理。杭州雷迪森龙井庄园作为杭州首家精品酒店，坐落在西子湖畔深处一个毫不起眼的村庄里。这座以茶文化为主题的酒店被绿色的茶园包围着，随处可闻到浓浓的茶香。庄园内有五亩狮峰龙井茶园，住客可以观赏、采摘龙井，可以在古筝伴乐下细细品味龙井，品味生活，享受"大隐隐于市"的意境。

③关注体验的个性化

体验营销更注重顾客在消费过程中体验的个性化。酒店顾客日益成熟和挑剔，入住经验越来越丰富，消费需求越来越个性化，越来越倾向于享受定制化的、别具一格的酒店产品和服务，所以酒店在营销过程中应当注意营造环境和氛围，在提供产品和服务时应具备一定的独特体验。顾客在购买和消费过程中为了获得"体验感觉"往往不惜花费较多的代价。

（3）酒店体验营销的内容

①感官体验营销

感官体验营销是指酒店把产品和服务等通过视觉、听觉、触觉与嗅觉来传递给顾客，试图让顾客获得良好的感官上的体验。酒店要有意识地营造一种和谐、温馨、浪漫和富有特色的氛围，使客人受到心灵的触动和感染。这种氛围的营造可以通过温暖或明亮的色彩使用、明快或者富有特色的装修和装饰、舒缓或轻柔的音乐和气味等来实现。如喜达屋酒店集团推行"香气战略"，通过旗下酒店大堂散布的香气来加深顾客对酒店的印象，传递酒店优雅、轻松的生活气息，让顾客感受到酒店的细致入微和温情关怀，提升了顾客满意度。

【阅读材料】

香气战略：酒店的感官体验营销

酒店业是感官营销领域中最具创新意识的行业之一。步入各大国际品牌酒店的大堂，就能闻到一股特别的香味，当然，不同定位的酒店选择的香味也不一样。商务酒店大多会喷洒淡雅植物味型，度假酒店是水果调和类的温馨味型，温泉酒店是花瓣香型，会议型酒店则会选择一些提神或者去异味的味型。

从2005年开始，喜达屋集团就开始推广"香气战略"。他们在旗下酒店的大堂使用独特的香味，希望借此加深客人对酒店的印象，吸引他们再度光临。喜来登酒店的香气叫作"open sky"，混合了无花果、薄荷、茉莉和小苍兰香，让人觉得宾至如归。威斯汀酒店大堂散发的是一种高雅的白茶香，混合着天竺葵和小苍兰的味道，使人平静、放松。福朋酒店采用的则是萃取自苹果和桂皮的香气，一闻到那珍珍幽香就会使人想起苹果派和酒店朴实的风格。所有这些香气由酒店入口附近隐蔽的喷雾器喷出，由香水设计师曼茵设计的香气首先确保不会使人产生过敏反应，也尽量避免让那些对香味敏感的人反感。科学家认为，气味同记忆、情感一样，都是由大脑的同一部位处理的，所以香气可以影响人的情绪。

香格里拉2001年和澳大利亚某香氛公司合作研发出了香格里拉专属香氛，沿用至今没有变过。不管推开上海、香港还是巴黎香格里拉酒店的大门，闻到的都是混合了香根草、玫瑰木、佛手柑的味道，这就是香格里拉为你打造的"家的味道"。由于味道太受客人喜欢，香格里拉酒店还为此出了一系列香氛产品，包括精油、香氛蜡烛等。酒店还根据不同的主题、节日由香味咨询公司设计不同种类的香味以配合整体的营业推广活动，使宾客得到更为独特的消费体验。如在圣诞节通过Lavender（薰衣草）桉树加熏衣草的香型营造出快乐的圣诞氛围；在情人节通过Charming Rose（玫瑰）浪漫的玫瑰花海营造出迷人幸福氛围。

资料来源：根据简书及其他网络资料整理．

②情感体验营销

在当代的社会文化状况下，人们从消费中所寻求和获得的体验具有审美和情感这两个核心要素，酒店消费也是如此。情感体验营销强调酒店在营销过程中要触动顾客的情感，创造情感体验，如引发顾客欢乐、自豪，甚至是其他强烈的激动情绪。情感营销需要酒店服务人员深入研究顾客的情感反应模式，真正了解不同刺激可以引起何种情绪，以及能使顾客自然地受到感染并融入这种情景中的方法。情感体验营销是一种更为人性化的营销方式，是真正从顾客的内心感受出发、细心体察与呵护顾客情感的一种营销手段。

③文化体验营销

虽然酒店产品与服务易于模仿，但酒店文化的效仿却非常困难。因此如何进行文化体验营销、为酒店营造一种竞争对手难以模仿的文化氛围和体验是值得探讨的问题。一般来讲，酒店可以利用一种传统文化或一种现代文化，创造出本酒店的文化氛围，从而有效地影响顾客对酒店的心理印象。酒店产品和服务如果能够凝聚丰富的文化内涵，或者代表某种文化趋势，就能使得酒店在某一个特定的细分市场获得顾客肯定。所以酒店要充分考虑顾客的文化消费心理，营造酒店的文明水平、文化特色和氛围，使顾客对酒店印象深刻，难以忘怀。

【阅读材料】

普陀山雷迪森庄园——国内首家禅文化主题酒店

普陀山雷迪森庄园作为国内首家禅文化主题精品酒店是雷迪森庄园系列的第二个成员，也是舟山第一家精品酒店。酒店贯彻养生、礼佛和低调的理念。如果说普陀山是书房，那么这个庄园就是起居室，在这里住宿的客人可以品一杯佛茶，享受菩提月光。酒店坐落在普陀山景区的核心，毗邻闻名天下的"法雨禅寺"，面朝"千步金沙"，前门的香道就是上佛顶山的 1 088 个台阶。客人在这里无时无刻不沐浴在禅意中，甚至在咖啡厅也是素衣的琴师和《渔舟唱晚》。

酒店中庭围绕普陀山第二圣树——一棵树龄为 800 年的古树。部分客房就围绕这棵古树进行布局，取法自然。客人在这棵古树下抄写经文，修养身心。

禅无处不在——酒店大门的把手、石头门牌下的小佛像，坐落在草丛里的佛像，散放在各处的图腾和佛头，走廊里的雕塑和洛迦山倒影，房间内配备的香袋，叫作"有求必应"的服务指南，房卡上大大的"缘"字，甚至那块叫作"放下"的行李牌。

"无尘"禅房供客人谈经参禅，品茶悟道；酒店的"素宴"以"佛素"为旨归，融合日本和中国台湾"素斋"理念，以新鲜时蔬为原料，清新素雅，返璞归真；客人还可以参加每天的早课，进入寺庙听经祈福。此外，酒店在 2010 年推出了"禅修之旅"，瑜伽禅定和经行是特色服务的一部分，法师或居士教你如何以身体姿势和呼吸技巧找回早已被忽略的身体和心灵的力量，还可以与法师或者专职礼佛人员共同行经。

在离开酒店结账时，服务人员会递给你一个信封，印着"不肯离去"……

资料来源：厉静.风景里有一张床——中国 50 家最浪漫精品酒店 [M].杭州：浙江大学出版社，2012.

2）重视内部营销

（1）酒店内部营销的内涵

内部营销理论形成于 20 世纪 80 年代，越来越多的企业意识到员工在企业发展中的重要性，开始有意识地把员工视作内部市场，并认为只有满意的员工才能产生满意的客户，要想赢得客户满意，首先要让员工满意。因此，满意的员工产生满意的客户是内部营销的基本前提。服务产品的外部营销行动在推向市场之前必须先在员工中间开展内部营销，酒店也是如此。由全体员工构成的内部市场应该首先受到重视，否则酒店的外部营销活动将会受挫。

酒店内部营销是指酒店必须有效地培训和激励直接和间接为顾客服务的内部员工，通过吸引、保留和激励员工来强化员工的服务理念和客户意识，使其通力合作以提高酒店外部顾客的满意度，从而获得竞争优势。世界上最成功的酒店集团之一——美国马里奥特酒店集团的成功经验充分体现了酒店内部营销的重要性。马里奥特酒店集团的创始人马里奥特先生认为，如果员工热爱他们的工作，并以在马里奥特酒店工作为骄傲，他们就会很好地为顾客服务，顾客满意度会因此有所提高，满意的顾客会经常光顾马里奥特酒店，由此产生更好的服务和更多的回头客。因此，内部营销是外部营销成功的先决条件，只有通过内、外营销策略的整合，酒店的服务才能协调一致，从而产生积极的效益。

一个高素质的员工可以弥补酒店由于硬件设施和设备不足使顾客产生的缺憾感，而一个素质较差的员工不但不能充分发挥酒店硬件设施设备的优势，还会成为顾客拒绝再次光顾酒店的主要原因。如何培训员工及激励员工更好地为顾客服务是酒店内部营销的根本和积极作用所在。持续不断的内部营销是一个不断与员工分享信息，并认可其贡献的过程，是创建一流酒店的基石，也是构建健康企业文化的基础。

（2）酒店内部营销的两个层次

①战略层面

酒店内部营销的战略层面是指在酒店制度设计上要有利于内部营销的开展。具体来讲，酒店要通过制订科学的管理方法、升降有序的人事政策、有竞争力的薪酬福利水平、人性化的酒店文化和理念，创造出一种和谐、公平、开放、透明的良好内部环境，在使员工满意的基础上激发其主动为顾客服务的热情和意识。"卓越的酒店源自卓越的员工，而非绚丽的水晶吊灯或昂贵的地毯。"香格里拉酒店集团坚决秉承这一理念，力图在集团内部营造出和谐的工作环境，使员工能够达成他们的个人和职业目标，实现员工满意，从而留住人才。

②战术层面

酒店内部营销的战术层面是指对内部营销的具体贯彻实施。通过定期或不定期的培训、全员沟通会议、户外拓展运动、内部尝试等方式来向员工推销酒店最新的产品和服务以及经营动态，帮助员工明确酒店的未来发展方向，使员工具有一种充满人性的、高雅的艺术表演家的服务精神，让"顾客至上"的观念真正深入每一个员工的内心，增强其工作参与度和工作热情，提高责任感。通过有效内部营销培养出来的忠诚员工是一种比一流的原材料、技术和产品本身更重要的稀缺资源。

不能否认的是，酒店管理者与一线员工是客房、餐饮、会议与健身等服务和产品的提供者，更是顾客所有美好感觉和体验的策划者与创造者。为顾客不断创造超越预期的美好感受的关键就是要坚持体验营销的服务理念，通过培育忠诚的员工来向顾客传递优质的服务。

传统的营销理论与实践都趋向于关注企业外部的客户和市场，强调吸引和留住客户以获取利益。但这种建立在客户满意基础上的顾客吸引和维系，也依赖于企业内部因素的协同与配合。因此在有限的资源投入下，如何使营销措施发挥出更好的效率与效益，为酒店创造更大的竞争优势，内部营销理论无疑提供了新视角。

【阅读材料】

酒店创新的途径

酒店创新管理不外乎管理与经营两大方面。以下12项内容可以帮助酒店进行创新。

①员工积极性：怎样才能最大限度地调动各级管理人员和普通员工的积极性？

②组织机构：现在的组织机构与形式是否需要调整？是否可以精简？

③学习与培训：我们的管理人员与员工怎样才能更加称职？他们是否每天都在学习？需要什么方面的培训？

④核心能力：我们是否有了核心能力和核心产品？如果还没有，该从哪几方面努力？

⑤目标市场：我们酒店是否有明确的目标市场？如果有明确的细分目标市场，我们怎样才能更好地为它服务？如果没有，怎样才能明确起来？

⑥市场定位：通过SWOT（优势、弱点、机遇、威胁）分析，了解是否需要为酒店及其产品重新定位。

⑦薄弱环节：我们酒店经营管理中的三大薄弱环节是什么？该如何加强管理？

⑧市场与顾客需求：我们酒店是否做到市场与顾客导向？最主要的顾客（客源市场）在需求方面近来发生了什么变化？或正在发生什么变化？

⑨环境扫描：通过PEST（政治、经济、社会、技术）情况分析，了解是否存在新的市场机遇。

⑩竞争对手：我们的主要竞争对手近来有什么新的动态和促销手段？

⑪新产品与新服务：随着市场与顾客需求的不断变化，我们能推出哪些新产品和服务？怎样才能使我们的产品与服务与众不同？

⑫审视失败：创新的机会往往存在于过去的失败之中。重新审视近3年来的创新努力，设法把过去的某些失败转变为成功。

【本章小结】

▶ 酒店创新管理不仅能够给酒店管理带来新的管理和营销理念，提高酒店核心竞争能力，还能帮助酒店提高自身资源配置的效率，实现酒店的持续发展。

▶ 酒店创新管理主要从两大方面进行：酒店产品和服务创新、酒店营销创新。

▶ 其中酒店产品和服务创新首先强调体验经济下酒店产品和服务观念的转变，其次要求酒店以为顾客创造美好感受为目的来对酒店产品与服务进行管理。

▶ 酒店营销创新要求酒店在坚持体验营销理念的视角下，通过有效的内部营销培育高度忠诚的员工使顾客满意，从而获得市场和持续竞争能力。

【思考练习】

1. 简述体验经济与传统服务经济的本质区别。

2. 在体验经济下，现代酒店管理应当注意什么问题？

3. 什么是酒店创新管理？请结合开篇案例谈谈你对酒店创新管理的认识。

4. 简述酒店产品和服务创新的具体实施途径。

5. 请结合具体案例谈谈你对酒店体验营销的理解。

6.简述内部营销的内涵以及酒店实施内部营销的积极作用。

7.简述酒店员工流失的原因及其带来的负面影响，并结合自身感受谈谈你的看法。

【案例讨论】

如家酒店：蝉联中国旅游住宿业品牌榜第一名

近日，迈点研究院发布"2020年度中国旅游住宿业品牌100强榜单"，如家酒店蝉联中国旅游住宿业品牌榜第一名。

排名	监测对象	所属类型	所属集团	品牌指数	指数升降	排名升降
1	如家酒店	经济型酒店	首旅如家酒店集团	574.70	5.49	0
2	维也纳酒店	有限服务中档酒店	锦江国际集团	564.96	40.55	0
3	汉庭酒店	经济型酒店	华住集团	518.36	25.03	1
4	洲际酒店	国际高端酒店	洲际酒店集团	516.21	26.36	1
5	希尔顿酒店	国际高端酒店	希尔顿酒店集团	499.25	23.25	1
6	锦江之星	经济型酒店	锦江国际集团	490.68	−24.68	−3
7	假日酒店	全服务中档酒店	洲际酒店集团	485.17	27.22	0
8	万豪酒店	国际高端酒店	万豪国际集团	456.56	−0.19	0

2020年度中国旅游住宿业品牌100强榜单

2020年中国旅游住宿业百强榜单，数据来源于迈点品牌指数MBI，从搜索、点评、运营、媒体指数等四个维度将品牌量化评价。根据2020年1—12月迈点品牌指数九大旅游住宿业品牌类目中的1 159个品牌数据汇总统计而成。

美好生活正在路上，经济型酒店领域也在不断变化，呈百花齐放的局面。在众多酒店品牌之中，作为经典品牌的如家酒店再次脱颖而出，其背后的活力密码是什么？

首先，与消费者共同成长——为会员创造更多价值。

酒店提供的产品是否符合市场发展要求，能否赢得消费者的青睐，最终决定着能否实现高出租率、RevPAR和较好的利润。随着新一代消费者的登场，需要酒店运营者及时关注并在产品与服务上做出反馈，才能占得市场变化带来的先机。如家酒店已进行了多方面的尝试并收获来自客人的诸多正向反馈，例如以"如家这碗面"为切入点，带给客人各地的美食体验；与腾讯王者人生跨界合作，客人到店可以免费体验英雄、皮肤、满级铭文；设置酒店免房盲盒等各类营销活动，在增强趣味的同时辅助营收。作为会员福利，2021年首旅如家对如家家宾卡进行了重磅升级，不仅有超值住房权益，还可获得230+周边生活福利，涵盖咖啡茶饮、美食折扣、娱乐充值、商超购物、出行权益、车主服务等七大品类内容。

在服务与体验之外，如家酒店对核心住宿的重视从未改变，继新冠肺炎疫情备受喜爱的"放心酒店"之后，如家酒店更升级开启"洁净之旅"，对公区、客房、餐厅等重点区域强化消毒，为客人带去像家一般安心舒适的入住体验。

其次，产品的升级迭代之路——现代设计诠释经典品牌。

全新迭代升级的如家酒店.neo，通过清新淡雅的现代设计诠释经典品牌，以标准化的产品、友善可靠的服务设施，触动每一位客人的内在情感。从温馨的黄房子到清新靓丽的淡雅空间，年轮元素贯穿其中，见证了如家酒店适应消费者审美变化的设计演变。

背靠集团支持，如家酒店.neo同样可以变身成为物联互通的智慧酒店，不论AI智能外呼、自助入住机、智能电视或是自动机器人，都可为客人提供更加便捷、高效、科技、智能的入住体验，对于酒店的日常管理，也借由技术提升管理效率和效果，增强酒店核心竞争力。

最后，物业——因地制宜，精雕细琢。

未来的酒店开在哪里？是一线的核心区位，二线形成社区效应，还是三线城市的交通枢纽旁？伴随着房租的升高，投入相对灵活的经济型酒店机会在哪里？酒店究其本质是与地产相关的投资生意，与物业、品牌匹配的投资才能带来理想回报。而物业条件各有不同，在合适的地段，经济型酒店有更灵活的适应特征。如家酒店通过几千家门店积累的设计经验，能够因地制宜地利用物业优势，如利用层高做功能拓展增加空间使用率、合理利用共用的通道等，尽可能满足基本功能，使酒店功能完整、动线合理。

资料来源：品橙旅游，2021-06-23.（有删减与改编）

思考题：

1. 新冠肺炎疫情加速了旅游住宿行业的竞争和淘汰，更加考验企业的品牌、营销、运营与创新能力，请根据案例内容总结如家品牌长红的活力"密码"。

2. 请从搜索、点评、运营、媒体指数等四个维度给出酒店品牌建设的建议。

3. 根据酒店创新管理的相关理论，结合案例内容，谈谈你怎样看待创新在品牌管理过程中的重要性与必要性。

第 11 章 酒店安全与危机管理

【本章概要】

　　本章主要介绍了酒店安全与危机管理的相关知识，阐述了酒店安全与危机管理的基本内容，明确了安全与危机两者之间的区别和联系，论述了在酒店安全与危机管理过程中应当遵循的基本原则和主要内容，还介绍了酒店安全与危机管理的组织结构与具体的工作职责，最后对酒店安全与危机管理的制度和措施进行了深入探讨。

【学习目标】

　　①了解酒店安全与危机管理的定义和特点；②了解酒店安全与危机管理的类型；③理解酒店安全与危机管理的区别与联系；④理解酒店安全与危机管理的原则与内容；⑤理解酒店安全与危机管理的组织结构与工作职责；⑥掌握酒店安全与危机管理的相关制度和措施。

【开篇案例】

冒充服务员的盗窃案

　　两位客人打电话订房，然后一同入住，年长者50岁左右，年轻者也在40岁上下。因是常住客人，有关部门在获知后，予以特别礼遇，选择两间最好的房间供他们入住，一间在12楼，一间在9楼。年长者入住高楼层，由接待组主管亲自接待，在总台办妥手续后，接待组主管将客人的房号、姓名用对讲机通知行李员，并在客人的箱子上挂上名牌，陪同两位客人一同乘电梯。同时接待组主管因为有其他事情，也搭乘同一部电梯，就像同时送客人进房似的。在客人分别进入9楼及12楼的房间后，行李员安顿好行李退出了。不到2分钟，就有位穿着与酒店员工制服相同款式、相同颜色的衣服的青年男子，先到9楼房间按门铃，称是酒店安排的特别服务人员。较年轻的那位客人开门后，表示不需要，没让他进房间。12楼年长的客人却开门让他进房间里了。此人进入房间后，一面与客人寒暄，一面拉开窗帘，并用茶包为客人冲了一杯乌龙茶，然后去浴室放水，让客人洗澡。等客人进入浴室后，他掏空了客人的上衣和裤子里的全部现金后逃走。客人洗完澡后看到衣裤都不在原来的地方了，一摸口袋发现现金全不见了，于是惊慌地告诉住在9楼的同伴，再告知前厅部接待的人员。前厅部接待的人员抵达房间后才通知保安部与客房部人员，这才知道直到这时客房部服务人员还并未接触客人。了解情况后，酒店人员从客人口中得知该男子虽穿着与酒店人员相同的服装，但是否在胸口挂有名牌却不能肯定。客人在惊慌之余，硬是咬定那名男子是酒店人员，且说那名男子泡茶等一切动作都是职业性的，非常熟练。酒店人员在台子上发现一包乌龙茶袋，与酒店提供的茶袋不相同：酒店的茶袋上盖有酒店的印章，而已冲泡的茶包上没有，显然是歹徒自己准备的。但客人仍不能谅解。最后征得客人同意后，酒店报请警方来现场调查，收集指纹等证据。

根据马斯洛需求层次理论，安全需求是除了生理需求之后的第二基本需求。对于外出入住酒店的客人来说，安全更是首要考虑的根本要素。因此，酒店的第一使命是给客人提供安全、愉悦和舒适的入住环境。

11.1　酒店安全与危机管理概述

11.1.1　酒店安全管理概述

1）酒店安全管理的定义及内涵

酒店安全管理是指酒店相关管理部门及管理人员为保障人身、财产安全和生产经营活动的顺利进行，对有可能威胁到酒店范围内的客人、访客、工作人员及其他人员的人身、财产安全的所有要素进行计划、组织、指挥、协调及控制等管理活动。

通过以上定义可知，酒店安全管理有4个要素，即主体、对象、目的和内容。酒店安全管理的主体是酒店相关管理部门及管理人员，其中最直接的管理部门是安全部；酒店安全管理的对象是对身处酒店管辖范围内的所有人员的人身、财产造成安全隐患的要素；酒店安全管理的目的是保障人身、财产安全和生产经营活动的顺利进行；酒店安全管理的内容是进行相应的计划、组织、指挥、协调及控制等活动。

安全与危机管理是酒店所有管理工作中的基础性工作，如果酒店的安全与危机管理工作存在隐患、瑕疵和疏忽，那么势必会影响到酒店其他方面的管理工作。因此，酒店必须重视安全与危机管理。

2）酒店安全管理的特点

（1）突发性和复杂性

酒店安全隐患通常具有一定的潜伏期，在未发生之前没有明显的征兆，因此具有突发性特点。同时，酒店服务丰富、功能综合、来访人员复杂，安全管理工作涉及面广，极其复杂，这些在无形中给安全管理工作带来了巨大的难度和挑战。

（2）预防性和服务性

任何安全管理工作都应该遵循"预防为主、防治结合"的原则，对于酒店的安全管理工作来说更是如此。由于酒店营业场所固定、有一套完备的管理制度和组织架构，酒店完全能够进行安全管理，对安全问题进行及时的预防。酒店是服务性企业，以服务为宗旨，确保客人的人身财物安全是酒店整个对客服务的重要组成部分，也是确保酒店服务质量不可缺少的一环。酒店在开展安全保卫工作的过程中必须贯穿服务的思想，强化安全管理部门和人员的服务意识，要求安保工作人员讲究仪容仪表、礼貌礼节，尊重客人，把握好内紧外松的原则，以理服人，不能粗暴失礼。

（3）全员性和全过程性

酒店安全管理工作不能单靠少数的高层管理人员或安全部门的专职人员来保障，需要酒店各个部门、每个工作岗位和每位员工齐心协力共同承担。因此，酒店必须充分调动和发挥广大员工安全管理工作的积极性，通过给员工适当的安全激励，加强培训，让全体员工既愿意也有能力加入酒店的安全管理工作中。在全员参与的基础上，酒店的安全管理还必须贯彻酒店生产和服务的全过程。一般来说酒店的安全问题会经历安全隐患、安全问题、安全事务和安全危机4个阶段，在不同的发展阶段需要依靠不同的管理部门、不同的管理人员采取不同的管理应对方法，因此必须做到全员参与、全过程监控管理。

【阅读材料】

一起电梯"关人事件"

晚饭时分，日本客人山本次郎乘车回到下榻的上海某酒店，这是他在上海旅行的最后一天。美丽的上海给他留下了深刻的印象，然而几天的旅行也使他感到有几分疲惫。在回酒店的路上，他就想好回房后痛痛快快地洗个澡，再美美地品尝一顿中国佳肴，为他在上海的旅行画上一个圆满的句号。

山本兴冲冲地乘上酒店的3号客梯回房。同往常一样，他按了标有30楼的键，电梯迅速上升。当电梯运行到一半时，意外发生了，电梯停在15楼处不动了。山本一愣，他再按30楼的键，没反应，山本被"关"在电梯里了。无奈，山本只得按警铃求援。1分钟、2分钟……10分钟过去了，电梯仍然一动不动。山本有点不耐烦了，再按警铃，仍得不到任何回答。无助的山本显得十分紧张，先前的兴致全没了，疲劳感和饥饿感一阵阵袭来，继而又都转化为怒气。大概又过了10多分钟，电梯动了一下，门在15楼打开了，山本走了出来。这时的山本心中十分不满，在被关的20多分钟里，他没有得到店方的任何解释和安慰，出了电梯又无人接应。山本立刻愤愤然再乘电梯下楼直奔大堂，在大堂副经理处投诉……

其实，当电梯发生故障后，酒店很快就采取了抢修措施，一刻也没怠慢。电梯值班人员小陈得知客人被"关"后，放下刚刚端起的饭碗，马上赶到楼顶电梯机房排除故障，但电梯控制闸失灵，无法操作。小陈赶紧将电梯控制闸的"自动状态"转换到"手动状态"，自己就赶到15楼。拉开外门一看，发现电梯却停在15楼和16楼之间，内门无法打开。为了让客人尽快出来，小陈带上工具，爬到电梯轿厢顶上，手动操作将故障电梯迫降到位，终于将门打开，放出客人。从发生故障到客人走出电梯共 23 分钟。23 分钟对维修工来说，可能已经是竭尽全力，以最快的速度排除故障所能达到的最短时间；而对客人来说，这 23 分钟则是难熬而漫长的。

［评析］酒店安全管理具有全员性和全过程性的特点。这起电梯"关人"事件引起的安全问题并导致客人投诉，问题就在于酒店内各部门之间的协调和配合不够，体现在缺少与客人的沟通、前台后台配合不够默契等方面。

资料来源：秦承敏，王常红. 前厅客房服务与管理——理论、实务、案例、实训（学生手册）［M］. 大连：东北财经大学出版社，2011.

（4）广泛性和持久性

从安全管理的内容及空间尺度上看，酒店安全管理涉及范围广泛，包括人、物和环境 3 个因素。其中人主要指酒店的客人、访客、员工及管理人员；物主要包括酒店范围内的设施设备，如电梯、室内用品、监控设备等；环境主要是酒店提供的整个消费氛围。从安全管理的时间尺度上看，由于威胁酒店安全的因素是长期客观存在的，因而酒店的安全管理工作是一项长期、持续性的日常工作。

（5）政策性和强制性

酒店的安全管理所涉及的问题，既有属于治安范围的，也有属于刑事范围的；既有公开的，也有秘密的；既有对内的，也有涉外的。不同范围内的酒店安全管理业务需要依据不同的法律法规、方针政策来予以处理。但是，到目前为止我国尚无统一的有关酒店安全的法律法规，酒店安全在某些领域涉及的问题在法律上尚无规定，政策就成了酒店处理安全问题的依据。在这种情况下，为了进行有效的酒店安全管理，酒店的各级管理人员不仅要有丰富的法律知识，还应具有很强的政策观念和很高的政策应用水平。与酒店安全管理相关的政策和法规包括消防安全管理、食品安全管理、治安安全管理等方面，酒店的安全管理必须在国家和地方的法律法规和政策指导下进行，并严格执行这些法规政策。因而酒店的安全管理工作具有鲜明的政策性和强制性特点。

3）酒店安全事故的类型

根据不同的分类标准，酒店安全事故有不同的划分方法。

按酒店安全事故的危害程度，可分为特别重大、重大、较大和一般四级。由于酒店属于旅游业的三大支柱产业之一，对酒店安全事故的分类可以参考《旅游安全管理办法》（2016 年 12 月 1 日起施行）中的划分方法。

按导致酒店安全事故的原因标准，可分为人为因素和不可抗力因素，前者包括人为火灾、食物中毒（2021 年 6 月希尔顿集团旗下厦门康莱德酒店就因制作的蛋糕卫生指标未能达到标准要求而导致多人高烧腹泻一事被推到风口浪尖）、暴力事件、违规违法行为等，后者包括自然灾害、政治动乱等。

11.1.2 酒店危机管理概述

1）酒店危机管理的定义

酒店危机管理是指酒店为应对各种危机情境所进行的规划决策、动态调整、化解处理及员工培训等活动过程，其目的在于消除或降低危机所带来的威胁和损失。通常可将酒店危机管理分为两大部分，即危机爆发前的预防管理和危机爆发后的应急善后管理。

2）酒店危机管理的特点

（1）突发性和应急性

酒店危机具有突发性，往往是在酒店毫无准备的情况下不期而至，如火灾、抢劫、凶杀、爆炸等，这就要求酒店在时间十分紧迫的情况下对危机迅速做出反应和处理，体现了酒店危机管理的应急性特征。酒店管理者在紧急状态下进行的危机管理，要克服由于时间紧急和形势危险而造成的心理压力，并且要在短暂的时间内迅速作出正确决策，有秩序地实施各种危机处理措施，否则任何的延迟都会带来更大的损失。

（2）破坏性和不确定性

危机一旦发生，不仅会给酒店带来财产、物质损失，还会对酒店声誉与形象造成比较严重的负面影响，有些影响甚至是毁灭性的。尽管如此，危机事件爆发前的征兆一般不太明显，危机出现与否、出现的时间等都无法完全确定，同时危机管理的对象、危机预测、预防控制及危机处理计划均具有不确定性的特点，这都为酒店的危机管理增加了难度。

（3）应对资源的稀缺性

酒店应对危机的资源包括信息资源、物质资源及人员资源。但危机往往具有突发性，酒店管理决策者必须在危机出现后快速作出决定。在时间有限的条件下，混乱和惊恐的心理会影响到相关信息渠道的畅通，决策者很难在众多的信息中发现准确的信息。同时，由于时空的局限性，也很难第一时间获得充分的物质资源和人员资源保障。

3）酒店危机管理的类型

根据不同的分类依据可将酒店的危机管理划分为不同的类型：

按照危机的内容，可分为酒店营销危机管理、人力资源危机管理、创新危机管理、信誉危机管理、公关危机管理、财务危机管理、品牌危机管理和服务质量危机管理。

按照危机发生的不同阶段，可分为危机预防管理、危机控制管理、危机反馈管理3个阶段。

11.1.3 酒店安全管理与酒店危机管理的关系

根据酒店安全管理和酒店危机管理的概述，不难看出两者既有联系，又存在区别。

1）两者的联系

从范畴上看，酒店安全管理包括酒店危机管理，后者是前者的一部分。酒店安全管理要比酒店危机管理更宽泛，所有的危机事件都是安全事件，但安全事件不一定是危机事件。

从时间上看，酒店安全管理是酒店危机管理的前提和基础，酒店危机管理是酒店安全管理的后续补救。安全管理和危机管理是酒店风险管理的两个不同阶段。

2）两者的区别

酒店安全管理与酒店危机管理的主要区别在于：

①酒店危机管理是对造成严重损失的事件进行管理，而酒店安全管理的对象不一定会造成严重的损失，只要有可能造成可感知的损失就可以进行日常管理。比如酒店的消防安全日常检查属于酒店安全管理，只有酒店出现火灾需要进行及时的疏通和灭火才是酒店危机管理。

②酒店危机管理一般是对质变的结果进行管理，而酒店安全管理对象可以是量变过程中造成的损失。

③酒店安全管理是一项日常管理活动，酒店危机管理是有针对性地在特定时空范围内展开的管理活动。

11.2　酒店安全与危机管理的原则与内容

11.2.1　酒店安全管理的原则与内容

1）酒店安全管理的原则

（1）安全第一，预防为主

始终把安全特别是人的安危放在首位，强调事先预防，尊重实际，把握规律，采取有效的预防措施，防患于未然。在国家法律法规的指导下，从安全条件、安全责任和安全保障措施、人员培训、应急预案等各方面将安全事故消除在萌芽阶段。

（2）群防群治，综合治理

安全工作，人人有责，应当建立基层组织，依靠全员力量，共同参与安全生产工作，严格执行岗位责任制，及时发现问题并采取有效措施，避免安全事故的发生。

（3）责权一致，内紧外松

首先，确定在总经理领导下的分级管理、各司其职、各负其责的安全管理组织架构，将安全管理工作作为酒店各部门的统一考核指标，实现权力与责任的统一。其次，在确定责权一致的原则下，酒店各部门一方面要严格遵守各项安全管理制度，不可放松警惕；另一方面也必须注意方式方法，为顾客营造良好的心理与生理安全环境，真正做到松紧结合、刚柔相济。

2）酒店安全管理的内容

酒店安全管理包括宏观酒店行业安全管理和微观酒店企业安全管理。前者是全国性、地方性的酒店行业协会对全国或本地区的所有酒店进行的宏观行业安全管理；后者是酒店企业根据国家的安全管理法律、法规，对企业内部进行的安全管理工作。这里的酒店安全管理主要是指微观层面上酒店企业内部的管理。

根据国家及公安部门有关社会治安管理的法律法规和条例，如社会治安防范责任条例、消防条例以及旅游行政管理部门有关旅游安全管理、旅馆业治安管理的条例和办法等，结合酒店经营管理的特点，酒店安全管理的内容具体包括保卫安全管理、治安安全管理、消防安全管理、卫生安全管理和部门安全管理。

（1）保卫安全管理

酒店保卫安全管理是指酒店组织专门力量，对酒店出入口、重要场所、重要目标进行守护、巡逻及监护，以维护公共秩序，预防违法犯罪和治安灾害事故发生的专项管理工作。其主要目标通常有酒店的出入口、人行通道、大堂、客房、楼面、行李房、金库、车库、商场、娱乐场所等部分。

酒店保卫安全工作的内容是掌握人员、车辆进出的情况，控制违禁物品，发现事故隐患，制止违法犯罪行为，包括定点护卫、巡逻督察和监视控制三方面。①定点护卫是指岗位固定的护卫工作，如门卫、停车场及车道管理等。②巡逻督察是指安保人员在大堂、客房楼面、公共场所等指定的区域内巡逻，以便及时发现不安全因素并及时处理各种违法犯罪行为。③监视控制是指在酒店重要场所及目标处安装监视器，专职人员在安全监控室里进行监视，发现任何不安全因素及各类违法犯罪行为时，及时与固定护卫岗位及巡逻人员联络、配合，采取行动。安装监视器的部位一般为大堂、电梯口、客房楼道、客人贵重物品保存处、现金存放处等。

（2）治安安全管理

酒店治安安全管理是指酒店在公安机关的指导下，由酒店的专职安保人员与酒店内各有关部门配合管理酒店内部公共秩序，以保护客人、员工和酒店的人身及财产安全。

酒店治安安全管理应做到以下几个方面：

首先，做好客房部的安全管理。酒店应建立旅馆业住宿登记制度及24小时巡查管理制度。总台人员应仔细核对有关证件，发现可疑情况向安保部报告。做好访客的安全管理：接待访客应先征得住宿客人的同意，同时客房部服务人员应注意访客动向，尤其是夜间访客滞留时间不得超过规定的时限，若访客留宿应根据规定去总台办理登记手续，并进行证件的检查。

其次，要维护酒店各餐厅、酒吧、娱乐等经营场所的治安秩序。防止打架斗殴、醉酒闹事、偷窃、黄赌毒等事件的发生，及时处理各类治安问题，必要时向公安机关报告情况并寻求帮助，并将违法人员移送公安机关处理。

最后，酒店治安安全管理还包括酒店内危险物品、易燃和易爆化学品的管理，酒店内车辆交通及停放的秩序和酒店内治安动态信息的收集和处理。

（3）消防安全管理

消防安全管理是指酒店在消防管理机关的指导监督下做好酒店火情、火警、火灾的预防及日常的防火安全管理。酒店消防管理应认真贯彻"预防为主"的工作原则。酒店消防管理的内容有：贯彻执行国家消防法规，健全酒店内部消防管理制度；健全消防组织机构，明确专门管理人员，防火要落实岗位责任制，经常开展防火知识的宣传教育和培训工作；认真配置好消防设施、设备、器械，坚持定期检查，确保它们始终处于临战实用、完好有效的状态；处理方案科学合理，从报警、灭火、疏散到善后处理等各方面都有明确的程序，使各部门、各岗位上的人员临危不乱，遵守统一的指挥，按既定的程序做出相应的反应，各司其职，将人员和财产损失降到最低。

（4）卫生安全管理

酒店卫生与安全管理是指保障客人与员工的卫生安全，做好卫生防疫工作，具体包括公共卫生安全、食品卫生安全和员工卫生安全3个部分。其中，公共卫生安全是酒店前台和后台活动区域的卫生，要求做到清洁卫生、通风消毒和消灭害虫；提供餐饮服务是酒店的核心业务职能之一，食品卫生安全则要求食品的采购、验收、储存、加工必须符合国家和行业相关规范，另外提供的设备、餐具和环境必须达到卫生基本要求；员工卫生安全是酒店卫生安全管理的基础，良好的个人卫生既能保证员工健康高效的工作，又可以防止疾病的传播，避免食品污染和中毒。因此，酒店必须加强员工的卫生教育，注重员工的个人卫生，确保员工健康。

（5）部门安全管理

部门安全管理是指酒店具体针对每个部门安全而专门实施的管理活动。根据酒店一般的部门划分，可进一步将酒店部门安全管理分为前厅部安全管理、客房部安全管理、餐饮部安全管理、销售部安全管理、工程部安全管理、财务部安全管理、人事部安全管理、行政部安全管理、物业部安全管理和保安部安全管理等。

【阅读材料】

谁才是真正的房客？

客房部员工小张和以往一样熟练地推着工作车，礼貌地敲客人的房门，客人不在，她打开房门，开始一天的工作。这时，进来一位先生。小张礼貌地打招呼："先生，您好！"此人也彬彬有礼地回应道："你好，你们这边景色真的不错，像这样的房间要多少钱一晚上？"小张边打扫房间边热情地回答着客人的问题。"先生您好，房间收拾好了，不打扰您了，"小张正想退出房间。先生急忙说："这不是我的房间，我只是经过时看到这个房间的设施和我的房间不一样，想进来参观一下的。"小张听后，心一下被揪了起来。说来凑巧，就在这时，房间的主人回来了，迎面碰到一位陌生人从自己的房间走出来，心里纳闷，就问服务员："他怎么会在我的房间？你们怎么可以随便让人进我的房间呢？"小张非常歉意地解释说："对不起先生，您别生气，我以为他是和您一起来的。""你不要解释，这样的管理让我怎么放心住？一点安全感都没有，我的房间竟可以让外人进来！去叫你们经理来，我要投诉。"后来大堂副经理出面，向客人赔礼道歉才算平息了此事。事后，小张受到了严厉的批评及处分。

11.2.2　酒店危机管理的原则与内容

1）酒店危机管理的原则

（1）预防原则

预防是应对危机成本最低、最简便的方法，防患于未然永远是危机管理最基本和最重要的要求。因此，危机发生前的预防应当成为酒店危机管理的重点。从这个角度来说，酒店建立一套规范、全面的危机管理预警系统是非常有必要的。实践中，危机的发生往往具有多种前兆，可以说几乎所有的危机都可以通过一定的预防进行不同程度的化解甚至是消除。这也对酒店危机管理中的预防工作提出了挑战，要求酒店能够透视危机背后的征兆，准确发现存在的威胁，及时采取适当的措施，控制危机的发展，将危机扼杀在萌芽中。

（2）制度化原则

酒店危机发生的时间、规模、态势和影响难以完全预测，对危机应付自如的关键之一是制订制度化的危机处理机制，以便在发生危机时可以快速启动相应的决策机制，全面而井然有序地开展危机应对工作。因此，酒店应建立规范的危机管理制度、有效的组织管理机制、成熟的危机管理培训制度，设置专门的组织机构负责此项工作的开展，从而逐步提高酒店危机管理的快速反应能力，积累快速有效的危机处理经验。

（3）快速反应原则

危机具有突发性的特点，因此，速度是解决危机的关键。酒店必须以最快的速度启动危机应变计划并立刻制订相应的对策，给相关受害者一个合理的交代。并且在危机发生后要时刻同新闻媒体保持密切的联系，借助公证、权威性的机构来帮助解决危机，承担起相应的精神和物质补偿责任，做好事后管理，从而迅速有效地处理酒店危机。

（4）诚信形象原则

酒店是服务性企业，诚信是其赖以生存的生命线，然而危机的发生必然会给酒店诚信形象带来损害，有时甚至会危及酒店的生存。矫正形象、塑造形象是酒店危机管理的基本思路。在危机管理的全过程中，酒店要努力减少对诚信形象带来的损害，争取客人的谅解，赢得客人的信任和忠诚，维护酒店的诚信形象。

【阅读材料】

应对酒店安全事件的利器：酒店预警系统

2020年8月5日，网友 fiore 花花爆料在上海某酒店入住时，房间凌晨被某陌生裸身男子闯入，并停留了三分钟之久，而在此之前，该男子就因为相同的原因被客人投诉，酒店只是安排工作人员将其送回他自己的房间，并未做过多巡视和重点关注。华客科技团队在梳理了事件全过程后发现，裸身男事件至少涉及3个层面问题：事发前，酒店员工对"危险事件"的认知、处理管理问题；事发时，信息自下而上的畅通传递问题；事发后，对舆情的监控和危机公关问题。我们在思考假如事发的酒店使用预警系统，裸身男事件将如何发展？

假如酒店使用预警系统，可从以下四个方面做好相应的预警设定与处理：

1. 预警的特性

事件的预警级别被合理、自动定性。

S 类预警：客诉、涉及人身安全、严重阻断入住。A 类预警：阻断入住。B 类预警：轻微阻断入住。C 类预警：轻微体验问题。如裸身男第 1 次出现，属于阻断入住行为，应该定位 S 类预警。

2. 预警的触发条件和升级

可结合业务场景，使用多场景交叉的方法，设置预警的触发条件，如：

关键词：系统内设酒店行业敏感词、各类预警词库，酒店可自行添加关键词。

负面情绪：系统根据预设的 AI 情感分析模型，分析语音和文本中的正面情绪、负面情绪，分别触发不同的预警类型。如客人打电话前台触发"报警"关键词，系统自动发出 S 类预警。当同一客人触发 2 次 C 类预警，系统自动升级为 B 类预警，以此类推，如 7×× 客人投诉了 2 次，系统自动升级为 S 类预警。

其他触发预警的条件，如客人来源，比如酒店需要特别关注 OTA 客源，避免差评；特别关注 VIP 会员，升级此类会员的需求和投诉；OTA 评分，比如评分 < 3.5 分的差评，应触发 S 类预警等；小结标签，服务中心人员选择不同的小结标签，可触发不同的预警类型。

3. 预警的处理

预警的目的是抓住客人入住的黄金 5 分钟时间，及时处理问题，尽量满足客人的需求。最终提升客人的入住体验，收获好评，提升 PSI 排名，获得更多的流量推荐和订单。

我们相信 99% 的酒店，都有自己严格的 SOP 流程和执行制度，但在实际操作中，由于客人千人千面、酒店工作人员紧缺、每个员工对制度的理解程度有差别、每个门店的执行力度不同，导致集团标准很难被彻底执行。

我们需要：①将预警信息通知到移动端；②如实还原客需、客诉场景和事件；③将预警信息流转到工单环节；④工单处理结果返回系统，形成服务闭环。

4. 舆情的预警

假设酒店的预警、处理已经做到极致，但仍然让客人不满，怎么办？这时就需要舆情预警。根据内容敏感度、渠道影响力、传播态势三方面指标，将舆情预警分为重大、较大、一般三个等级，再将三个指标的三个等级交叉组合，得到综合预警等级。事件主角 fiore 花花是自媒体人，在上海参加 China Joy（当今全球数字娱乐领域极具知名度与影响力的年度盛会之一），同住酒店的正好有多位自媒体人。fiore 花花的微博粉丝 20 万 +，微博发布后被同一时间段住酒店的百万微博大 V 转发，事件瞬间爆发。如果相关酒店集团能通过舆情监测到危险关键词，识别当事人的社交媒体影响力，计算引爆率，或许能赢得更多的危机处理时间，制订出更好的处理策略。

资料来源：华客科技，2021-09-06.（有删减与改编）

（5）应用管理信息系统原则

良好的管理信息系统对酒店危机管理的作用日益明显。酒店只有持续获得准确、及时、新鲜的信息资料，才能及时发现、有效处理酒店危机，保证酒店的生存和发展。预防危机过程中，可通过各种最新、最普遍应用的网络平台（如注册微博实名用户），搭建高度灵敏、准确的信息监测系统，及时捕捉、分析、处理检测到的信息，把危机隐患消灭在萌芽中。在危机的处理过程中，可借助管理信息系统快速、准确诊断危机原因并及时汇总、传达相关信息，协调酒店各部门统一口径，迅速采取相应的补救措施。

（6）危机管理中的 3F 原则

3F 原则的含义是当酒店出现突发事件，酒店第一负责人员应在第一时间到达第一现场，即 First person，First time，First place。酒店危机一般都具有突发性、紧急性、不确定性等特征，化解危机的最佳时机往往就在突发事件的最初时间。主要管理人员在第一时间到达第一现场，一方面能够准确判断危机性质，作出正确决策；另一方面还可以借此塑造酒店高度负责任的公共形象，从而最大限度地降低突发事件对酒店造成的负面影响。

2）酒店危机管理的内容

（1）危机前的预防与管理

所谓"冰冻三尺非一日之寒"，酒店危机的发生一般都有预兆性。出色的危机预防管理能够根据日常收集的各方面信息准确预测可能面临的危机，同时做好预警工作并采取有效的防范措施，从而避免或从容应对危机，或者能够将危机的危害降到最低。要实现这一目标，不仅需要酒店管理人员具有敏锐的洞察力、高度的危机防范意识，而且在组织结构上也要有所保障，如建立危机预防系统，成立专门的危机管理部门或小组，定期进行不同规模的危机演练等。另外值得注意的是，酒店在日常经营过程中要注意树立良好的公共形象，这样即便发生危机事件依然能够凭借良好的企业信誉获得公众的谅解与支持。

（2）危机中的应急处理

对酒店危机事件的处理既是一次挑战，也是一次机遇，如果处理得当，巧妙地将"危"向"机"转化，危机则会演变为"契机"。

①保持镇静的态度

管理人员沉着镇静的态度对危机的处理来说非常重要。这时管理人员的形象能够很好地起到稳定人心的作用，然后采取有效的措施隔离危机，不让事态继续蔓延，并迅速找出危机发生的原因。

②采取得当的处理策略

主要的危机处理策略包括危机中止策略、危机隔离策略、危机利用策略、危机排除策略等。其中，中止策略是指酒店主动中止并承担某种危机所带来的损失，如停止销售以某种保护动物为原料的餐饮产品；隔离策略是指将已发生的危机与酒店的其他部门隔离开来，防止其引发另外的危机；利用策略是指酒店在危机发生后审时度势，将危机演化为一次内部提升的机会，如"非典"期间，酒店利用这一时期的危机提高员工素质，改善服务质量；危机排除策略是指酒店采取相应的措施消除危机，这里的措施既可以是开发新的产品与服务项目的形式，也可以是通过酒店文化来规范员工行为，提高员工士气，进而改变危机事件给酒店形象造成的影响。

③保持信息畅通

这是危机处理的关键环节，一定要做好危机发生后的信息发布工作。通过正式渠道准确及时地公布危机的相关信息，避免小道消息或谣言增加危机处理的难度，统一口径，选择得当的信息发言人。还可借助具有良好公众形象的权威机构参与危机的处理，以提高危机处理的有效性和信服力。

④应变迅速，着眼长远

危机发生后要以最快的速度启动危机应变计划，力求在危机蔓延和损害扩大之前控制住危机。同时还要注意速度与效率的综合平衡，危机处理过程中要兼顾顾客利益与酒店利益，使顾客利益得到保障，这可能会损害酒店的短期利益，但对酒店的长远利益却是有利的。

（3）危机后的总结与管理

危机总结是整个危机管理的最后环节。对危机管理进行认真系统的总结十分必要，包括调查、评价和整改3个步骤。首先，系统调查危机发生的原因及相关的预防管理，这也是对危机预防工作的检查过程；其次，对危机预警系统、应急计划、应急对策等方面进行全面评价，并详尽列出危机管理中所存在的问题；最后，责成相关部门与人员对所存在的危机管理问题进行系统整改。

11.3　酒店安全与危机管理的组织设计

11.3.1　酒店安全与危机管理的组织结构

酒店安全与危机管理的组织设计主要是针对保安部而言的。

保安部既要承担酒店日常安全与危机管理的内部检查及协助外部监督的职责，又要承担一定的对客服务的工作。因此，保安部应该具备有关安全管理和危机管理的制度化、系统化的业务流程和组织机构，以利于安全与危机事件的处理。此外，保安部除做好本部门的安全管理工作外，还应该将酒店全体员工动员起来，一起做好安全管理工作。

11.3.2　工作职责

保安部是酒店不可缺少的一个职能部门，也是公安机关在酒店进行安全防范工作的重要辅助力量，主要任务是保障宾客安全，维护酒店治安秩序，及时发现和打击违法犯罪活动，保护酒店各项设施和财物安全。图11.1为保安部组织结构图。

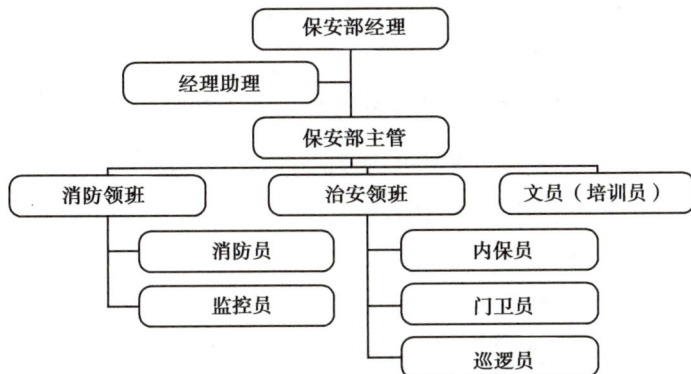

图 11.1　保安部组织结构图

1）保安部经理工作职责

①依据国家法规、行业规范和酒店要求，制订酒店各项保卫和消防安全制度。

②根据酒店的实际情况以及总经理的具体要求，制订保安部的工作程序。

③根据酒店经营和管理的特殊要求制订重大事件的安全防卫方案，部署保卫力量。

④监督保安部的各项规定及工作程序的实施。

⑤综合利用各种手段保障酒店的整体安全运营，防止发生重大安全案件，如火灾等。

⑥做好各项应急准备工作，如地震、火灾、水灾、爆炸等意外灾害的组织抢救工作。

⑦管理相关人力和物力，负责各种事件、事故的调查处理等组织工作。

⑧及时、全面地向酒店管理集团通报安全情况。

⑨将所有安全事宜进行汇总、统计并向总经理、副总经理进行通报。

⑩监督管理日常安全保卫工作并向管理集团汇报。

⑪确定档案记录制度，建立所有事故的记录档案。

⑫制订保安部人员招聘、录用、管理和评估计划。

⑬与外界保持沟通，具体体现在负责与政府公安、消防、法律各部门的协调、联络。

2）保安部经理助理工作职责

①在保安部经理的领导下工作，全面负责保安部的日常管理工作。

②带领保安部人员认真做好安全保卫工作，熟悉保安部安全设施的分布情况，使用消防、防盗等设施，加强重点区域的安全防范。

③负责保安部的日常工作检查、人员考评，带领保安部人员配合其他管理服务工作，制止、纠正各类违章行为。

④做好保安部的月工作安排（包括训练、学习安排），及时做好保安部的岗位培训、军事培训及日常考核工作，每月召开一次保安部会议。

⑤负责人员管理工作及保安部工作质量的记录，保证其规范、详细、完整、准确，确保达到质量管理体系要求。

⑥完成领导交办的其他工作。

3）保安部主管工作职责

①严格执行任务，认真完成分管区域内的安全预防工作。

②对分管部门的安全制度执行情况进行及时的监督、检查。

③监督分管部门的钥匙使用、保管情况。

④进行各类案件的调查工作。

⑤熟悉分管部门人员、财产的基本情况。

⑥对酒店员工进行日常相关法律、法规教育，提高其自觉遵守酒店各项规章制度的意识。

⑦建立相应的人员卡片管理制度，掌握酒店人员基本情况。

⑧对分管区域进行每天的例行巡逻。

⑨严格遵守各项规章制度，做好每日工作记录。

⑩负责重大活动中的人员审查工作。

4）消防领班工作职责

①制订酒店火警预警方案，形成工作程序表，粘贴在显著位置。

②确定酒店重点消防工作对象，制订灭火行动计划。

③建立消防安全工作资料档案，绘制灭火行动平面图，制订灭火与疏散行动计划。

④检查各部门消防工作的落实情况。

⑤按有关规定对酒店里的用电设备和各种危险物品实行监管。

⑥制订防火安全措施和安全施工计划，审批防火作业报告。

⑦巡查和检验酒店消防系统、设施、器材。

⑧抓好消防人员专业知识的学习和培训工作，不断提高他们的业务能力和工作效率。

⑨做好消防安全的宣传工作，普及消防知识。

⑩每周向部门经理和总经理呈报防火安全检查报告。

⑪写好消防日志，向部门经理报告工作。

5）治安领班工作职责

①协助保安部经理、经理助理做好保安员的日常管理工作。

②熟悉国家和本地区的治安安全管理条例，并做好酒店内部宣传工作。

③做好保安员的评估工作。

④贯彻和落实部门下达的各项治安安全工作。

⑤协助做好各类大型活动的治安安全工作。

⑥定期向部门经理汇报工作情况。

6）文员工作职责

①认真、高效工作，担当好保安部经理管家和助手的角色。

②在保安部经理的领导下，负责本部门内勤工作，拟写各种文书，承担领导布置的各项工作。

③掌握本部门各岗位的工作情况，做好本部门的文件、资料和文书的分类归档保管工作。负责收发传递来函、来信及资料并进行综合分析，及时上报领导。

④负责起草本部门工作计划、总结和报告。接待处理外调、来函等事宜，管理本部门印鉴、介绍信、资料等。

⑤负责本部门财产的具体管理工作，并定期进行盘点。

⑥负责本部门员工工资的领取、保管和发放，领发本部门各项费用及办公用品，负责本部门人员的考勤，做好拾遗物品和缴获物品的记录保管工作。

⑦带领本部门员工遵守酒店各项规章制度，负责培训本部门的新进员工，共同做好保安部的各项工作。

7）消防员工作职责

①具备较强的防火意识和敏感性，自觉做好防火工作。

②熟悉酒店各种火警监视设备的性能和作用，熟练操纵和控制各种防火设备和消防器材。

③详细记录火警情况的时间、地点、程度、原因和处理结果，交班时要交代清楚并及时报告上级领导。

④详细记录本部门或有关人员关于防火情况的汇报，实地调查并将结果向领导报告。

⑤值班人员认真做好值班记录。

⑥严格遵守消防设施设备的使用与管理制度，定期维修保养，运行过程中若发生故障，要及时排除，保证其正常运行。

⑦定期检测酒店要害部门，如液化气站、油库、厨房、公共场所的灭火装置、楼层消防分机等重要设备。

⑧搞好酒店内消防设施和设备的维护、保养和测试，保证其完好无损和正常运作。

⑨发现火警信号或接到火警报告时，要及时将相关信息报告保安部经理和总经理，并以最快的速度向公安消防部门报警。将以上情况作详细记录，并坚守岗位，随时了解和掌握酒店安全情况。

⑩协助做好对义务消防员的培训、消防知识普及教育和宣传工作。

8）监控员工作职责

①具有高度的责任心，认真完成安防监控任务，及时掌握各种监控信息，对监控过程中发现的可疑情况做好记录并及时向治安部负责人或总值班报告。

②严格按照规定时间上下班，不准随意离岗、脱岗。遇到特殊情况，须经治安部负责人或安保部总值班同意后方可离开。

③严守工作纪律，不准做与工作无关的事。工作中应保持电话畅通，任何人不得挪用、滥用监控设施设备。

④未经批准，外来人员禁止进入监控室；经批准进入监控室的外来人员必须遵守监控室有关规定，服从监控室工作人员管理。公检法或上级职能部门工作人员因工作需要到监控室调取资料时，必须由保卫干部陪同，监控室做好登记。

⑤监控室工作人员应熟悉业务。可以熟练地进行定时、定位、定人和及时录像，并做好记录。对发现的刑事案件、治安案件、火灾、交通事故等应迅速按照程序上报处理并做好有关录像资料的保存和备份。

⑥应经常性地检查监控设备及附属设施，发现问题及时报修，确保监控设施设备的正常运行。如发现重点要害区域有监控盲点，应及时报告。

⑦严格遵守消防安全管理规定，熟练操作消防报警系统。发现故障、火警时及时报告和解决。

⑧遵守保密制度，严禁将监控资料私自下载外出传播，未经允许不得将监控资料情况对外透露。

⑨完成领导交办的其他工作任务。

9）内保员工作职责

①收集酒店内外的资料与信息，提出酒店安全管理意见与建议，动态完善安全管理制度。

②贯彻实施辖区内各保安组内的酒店安全管理制度。

③参与制订并组织实施酒店安全保卫各项操作规程、设备保养计划与检修计划。

④监督和指导保安人员作好值班记录与交接班记录，及时、准确归档保管。

⑤负责维护突发事件现场，及时采取有效措施避免事态发展，疏散客人，及时汇报。

⑥负责组织、布置重大宴会活动、VIP客人的接待等安全保卫工作。

10）门卫员工作职责

①维持酒店大门秩序，保证酒店门口畅通，排除非酒店客人在门口逗留。

②掌握酒店客人动态，对行为表现可疑的客人要有礼貌地查询，发现问题及时报告值班经理。对深夜进入酒店的客人要礼貌问清情况方可让其进入酒店。

③兼顾大堂安保工作，一旦接到报警要尽快赶到现场处理情况。

④管理好公司的保安设施、用具，禁止无关人员使用。

⑤不得擅离职守，对客人的询问要热情、礼貌、周到，使客人满意，严禁用粗言恶语对待客人。维护好本岗位的车辆进入秩序，遇到意外情况及阻碍交通等情况，应及时报告并进行疏通，同时做好记录。

⑥负责安排来酒店车辆的停放，对客人讲清停车要求及规定。

⑦严格按划定停车区域调度停放车辆，保持车道畅通。

⑧当值人员负责管理好车辆安全，以防失窃；发现车门未关或贵重物品遗留在车内时，应报告值班经理，并负责重点看护。

⑨按要求巡查所有楼层，发现可疑的人和事要礼貌地询问并做好控制，不无故进入客房和内部用房。

⑩严格履行岗位职责，及时发现事故苗头、消防隐患，确保酒店他人安全。

⑪如遇突发事件，酌情处理并及时上报。

11）巡逻员工作职责

①认真履行职责，及时发现并排除事故苗头，确保安全。

②加强重要区域巡逻，发现可疑情况妥善处理并及时向上级报告。

③在楼层巡逻时检查客房安全管理情况，包括楼层通道、电源插座、墙护板等是否安全。

④劝阻在楼层或客房闹事、斗殴、损坏客房设施者，特殊情况下将其带到保安部酌情处理。

⑤楼层发生火警、盗警、凶杀、爆炸等事故，迅速组织人员疏散并保护现场，防止事态扩大。

⑥巡逻员不得借工作之便使用客房设施，如到客房睡觉、看电视或打私人电话等。

⑦保护酒店范围内的花草树木、园林建筑等，对践踏草坪、采花折树者进行劝阻并妥善处理。

11.3.3　酒店安全与危机管理制度

酒店的现代化安全与危机管理强调制度化、规范化管理，其中规章制度是规范化的前提和保证。酒店安全规章制度是指酒店为保证酒店安全运转所制订的各种规则、章程、程序和办法的总称，是酒店员工共同遵守的规范和准则。科学合理的酒店安全规章制度是酒店现代化安全管理的重要方法，是国家法律法规在酒店安全中的具体体现，对促进酒店的依法经营和安全管理具有重要意义。

现代酒店特别是星级酒店都制订了科学严密的安全规章制度，如安全管理方案、员工安全手册、服务安全规程等，对促进酒店的安全经营管理起到了重要作用。但是，也有不少酒店在制订酒店规章制度方面存在一些问题，如违背国家法律法规、缺乏整体观念、过于简单、不够规范等。因此，在制订酒店安全管理制度过程中，应该做到以下4个方面：

（1）合法性

酒店安全规章制度是酒店贯彻落实国家法律法规的基础，酒店安全规章制度只有符合国家法律法规才是有效的。要做到酒店制订的安全规章制度具有合法性，有3个方面需要注意：

①要做到安全管理权限合法

酒店安全规章制度是制订酒店安全管理措施的依据，反映酒店的安全管理权力，这种权力必须在法律法规赋予的权限之内。如果酒店制订的安全规章制度超越了国家法律法规赋予的权限，其安全规章制度就是违法且无效的。

②要做到安全管理内容合法

国家对酒店安全管理内容的很多方面都有相应的法律规定，如财务安全管理、劳动安全管理、食品安全卫生、消防安全管理等。酒店在制订这些方面的规章制度时，其内容必须符合国家法律法规的规定，不得出现规章制度规定的内容与法律规定相冲突的情况。

③要做到安全管理手段合法

管理手段的合法性是使安全管理内容得以实现的保证。对违反安全规章制度的员工不能采用非法手段进行处罚，如新录用员工在试用期间违反酒店安全管理的有关规定，不能以延长试用期 6 个月作为处罚。否则就与《中华人民共和国劳动合同法》第二十一条，劳动合同可以约定试用期，试用期最长不得超过 6 个月的规定相悖。

（2）实用性

酒店制订安全规章制度是为了实现酒店的安全管理以获得经济效益和社会效益，所以酒店的安全规章制度必须符合酒店的实际情况，能够执行且有利于酒店的发展。要做到这一点，要求酒店制订的安全规章制度一方面可以作为酒店参与市场竞争的保障，以推动酒店的发展；另一方面，也要与酒店内部实际情况相符，能够促进酒店进行科学、规范的安全与危机管理。

（3）规范性

酒店安全与危机管理规章制度的制订要做到形式统一，格式规范，内容明确具体，表述简明扼要。在内容的安排上可采用序言、主体、附则式，也可采用总则、分则、附则式或条目式。需要注意的是，每项安全规章制度都应有具体的执行部门、配合执行部门和违规监督部门，只有这样才能保证酒店的安全与危机管理实现有规章制度可依、违反规章制度必究。

（4）协调性

酒店安全与危机管理规章制度的内容，要注意与其他相关制度相互协调，避免冲突和遗漏。同时还要注意在批准和发布程序上与其他规章制度的统一性，防止安全规章制度的审议、批准、发布程序出现错误和政出多门的现象。

11.4 酒店安全与危机管理的措施

11.4.1 酒店安全管理措施

酒店安全与危机管理是为保障酒店的服务和运营安全开展的管理活动，管理的重点是对酒店服务内容和酒店运行过程中各个因素状态的约束与控制，以落实安全管理决策与目标、消除一切事故、避免事故伤害、减少事故损失为管理目的。

酒店安全与危机管理措施是酒店安全与危机管理的方法与手段。根据酒店行业服务和运转的特点，酒店安全管理措施可概括为：

（1）落实安全责任，实施任务管理

①建立、完善以酒店总经理为首的安全领导组织，有组织、有领导地开展安全管理活动，积极承担安全生产的责任。

②建立各级人员安全生产责任制度，明确各级人员的安全责任。酒店总经理是酒店安全管理第一责任人；各级职能部门、人员对各自服务范围内的安全负责；全员承担安全运营责任，建立安全生产责任制；定期检查安全责任落实情况，奖罚分明。

③酒店服务项目应通过监察部门的安全服务资质审查，一切从事对客服务的人员依照其从事的服务内容，分别通过国家、行业的安全审查，取得安全认可证。如酒店的餐饮部门工作人员需要取得健康证。

④应如实、认真、详细记录安全服务责任落实情况的检查，并作为分配、补偿的原始资料之一。

（2）安全教育与训练

为增强酒店全员的安全服务意识，还需进行酒店安全教育与训练，有效地防止运营中的不安全行为的发生。酒店安全教育与训练要适时宜人，内容合理，方式多样，形成制度；对安全教育与训练的组织要做到严肃、严格、严密、严谨，讲求实效。

①管理与服务人员应具有的基本条件和素质

酒店要通过合法的劳动程序和手续录用工作人员。实习人员须正式签订劳动合同，接受安全教育后才可进入酒店具体岗位；没有痴呆、健忘、精神失常等不适于从事酒店服务的疾病；没有感官缺陷；有良好的接受、处理、反馈信息的能力；具有适应不同层次岗位所必需的文化水平。

②安全教育与训练的目的与方式

安全教育与训练包括知识、技能、意识 3 个阶段的教育。进行安全教育与训练，不仅要使酒店服务人员掌握安全服务知识，还要能正确表现出安全的行为。其中安全知识教育使酒店服务人员了解、掌握服务过程中潜在的危险因素及防范措施；安全技能训练使酒店服务人员掌握安全服务技能，减少服务过程中的失误现象；安全意识教育的目的在于激励服务人员自觉掌握安全技能。

③安全教育的内容随实际需要而定

新员工在上岗前应完成三级安全教育，重点偏重一般安全知识、服务原则、服务环境、服务规范等，强调独立环境状态下的服务；结合岗位性质和服务环境的变化适时进行安全知识教育。一般每15天组织一次，一个月组织2次较合适；结合服务岗位安全技能训练，针对具体的工作职责实施科学的安全教育以达到规范安全的服务行为方式；安全意识教育的内容可实行弹性制，随内外部环境、特殊时期、特殊事件的变化而变化。可结合具体酒店安全事故，进行安全意识、安全预警方案、安全组织协调等方面的安全事故教育；酒店在投入使用新技术、新设备之前，应对有关人员进行安全知识、技能、意识的全面安全教育。

④加强酒店教育管理，增强安全教育效果

酒店安全教育应做到教育内容全面，重点突出，系统性强，抓住关键反复教育；进行各种形式、不同内容的安全教育，把教育的时间、内容等清楚地记录在安全教育记录本或记录卡上。

（3）安全检查

酒店安全检查是发现酒店不安全服务行为和不安全环境状态的重要途径，也是消除事故隐患，落实整改措施，防止事故伤害，改善酒店服务环境的重要方法。酒店安全检查的方式有日常检查、专项检查和突击检查。

①安全检查的内容

酒店安全检查的内容主要是查思想、查管理、查制度、查现场、查隐患、查事故处理。酒店职能部门的安全检查以自检为主，是对酒店部门经理至服务人员，服务全过程、全方位的全面安全状况的检查。检查的重点以服务条件、服务设施设备、现场管理、安全卫生设施以及服务人员的行为为主。发现危及人员安全的因素时，必须果断地消除。各级部门管理者应在全面安全检查中，对照酒店安全管理和服务方针政策，透过服务环境的状态和隐患检查酒店员工安全服务认识中存在的问题。具体来说，安全检查的内容主要是安全服务是否提到重要议事日程上，各级安全责任人是否坚持严格预防、及时处理和全面总结，专职保安人员是否在位、在岗，酒店安全教育是否落实、到位，服务标准化实施情况、安全控制措施是否有力、到位，酒店安全事故处理是否符合规范和原则。

②安全检查的组织

建立酒店安全检查制度，按制度要求的内容、原则、规范、措施、标准全面落实；成立由第一责任人为首，业务部门、服务人员参加的安全检查组织；酒店安全检查必须做到有计划、有目的、有准备、有整改、有总结、有处理。

③安全检查的准备

首先是思想上的准备。发动酒店全员开展自检，自检与制度检查相结合，使全员在消除危险因素中受到教育，从安全检查中受到锻炼，提高安全意识。

其次是业务上的准备。确定酒店安全检查目的、步骤、方法，成立检查组，安排检查日程，规范检查记录用表，确定检查重点，分析安全事故资料，把精力侧重于事故多发部门和环节的检查，把安全检查逐步纳入科学化、规范化轨道。

④安全检查的方法

酒店常用的安全检查方法有一般检查方法和安全检查表法两种。

一般检查方法常采用看、听、问、查、验、析等方法。具体来说就是，看现场服务环境和服务条件，看设备设施和服务流程，看记录和资料等；听汇报、听介绍、听反映、听意见或批评等；详细询问影响酒店安全的问题，寻根究底；查明问题、查对数据、查清原因，追查责任；分析酒店安全事故的隐患和原因。

酒店安全检查表法是一种原始的、初步的定性分析方法，主要是利用事先拟定的酒店安全检查明细表或清单对安全服务和管理开展检查，并根据检查情况进行初步的诊断和控制。酒店安全检查表通常包括检查项目、内容、回答问题、存在问题、改进措施、检查措施、检查人等内容。

⑤安全检查的形式

首先，是酒店日常安全检查，是指列入酒店安全管理活动计划，按照一定的时间间隔进行的定期安全检查。间隔时间的长短要根据酒店实际情况确定，部门内必须坚持周检。其次，是酒店突击安全检查，是指无固定检查周期，对特别部门、特殊服务人员、特别区域的安全检查。最后，是酒店专项安全检查，是指对消防、治安、设施设备的投入与使用，以及新开设的服务项目进行的以发现危险因素为专题的检查。

⑥消除危险因素

酒店安全检查的目的是发现、处理、消除危险因素，避免事故发生，实现酒店安全服务和运营。消除危险因素的关键环节在于及时发现危险、认真整改。对于一些由于种种原因而一时不能消除的危险因素，应逐项分析，寻求解决办法，安排整改计划，尽快予以消除。

安全检查后的整改是安全管理工作的目的与落脚点，遵守"三定"和"不推不拖"的原则。"三定"是指定具体整改责任人、确定具体解决措施、限定整改时间。"不推不拖"是指在解决具体的危险因素时，在能力范围内不推卸责任、不拖延整改时间，不等不靠；自己解决有困难时，积极主动争取外界支援和寻找解决的办法。

（4）正确对待酒店安全事故的调查与处理

事故是违背人们意愿，不希望其发生但其发生后会造成严重后果的事件。酒店发生事故后，应以严肃、科学的态度去认识事故，按照规定实事求是向上级经理和相关部门报告，不隐瞒、不虚报，不避重就轻；保护好酒店事故现场，以利于调查清楚事故原因；弄清酒店事故的发生过程，找出造成事故的人、物、环境方面的原因；分清造成事故的安全责任，总结管理的教训；以酒店事故为例并召开事故分析会进行安全教育，使所有服务和运营部门、全体人员从事故中看到危害并吸取教训，从而在管理和服务过程中自觉地实行安全规范的行为；采取预防类似事故重复发生的措施，并组织彻底的整改，使采取的预防措施完全落实。

11.4.2　酒店危机管理措施

1）加强危机预防工作

预防危机是酒店危机管理的首要环节。

首先，需要树立强烈的危机意识，对酒店的全体员工开展危机管理教育与培训，居安思危，将危机预防作为日常工作的组成部分；其次，建立危机的预警系统，信息监测是预警的核心，随时收集住宿宾客对酒店提供的产品和服务的反馈信息，对监测到的信息进行鉴别、分类和分析，把隐患消灭在萌芽状态；再次，建立酒店危机管理机构，成立危机管理小组，这是酒店危机管理有效进行的组织保证，在酒店日常危机管理中非常重要；最后，制订酒店危机管理计划，进行危机管理的模拟训练。模拟训练应包括心理训练、危机处理知识培训和危机处理基本功演练等内容，根据可能发生的不同类型的危机制订一整套危机管理计划，明确如何防止危机爆发。一旦危机爆发就立即作出针对性反应等，提高危机管理小组的快速反应能力，强化危机管理意识，还可以检测已拟订的危机管理计划是否切实可行。

2）准确有效确认危机

酒店危机管理人员要做好日常的信息收集、分类管理，建立起危机防范预警机制。危机管理人员要善于捕捉危机发生前的征兆，尽快确认危机的类型，为有效的危机控制做好前期工作。

3）及时妥善处理危机

首先，进行有效的危机控制。速度是危机控制阶段的关键，决策要快速，行动要果断，力度要到位。酒店危机发生后，危机管理机构应快速调查事件原因，弄清事实真相，各部门保证信息的一致性，把真实的、完整的情况公布于众，避免公众各种无端猜疑。同时，配合有关调查小组的调查，并做好和媒体的解释工作以及事故善后处理工作。

其次，迅速拿出解决方案。酒店要以最快的速度启动危机处理计划。由于每次危机各不相同，应该针对具体问题，随时修正和充实危机处理对策。主动、真诚、快速反应、公众利益至上是酒店危机处理最好的策略。

4）做好危机的善后工作

酒店危机的善后工作主要是消除危机后的遗留问题和影响。危机发生后，酒店形象受到了影响，需要借助一系列危机善后管理工作来降低危机带来的负面影响。

首先，对危机进行总结、评估。对危机管理工作进行全面的评价，包括对预警系统的组织和工作程序、危机处理计划、危机决策等各方面的评价，要详尽地列出危机管理工作中存在的各种问题。

其次，对问题进行整理。多数危机的爆发与酒店管理不善有关，通过总结评估提出改正措施，责成有关部门逐项落实，完善危机管理内容。

最后，寻找商机。危机给酒店制造了另外一种环境，酒店管理者要善于利用危机探索经营的新路子，进行重大改革，化"危机"为"商机"。

总之，酒店在实际经营过程中会面临多种危机，无论哪种危机发生，都有可能给酒店带来致命的打击。酒店通过采取有效的危机管理措施可以将潜在的危机消灭在萌芽状态，把已经发生的危机损失降低到最小的程度。酒店在不断谋求技术、市场、管理和组织制度等一系列创新的同时，应将酒店危机管理创新放到重要的位置上。同时还要转变观念，应认识到出现危机并不等同于酒店经营管理的失败。一家酒店在危机管理上的成败能够显示出它的整体素质和综合实力。

【本章小结】

▶ 安全与危机管理是酒店所有管理工作中的基础性工作，如果酒店的安全与危机管理工作存在隐患、瑕疵和疏忽，那么势必会影响酒店其他方面的管理工作，必须引起足够的重视。酒店安全管理具有突发性和复杂性、预防性和服务性、全员性和全过程、广泛性和持久性、政策性和强制性等特点，应遵守一定的原则，在酒店安全管理机构的指挥下，采取科学合理的措施开展酒店安全管理工作。

▶ 酒店危机管理与酒店安全管理之间既有区别，又有联系，具有应急性、破坏性、应对资源的有限性等特点。因此，在进行酒店危机管理时同样需要遵守一定的危机管理原则来开展酒店危机管理工作，将危机管理作为一项管理艺术，降低危机产生的负面影响，挖掘其有利于酒店发展的一面。

【思考练习】

1. 简述酒店安全管理与酒店危机管理的区别与联系。
2. 简述酒店安全管理与酒店危机管理的特点。
3. 简述酒店安全管理的主要内容。
4. 简述酒店危机管理的主要内容。
5. 简述酒店安全与危机管理制度的主要原则。
6. 简述酒店安全管理的主要措施。
7. 简述酒店危机管理的主要措施。
8. 请以某家五星级酒店为例，梳理其内部安全及危机管理内容、相关制度，同时思考分析这些内容和制度的特点。

【案例讨论】

"名媛拼单"风波之后，酒店该从中学些什么？

豪华酒店要拼单拍照，名牌丝袜轮流换穿，高级包包拼团租……国庆黄金周后，一篇《揭秘上海"拼多多版名媛群"》的文章刷爆社交网络。很快，"上海名媛群"话题霸榜微博热搜，文章中提到的丽思卡尔顿、宝格丽等酒店品牌一时间被推上舆论的风口浪尖。尽管上述奢华酒店品牌第一时间出来辟谣，但酒店品牌一旦在网络被贴上某个标签，品牌方出场表示"我没有，我不是，别瞎说"显然很难被网友们听进去。在这个发声渠道高度扁平化的时代，对于声誉管理方面而言，酒店不仅要看清究竟发生了什么事，还要看是谁、在哪里热烈地讨论着这件事。

截至 10 月 14 日 15 时，"上海名媛群"在全网的声量突破 25.43 万，热度指数峰值高达 84.46，短时间内成为最受社会关注的热点事件之一。其中，"多家五星酒店回应网传名媛拼单"相关话题持续走热，促使"名媛拼单豪华酒店"的话题引发了 10.23 万条全网信息，平均传播速度为 1 624 条 / 小时，舆论争议在酒店行业内发展趋势突出。而从"名媛群"内出现的"被拼单"品牌的舆论声量和传播热度指数来看，宝格丽、丽思卡尔顿两酒店品牌的全网热度相对较高。"假精致""伪名媛"引爆网络舆论的同时，还掀起了"拼单豪华酒店"的玩梗热潮，宝格丽、丽思卡尔顿等五星酒店首先被贴上"拼单"标签，留存于大众记忆。

值得注意的是，新京报官方微博发布的《多家五星酒店回应网传名媛拼单：未发现拼团订购多人入住》在传播过程中，所有转发者和评论者的兴趣标签以"旅游""美食"为主，不剥离突发事件性因素带来的反应影响，"旅游""美食"兴趣标签下的不少传播者同样是酒店品牌的关注客群和潜在消费客群。

@新京报 微博转发与评论者的兴趣标签

数据来源：新浪舆情通

受"拼单名媛"影响的宝格丽和丽思卡尔顿两家酒店，其品牌历史悠久，在酒店业界享有盛誉。将客户从感觉型的粉丝培养成感受体验型客户，进而转化为口碑型的客户，这其中少不了酒店的品牌形象设计和服务构建等。而此次事件发生后，不少客户及潜在客户对其品牌和服务产生质疑：酒店是否存在管理不善，放任网红"名媛"随意进出摆拍的情况？尽管丽思卡尔顿和宝格丽酒店回应称"未发现拼团订购多人入住"，但仍有部分网民"不买账"，高端酒店品牌面临较大的舆情扩散风险和声誉受损的风险。

"多家五星酒店回应网传名媛拼单"话题在微博发酵后，从网民转发、评论时最常使用的表情符号来看，围观情绪明显。酒店的回应并未完全得到微博网民的理解与接受。

对新京报官方微博评论区的上述观点进行分析聚类，发现12.79%的网民认为"未发现拼团订购多人入住的回应精妙"，并借特朗普予以暗讽；5.3%的网民表示"酒店承认拼单现象无异于承认自己管理不严"；还有2.03%的网民直言"类似的拼单酒店房间现象早就有了"。以上3种网民观点均表现出对酒店回应的不认同，换言之，超20%的网民对"未发现拼团订购多人入住"这一说法将信将疑。此外，也有网友试图深究"上海名媛群"一夜火爆全网的原因，提出"名媛拼单"这篇文章是一起"营销事件"的观点。

"拼单名媛"事件中，从"宝格丽酒店"与"丽思卡尔顿酒店"品牌美誉度的变化趋势来看，在事件发生前均保持较高水平。10月12日"上海名媛群"引爆全网舆论，宝格丽酒店美誉度渐趋下滑，并在14日下滑至86.87%，15日美誉度有所回升。丽思卡尔顿酒店美誉度受影响较小，对比峰值与低谷下滑幅度不超6%。

宝格丽与丽思卡尔顿品牌的美誉度变化

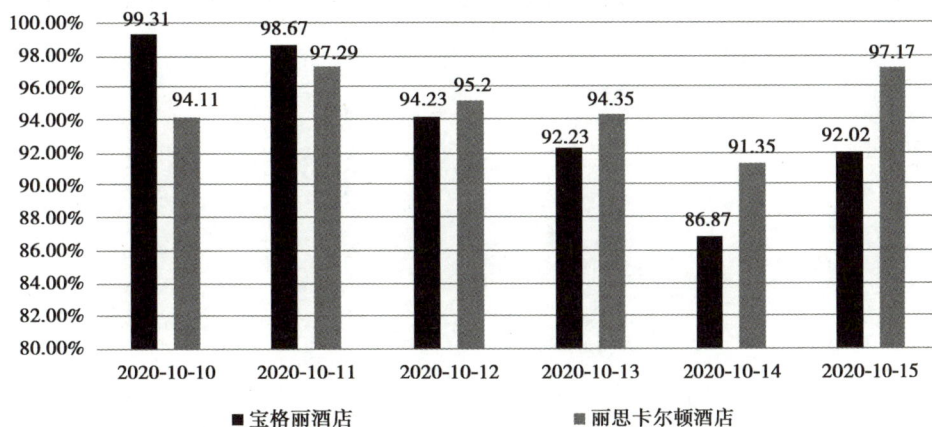

数据来源：新浪舆情通（统计时间截至10月15日18时）

这不禁给全酒店行业一个警示：高档奢华酒店能屡屡获得消费者的追捧，代表着客人要享受到尊贵的服务和对稀缺资源的占有。当客人搜索到某家酒店的负面信息时，真伪已经不重要，酒店的某种标签足以影响到客人的最终选择，进而影响酒店的利润、品牌声誉和客户忠诚度。面对诸如此类的突发事件，涉事酒店难免受影响，那么酒店从业者应该如何应对？品牌的美誉度何时能恢复到从前？还需要投入多大的精力和财力去扭转？

首先酒店应该建立一套预警及信息传送制度。每家酒店都有自己的预警等传达和上报制度，但扪心自问：舆情研判准确吗？舆情上报明确过吗？其次是借助全网舆情聆听与引导工具。近年来，酒店行业对舆情管理和危机应对的重视程度越来越高。纷纷使用行业内的一些消费点评网站，并由专人负责每天回应平台上的客户点评。面对负面评价时，往往采取"找到点评人进行沟通和做出相应弥补"的应对措施。可谓重视程度相当高。但如今互联网主导下的传播环境发生了较大的变化，酒店企业在事后无法分辨出坏消息传播的具体路径，且病毒式的扩散让舆情管理工作变得十分艰难。这就需要借助一个更深层次、更广泛的、可以聆听全网数据的平台，第一时间接收到预警信息，准确研判事态的发展与变化，避免舆情风险的进一步发酵和扩散。最后就是舆情回应和处置。对于酒店行业而言，舆情应对传递的是一种公共行为信号，需要快速发声、口径一致、回应关切、表明态度、及时补救等。把握好舆情回应与处置的"硬度"与"温度"，方能合理有效地化解舆情危机。

资料来源：环球旅讯，2020-10-21.（有删减与改编）

思考题：

1. 根据本章阅读资料中提到的酒店预警系统的设定，结合名媛拼单事件的相关资料，假如该酒店运用了预警系统，理论上有几次机会来妥当处理这一事件，从而避免上热搜？

2. 请结合酒店安全与危机管理的相关理论与实践内容，设计一套具有普适性、可操作的酒店预警系统。

3. 针对类似酒店突发事件，请从防范与处理的角度谈谈你的理解与解决措施。

第12章 酒店伦理与职业道德管理

【本章概要】

酒店伦理与职业道德对酒店的经营与发展提出了更高的要求。本章对酒店伦理进行了详细介绍，包括酒店伦理的概念、酒店伦理的产生与范畴、酒店伦理的作用及酒店伦理建设等，紧接着讨论了酒店的社会责任，论述了传统社会责任与现代社会责任的发生发展，最后对酒店职业道德的含义、特点以及主要构成进行了阐述，并简要介绍了酒店职业道德的建设途径。

【学习目标】

①理解酒店伦理的概念以及与酒店道德的关系；②了解酒店伦理的产生；③掌握酒店伦理的主要范围；④掌握酒店伦理的作用；⑤理解企业伦理与社会责任的关系；⑥了解传统社会责任和现代社会责任；⑦掌握酒店伦理建设的方法；⑧掌握职业道德的含义与主要构成；⑨掌握职业道德的作用与建设。

【开篇案例】

星级酒店洗碗工带剩饭回家遭开除

2012年2月29日，南京报业网——《金陵晚报》报道了一则新闻：47岁的妇女李红是南京一家五星级酒店工作了4年的洗碗工。3个月前，她留下了客人吃剩的一些废弃食物，想给正在读大学的儿子补养身体，却被以盗窃酒店财物为由开除了。过去4年里，她常为倒掉食物而心疼。"东西还好好的，就叫我端去倒掉，作孽啊！我留下来想带给孩子尝尝鲜，怎么就成了盗窃？"李红仍觉有苦难言。酒店对自助餐食物管理的流程是凡可再次使用的，会放回冰箱里。凡是客人吃过剩下不宜再售的，一律退到后台倒掉。李红说除了领导看不到，其他工作人员多数都往家里带过。当然，大家也很清楚，只拿废弃不用的食物。那些还可再次销售被送回冰箱的，不会有人去动心思。

自报道以来，众多媒体和评论人士纷纷对此事件进行了剖析。有律师指出，酒店将李红的行为定性为"盗窃"行为在法律上站不住脚，"如果认为李红盗窃，就应当报警，由警方来认定盗窃事实。再者，她准备拿走的，是客人已经付过钱的剩余食品，其所有权是客人的，酒店只是代为处置。现在再把这些食品认定为酒店财产就不合理，为此开除了李红更是属于小题大做"。

从节约、慈母的角度来说，李红的行为没有错；从食品安全的角度来说，星级酒店选择将客人剩下的食物倒掉没有错，是对酒店品牌形象与服务质量的承诺。如果允许员工私自带走，将无法保证没有个别员工私自克扣正常菜品，也难以确定由谁来负责有可能因食用顾客的剩饭剩菜而引发的食品安全问题，因此，酒店此规定很难说完全不合理。

在唇枪舌剑中，我们更需要看到的是企业与员工之间如何更好地和谐相处，站在人性化、可持续、环保友好的角度来解决问题，使行业健康发展，员工幸福工作、生活。伦理管理要求管理者在经营全过程中，主动考虑社会公认的伦理道德规范，使其经营理念、管理制度、发展战略、职能权限设置等符合伦理道德要求，处理好企业与员工、客人、厂商、竞争对手、社会公众等利益相关者的关系，建立并维系合理、和谐的市场经济秩序。

利益关系是伦理道德无法回避的基本问题。作为有主动权的企业，酒店应该思考如何拿出更好的方法来节约资源，在不影响根本经济效益的同时，倡导消费者的适度消费，同时关照经济方面需要帮扶的员工。比如，借鉴韩国餐饮的做法，将菜量及盘子都做小一些，当然价格也必须相应下调；或者效仿传奇女性、锦江饭店创始人董竹君的处理方式，在酒店设置一个特别的窗口，将安全的未过保质期的剩菜提供给需要的人。这既秉承了节约的美德，也有为弱势者、有需求者提供帮助的美意。

伦理道德是一种资本，也是一种生产力。实施伦理管理是符合社会发展内在要求的行为。完善酒店的企业制度，探讨中观与微观层面上伦理环境的建构，探讨如何实现经济人、社会人和道德人的统一，加强酒店伦理管理与建设，将有助于酒店保证自身竞争优势。

12.1 酒店伦理概述

12.1.1 酒店伦理与酒店道德

1）酒店伦理的概念

在理解酒店伦理的概念之前，应先对伦理与道德的概念有所了解。"伦"是指人的关系，即人伦，"理"是指道德规范和原则，伦理是指人与人相处应遵守的道德和行为准则，是一种有关人类关系（尤其以姻亲关系为重心）的自然法则。道德指的是人类对于人类关系和行为的柔性规定，这种柔性规定是以伦理为大致范本，但又不同于伦理这种自然法则。在某种程度上，伦理更倾向于一种理论，而道德则是伦理在实际中的规范。比如，我们通常会说"一个有道德的人"，而不会说"一个有伦理的人"，会说"伦理学"而不会说"道德学"，即在日常用法中，道德更多用于人，有着更多的主观、主体、个体的意味，而伦理则更具有客观、客体、社会、团体的意味。因此，我们会讨论"酒店伦理学"而非"酒店道德学"。

所谓的酒店伦理指的就是酒店在经营过程中所应遵守的道德和行为准则，是酒店正确处理与员工、社会、顾客之间关系的行为规范的总和。酒店伦理是对酒店长期经营实践中积累并形成的伦理理念、伦理规范、道德要求与道德行为的高度概括，贯穿于酒店经营活动的全过程，规范和指导酒店的日常经营活动。

2）酒店伦理与酒店道德的关系

由伦理与道德的概念我们可以得知，酒店道德是酒店伦理的外在表现，是社会道德的一部分。酒店道德可以分为酒店公德和酒店私德两部分。酒店公德指的是酒店对于整个社会的道德表现。酒店私德指的是酒店员工，包括管理者和普通员工对于酒店和社会的道德表现，即职业道德。酒店道德的形成受到社会生产能力、生产关系和生活形态的影响，随着时代与社会文化的发展，酒店道德所包含的元素及其先后顺序、所持的道德标准都会发生相应的变化，也就是说没有一种道德是永恒不变的。

12.1.2　酒店伦理的产生

20世纪70年代，美国学者提出了企业伦理的观念，但我国对企业伦理的认识与研究尚处在起步阶段。20世纪90年代以来，酒店业面对严酷的产品与技术创新要求、经营成本的持续增长和人力资源管理的新挑战，为了生存发展和实现盈利目标，一些酒店企业中频繁出现了裁减人员、侮辱行为、降价竞争、有缺陷的产品、虚假广告、商业行贿，甚至影响与破坏社会环境的行为，酒店伦理问题由此产生（见表12.1）。传统观点认为，追求利润是企业发展中的唯一目标和根本目标，企业伦理与企业经营目标没有必然联系，甚至是相互矛盾的。但是，一个只追求利润而无视伦理准则，甚至违反法律法规的企业终将失去公众的信任，不仅会损害诚实经营者和广大消费者的利益，也将影响到企业本身的经营，必将被时代所淘汰。实际上，不单单是企业，凡是由人组成的组织在进行社会活动时都无法避免有关伦理的问题。一个有着伦理道德的企业应当重视人性，与社会和睦共处，积极主动地采取对社会有益并终将对自己有益的行为。

表 12.1　伦理及社会责任问题时间表

20世纪60年代	20世纪70年代	20世纪80年代	20世纪90年代	21世纪初
环境问题	工人运动	贿赂与非法合同	第三世界血汗工厂与不安全的工作条件	网络犯罪
公民权利问题	人权问题	以权谋私	对个人伤害的公司责任上升（比如烟草公司）	财务行为失范
增加的雇员—雇主冲突	隐瞒问题，而非予以改正	欺诈广告	财务管理不当与欺诈	全球化问题

续表

20 世纪 60 年代	20 世纪 70 年代	20 世纪 80 年代	20 世纪 90 年代	21 世纪初
改变中的工作伦理	处理劣势的宾客	财务欺诈（例如存款与贷款丑闻）	组织伦理行为失范	可持续发展
药物滥用增加		透明问题		侵犯知识产权

资料来源：约翰·弗雷德里希，等.企业伦理学——伦理决策与案例［M］.8 版.张兴福，等译.北京：中国人民大学出版社，2012.

12.1.3　酒店伦理的范围

根据与利益相关者的关系，酒店伦理可以分为内部伦理和外部伦理两部分。内部伦理包括酒店与员工的伦理、酒店与股东的伦理、酒店与竞争对手的伦理；外部伦理包括酒店与宾客的伦理、酒店与政府监管机构的伦理、酒店与社会的伦理。例如如家酒店的使命就是：为宾客营造干净温馨的"家"，为员工提供和谐向上的环境，为伙伴搭建互惠共赢的平台，为股东创造持续稳定的回报，为社会承担企业公民的责任。

1）酒店与员工的伦理

人力资源是酒店所有资源中唯一具有能动性的资源，对酒店的生存与发展起着关键的作用。因此，酒店要为员工创造良好的工作环境，提供稳定的薪酬福利，形成和谐的双方关系，并为员工的职业发展进行持续培训，包括各种形式的职前培训和在职培训，真正做到尊重人、激励人、用好人、留住人。

2）酒店与股东的伦理

酒店企业必须积极经营、爱惜企业资产，努力提高投资效益，谋求更多的利润，从而为股东创造更多的权益，保证投资者得到合理的回报。

3）酒店与竞争对手的伦理

酒店市场竞争机制的规范与健全需要参与竞争的每一个酒店的支持与行动。不正当的市场竞争永远没有赢家。酒店应做到不参与恶性竞争，不恶意中伤或散播有关竞争对手的虚假信息，无窃取商业机密的行为等。

4）酒店与宾客的伦理

酒店是服务性企业，宾客是酒店经营发展的基础和源泉，是酒店存在的重要价值体现。满足宾客的需求是酒店生存的王道，酒店要想方设法满足宾客各种各样的需求。

5）酒店与政府及监管机构的伦理

政府的行业政策需要酒店的配合和支持，酒店行业监管机构的工作更需要酒店的配合与支持。这样不仅能够推动整个行业发展的规范与合理，同时也是对每一家酒店获取正常经营利益的一种保护。

6）酒店与社会的伦理

酒店作为企业公民要承担一定的社会责任。酒店与社会息息相关，无法脱离社会而独立运作，取之于社会，用之于社会，要重视社会公益，提升企业形象，谋求酒店自身发展与社会责任之间的平衡。

12.1.4 酒店伦理的作用

1）有利于激发员工的积极性和主动性

员工的积极性和主动性是对酒店产生认同后的行为反应，表明员工愿意为酒店贡献个人智慧与热情。也就是说，酒店与员工之间伦理关系处理得越好，酒店就越能够做到照顾好自己的员工，员工就越愿意照顾好酒店，两者之间是相辅相成的关系。安全的工作环境、良好的管理与沟通、有吸引力的薪酬、履行对员工的合同义务、组织支持、无辱虐行为等都有助于建立良好的酒店与员工之间的伦理关系。

酒店伦理水平的高低还会影响员工绩效水平的高低。酒店服务具有整体性，需要每个部门、每个员工的配合与协助，中间任何一个环节出现问题都会影响整体的服务质量和水平。所以酒店要加强团队合作的意识，要让所有员工共享彼此信任的信念。在值得信赖的工作环境中，每个员工会更乐意与同事合作，管理者的威信会产生感染力和号召力，工作中的不当行为会大大减少，员工对酒店也会更加满意，更能感受到作为一名酒店员工的价值。这种归属感与安全感会转化为一种强大的内聚力，提高员工的忠诚度与对工作的承诺。

2）有利于创造满意的宾客

作为服务性行业，酒店业以"宾客的满意"为最高宗旨，这也是一家酒店能够获得经营成功的最重要因素之一。服务是酒店的主要产品，与其他有形产品不同的是，无形的服务无法申请保护专利，这就使得酒店需要不断地改进、创新服务的方式与内容，从而适应不断变化的宾客需求与偏好。所以酒店既要有标准化的服务，又要有量身定制的个性化服务，不但能满足宾客的基本需求，还能使宾客通过消费酒店服务产品获得心理需求的满足。总之，酒店应关注宾客的反馈，聚焦宾客满意，与宾客建立长期、稳定的关系。

另外，酒店的公共形象对宾客的满意程度也会产生重要的影响。酒店是否参与诸如环境保护、爱惜资源等公共事业，是否参与公益慈善事业等会影响酒店在宾客心目中的形象，这些行为意味着酒店作为企业公民对社会责任的承担程度。另外，宾客至上并不代表要忽视酒店员工及酒店所在社区等的利益，因为只有伦理地对待员工，员工才会真正把宾客的需求放在心上，才能产生真正满意的宾客。只有成为一个具有社会责任心的企业，宾客才会增加对企业的信心，才会建立长期、稳定的关系。

3）有利于酒店利润的增加

酒店伦理的建设与发展离不开一定的物质基础，这就需要酒店实现盈利的目标，否则很难培育并发展酒店的伦理文化。因为只有当酒店通过盈利掌握了更多的资源之后，才能在创造满意的宾客、信任的员工与公共的信心的同时承担起相应的社会责任，继而带来更好的经营绩效，形成良性循环。伦理地对待宾客，能够产生强大的竞争优势，客流量的大小决定了酒店利润的多少；伦理地对待员工，能够提高员工的工作热情及其对酒店的忠诚度，争取到员工的努力与配合，有利于保证酒店日常经营活动的进行；伦理地对待社会，则能够帮助酒店树立积极正面的公众形象，有利于酒店获得更高的利润率。因此，在现代社会和市场中，一个酒店越是讲究伦理道德并具有较高水平的伦理道德，就越有可能获得员工的组织承诺与忠诚，赢得宾客的信任，得到公众和同行的称赞，这些都将成为酒店的无形资本。这种无形的资本、潜在的市场将对酒店的发展长期产生影响。

总而言之，酒店伦理建设能直接提高酒店的伦理素质、伦理水平、伦理价值、伦理形象，这些方面终将以利润和收入等形式转化为酒店的经济效益。

4）有利于酒店的长期发展

酒店是生产经营企业，要通过向市场提供产品与服务获得经济效益。但这个过程也会对社会和生态环境产生种种影响，如噪声会干扰所在社区居民的生活，洗衣房洗涤剂的使用会对水资源带来一定的危害等。这些负面的影响需要酒店承担起相应的社会责任，分清有益和有害、正当和不正当、合理和不合理的伦理道德界限，不能以损害宾客、社区居民、员工、股东等的利益来获取利益，而应当获取合理的利润和效益，正确处理经济效益、社会效益、环境效益三者之间的关系。现在的市场竞争不仅仅是经济效益的竞争，还包括了社会效益、环境效益、伦理道德等的竞争。

如美国教师退休基金会（TIAA-CREF）的投资者被问及，当他们面对两家金融服务公司，其中一家拥有高伦理水平，一家拥有高投资回报，他们会作何取舍？92%的受访者令人惊讶地选择了高伦理水平的公司，只有5%的人选择了高投资回报公司[1]。这也就表明了，越来越多的人已经形成了一个共识，为了短期经济效益而牺牲社会效益、环境效益的做法在根本上不利于经济和社会的持续发展。企业伦理在企业发展中的作用日益重要，重视企业伦理必将成为未来市场经济发展的趋势。

12.2 酒店企业伦理的建设

12.2.1 社会责任和伦理

根据约翰·弗雷德里希的观点，社会责任是指企业所履行的对社会的积极影响最大化、消极影响最小化的责任。伦理和社会责任两个概念经常交替使用。社会责任就是企业在经

---

1 约翰·弗雷德里希，等.企业伦理学——伦理决策与案例［M］.8版.张兴福，等译.北京：中国人民大学出版社，2012：18.

营过程中对社会所承担的义务，是企业与社会之间的一种契约；而企业伦理则是企业商业活动的行为准则和规范，指引着各种企业决策。

社会责任有 4 个层次：法律责任、经济责任、伦理责任和慈善责任（见图 12.1）。其中法律责任和经济责任是较低层次的社会责任，伦理责任和慈善责任是较高层次的社会责任。法律责任是指企业经营活动的开展要遵守所有的法律法规；经济责任是指企业要为宾客提供满意的产品和服务，为股东提供合理的投资回报，为社会提供就业岗位，等等；伦理责任则是指导企业经营活动的原则和标准；慈善责任是指企业可以开展促进公众福利的活动。法律责任和经济责任具有一定的强制性，直接关系到企业的生存与发展。相对而言，伦理责任和慈善责任则不一定强求。但随着时代和经济的发展，伦理责任越来越重要，日渐成为企业活动与决策中不得不考虑的内容，从这个角度而言，伦理只是社会责任的一个方面。

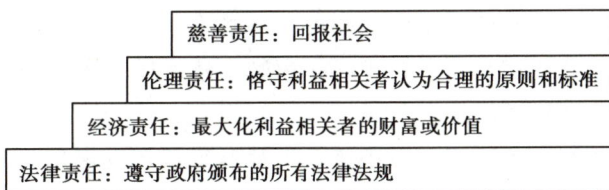

| 慈善责任：回报社会 |
| 伦理责任：恪守利益相关者认为合理的原则和标准 |
| 经济责任：最大化利益相关者的财富或价值 |
| 法律责任：遵守政府颁布的所有法律法规 |

图 12.1　社会责任层次

资料来源：Archie B. Caroll. The Pyramid of Corporate Social Responsibility: Toward the Moral Management of Organization Stakeholders［J］. Business Horizons，July-August，1991：42.

【阅读材料】

开元富春芳草地酒店用绿色建筑赋能乡村振兴

绿色建筑是实现"双碳"目标的重要手段。在乡村振兴战略的大背景下，我国广袤的农村地区也急需站在乡村建设、历史文化、城乡关系以及未来生态角度设计的建筑产品。

富春芳草地酒店位于杭州建德市梅城镇富春江畔，200 余间客房以各种变换的姿态栖居于青山绿水中，既有特色小屋、度假式别墅排屋，也有少量的特色船屋、树屋。酒店所在地为典型的冲积扇地形，在酒店中心部位有一处由山涧溪流汇集而成的集水湖区，属环境敏感型场地，在水文、土壤及植被等方面都需运用巧思妙想。

"与自然共生的理念"从一开始就印刻在芳草地的开发基因中，设计布局顺应原有的自然景观，低影响开发措施体现在诸多方面：车行环路的规划最大程度地依照原始地形修建，用小径和台阶来衔接道路和客房，既丰富了客人的野趣体验，也减少了土石方开挖，同时也降低了对地形的干扰，有效保护了当地地质结构及植物资源；许多原本可使用机械作业的地方，出于对原始环境干扰最小的原则，酒店均采用人工作业。

酒店的房屋采用模块化预制轻装建筑结构，做完建筑基础后，上部建筑使用轻钢现场组装，既减少现场土石方工程和湿作业，也大大地提高了施工速度和效率。得益于模块化预制轻装建筑，施工现场减少了85%的物料组装，75%的建筑废料，节约项目成本高达20%。

在场地评估及设计规划阶段，树木获得优先权。酒店最受欢迎的船屋房型，目前有5栋，常年都是满房状态。当初规划建造6栋船屋，但为了保护一棵老树，酒店在最终方案中把船屋数量减少到5栋。酒店建设期间的土石方、修路过程中产生的土石以及现场原有石头得到重新利用，成为搭建路边挡墙及铺地的原材料，大大减少了施工过程中垃圾外运成本，也减少了原材料采购费用，实现场地内的低影响建造。临湖的客房采用茅草做屋顶，外墙采用仿夯土涂料，提供了一种真实的在地文化体验，同时减少了对环境的影响。客房采用防腐度极高的红雪松木挂板作为外饰面，与山林为伴，木饰面的天然属性，保持自然界天然的色差，有效避免了可能产生的与山体的违和感，让建筑自然的生长在山林里。酒店的中心区域有一个巨大的湖泊，周边的雨水经由沟渠收集，再汇入山中溪流以及中心湖中，用于灌溉酒店200亩土地上的所有植物。此外，酒店采用人工建造的微生态滤床进行污水处理：生活污水经过系统处理后，回用于绿化灌溉、清洗道路等，形成生态小循环，避免了生活污水直排对富春江造成污染。

芳草地酒店静静地躺在山脚下，与小溪、山林和绿荫形成密切关系。客人在此沉浸在大自然中，可欣赏到漫山遍野盛放的花朵、郁郁葱葱的山林和碧波荡漾的湖泊。作为建德市首家高端酒店，开元芳草地酒店在带动当地旅游行业发展，推动乡村振兴方面同样发挥着积极作用。

资料来源：环球旅讯，2021-11-09.（有删减）

12.2.2　传统社会责任观与现代社会责任观

1）传统社会责任观

传统社会责任观认为法律责任和经济责任是决定企业业绩好坏最重要的因素，对社会责任或伦理责任在企业经营的作用表示怀疑。按照传统社会责任的观点，酒店在追求经济效益的同时也会使社会受益，如酒店向市场提供产品和服务会满足宾客对酒店产品的消费需求，酒店规模的扩大会提供更多的工作岗位，增加就业机会，酒店利润的增加会带给股东合理的投资回报等。就像米尔顿·弗里德曼所言，企业的使命就是提供产品和服务，并以此获得利润，这就是对社会的最大贡献，也是真正意义上的对社会尽职。

在传统社会责任观里，酒店的社会责任只有一个，就是在遵守法律法规的前提下，竭尽全力、想方设法去获取利润，任何决策者都没有因参加社会福利而降低企业利润的权利。甚至有经济学家认为，如果企业已经承担起了经济责任和法律责任，就是在满足社会的需求，再让企业去满足其他的需求几乎是不可能的。酒店管理人员都应该致力于股东利益最大化，尤其是现代酒店管理者群体中更多的是职业经理人，并不拥有酒店的所有权，他们的主要责任就是为了实现股东的利益进行经营管理活动，否则就会被认为是对股东的不负责任。

这一时期之所以对社会责任的作用产生怀疑，还有一个重要的原因是社会责任难以用明确的指标进行量化和衡量，从而使得酒店更加相信只要能够实现经济责任和法律责任，就能获得利润的持续化和最大化，从而有能力承担起主要的社会责任。若酒店被迫开展了与社会责任相关的活动，因此增加的成本最终会以提价的方式转嫁给宾客。

2）现代社会责任观

现代社会责任观认为，利润最大化不应成为酒店经营的唯一目标。酒店不但要对股东负责，还要对如员工、宾客、社会等其他利益相关者负责，不仅要承担法律责任和经济责任，还要承担起伦理责任和慈善责任。西奥多·莱维特曾说过，人要活着就必须吃饭，企业要生存就必须有利润，但人活着的目的不仅是吃饭，企业的生存目标也不仅是为了利润。但仍有酒店在经营过程中，为了获利，有形产品如菜肴、客房等质量不合格，无形服务往往说得多、做得少，忽视员工身体健康，最大程度上压榨员工的体力和脑力劳动，甚至为了短期利益而做出浪费资源与污染环境的种种行为。诺曼·鲍伊对此的看法是，如果企业单单注重利润的获取，则可能会产生一个不利的悖论，从而使得企业无法实现目标。他进一步解释说，如果一家企业在关注利润的同时关注利益相关者的福利，那么它就会获得利益相关者的信任和支持，最终实现降低成本、提高效率的目标。

从传统社会观到现代社会责任观发展历程中，企业逐渐认清了这样一个事实：虽然企业的主要任务就是要创造经济价值，但和伦理道德不发生任何关系或者超越伦理道德而采取"伦理道德中立"态度的企业从来就不存在，也不可能摆脱与伦理的关系。

酒店作为企业，其经营行为不仅要满足法律和经济的要求，还需要伦理和道德的约束。需要注意的是，不能等到伦理及社会责任问题产生了之后再去思考解决的方法，而应当把伦理与社会责任融入酒店经营中的方方面面，使其成为酒店文化的重要内容，成为酒店各项决策中的一部分，成为指导酒店日常经营活动及全体员工行为的最基本的原则与规范，这样才能形成稳固的酒店伦理理念，塑造高伦理水平的酒店企业，使企业能够长久地生存下去。1995年香港日航酒店设立了专职生态经理，不仅改善了能源供应系统，大幅度降低了污染，还进一步提高了社会美誉度。总之，酒店的生存与社会责任的承担并非水火不容，同时兼顾企业伦理与酒店的生存并非不可能。21世纪以来的企业发展轨迹告诉我们，企业伦理已成为企业赖以长期生存的基石，关注企业伦理建设并真正去贯彻实践可以使企业获得利润与灵魂的双赢。

【阅读材料】

将共同富裕与文化自信融进下一阶段酒店发展规划

在中国旅游研究院产业研究所发布的《中国旅游住宿业发展报告2021》中指出，下一阶段，住宿业要在国家战略目标指引下实现新的布局。一是在实现共同富裕的进程中推进住宿业态结构优化布局。从地产配套角度考虑，地产商都偏向于投资高端酒店；从酒店投资回收期考虑，企业都倾向于中端或中偏高定位的酒店；而经济型酒店随着物业和人工成本的上升，投资盈利能力就较差，企业都不愿意投入，导致该类酒店严重短缺。但随着共同富裕目标的提出，就既需要发展为中等收入群体服务的中端和中偏高端酒店、城市和乡村民宿，也要适当发展为高收入群体服务的高端奢华酒店，还要鼓励发展人人住得起的经济型、超经济型酒店，要逐步形成高中低比例恰当、业态丰富多元的合理结构。这就需要地方政府在福利旅游思想的指导下，对经济型和超经济型酒店改造和建设在城市更新、用地、用工和融资等政策上给予适当倾斜。尚美生活已经提出"让所有人在任何城镇都能住上好酒店"的发展理念，加大在下沉市场中的拓展力度。从区域布局角度看，鉴于旅游消费的巨大转移支付作用，发展中西部旅游和乡村旅游，能给当地带来可观的经济收入，应鼓励企业加大在中西部地区、三四线城市旅游发展以及乡村振兴、美丽乡村建设和乡村旅游开发中对酒店和住宿设施的投资力度，特别是主题酒店、精品民宿和旅游度假村的投资。

在国家推进文旅融合背景下，我们要认识到好的酒店本身就是一个文化载体，不论其建筑外观，还是室内装修，抑或服务特色，都能代表、体现一定的文化主题和文化元素。要倡导开发能代表我国传统文化、先进文化甚至红色文化的主题精品酒店，以传播主流文化，坚定文化自信。未来在境外投资建设酒店、运营管理酒店，也要尽可能凸显优秀传统文化和先进文化。在中国旅游研究院所推出的欢迎中国项目标准中，就在一定程度上植入了我国民众的生活方式，展现了中国文化。四是要推进扩大开放进程中的国际化布局。要关注并研究在"一带一路"沿线城市和RECP成员国主要城市的投资机会。

资料来源：中国旅游研究院，2021-11-19.

12.2.3 酒店企业伦理的建设

1）设定酒店伦理目标

酒店要在市场上生存和发展，其经营活动必须实现盈利，这也导致酒店在发展中往往不由自主地将获利作为衡量经营行为价值的唯一尺度。但是企业伦理强调企业行为不仅具有法律责任和经济责任，还必须有伦理责任和慈善责任。因此，企业经济目标的实现还需要伦理目标的调节和制约，尤其是要通过伦理目标的设定避免或惩罚酒店行业发展中为了实现经济利润最大化而不惜损害其他企业、员工、宾客、社会等利益相关者利益的酒店。

酒店设定自己的伦理目标，从而使得酒店经营行为不仅符合以法规形式体现出来的经济活动的游戏规则，而且能够主动以伦理准则来约束自己的行为，实现道德自律，为实现酒店与环境、社会之间和谐、融洽的关系提供了基本的理念、原则和方法。酒店发展的实践表明，酒店市场的竞争不仅是经济效益上的竞争，还包括社会效益和环境效益的竞争，在经济效益相同的情况下，宾客通过"货币选票"将选票留给了更具伦理道德的酒店。因此，要想获得持续发展，酒店所追求的经济目标应是符合企业伦理道德要求的经济目标。为了一时的经济效益而牺牲社会效益和环境效益的行为在根本上是不利于经济和社会的可持续发展的，只有将经济目标与伦理目标相融合，才能实现企业与社会发展的长久兴盛。

2）制订并执行酒店伦理守则

酒店伦理守则的主要内容是规范酒店与其员工、宾客、股东、政府、社区、社会大众等利益相关者的责任关系，同时还包含酒店的经营理念与伦理目标。

要想使酒店伦理守则具有效力，必须将其具体化。首先，酒店要将其建立的伦理守则贯彻到酒店经营决策的制订以及重要的日常管理行为中去。其次，酒店要通过一系列的审核、控制和奖惩系统对伦理守则进行强化，通过实际事例让所有员工都意识到酒店绝不允许违反伦理的行为，否则就会受到惩罚。第三，对酒店管理者、一般员工的思想进行伦理教育，抛弃传统的如销售比赛、单纯追求销售额等激励手段，而是教育所有员工在进行决策时既要考虑酒店和个人的利益，还要考虑其他利益相关者的需求，尽最大可能做到诚实、守信、尊重他人。

在制订与实施酒店伦理守则时要注意，管理人员绝不能对违反伦理守则的人员采取姑息或默许的态度，否则会严重破坏酒店伦理环境。

3）从酒店管理层开始推动伦理建设

酒店管理的主要责任就是教导、促进和启发员工的诚实、正直与公正感。对高层管理者尤其是对德高望重的领袖人物来说，他们的重要职责之一就是赋予酒店的伦理价值观以生命，以身作则，勇于行动，与所有员工一起共同创造一个鼓励各种伦理道德行为的组织环境，让每一个人都感受到遵守伦理是酒店积极生活内容的构成部分，而非是在管理者压制下的一种被动行为。就此日积月累，以期在员工中形成稳定的共同承担的责任感。

酒店市场竞争的国际化趋势对酒店的诚信经营提出了更高的要求，在创造经济利益的同时，还应将企业伦理作为体制改革的一个重要部分。一个真正的企业家，应该是倡导行业诚信、公平的先行者，通过他们的提倡与践行建立起一套行之有效的伦理监督机制，承担起应尽的社会责任，实现酒店的可持续发展。

4）加强员工企业伦理教育

酒店伦理建设中还应加强对员工的伦理道德教育。通过对员工的企业伦理教育，不仅可以培养员工符合企业伦理价值观的价值观念、思维方式等，还能够提升员工的个人品质，满足其更高层次的精神需求，进一步激发员工的积极性、创造性和敬业精神。在员工伦理教育的方法上，可以借鉴国外一些企业的做法：理论学习上可以邀请诗人或者哲学家为员工上课，为员工在道德思想和行为中注入强大的个人意志，防止破坏性的道德沦丧；实践方面可以组织员工参加一些有意义的社会活动，既可以激励员工的士气，又可以增强酒店的向心力。员工对酒店伦理道德建设的实际参与，不仅能够让员工的聪明才智推动酒店伦理道德的建设，让员工深刻了解到酒店更高一层的使命，还能够让伦理道德风范成为酒店精神风貌的主导而非一种负担。

【阅读材料】

道德的沦丧

国外一所大学的社会研究系进行了一系列有趣的动物实验，成功类比了对伦理与道德的思考。

实验人员把 5 只猴子关在一个笼子里，上头挂一串香蕉。实验人员设计了一个自动装置，一旦探测到有猴子去动香蕉，马上就会向笼子中的所有猴子喷水。纷纷尝试后，猴子们达成一个共识：谁也不能去拿香蕉，以避免被水喷到。

由于天气变热，室温升高，笼子里的猴子开始饱受酷热的煎熬，但由于谁也不敢去接近香蕉，因此无法冲水乘凉。很偶然的，猴子里出现了一位"反潮流"的英雄 E。开始只是 E 在无意中接近了香蕉并进入侦测范围，于是理所当然地遭到一顿暴打，但同时猴子们享受到了冲凉的乐趣。后来，倒霉的 E 又一次接近了香蕉。于是，猴子们享受了第二次冲凉，E 也遭受了第二次痛殴。

在此之后，猴子们虽然不知道喷水的真正原因，但认为 E 可以给它们带来这个享受。因此，只要猴子们有冲凉的要求，就会联合起来对 E 进行"合理冲撞"，打得 E 上蹿下跳，直到喷水。而大家对 E 的态度也发生了明显的转变，平时对待 E 异常温和，以弥补在冲凉时为维护规则而不得不对它进行的暴力举动。

一天，饱受折磨的 E 出于本能，在大家享受冲凉的时候把香蕉给吃了。而且此后实验人员不再用新的香蕉来填补空缺。猴子们陷入另一个尴尬的境地：没有冲凉的水，只有 E。

于是，另一个规则产生了：猴子们在热得烦躁的时候会痛打 E 出气；当笼子里的旧猴子被新的换掉后，新来的猴子会在最短的时间内学会殴打 E。

终于有一天，倒霉的 E 被换出了笼子，猴子们失去了发泄对象，因此只能任意选取一个目标进行攻击。从此以后，笼子里的猴子整天唯一的举动就是打架。

这就是道德的沦丧。

12.3　酒店职业道德概述

12.3.1　职业道德的含义与特点

1）道德的含义

在西方古代文化中，"道德"（Morality）一词起源于拉丁语的"Mores"，原意为"风俗和习惯"。道德在汉语中最早可追溯到先秦思想家老子所著的《道德经》。道德是人们在长期共同的生活中逐渐积累并形成的意识、准则与规范，是一种社会意识形态，往往代表着所处社会的价值取向，起判断行为正当与否的作用。经济基础是道德产生的决定因素，一定时代的生产关系只能产生与之相适应的道德体系，适用于社会中的所有人，并通过社会舆论的方式将其内化为个人的品德与行为准则，从而进行人与人之间以及人与社会之间相互关系的调整。不同的社会阶段和文化环境往往有着不同的道德规范，随着时代与社会文化的发展，道德所包含的元素及先后顺序、所持的道德标准都会发生相应的变化，也就是说没有哪一种道德是永恒不变的。

【阅读材料】

道德的起源

以下这个著名的实验从另一个角度说明了伦理和道德的问题。

把5只猴子关在一个笼子里，上头挂一串香蕉。实验人员设计了一个自动装置，一旦探测到有猴子去动香蕉，马上就会向笼子中的所有猴子喷水。

首先，一只猴子发现了香蕉想去拿，当然，结果是每只猴子都被突如其来的凉水浇透。其他猴子也纷纷尝试但莫不如此。几次以后，猴子们达成一个共识：谁也不能去拿香蕉，以避免被水喷到。

然后，实验人员把其中的一只猴子释放，换进去一只新的猴子A。A看到香蕉，马上就想要拿到，结果是弄得大家一身湿。在A第二次去拿的时候，其他4只猴子便一起开始制止，并对A大打出手。以后，A又尝试了几次，但每次都被打得屁滚尿流，此后再不敢打香蕉的主意。当然，这5只猴子就没有再被惩罚。

后来，实验人员又换了一只猴子B。同样，B开始也迫不及待地去拿香蕉，于是一如之前发生的一样。B试了几次，每次都被打得很惨，只好作罢。这样，一只接一只，所有的旧猴子都换成了新猴子，可谁也不敢去动那串香蕉。但这些新猴子都不晓得不能动香蕉的真正原因，只知道去拿香蕉就会被其他猴子痛扁。

这就是道德的起源。

2）职业道德的含义

职业道德就是人们在职业活动中形成的并符合所从事的职业特点要求的道德意识、道德规范与道德品质的总和。职业道德的形成离不开职业活动的开展，是一般社会道德在职业中的具体体现。职业道德既包含有员工在职业活动过程中应遵守的行为要求，也包含职业行为应对社会担负的道德责任和义务。职业道德源于职业活动，但又高于对职业活动的一般要求，体现了对理想职业行为的期望，对职业活动的开展具有无形的影响力与约束力。

3）酒店职业道德的特点

（1）鲜明的职业性

职业道德的内容与职业实践活动密切相关，不同的行业和不同的职业有不同的职业道德要求和标准。酒店职业道德就是对酒店业从业人员职业行为的道德要求，同时也只能对酒店从业人员的职业行为起到规范的作用。

（2）实践性和历史继承性

酒店职业道德的形成来源于酒店行业的实践活动，是对酒店行业具体职业活动的道德要求的具体体现，并以此为基础形成了酒店职业活动所特有的道德规范与道德品质。酒店经营与管理活动中这种特定的道德规范与道德品质具有一定的历史继承性，如微笑服务、细心周到、服务的标准流程与规范等就体现了这一特点。

（3）形式多样性

酒店职业道德受到多种因素的影响。随着时代发展与宾客需求的多样化、酒店产品不断丰富创新、服务体现个性化，酒店职业道德的内容更丰富，形式更多样。如酒店等级与规模不同、部门与岗位不同，其职业道德便有不同的具体要求。

（4）较强的纪律性

酒店职业道德是从事酒店行业的行为准则，是酒店职业活动规范性的体现，主要是依靠文化、内心信念等以员工自律的形式发挥作用，具有非强制性的特点，但有时也会以制度、章程或守则等形式出现，要求酒店员工必须遵守。如酒店中对各个岗位制订的行为准则与处罚条例等，使得酒店职业道德具有较强的纪律性。

12.3.2　酒店职业道德的主要范畴

1）职业良心

职业良心是职业道德的内化，是外在道德标准经内化后所形成的个体内心的一种行为准则，是酒店员工职业道德观念、职业道德情感、职业道德意志和职业道德信念等在个人意识中的统一。职业良心体现了酒店员工的自我道德责任感和道德自我评价能力，如孔子所讲"心不逾矩"。有了职业良心，酒店员工就能自觉规范与调节自身的行为，正确处理个人与酒店、个人与宾客、个人与社会等之间的关系。职业良心的形成离不开酒店员工的自我教育、自我修养和自我提升。

2）职业纪律

职业纪律是指为了维持正常的经营秩序，酒店员工共同遵守的行为准则。如酒店员工要遵守不迟到、不早退，按照要求与标准开展各项服务工作等最基本的职业纪律。职业纪律具有一定的强制性，不遵守职业纪律的员工，应根据其情节的轻重、态度的好坏受到一定的行政或经济方面的处罚。因此，酒店员工不仅要熟知酒店职业纪律，还要严格遵守酒店职业纪律，培养良好的遵守职业纪律的意识与习惯。

3）职业技能

职业技能是指酒店员工从事职业活动与完成职业任务时应具备的知识文化和技术能

力。职业技能是实现职业道德的基础，有了良好的职业技能才能更好地履行职业道德的要求。酒店员工职业技能的获得一方面来自员工自身的受教育水平、对知识的渴求程度、实践经验的积累等；另一方面还需要酒店给员工提供长期的、形式多样的、具有较强指导性的培训与锻炼机会，这样才能让酒店员工凭借良好的职业技能为宾客提供高水平的服务，为酒店创造效益，为社会提供高素质的人才。

【阅读材料】

客人为什么发火？

6月20日下午3:00。某酒店服务员小王推着工作车经过315房间时，被该客房的客人王先生叫住，说315房间的电话没反应，不能用。小王听完后马上打电话叫工程部派人来修。工程部小刘1分钟后就到达315房间。小刘拿起电话拨了一下号码，发现可以通话，没有问题，便对客人王先生说："电话没问题，没坏呀！"客人一听，很生气地说："难道我没事找事？明明电话就是打不通。你这样的服务态度，我要投诉你！"小刘一下子就愣住了，也不知道自己是如何得罪了客人。

[点评]　"客人永远都是正确的"是酒店行业普遍奉行的服务信条，也是做好酒店服务工作的基本指导思想。但值得思考的是，如何做到"客人永远都是正确的"需要一定的服务技能与技巧。在此案例中，如果小刘把"电话没问题，没坏"的话换成"电话刚才是有点问题，但现在好了，请放心使用。若还有什么问题，我们会第一时间帮您解决"，估计效果会完全不同。酒店电话设备偶尔出现小故障但又自行恢复的情况，所以客人来投诉也是正常的。但后者这种表达不仅把"对"很巧妙地让给了客人，体现了对客人的充分尊重，同时也回避了酒店设备故障自行恢复或客人因使用不当而误认为电话不通等可能。因此，提供酒店服务时一定要在标准服务的基础上不断积累经验，提高服务的技能和技巧，尤其是要灵活运用语言艺术。

4）职业责任

职业责任是指从事一定职业的个体对他人、组织和社会所承担的责任。社会上每一种职业都担负着一定的使命和职责。职业不同，所承担的职业责任也就不同。职业责任一般是以岗位职责、业务规范、规章制度、任务目标或行为公约等形式出现，因此，职业责任具有一定的强制性。责任心不够会给他人、组织或国家造成损失。如酒店餐饮经营中出现食物中毒事故，不仅仅要承受舆论的压力，情节严重的还要追究相关责任人的法律责任。因此，酒店员工不仅要熟悉业务，认真履行职业责任，做好本职工作，还要正确处理个人与他人、组织和国家之间的关系。

【阅读材料】

关注细节

关注细节是酒店员工职业道德的一个基本要求，应该努力做到无微不至，做到3个"凡是"：凡是提供给客人的服务都必须是热情周到的；凡是客人看到的地方都应是清洁美观的；凡是提供给客人的食品和设施都应是安全有效的。细节服务正是实现这3个"凡是"的有力保证。如以关注细节服务而著称的泰国东方大饭店，要求员工提前一天晚上背熟所有客人的姓名，第二天客人到达提供服务时就是带有情感地称呼如"万先生"或者"赵小姐"，而非统一的"先生""小姐"；餐饮服务中，要求员工报菜名或回答宾客问题时要退后两步，就是要避免说话时口水溅到食物上；酒店有着详细的客史档案，清晰地记录客人的爱好与习惯，让每一位客人再次入住酒店时都有"宾至如归"的满意与惊喜；酒店每年在宾客生日时寄送生日贺卡，告诉宾客酒店全体员工对他/她的想念……如此种种，没有经营上的新招、高招、怪招，有的是具有良好细节服务意识和精神的酒店员工群体，将服务细节延伸到方方面面，落实到点点滴滴。也正是凭借着细节服务，东方大饭店才拥有了堪称亚洲之最的入住率，不提前一个月预订是很难入住的。

5）职业情感

职业情感是指个人在职业生活中所形成的比较复杂而又稳定的主观态度体验，包括了职业理智感、职业道德感、职业热情、职业审美等方面，是联系个人认知与外部行为的桥梁。职业情感是在长期的职业实践活动中形成的，并对具体的职业活动产生强烈的影响。良好的职业情感能够激发酒店员工的工作热情，使其产生高水平的职业道德感和理智的职业观念，这些都会对酒店服务质量的提高、酒店人才资源的稳定及酒店经营良好的绩效产生积极的影响。

6）职业理想

职业理想是指酒店员工对未来职业及所取得成就的选择和向往。树立正确的职业理想，才能明确个人的奋斗目标，增强战胜困难追求成功的力量。酒店员工只有树立合理的职业理想，才能克服对服务行业的传统偏见；只有形成客观的、切合实际的工作态度，才能敬业、乐业和勤业。同时，酒店员工在追求职业理想的过程中还要树立艰苦奋斗的信念，通过正当途径，付出较多的努力来实现最终的职业成就与目标。

7）职业幸福

职业幸福是指个体在职业活动中因职业理想、奋斗目标的实现而获得的精神上的满足和愉悦。职业幸福因人而异，与所从事的职业、个人价值观、成就目标等密切相关。酒店员工的职业幸福有多种形式，如提供的服务获得宾客的肯定与赞赏；通过个人努力实现一定的职业目标等。酒店员工在追求职业幸福的过程中要处理好个人幸福与集体幸福之间的关系，正确处理物质生活幸福与精神生活幸福的关系。

8）职业荣誉

职业荣誉是荣誉的一种表现形式，包含两个方面的含义：一是指社会对职业行为的社会价值所作出的肯定性评价，二是员工对职业行为所具有的社会价值的自我意识、自我体验与自我评价。职业荣誉形式多样，如物质荣誉和精神荣誉；职业荣誉还有多种级别，如国家级、省级、市级等。职业荣誉意味着社会以及从业人员对职业行为的认可、肯定与赞赏，会让酒店员工形成一定的内心自豪感。因此，职业荣誉具有激励性，是对遵守职业道德行为的奖赏，对酒店员工的职业行为具有积极的推动作用。酒店员工需要树立正确的职业荣辱观，通过正当途径正确获取职业荣誉。

12.3.3 酒店职业道德的作用

1）调节酒店内部与外部的各种关系

职业道德的基本职能是调节职能，对酒店的内部与外部关系起着重要的调节作用。

（1）调节酒店员工内部的关系

职业道德通过无形的压力与有形的规章制度对酒店员工的职业行为进行规范与约束，不仅要求每个员工不断调节与规范职业行为，还促进了员工之间的团结与合作。酒店服务具有整体性特点，无论哪个环节出现问题都会影响宾客最终的服务感受。因此，团队合作显得尤为重要，要求全体员工齐心协力推动酒店与整个行业的发展。

（2）调节酒店员工与宾客之间的关系

从某种程度上来说，酒店业是"态度行业"，因为酒店服务是一种面对面的服务，员工与宾客之间的情感交流与互动较多，员工的态度直接影响宾客对酒店服务的体验。职业道德水平高的员工往往通过无私的服务精神和自觉的服务行为使宾客在住店期间能获得一次愉快难忘的经历，从宾客的满意与快乐中寻找到自身的价值与人生乐趣，进而为酒店、为国家赢得声誉。

（3）调节酒店与社会之间的关系

酒店职业道德是一般社会道德在酒店职业行为中的具体体现。酒店从业人员是一个职业群体。如果每个从业人员都有着良好的职业道德意识与行为，将会对整个社会道德水平的提高发挥积极的作用。

2）有助于服务质量的稳定与提高

酒店良好信誉的形成主要靠产品质量和服务质量，酒店员工高水平的职业道德是产品质量和服务质量的有效保证。全心全意为宾客服务不只是职业道德意识问题，还是职业道德行为问题，能够通过很多细节体现出来。例如，见到宾客在往电梯走时，上前一步为宾客按亮电梯开关并微笑致意；看到年老体弱的宾客，主动上前搀扶；碰到宾客生病时，主动问候并联系医生等。

服务是酒店的主要产品，具有生产与消费的同步性、不可储存等特点，同时客人的多样性和流动性等都增加了服务的难度，不利于服务质量的稳定与提高。在很多情况下，单靠规章制度和行政措施难以保证服务质量。例如，服务中的人情味、超常性，有时就很难用规章制度来检验或衡量；宾客在住店期间发生的财物损失、人身方面的损害，也很难用规章制度或行政手段去追究服务人员的直接责任。因此，要保证酒店服务质量，常常需要借助于服务人员的职业责任、职业良心、职业荣誉等精神方面的力量，即发挥职业道德的作用。

服务质量是酒店发展的生命线，通过职业道德建设将全心全意为宾客服务落实到服务态度与服务行为上，才能真正做到优质服务。

3）有助于推动行业发展，提升行业形象

酒店行业以及每一家酒店的发展都有赖于高水平的经济效益，高水平的经济效益的产生需要稳定的客源，归根结底来源于高素质的员工。没有满意的员工就无法产生满意的宾客，没有满意的宾客就无法实现理想的经济效益。员工素质主要包含知识、能力、责任心3个方面，其中责任心最重要。知识与能力是提供酒店服务的基础，责任心意味着服务态度，是服务质量的保障。职业道德水平高的酒店员工有较强的责任心和道德义务感，能够做到以维护宾客利益为前提、热心为宾客服务、诚实可靠、拾金不昧。因此，职业道德能促进酒店行业以及每一家酒店的发展，提升行业形象。

【阅读材料】

酒店服务态度决定一切

情景一：某酒店，一位客人进入餐厅坐下，桌上的残汤剩菜还没有收拾。客人耐心等了一会儿不见动静，只得连声呼唤。又过了一会儿，服务员才姗姗而来，收拾起来慢条斯理不说，而且其动作之"粗放"，真可谓"大刀阔斧"。客人问有什么饮料，服务员低着头，突然一连串地报了八九种饮料的名字。客人根本无法听清，只得再问上一声："请问有没有柠檬茶？"服务员不耐烦地说："刚才我说有了吗？"说罢，扭头就走。客人茫然不知所措。服务员这一走，仿佛"石沉大海"。10多分钟过去了，再不见有服务员前来，客人不得不站起来喊服务员。当问服务员为什么不上来服务时，服务员真是"语惊四座"："你举手了吗？你到过这酒店吗？难道连举手招呼服务员这样起码的常识都不知道吗？"这一番话终于使客人愤然离去。

情景二：某酒店，中餐厅午餐时间。几位客人落座之后开始点菜，并不时地向服务员征询意见。结果费了半天劲儿，服务员应客人要求所推荐的餐厅拿手菜和时令菜，客人们却一个都没点，仍然问这问那。服务员说："几位是初次到本餐厅吧？对这里的菜肴品种特色也许还不大了解，请不要着急，慢慢挑。"几位客人终于点好了菜。还没等服务员转身离去，客人们又改变了主意，要求换几个菜。等服务员再次转身离去，客人们又改变了主意，要求再换几个菜。客人们自己都觉得不好意思了，服务员仍然微笑着说道："没关系，让你们得到满意的服务是我们的责任和义务。"亲切热情的语言，使客人深受感动。

[点评]率领中国足球队首次打入世界杯的国际著名教练米卢常挂在嘴边的一句话是：态度决定一切。在酒店行业中，服务态度对做好服务工作有重要的作用，上面两个案例从正反两方面说明了这个问题。要使酒店服务人员在服务中表现出良好的服务态度，必须做到：自我尊重，正确对待自己所从事的服务工作，否则会因感觉低人一等的自卑感而厌恶服务工作；自我提高，努力提高自己的文化修养、职业技能与职业责任心，不断完善服务行为，有愉快的表情，精神饱满的仪态以及良好的语言表达能力，好话常说、好话好说。

12.3.4 酒店职业道德建设的途径

1）理念引导，培养正确的职业道德观念

理念是行为的根基，所有的作为和不作为都是建立在理念的基础上的。一方面酒店将企业的伦理道德融入企业价值观，作为企业基本理念，引导员工向酒店所设定的伦理道德目标发展；另一方面，酒店要做到理论联系实际，这是职业道德修养的根本方法，因为实践是检验真理的唯一方法。职业道德来源于职业实践，不能高大空，既要符合酒店行业特点以及社会道德的一般要求，又能对职业行为起指引与规范的作用，帮助员工克服传统的偏见，在理念的引导下，正确认识服务工作带给自己人生价值的实现，发自内心地认真对待职业发展，在日常的职业生活中实践并不断提高和完善职业道德水平，达到更高的职业道德境界。

2）制度规范，建立良好的沟通渠道与机制

职业道德具有无形的约束与影响力，但同时还需要酒店建立一套规章制度，制订明晰的奖惩制度，通过考核和奖惩制度实现对酒店员工职业行为的明确要求。

职业道德是酒店企业价值观与伦理道德的体现。在强大的教育和培育之下，员工会把企业主导价值观作为自己工作过程中所信奉的规则和理念，但要实现这一点，就必须考虑到酒店员工的理解能力和接受能力。只有建立良好的沟通渠道与机制才能确保企业的价值观与伦理理念被员工正确领悟，融入职业道德建设中，并用来规范职业行为。既要有正式的沟通渠道，如部门工作会议、例会等，还要有非正式的沟通方式，如管理者与一线员工在非工作环境中的交流，一对一地私下沟通等；同时还要有高效的反馈机制，让员工参与到职业道德的建设中来，其所产生的"主人翁"感受与责任感会激发员工的热情，从而认真贯彻执行职业道德的要求。

3）行为约束，发挥骨干员工的模范带头作用

有了理念引导与制度规范，酒店还可制订员工行为规范、服务规范、礼仪规范、人际关系规范等来约束酒店员工的行为，也就是为酒店员工提供更为明细的行为指南。

孔子说："见贤思齐焉，见不贤而内自省也。"这是古人进行自我修养的重要经验和方法。在酒店职业道德建设中还可发挥骨干员工的榜样作用，通过学习先进人物，培养员工高尚的道德品格，因为一线骨干员工具有很强的感召力和影响力，要比管理层来得亲近而且实际。来自一线的骨干员工不仅反映出酒店一线员工的发展潜力，而且为其他一线员工树立了未来发展的目标，指明了工作努力的方向。

【阅读材料】

丽思·卡尔顿酒店的"黄金标准"

丽思·卡尔顿酒店创办于1898年，现在是全球首屈一指的奢华酒店品牌。它一直遵从经典的风格，成为名门、政要下榻的必选酒店。因为极度高贵奢华，它一向被称为"全世界的屋顶"。丽思·卡尔顿酒店的成功与其服务理念和全面质量管理系统密不可分，注重经历、创造价值是具有丽思特色的服务战略，集中表现为一个信条、一句座右铭、服务程序三部曲和20条基本要求的"黄金标准"。

一个信条

对丽思·卡尔顿酒店的全体员工来说，其最高的使命是使宾客得到真实的关怀和舒适的体验。酒店员工保证为宾客提供最好的服务和设施，使宾客始终享有热情、轻松和优美的环境与气氛，确保宾客在丽思·卡尔顿酒店的经历充满愉快和幸福，甚至要做到尽量满足宾客未表达出的愿望和需要。

一句座右铭

座右铭："我们是淑女和绅士，为淑女和绅士提供服务。"这一座右铭表达了两种含义：一是员工与宾客是平等的，不是主人和仆人或上帝与凡人的关系，而是主人与客人的关系；二是酒店提供的是人对人的服务，不是机器对人的服务，强调服务的个性化与人情味。

服务程序三部曲

1. 热情和真诚地问候宾客。如果可能的话，做到使用宾客的名字问候宾客。

2. 对宾客的需求做到超出预期和积极满足。

3. 亲切地送别，热情地说再见。如果可能的话，做到使用宾客的名字向宾客道别。

20条基本要求

1. 全体员工必须了解、掌握和履行酒店的信条。

2. 强化团体协作精神和边缘服务意识，做好员工之间的相互沟通和联系，创造积极的工作环境。

3. 全体员工必须执行"服务程序三部曲"。

4. 全体员工必须成功完成培训证书课程，以确保懂得如何在自己的岗位上履行丽思·卡尔顿的服务标准。

5. 每名服务员必须知道每一份战略计划里有关他们自己的工作范围与酒店目标。

6. 全体员工必须知道内部宾客（即员工）与外部宾客（即客人）的需求，保证按照宾客喜欢的便签纸记录并提供产品和服务满足其特殊需求。

7. 每名服务员都要不断认识、检查和改正酒店的缺点，这些缺点即错误、重复性的工作、损坏、无效率行为和差距等。

8. 任何一名服务员一旦接到宾客的投诉，都要把它当成自己的问题来对待并处理。

9. 每名服务员必须确保投诉的宾客能够迅速得到安抚，并快速行动，纠正问题。处理好问题后 20 分钟内要电话追踪，核实并确认宾客的问题已得到满意的解决。

10. 要用宾客问题一览表记录和处理每位宾客不满意的问题，每位服务员都有权和有责任去解决和防止问题重复发生。

11. 严格遵守洁净卫生是每名服务员义不容辞的职责。

12. "要微笑，因为我们是在舞台上表演。"要使用适当的语言与宾客沟通，经常保持积极的目光接触。

13. 无论是否身在酒店，每名服务员都是酒店的大使，要多对酒店作正面的赞许，绝不作任何消极的评价。

14. 应陪同宾客到酒店中他想去的地方，而不应仅指明方向。

15. 熟悉酒店各种信息，以回答宾客的查询。优先推荐酒店内部的商品与服务，然后才推荐宾客到酒店外去购买。

16. 注意接电话的礼节，要做到铃响三声内必须有人应接，并面带微笑，在可能的情况下尽量接通电话，消除再转电话。

17. 制服必须整洁、得体，鞋子合适、干净，佩戴好自己的胸牌。要以自己的仪表为骄傲，遵循所有的修饰标准。

18. 要十分注意员工在紧急情况下的作用，确保每名服务员都知道在紧急情况下的急救办法。

19. 要节约能源，维护保养好酒店的设施设备。当设施设备出现故障或可能导致危险和伤害事故时，要及时通知管理人员。

20. 保护丽思·卡尔顿酒店的财产是每名服务员的职责。

【本章小结】

▶ 酒店伦理是酒店在经营过程中所应遵守的道德和行为准则，是酒店正确处理与内部员工之间、与社会之间、与宾客之间关系的行为规范的总和。酒店伦理是对酒店长期经营实践中积累并形成的伦理理念、伦理规范、道德要求与道德行为的高度概括，贯穿于酒店经营活动的全过程，规范和指导酒店的日常经营活动。酒店伦理是具有高价值的无形资产，为了让酒店能够实现可持续发展，酒店伦理建设势在必行。

▶ 酒店作为企业公民，除了最基本的法律责任和经济责任，还要承担社会责任和慈善责任。酒店社会责任观也经历了一个从传统社会责任观到现代社会责任观的转变，关注企业伦理建设并真正去贯彻实践可以使企业获得利润与灵魂的双赢。

▶ 酒店职业道德是酒店伦理与社会责任在职业行为中的体现，既包含了员工在职业活动过程中应遵守的行为要求，也包含了职业行为应对社会担负的道德责任和义务。酒店职业道德建设对酒店及整个酒店行业的发展、员工的职业生涯管理等都具有积极意义。

【思考练习】

1. 谈谈你对酒店企业伦理的理解与看法。
2. 简述酒店伦理的范围。
3. 简述酒店伦理的作用。
4. 简述社会责任与企业伦理之间的关系。
5. 分析传统社会责任观与现代社会责任观的异同。
6. 简述酒店职业道德的含义与特点。
7. 简述酒店职业道德的主要构成。
8. 简述酒店职业道德作用。
9. 简述酒店职业道德的建设途径。

【案例讨论】

中国 ESG 优秀企业 500 强，酒店业为何只占 1%？

在新浪财经ESG评级中心联合CCTV-1《大国品牌》发布的"中国ESG优秀企业500强"名单中，涉及酒店业的仅有锦江酒店、万科、碧桂园服务、雅生活服务、招商蛇口五家企业，占500强企业的1%。而由上海报业集团和界面新闻联合发起的2021"ESG先锋60"评选中，获得年度企业ESG实践奖的酒店集团有复星旅文、美团、同程旅行，获年度环境责任优秀奖的仅有首旅如家酒店集团一家。不难发现，各大榜单的出现正预示着ESG越来越成为社会各界关注的焦点，且极有可能改变未来社会经济的发展方式。

传统的企业评估，一般从公司现有的最直观数据情况进行观察，包括经营范围、营收利润、资产负债、现金流等。而ESG与之相反，作为非财务绩效的价值理念、投资策略和评价工具，它考察的是环境（Enviromental）、社会（Social）、公司治理（Governance）三项指标。ESG概念的诞生是为了鼓励企业利用非财务的种种成就去影响和挑战自身。在三大责任领域中，获得更高的投资和资产管理的意义。

环境标准包括公司的能源使用、废物处理、碳排放指标。这些标准还可用于评估公司可能面临的任何环境风险，以及公司如何管理这些风险。例如，是否存在与受污染土地的所有权的相关问题、危险废物的处置、有毒排放物的管理或是否符合有关环境保护的法律法规。

社会标准着眼于公司内外部的商业关系。它是否优先考虑雇员和所服务和运营的社区以及全球和社会层面实现多元化、公平和包容的发展。它是否能与那些持有相同价值观的供应商合作，公司是否将一定比例的利润捐赠给当地社区或鼓励员工在当地从事志愿工作，公司的工作条件是否高度重视员工的健康和安全？

在治理层面，投资者聚焦于企业的商业道德。投资者倾向于了解公司是否使用准确且透明的会计方式，以及股东是否有机会对重要问题进行投票。

环境、社会和公司治理（ESG）

- 减少温室气体排放
- 实现碳中和
- 提高能源效率
- 废物最少化

- 维护顾客和员工身心健康
- 具有多元性和包容性
- 聚焦青年就业
- 保证人权和平等的劳动实践

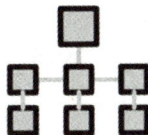

- 公司经营理念
- 高管薪酬
- 董事会多样性
- 遵守当地法律法规

制图：亚洲旅宿大数据研究院

不同于起步较晚的本土酒店集团，在海外市场 ESG 信息指引及披露水平已较为成熟的环境下，国际酒店集团早已积累了近十年的实践经验，并逐渐意识到 ESG 所带来的价值意义转变。率先打头阵的是希尔顿集团，其在 2009 年推出的"LightStay"计划就是 ESG 战略的一部分。这项计划是集团自主研发的环境影响计算与分析系统，当年被旗下 1 300 家酒店所采用。如果把节省的水、电换算成美元，在 2008—2018 年的 10 年，希尔顿的"LightStay"计划已节约了近 10 亿美元的公用设施费用。2021 年是希尔顿连续获得"最佳职场"称号的第七年，并在道琼斯可持续发展指数评比中连续三年荣膺"全球产业领导者"。此外，希尔顿效应基金会还提供了共计 150 万美元的 16 项资助，支持相关组织帮助受疫情影响的弱势群体。万豪国际酒店集团在 2017 年推出"善行 360 度"平台后，不断细化和落实 ESG 战略，例如减少一次性塑料、减少 50% 食物浪费、增加供应商多样性等举措。而在 2021 年 9 月万豪公布的 ESG 报告中也提出，除了参加"奔向零碳"行动倡议，还将在 2025 年增加管理层中有色人种的比例，达到 3 000 家多元化和由女性管理的酒店。在 2018 年开启的企业社会责任目标取得进展之后，洲际在 2021 年 2 月正式启动的"明日方州"（Journey to Tomorrow）计划。该公司的新承诺包括促进管理团队的性别平衡，并实现代表性较弱人群人数翻一番；通过技能培训与创新，为当地经济、社会带来积极影响；通过"预防、捐赠、转化"方案，最小化食物的浪费；到 2030 年，旗下管理酒店实现 15% 的绝对节能减排。

ESG 的概念在中国大约在 2015 年后出现，2019 年中国基金业协会进行调查时发现，只有 1% 的资产管理公司采用 ESG 作为投资中的考量因素。但到 2020 年 5 月已经有 16% 的中国的资产管理公司开始重视 ESG 和可持续投资。相比欧美市场，中国的 ESG 投资及相关研究还在起步阶段。中国从起步到"跟跑"，甚至到未来的"领跑"，还有很多问题亟待解决。比如缺乏本土商业化运作的独立第三方 ESG 评级机构及权威的 ESG 评级标准。目前这些问题在 2021 年 10 月已得到解决，盟浪组织研发出适合本土企业的义利评估模型工具 (FIN-ESG Rating)，及时地填补了这一空白。基于中国资本市场高度关注和评级标准的不断完善，ESG 将会成为影响投融资动作的一大因素。虽起步较晚，但 2022 年中国酒店集团或将加速赶上，开始积极践行 ESG 战略计划。

资料来源：李三更. 空间探秘，2022-01-10.（有删减与改编）

思考题：

1. 如何理解 ESG 理念与实践对酒店企业发展的必要性与重要性。

2. 根据案例内容，酒店企业在实践 ESG 发展理念时面临着怎样的挑战与机遇？

3. 请结合相关资料，谈谈你对酒店企业 ESG 发展理念与"碳达峰碳中和"这一战略目标之间关系的理解。

参考文献

[1] 黄震方.饭店管理概论［M］.北京：高等教育出版社，2001.

[2] 王天佑.饭店管理概论［M］.北京：清华大学出版社，北京交通大学出版社，2006.

[3] 张利民，王素珍.饭店管理概论［M］.北京：中国林业出版社，北京大学出版社，2008.

[4] 钟志平，李应军，黄丽媛.饭店管理概论［M］.北京：旅游教育出版社，2011.

[5] 伍蕾，杨宏浩.我国旅游饭店星级评定制度的建构、内容变迁与未来展望［J］.旅游论坛，2012，5（4）：41-46.

[6] 周三多，陈传明，鲁明泓.管理学：原理与方法［M］.5版.上海：复旦大学出版社，2009.

[7] 周三多，陈传明.管理学原理［M］.2版.南京：南京大学出版社，2009.

[8] 叶昌建，李民田.饭店管理概论［M］.北京：北京理工大学出版社，2010.

[9] 梁玉社，李烨.饭店管理［M］.上海：上海人民出版社，2010.

[10] 吕建中.现代旅游饭店管理［M］.2版.北京：中国旅游出版社，2009.

[11] 刘名俭，唐静.饭店管理［M］.武汉：华中科技大学出版社，2009.

[12] 蒋丁新.饭店管理［M］.3版.北京：高等教育出版社，2010.

[13] 中华人民共和国国家统计局.年度数据：旅游业发展情况［R］.北京：中国统计出版社，2009.

[14] 蔡丽伟.饭店人力资源管理［M］.北京：清华大学出版社，2010.

[15] 孙健敏.人力资源管理［M］.北京：科学出版社，2009.

[16] 马西斯，杰克逊.人力资源管理［M］.10版.孟丁，译.北京：北京大学出版社，2006.

[17] 谢礼珊.旅游企业人力资源管理［M］.北京：旅游教育出版社，2008.

[18] 秦志华.人力资源管理［M］.北京：中国人民大学出版社，2000.

[19] 罗宾斯.组织行为学［M］.10版.孙健敏，李原，译.北京：中国人民大学出版社，2005.

[20] 彭剑锋.人力资源管理概论［M］.上海：复旦大学出版社，2008.

[21] 高树军.管理心理学［M］.北京：科学出版社，2005.

［22］米尔科维奇，纽曼.薪酬管理［M］.6 版.董克用，译.北京：中国人民大学出版社，2002.

［23］吴慧，黄勋敬.现代酒店人力资源管理与开发［M］.广州：广东旅游出版社，2005.

［24］周三多.管理学［M］.北京：高等教育出版社，2000.

［25］邹统钎.旅游危机管理［M］.北京：北京大学出版社，2005.

［26］张国瑞.旅游绿皮书·2003—2005 年中国旅游发展：分析与预测 No.4［M］.北京：社会科学文献出版社，2005.

［27］卡普兰，诺顿.综合记分卡：一种革命性的评估和管理工具［M］.王丙飞，温新年，尹宏义，译.北京：新华出版社，2002.

［28］仇学琴.现代饭店经营管理［M］.北京：北京师范大学出版社，2010.

［29］于水华，谌文.酒店前厅与客房管理［M］.北京：旅游教育出版社，2011.

［30］朱承强.饭店客房管理［M］.北京：旅游教育出版社，2004.

［31］中国酒店员工素质研究组.星级酒店客房部经理案头手册［M］.北京：中国经济出版社，2008.

［32］田言付，鲍富元.酒店前厅与客房管理［M］.哈尔滨：哈尔滨工程大学出版社，2012.

［33］王大悟，刘耿大.酒店管理 180 个案例品析［M］.北京：中国旅游出版社，2007.

［34］王瑛，王向东.餐饮管理［M］.成都：西南财经大学出版社，2009.

［35］孙晨阳.饭店质量管理［M］.北京：旅游教育出版社，2008.

［36］郑向敏.饭店质量控制与管理［M］.北京：科学出版社，2008.

［37］张玉玲.现代酒店服务质量管理［M］.北京：北京大学出版社，2009.

［38］杨月坤.企业文化［M］.北京：清华大学出版社，2011.

［39］狄保荣，王晨光.饭店文化建设［M］.北京：中国旅游出版社，2010.

［40］林璧属，郭艺勋.饭店企业文化塑造［M］.北京：旅游教育出版社，2007.

［41］王吉鹏.企业文化建设：从文化建设到文化管理［M］.3 版.北京：企业管理出版社，2010.

［42］刘光明.企业文化［M］.5 版.北京：经济管理出版社，2009.

［43］肯尼迪，迪尔.西方企业文化［M］.北京：中国对外翻译出版公司，1989.

［44］吴本.饭店经营管理：发展与创新［M］.上海：上海世纪出版股份有限公司，上海辞书出版社，2007.

［45］苏伟伦.危机管理［M］.北京：中国纺织出版社，2008.

［46］王伟.饭店危机服务：从冷漠、抱怨、投诉到诉讼［M］.北京：旅游教育出版社，2008.

［47］张志军.饭店安全管理实务［M］.北京：旅游教育出版社，2008.

［48］程新友.酒店应该这样管［M］.北京：旅游教育出版社，2010.

［49］朱德武.危机管理：面对突发事件的抉择［M］.广州：广东经济出版社，2002.

［50］吴成丰.企业伦理［M］.北京：中国人民大学出版社，2004.

［51］弗雷德里希，等.企业伦理学：伦理决策与案例［M］.8版.张兴福，等译.北京：中国人民大学出版社，2012.

［52］人力资源和社会保障部教材办公室.职业道德［M］.2版.北京：中国劳动社会保障出版社，2010.

［53］赵书华，娄梅.企业伦理与社会责任［M］.北京：中国人民大学出版社，2011.

［54］曾萍.企业伦理与社会责任［M］.北京：机械工业出版社，2011.

［55］周利兴，韦明体.旅游职业道德专题讲座［M］.昆明：云南大学出版社，2005.

［56］冯颖如.全球化视角：饭店经营与管理［M］.北京：企业管理出版社，2008.

［57］张文贤.人力资源管理师［M］.北京：中国劳动社会保障出版社，2006.

［58］郑向敏.酒店管理［M］.北京：清华大学出版社，2005.

［59］舒伯阳.实用旅游营销学教程［M］.武汉：华中科技大学出版社，2008.

［60］张俐俐.旅游市场营销［M］.北京：清华大学出版社.2005.

［61］辜应康，唐秀丽.经济型酒店有限服务模式探析［J］.市场营销，2008（10）：80-81.

［62］唐湘辉.酒店员工的职业道德与酒店服务管理［J］.湖南商学院学报，2004，11（1）：48-50.